JN181792

叢書・ウニベルシタス　1042

社会の宗教

ニクラス・ルーマン
土方透／森川剛光／渡會知子／畠中茉莉子 訳

法政大学出版局

Niklas Luhmann
DIE RELIGION DER GESELLSCHAFT
Herausgegeben von André Kieserling

This book is published in Japan
by arrangement through The Sakai Agency

目次

凡例

一　各章のタイトルは原著による。

二　原注は章ごとに（1）、（2）……で示し、巻末に一括して掲載した。

三　原書において»«で囲まれた箇所は、強調の場合には《　》、引用の場合には「　」と使い分けた。

四　——および（　）は必ずしも原著に対応していない。〔　〕内は訳者による付記である。

五　傍点が付された語句は、原書でイタリック体の部分である。

六　原注において指示されている文献について、〔　〕で括った邦訳書の書誌情報は、訳者が参照した版による。

七　本文・原注における日本語の引用文は、参照した邦訳書に必ずしも一致していない。

第一章　宗教という意味形式

I

ある社会的な現象において宗教がどのようにかかわっているかということを、われわれはどのようにして識別するのであろうか。まずはそのことが問われ、そして答えられなくてはならない。

信仰をもつ人にとって、この問いは意味をなさないであろう。その人は自分が信じるものを示し、それに準拠すればよいのである。それを宗教と呼ぶことで付け加わるなにかがあるということを、その人は否定するだろう。あるいは、そもそもそれを宗教と呼ぶこと自体を拒絶するかもしれない。というのも、その人にとってこのことは、自身が信仰に値しないと考えている他のものと宗教を同一のカテゴリーに押し込むような分類のやり方に見えるからである。その場合、宗教という概念は、一つの文化概念であるように思われる。すなわちそれは、寛容さを含意する概念である。

それとは逆に、宗教という概念で示されるものを信じない、あるいはそのすべてを信じるわけではない人、また結局のところ、同じ文脈で自らの信仰に縛りつけられることなく宗教について語りたいと考えるすべての人、それらの人にとっては、概念の問題、概念の範囲の問題、概念的な境界設定の問題が生じる。その際、今日では《存在論的》解決も《分析的》解決も、助けにならない。そもそも存在論的伝統において、このような問題はありえなかったであろう。なぜなら、この伝統にとって、宗教であるところのものは宗教の本質から生じるのであり、その場合、せいぜいのところ誤謬を見つけて取り除くだけでよいからである。これは要するに、信仰に寄り添うかたちで表された認識態度である。それに対して分析家は、自らが用いる概念の範囲を規定する自由が必要だと考える。なぜなら、分析家にとっては、概念ではなく命題（ザッツ）のみが真理を問いうるものだからである。しかしながら分析家は、恣意性（それは方法論的には認められているのだが）をどう制限するかという問題に突き当たる。この問題は（いわゆる《経験的研究方法》によっても、まったく）解決されえなかった。存在論者があまりに宗教に近いところにいるとすれば、分析家はあまりに宗教から離れたところにいる。だからといって、使えそうな解決策をどこか《中間》に求めるのは、もっとも間違ったことであろう。二つの（われわれにとって）用いることのできない解決策は、少しも仲介の手がかりにはならない。

　いくらか具体的な水準で答えを探すなら、社会学的な回答（エミール・デュルケム）と現象学的な回答（ルドルフ・オットー）を区別することができる[1]。しかし、目下われわれの興味を引くのは、彼らが何を言ったかではなく、どのように対応したかということである。

　デュルケム[2]は、宗教を道徳的（またそれゆえに社会的）事実と呼ぶ。道徳と宗教によって社会は、超越として――事実性が疑われる神によってはもはや提供されえない超越として――作りあげられる。

　宗教は、道徳的事実として、二重に規定されている。一つには願望（désir）、つまり価値評価という契機を通して、もう一つには容認されるものを制限するサンクション（sacré）を通してである。道徳、そしてそれとともに宗教は、膨張と抑制という二重の過程から成立していることが分かる。根底にあるのは、自らを超え出ようとするある種の働きである。それは同時に、統一として、すなわち安定化した緊張（tension stabilisée）として、作動可能になる諸形式に繋ぎとめられている。それらは、自らの統一が差異へと再び解体しかねないという耐え難い可能性にさらされているがゆえに、注目されることを要求する。宗教の有する形式上の特性は、以上のことを基礎としながら、さらに聖／俗という区別が加わることによって生じる。すなわち、道徳は、この両方の側がお互いを必要とするような区別によって規定されるが、それに対して宗教は、排除し合う関係によって特徴づけられる。どちらの場合にしても、その概念が照準を当てているのは、包括的システムとしての社会である。このことが宗教にも当てはまるのは、聖なるものだけを宗教として捉えるのではなく、聖／俗という区別がどこでなされるのかを考慮に入れる場合である。すなわち、社会は宗教を神聖なる（sacrum）領域として区別するが、それはそのように指し示しえないすべてのものを境界の外に位置づけることによる。しかしながらデュルケムは、区別そのものに宗教という形式を見てはいない。そうではなく、聖なるものの領域を特殊宗教的な形式に従って問うているのである。（これがわれわれとデュルケムを分かつ点であり、それゆえに今述べたことを確認しておきたい。）

同様のことはマックス・ヴェーバーの宗教社会学にも当てはまる。ヴェーバーは、宗教の本質を概念的に規定することを避け、出発点として、「ある特殊な共同体行為（ゲマインシャフツハンデルン）の諸条件および諸活動[3]」への関心だけでよしとした（もちろん、このことが意味するのは、当該の問いにおいては、何が宗教と見なされているかを確定することはできず、それを観察しなければならないということにすぎない）。ヴェーバーにとって問題は、人間の行為にどのようにして文化的意味が与えられ、またその行為がどのようにしてまさにそのように理解されうるのかということにあった。そこから派生して、彼にとっては次のような問いが生じる。すなわち、経済や性愛(エロティーク)といった他の生活秩序も同様に、それぞれの領域にとってこうした機能を受け持つことはいかにして可能なのか、と。宗教自体は、日常的な状態と非日常的な状態の区別を前提としており、非日常的なものの内にある形式の必要を見てとる。すなわち、世界に宗教的意味を付け加え、それによって世界を覆うような形式であり、その増大のなかで今度は独自のやり方で合理化の必要を生み出すような形式である(4)。ゲオルグ・ジンメルもまた、起点となる差異——ここでは宗教めいたもの（religioid）と宗教との差異——を考慮している。この差異は、境界づけを通して強化される形式が作られる可能性を、宗教の側で提供する(5)。ルネ・ジラールの宗教理論も同様に、拡張と制約という二重構造を踏襲している。この理論の基本的想定は、欲望そのものが模倣コンフリクトに巻き込まれているということ、それゆえに宗教的な《禁忌（interdits）》という介入を——制約的であるがゆえに宗教として現れる介入を——誘発するということである(6)。模倣の葛藤そのものが、すなわち同じ欲望をもつがゆえに人は争うという危険なパラドクスが、象徴化されなくてはならない。そしてそれは、救済の効果をもつ犠牲という形式によって行われる。

このように列挙することでここで行おうとしているのは、宗教社会学上の有名な構想について議論することではなく、ましてやそれらを完璧に列挙し尽くすことでもない。目下問題となっているのは、何によって宗教が見分けられるのかという問いにおける、答えの可能性の幅を示す例を見ることである。そしてここに挙げた例では、明らかに固有の力学が問題になっている。すなわち、制約を必要とする増幅の可能性、あるいは増幅を可能にする制約がテーマとなっている。したがって、宗教と並行して貨幣について考えることもまた、まったく的はずれということではなかろう。それは、蔓延する《物質主義》に対して再び文化を引き立たせることが問題である時代において、謎に満ちた象徴的同一性について考えるということである。そしてその同一性は、それがあるとするならば、社会であろう。

デュルケムもジンメルも、比較的狭義の宗教概念を用いており、聖なるものすべてないしは社会生活における《宗教めいた》結びつきすべてが、すでに本来の意味での宗教であるとは見なしていない。宗教は、デュルケムにとって信仰の体系化によって初めて成立するものであり、ジンメルにとっては明瞭で、客観化され、ゆえにことによると懐疑を抱くこともあるような、批判能力を有した形式意識によって初めて成立する。こうした区別は、相応の意味があり、かつその意味は失われていない。とりわけ、より内容豊かで、さしあたり蓋然性の低い諸形式の発生を解明しようとする進化理論的研究にとっては、そうである。しかしながらこの区別は、その後の宗教社会学の研究のなかで、宗教概念に関する限り、廃棄ないしは忘却されてしまった[7]。というのも、二十世紀に宗教が見せた新たな展開は、この区別には一義的に当てはまることがないからである。そうした諸々の新展開は、前述した意味における宗教ではなく、かといってあたかも宗教から独立して設置された新たなる儀式上の諸形式と考えることもできない。

社会学的アプローチが宗教的な信仰内容からなるべく独立していようとする一方で（デュルケムは、神の概念も秘儀ももたない原始宗教に立ち戻ることを通して、この方法的目的を明瞭にしたのだが）、現象学的な概念探究はまったく逆のやり方をとる。すなわちそれは、ある意味内容がいかにして宗教として、つまりは《神聖な》ものとして現れるかを記述することによって、宗教を規定しようとする。[8] 現象学的分析は、《事象それ自体》を直接把握することが可能だという想定から出発し、したがって社会条件によって左右されない把握の方法を選ぶ。[9] 難しいのは、そこから宗教の時間性と歴史性とを顧慮することである。(意識に準拠したフッサールの時間分析は、これを行うためには十分ではない。)

聖なるものをヌミノーゼ〔オットーの用語：恍惚と畏怖の感情〕として規定することは——それが観察者に対する指令として理解される場合——、あるパラドクスを帰結する。聖なるものは、人を魅了しつつ、かつ畏怖させるというパラドクスである。聖なるものは、身の毛もよだつような魅力を示す。しかしながら、そこには微細な区別を観察することができる。すなわち、宗教が神を指向することを前提したとしても、恐怖と驚愕を広めるのは神の意図ではなく、その《聖なる》本質がそうさせるのである、と。さらに、恐怖を引き起こす出来事が神なのではなく、神はその出来事の内にのみ存在する。[10] いずれにしても、(いつものようにパラドクシカルな)統一が想定されなくてはならない。救いは危険のなかで与えられ、救済は罪のなかで行われる。十八世紀以降、神学者および彼らの考える善良なる神によって手なずけられた宗教と摩擦を起こすことを避けるために、「崇高な」あるいは「高潔な」といった言い方が選ばれることもあった。相も変わらず言えるのは、次のことである。すなわち、聖なるものとはパラドクスの現象形式である。

フッサールの現象学を基礎づけていた超越論的背景が、シュッツ流の社会現象学において、そのような理論を断念することのリスクとコストが吟味されなかったかのように、端的に抜け落ちているということは注目に値する。言い換えるなら、これによって、経験的／超越論的というメタ区別が捨て去られてしまっている。またそれとともに、フッサールが意識の志向的プロセスにおける自己言及（ノエシス）と他者言及（ノエマ）の統一を指摘していたところの超越論的なものとして宣言された意識分析も放棄されている。人間学的、心理学的、ましてや生物学的分析へと素朴に後退してしまうことに対するハイデガーの警告も、聞こえてはいないようである。[11] その代わり読者に要求されるのは、ただ同調することだけである。[12] それによって、意識の超越性のなかにある普遍性のための基礎づけが欠落する。すなわち、あらゆる経験的意識に妥当する言明が可能であることとの基礎づけである。これを放棄することには――社会学者の視点からはもちろんのこと、しかしまた言語に関心をもつユルゲン・ハーバーマスのような哲学者の見地から見ても――、もっともな理由があるのかもしれない。しかしながら、このように断念したからといって、理論問題が現象の吟味によって押しのけられてしまってよいということにはならない。聖なるもののパラドクスは、分析の終わりであり、なおかつ始まりである。というのも、われわれはいまもなおその問題を抱えているからである。すなわち、いかにして観察者は宗教を、他の観察者にも妥当しうる仕方で、しかも単純な信仰態度（これが問題である！）とは区別されうるようなやり方で区別するのか、という問題である。

社会学も踏襲してきた伝統的宗教概念は、おしなべて人間という人格的な存在に依拠している。[13] しかしながらそれとともに、もっともらしさと説得力を失うまいとする限りにおいて、人間についてどこか別のところで語られることと関連している。あるいは、少なくともそうしたものとの接触を保たなければならない。しかし、この《人間主義的》伝統は、自らが《人間》として理解しようとするものの変種（ヴァリエーション）によっておのずから危機に陥いる。さらに、人間という種の実にさまざまな個体の多様性を考慮に入れなくてはならず、しかも、一つの概念構成によって個々の人間すべてを正当に表すことは困難であるということによって、おのずから危機に陥いるのである。

このような、宗教概念の人間主義的定義がすでに問題を含むものであるならば、宗教を意識現象へと還元することは、なおさら疑問の余地のあることである。意識は、神経生物学的な作動の結果の外部化（それゆえに現象である！）に寄与し、それとともに人間の体験と行為を扱うことへ他者言及と自己言及の差異を導入することに寄与する。しかしながら宗教は、この差異をも自らの意味に基づいて問うことができなくてはならず、もしくはこの差異の統一を自らの固有の意味づけの源泉として把握できなければならない。宗教は、意識の単なる反省の結果ではない。というのも、もしそうだとすれば、それは意識という《自己》が再び《対象》となることを意味するからであり、また魂、精神、人格といった概念のもとにおいても、それをモノのように扱うことを意味してしまうからである。意識の図式——主体／客体、観察者／対象のような図式——によって、宗教が十分に把握されることはない。なぜなら、宗教はこの差異の両側に位置しているからである。

おそらく、このように人間を中心に据えたことに、古典的な宗教社会学がコミュニケーションを取り扱わなかった（あるいはせいぜいのところまったく表面的な意味でしか取り扱わなかった）理由があるのだろう。この欠陥を（それが欠陥であるならばだが）、社会学的宗教理論の課題を記述しなおすための出発点としよう。別の言葉で言えば、ここで行おうとしているのは、人間という概念をコミュニケーションの概念で置き換え、それによって伝統的な人間学的宗教理論を、社会理論によって置き換えることである。それがどのような成果をもたらすのかという問いは、続く諸章で詳細に取り扱うことになる。

目下のところ重要なのは、このような隠喩的表現（メタフォリーク）の転換、すなわち、このような新たな記述のラディカルさを指摘しておくことだけである。

これまで行われた宗教の本質に関する問いに答えを見つけようとする試みのなかには、もともとの枠組みを突き破ってしまうような傾向が見える。ジャック・デリダあるいはポール・ド・マン流に言うならば、それは《脱構築可能》であることが明らかになってきたということである。宣言された目標を掘り崩してしまうのはテクストなのである。このことはなにより、論理学と認識論という古典的な手段に関して当てはまる。宗教社会学は、宗教を社会的事実あるいは社会的形式として扱い、その際に、宗教に拘束されない記述を提供することができるはずであるという要求を、自らに課している。しかし、である。形式そのものの生成へ目を向けることを可能にするために、論理学と認識理論への束縛から宗教を解放しようとするこの記述は、社会のなかでどのような立場と真理を有するのだろうか。宗教現象学は、《現象》と《事実》を素朴に混同せず、《相互》主観性のパラドクスを相互客観性と混同しまいとする限り、超越論的な前提を受け入れなければならない。しかしながら同時に、自ら《主体》について語り、そしてその超越論的な自己確実性に疑問を差し挟み、自己の不確実性に対して意味を付与することで対応しようとする宗教が存在しているのは、まさに当の社会のなかなのである。

もし宗教自身が、制約と排除を通して形式を構成しているとすれば、どうであろうか。そうすれば、宗教についての説明もまた、制約と排除という方法を用いなければならないがゆえに、宗教についての説明がすべて宗教的であるということにはならないか。あるいは別様に問うなら、もし宗教が宗教の側で（《これであってそれではない》というように）諸形式を排除する力を正当化できると主張するならば、宗教の学問的な記述はありうるであろうか。ここでなお、因果的で学問的な手段をとることは可能であろうか。それとも循環的な、すなわち自己制約的に作動する循環に説明を優先する、サイバネティクスの理論を引っ張り出さなくてはならないであろうか。また、もし宗教がパラドクシカルな観察様式であるなら、どのようにしてさらなる観察が接続しうるような形式（＝区別）の発生を説明できるであろうか。結局、いずれの問いにおいても、同じことが問題になっているのではないであろうか。すなわち、循環的で自己言及的な諸関係とどのように関わるのか、という問いである。

宗教とは何であり、いかにして宗教的なものを非宗教的なものから区別できるのかを言い当てることができると誰かが考えたとしても、次の瞬間にはほかの誰かが現れ、この基準（たとえば神の存在への準拠）を否定し、**そしてまさにそれゆえにこそ**宗教的な質を主張するのである。もし誰かが宗教と考えるものをほかの誰かが否定するとしたら、それは宗教でなくて何であろうか。問題は、ヴィトゲンシュタイン主義者が考えそうな《家族的類似性》の順次的拡大にあるのではなく、また（ヴィトゲンシュタインが出発点とした）的確な定義の不可能性にあるのでもない。ここではさしあたり推測としてのみ述べておくが、宗教はむしろ、自らを指し示し、自らに形式を与えることのできるようなことがらに属しているように思われる。しかし、そうであるならば、宗教は自己自身を定義し、それとは両立しないあらゆるものを排除しているということにもなる。だがたとえば、他の宗教、異教徒、世俗領域（civitas terrena）、悪といったものが問題になるときはどうであろうか。自己主題化というものは、締め出したものを含みおくことによってのみ、つまり否定的な相関物の助けを借りてのみ可能である。システムが自律的であるのは、自らではないものを同時に制御するときのみである。そのような事情を鑑みるなら、宗教は外的にはセカンド・オーダーの観察様式においてのみ、つまりは自己観察の観察としてのみ定義されうるのであり、外部から本質なるものを写し書きしてもらうことによって定義されるのではない。

II

あらゆる形式形成にとってもっとも一般的でありかつ超越不可能なメディアで、心的システムと社会システムがともに使用することができるメディアを、われわれは意味と呼ぶ。この意味概念は、百年以上もの間、頻繁にまた多義的に用いられてきた——アリストテレス風に言うなら、多様な物事（pollachos legomenon）である。[14] ただはっきりしているのは、この意味概念がモノには適用されえないということである。（蛙の意味について問うことは意味をもたない。）したがって意味のゼマンティクは、歴史的に見れば、存在論的な世界記述が放逐されていくこと、あるいは新しい記述に替えられていくことを示している。しかしこれによって、《意味》ということで何が想定されているのかが明らかにされるということではない。ここではこうした多義性を、ある区別に、すなわちメディアと形式との区別に遡求することによって取り除くことを、われわれは試みたい。この区別は、満足したかたちで定式化されることのなかった《意味の意味》という問いに、取って代わってくれるはずである。[15]

メディアという概念をもって確認されるのは——ちょうど光が観察されえないのと同様に——、意味が観察されえないということである。[16] 観察は、区別可能な形式を前提とする。しかし、その形式はメディアにおいてのみ、また形式形成の他の諸可能性がさしあたり視野の外に置かれることによってのみ、形成されうる。意味が観察不可能であるということは、それが宗教といくばくかの関係があるのではないかということについての最初の手がかりをもまた与えてくれる。

あらゆる心的システムと社会システムは、自らの作動を、もっぱらこの意味というメディアにおいて規定し、再生産する。《無意味な》刺激も、存在するかもしれない。しかしそれに対してもすぐに意味形式が探され、そして見つけられる。そうでなければ、それは想起されることも、さらなる作動への接続に用いられることもできないであろう。システム固有のメディアのこうした普遍性は、システムが（その環境においてではなく）固有の作動によってのみ作動しうるという、システム理論の洞察と表裏一体である。言い換えれば、システムは作動上閉じられている。内部からこのメディアの限界に突き当たることは、ありえる。しかし、この限界は超え出ることのできる線という形式としてではなく――フッサールの美しい比喩を用いれば――、地平という形式で与えられている。[17] したがって、意味を加工する諸システムの世界は、地平としてのみ与えられているのであり、もちろんどこか彼方に引かれた線としてではなく、すべての作動の回帰性を包含するものとして、すなわち個々の作動の同定可能性を包含するものとして、与えられている。

それゆえに、メディアとしての意味は、否定されえない。というのも、あらゆる否定は否定されるものの規定を、つまりは意味を前提としているからであり、そうでなければ否定は作動として不可能だからである。意味と非意味の統一は、またしても意味をもつ。それは《意味の基準》を必要とすることなく、ただこの基準そのものが意味をもつのか否かという問いへ導く。意味というメディアにおいて、それにとっては世界が何の意味ももたないような、たとえば石のような実体を想像してみることはたしかに可能である。このことは、ほかには脳についても当てはまるかもしれない。つまり、意味というメディアは、自らに固有の境界についての指示を含んでいる。しかしながら、それによって同時にいわれているのは、この境界を意味ある作動によって超えることはできないということである。その境界は、内側からしか触れられえない。何かが外に存在するに違いないということも、境界という形式の意味を通して示されうる。[18]

それゆえ無意味さは、心的体験やコミュニケーションにおいて、まさに無意味さに形式が与えられることで、処理されうる。[19] その場合、この形式はその後の作動にとって使用不可能であることを、あるいは、他の接続可能性を探さなくてはならないという必然性を示している。これは伝統的に、《パラドクス》と呼ばれてきた。われわれの概念上の出発点――すべての意味は自らの否定可能性を伴っている――が正しいとすれば、否定できない世界の意味は存在しえない。神の存在証明の教理にならっていうなら、その実在に必然的な属性として帰せられるような意味は存在しない、ということである。意味は、ポジティブにもネガティブにも、定式化可能なものとしてのみ与えられている。もし区別の片方を削除してしまったとすれば、もう片方もその意味を失う。そこから、次のような帰結が導かれる。すなわち、あらゆる意味は（というのはつまり、いかなる最終的意味も、ということだが）、自らの統一をただパラドクスとしてのみ主張することができるのである。つまりは、真と非真、善と悪、またどのようなポジティブな側とネガティブな側とを指定するにしろ、肯定と否定との同等性としてのみ主張される。したがって、あらゆるものの基礎となる統一は存在しない。何が具体的に規定されるにしても、パラドクスの展開の形式が想定されなくてはならない。すなわち、パラドクスの統一に代わって、諸々の規定可能な同一性間の（なんらかの仕方でもっともらしく、しかしそれゆえに歴史的に相対的な）区別を想定しなくてはならない。もはやあらかじめ定められた神によって解答が与えられることはないと考えていたヘルダーリンにも、この経験は当てはまる。《思惟と実存とに見られる分裂》をある最終的な統一を目指して乗り越え、それを詩文としてコミュニケートしようとするならば、残るのはただパラドクシカルな表現だけである[20]。

確たるものとはいえず、解消や補足を必要とするパラドクスの形式において確証されるのは、われわれが意味について、いずれにせよ承知していることである。すなわち、否定的な自己言及もまた、何かを示し、何かを象徴し、何かを不可能であると表明するような形式へ凝結していくということである。これについては、後で詳細に述べよう。目下言えるのは、パラドクスもまた、意味的な作動のネットワークのなかで、そしてそこにおいてのみ、リアリティを獲得するということである。

したがって、非常に形式的にいえば、意味は次のことによって特徴づけられる。すなわち、あるものがただ排除されているということ、また何かが排除されうるということである。この定式を肉づけするものとして、現在見出される文献は二通りに分かれる。それらは、前節で論じた宗教概念の規定に関する二つのアプローチに対応している。どちらのケースにおいても、意味的な作動は選択として現れるということが、前提になっている。次のように言えよう。すなわち、世界は（一人の観察者にとっては）複雑であり、それゆえにあらゆる要素（＝作動）の結びつきは選択的にのみ、すなわち他の可能性を度外視ないしは拒否することによってのみ行われうる。しかし、他の可能性は作動においてなお見えており、その選択は偶発的なものとして現れる。世界は、時間の利用と制約を通じてしか自らを現実化することができない[21]。あるいは、現象学的伝統に則ってこの意味的な形式の現れを分析するなら、次のことがいえる。すなわち、実際に意図されたものはすべて、意味の中核という形式のなかに与えられており、それは意味が顕在(アクチュアル)化する際の無数の可能性を示している。そして意味の中核は、部分的には同時に存在しているものを、また部分的には接続の可能性を示している。この二つの叙述の可能性の区別は、客体と主体との区別に基づいている。複雑性の定理によって示されているのは、客観的な（批判者は客観主義と呼ぶところの）世界概念である。現象学は自らを、意味を創出する意識の能作の主観的（つまりは主観主義的）分析であると自認している。しかし両方の出発点が同じ結果をもたらすのならば、それによって客体／主体という区別もまた、《精神》に止揚されるのではなく、崩壊する。または、それでもこの区別は前景にあるものと見なされる。つまり観察者として何に照準を当てるかということに応じて、用いたり、用いなかったりすることのできる区別としてである。

　システム理論の立場、すなわちシステムと環境の区別から出発するなら、古典的な客体／主体－差異を諸システムの区別に還元することが考えられる。客観的なのは、コミュニケーションにおいて確証されるものである。主観的なのは、意識過程において確証されるものである。意識過程においては、コミュニケーションにおいて確証されたものが客観的であると主観的に捉えられる。それに対してコミュニケーションにおいては、意見を一致させる能力のないものが主観的なものとして周縁化される。この議論は、システム理論の優越性を主張しようとするものではない。眼目は、観察者を観察しなくてはならないということ、つまり彼らがどの区別を使用しているかという問い（区別！）を手がかりに、観察者を観察しなくてはならないということにある。

そこでもう一度、この区別に着目して意味概念について論じることにしよう。主体、客体、およびシステム準拠をひとまず脇に置いておくなら、意味は純粋に様相論的な現実（顕在性）と可能性（潜在性）の区別として、まさに区別の統一を表す概念として規定することができる。というのも、（何であれ）何かが意味をもつのは、実際的な体験や（それが生じている）コミュニケーションにおいて別の可能性が指示される場合に限られるからである。その指示なしに、顕在性も意味のある顕在性として成り立つことは、まったくありえないであろう。意味とは、こうして見るなら（そしてまたそのように区別する観察者にとっては）、現実と可能性の差異の統一である。

可能なものの様相論的な形式は、より正確に規定するなら、《メディア》として考えられるものに当てはまる。可能性は、相互にただ緩やかに関係しあっている。そのなかの一つが顕在化しているからといって、そこから他の特定の可能性が容易に現実化するということにはならない[22]。繋がりを多かれ少なかれ蓋然的なものにし、さらには他のすべての可能性を排除することで観察者にそれが必然だと思わせるような条件づけがあるかもしれない。様相論理学上の問題についてここでさらに話を続けることもできるが、ここではそこに迷い込むのではなく、ただ次のことを確認するにとどめておきたい。すなわち作動は、以上のようなことを根拠として、ルースなカップリングとタイトなカップリングという区別によって行われうるということである。フリッツ・ハイダー[23]の（さしあたり知覚メディアを対象に考えられた）示唆に基づくなら、メディアをルースなカップリングとタイトなカップリングの差異の統一として記述することができる。これには説明が必要であろう。

大量に存在しているルースにカップリングされた意味の細片（たとえば単語）は、メディアの基体として利用される。これを前提とした意味選択の過程において、それらはタイトな形式（知覚可能なモノ、理解可能な言明）へとカップリングされる。ルース／タイトなカップリングという区別の後者においてのみ、この区別は接続能力をもっている（先の例でいえば、人が見ることができるのは事物だけであり、理解可能な伝達のみを遵守でき、あるいはそれのみに返答することができる）。しかし、すべての接続がある形式を選択し区別をつけなくてはならないがゆえに、あらゆる意味的な作動において同時に他の可能性のメディアが再び生み出される。つまり、もはや何も排除することのないマークされえない世界状態が、同時に生み出されるのである。言及されざるものがつねに留保されるため、規定されるものも、またすべて脱構築可能なままであり続ける[24]。すべての区別は、さらなる区別を導入することのできる環境を作り出す[25]。文学では、同様の考え方を《間テクスト性》という概念で表している。この概念によって表されているのは、あらゆる閉鎖性において、たとえば芸術作品のまとまりにおいて、テクストがつねに他のテクストへの指示を伴ってしまうために、すべてのテクストは完結しえない関連づけを背負わされているということである。このことは、聖典の文献批判的な分析にも当てはまるであろう。だが、聖典はそれを否定するに違いない。意味とは、ずらすことである。意味とは《差延》（デリダ）であり、《無限の記号過程（unlimited semiosis）》（パース）である。しかしながら、それぞれの顕在化において、ある確実なよりどころがどこかに存在するということを信じることが可能でなくてはならない。というのも、結局のところそれがさらに続いていくことは確かであると思われているからである。

　以上のことは、すべての存在的規定性が時間関係のなかで解消してしまうということに対応している。接続可能性ということで言われているのは、すべての顕在化は顕在化されるや再び消え去ってしまうような出来事という形式をとらなければならないということでもある。それゆえ、形式はある（再認識可能な）構造——だからといって永久に持ちこたえられるということではないのだが——という形式をとらなければならない。こうして、意味メディアとあらゆる派生的なメディア（たとえば言語）には、ある厳格な法則が当てはまる。すなわち、使用されていないものは安定しているが、逆に使用されたものは不安定であるという法則である。このような解決策の大きな利点は、次のことにある。すなわち、この解決策を使用できるシステムは、暫定的な状態に暫定的に適応することが可能になるということである。システムはこれによって、より複雑で時間的に不安定な環境と係わり合うことができる。システムは——これは作動上の自律性と分出ということの言い換えにすぎないのだが——、一度環境に順応したとしても、環境に貼り付いたままでいはしない。

それゆえメディアの統一は、（ルースなカップリングとタイトなカップリングの統一として）時間のなかに現れる。形式の顕在化は（再顕在化もまた）、同時にメディアの基体の再生産に寄与する。単語は十分よく用いられることによって、すなわち諸々の文章のなかで繰り返し同一の異なる意味を与えられることによって覚えられる。メディアは、区別の統一としてのみ再生産されうる。だが同様に明らかなのは、これが一方においてのみ、すなわち作動的に利用可能な区別の一方においてのみ行われるということである。

意味が作動のなかで利用されている間に顕在化されうるとしても、メディアはそれ自体として、不可視のままである。つまり、それ自体としてのメディアとは、ルースなカップリングとタイトなカップリングの差異の統一、および現実性と可能性の差異の統一である。たしかにメディアは顕在的で形式規定的な作動において再生産されるが、しかし、それは締め出されたものの潜在化という形式において、あるいは形式の組み合わせ方の別の可能性を記憶しておくという形式においてのみである。すべての決定は――《ただ可能である》、《非蓋然的である》また《不可能である》という決定も――それよって同時に再生産される《マークされない空間(unmarked space)》から、決定として生じる。そのメディアに《意味》という名称を与えるにしても、あるいはマークされない空間に《世界》という名称を与えるにしても、このようなゼマンティク上の形式付与は、それによって名指された作動領域の内部で行われる。形式付与には、単語が用いられる。あるいは他の多くの概念との区別で、概念が用いられる。形式付与はその際、まさしく同時には指し示すことのできない区別を用いている。

意味をメディアとして示すとき、意味は否定不可能なカテゴリーとして示される。というのも、否定とは何かを示すことであろうから、否定はそれ自体がまたしてもメディアを、つまりもっとも一般的なメディアとしての意味を前提にするであろうからである。意味を拒絶するなら、それは《遂行的自己矛盾》に帰結するであろう。何かを《無意味》と呼ぶなら、別の対概念が《意味》として前提とされなければならない。しかし、この問題はすぐに言語が取り除いてくれる。言語は、意味というメディアを使用することで《有意味(sinnvoll)》と《無意味(sinnlos)》とを区別することを可能にする。しかしこれは、《有意味》ということで何が想定されうるのか明らかにするという課題を残している。

アロイス・ハーンの提案に従えば、無意味さの感覚と有意味な意味の探求は、心的システムないしは社会システムの自己記述に関係づけられる。(26) その際前提となるのは、自己記述によってシステムの同一性が、つまりはシステムのなかで交換不可能なものとして扱われなければならないものが、指し示されるということである。それとともに、有意味なものと無意味なものとを分ける構造が、問題になってくる。したがって宗教システムの場合、何がこのシステムにとって意味をなさないか識別するために、提案された信仰内容に留意する必要がある。もっともこのことは、その言明自体が意味を顕在化させており他のやり方ではまったく不可能であろうということを、変えるものではない。そしてことによると、われわれはすでにここで宗教的なコミュニケーションの根源に触れる問題の手がかりを、得ているのかもしれない。

ただ意味を示唆するような(sinnhaft)語りから有意味な考え抜かれた(sinnvoll)語りへの移行には、当然それに伴うリスクとコストがある。宗教は、これについて苦い経験をしなければならなかった。この移行によって有意味なものとして示されたものは、解釈や反復的記述、また新たな記述へとさらされることになる。これにより、宗教的に有意味な主題は、時間の移ろいにさらされる。たしかに、解釈も新たな記述も、つねに継続性と非継続性とを同時に生み出す。非継続性による継続性である。しかしながら、これによっていまなお可能な信仰の形式が変化する。たとえばそれは、解釈されうる《テクスト》に、つまり時代に即した意味が新たに後から与えられうるテクストになる。書かれたテクストは解釈のためには有効であるが、しかし、文書の/口頭のという区別は、われわれにとって決定的な洞察をもたらさない。むしろ、あるテクストが信仰のための効力をもつか否かということは、「《再記述》(re-description)」が行われ続けているかどうかということに依存している。[27] この意味でのみテクストは——隠喩的に表現するなら——生きたテクストでありえ、また生きたテクストであり続けることができる。しかしながら《再記述》とは、回顧的にのみ可能なコミュニケーションであり、そのため信者たちは次にどのような別の記述が行われるのかということについては不確実なままに置かれる。これは周知のように、テクストの本質的な部分と副次的な部分を分けることによって解決が試みられる。テクストはただ象徴的な意味をもつにすぎないというテーゼも、同様の機能をもっている。しかし、このような方法では、有意味であると主張されるコミュニケーションのリスクを、有効に防ぐことはできない。というのも、このリスクは事象次元ではなく、時間次元にあるからである。宗教をテクストとして固定化することによって、宗教に対して批判的にも用いられる感受性の領域が開かれる。

以上の準備的考察を踏まえるなら、もはや宗教が意味というメディアの形式領域において探し求められなければならないということに、さらなる説明は必要ない。しかしこれでは、宗教がどのような区別によって（世界のその他の部分とは異なって）特殊化されるのか、また何が宗教に《意味のないもの》を退けて無意味な生から有意味な生へと橋渡しすることを可能にするのかということについては、まだ何も決定されていない。また区別について問うなら、区別をつけるものについて、すなわち観察者について問うことになる。したがって、問いは次のようになる。すなわち、宗教の観察者とは誰なのか、と。ことによると神学者は、驚くべき回答をするであろう。それは神である、と。だがそうでなくてもよいとしたら、どうであろうか。そして、われわれはそれを信じるべきなのであろうか。

III

次の段階では、世界がいかにして区別を生み出すのかという問いに取り組まなくてはならない。そもそもなぜ、そしていかにして、この奇妙な非対称形式――区別の一方が接続能力のある作動に用いられるのに対して、他方はまさにマークされないままでいることによって不可欠のものとして協働しているような形式――が形成されるのであろうか。そしてまた、天地創造の業にあるように区別がつけられることを世界が許容するなら、世界そのものは何になるのか。天と地であろうか。だが、始まりがなぜそれであってほかではないのか。なぜある区分から、つまり非反省的な存在の区別から、始まるのであろうか。そうすることによってのみ、区別をつけるものが区別そのもののなかに登場することを、避けることができるからであろうか。

ここまではさしあたり、区別を行うのは観察者であるという考えをもってやってきた。ゆえにまた、観察者がどのような区別をつけ、いかにしてその意味手段を特殊化するかを知ろうとするなら、観察者を観察しなければならないと述べてきた。そこで、この用語の使い方を継続することにしよう。しかしそうなると、それを自己適用のプロセスにおいて説明しなければならない。というのも、ここで問題となっているのは、自己論理的な概念だからである。観察者と区別とを区別することは、それ自体一つの区別である。ゆえに、ここで問われるのは、誰が観察者なのかということである。より正確にいうなら、観察者はどのようにして自らがつけた区別と自己自身とを区別することができなければならないか、ということである。ジョージ・スペンサー・ブラウンは、算術と代数の問いを一つの演算子で扱うことのできる算法を「区別せよ（draw a distinction）」という指示によって作ろうと試みたが、そこでやはりこの問題に突き当たった。そして、彼はこれを同一性に解消した(28)。だがこれによって、さらなる問いを封じ込める必要はない。というのも、同一性というのは、あらゆる差異理論的分析を、むしろ不安にさせるような構想だからである。

　次のように考えることで、先へ進むことにしよう。すなわち、一般的には作動は、とくに観察は、個別の出来事としては不可能であり、回帰的なネットワークを前提とする。作動はこのネットワークによって自らを再生産し、それと同時に、作動ではなくただ資源（リソース）と妨害のみを供給する環境に対して、自らの作動の再生産の連関を境界づける、と考えるのである。このような出発点が示すのは、システム形成、より正確にいえば作動上閉じられたオートポイエティック・システムの形成である。それは、さらなる諸条件のもとで分出するだけでなく、それとの関連で自らを環境から区別することのできるシステムである。その際、システムと環境との区別は、内部で二重になる。そしてこれは――われわれの前提からいえばつまりそうなるのだが――接続能力をもっている側、つまりシステムの側で行われる。スペンサー・ブラウンの用語法でいうなら、ここで問題となっているのは、形式が形式へと《再参入（re-entry）》すること、そして最初にすでに前提にしていたものが演算の最後で示されるという、例の謎めいたプロセスである[29]。

　それによって何が生じたかを明らかにするならば、次のようになる。すなわち、われわれが行ったのは自らを区別する区別というトートロジーを、別の区別――すなわちシステムと環境の区別――に置き換えるということである。その際、世界はこうした出来事を《内包するもの》として在る。すなわち、あれこれの区別によってマークされておらず、あらゆるマークづけに対してマークされざる側を形成するものとして、である。その代わりに別の区別を用いることは、論理的に根拠づけられえない。しかし、ここで提案したやり方を取りたくないならば、そしてトートロジーのパラドクス（異なるものが同一のものである）にとどまりたくないのであれば、それを別の仕方で行わなくてはならない。別のものを用いるこの作動は、論理的な作動ではないが、しかし世界とは両立可能である。そして、その作動は、成果という点で判定されうる。

つまり《マークされた》観察者の同一性とは、システムの同一性である。ただし、ここからすぐにシステムはその環境のみを観察するという結論を出してはならない。どの程度までこれが動物に妥当し、どの程度まで人間の知覚にも妥当するかについて、議論することは可能であろう。しかし、われわれが扱っている複雑な理論構造は、われわれが誤った推論に至ることを防いでくれる。観察者は、意識としてであれ社会システムとしてであれ、自らの内部に写し取ったシステムと環境との区別に、つまり自己言及と他者言及との区別に定位することができ、またこれを（すべて内部での言及にとどまるにもかかわらず）行わなければならない。なぜなら、そうでなければ観察者は、つねに自らの状態と環境の状態とを混同するであろうし、その場合環境によって刺激されることすら、つまり学習することすら、できなくなるであろうからである。ここで問題になっているのが作動的に閉じられたシステムであるがゆえに、すなわち、まさに自らの作動をもってしては環境のなかに手を伸ばすこともあるいはそれに触れてみることさえもできないシステムであるがゆえに、その生存（＝オートポイエーシスの継続）はまったくもって、内部において使用可能な自己言及と他者言及の区別に依存しており、それによって学習過程が制御される。それによって何が構造に加えられようと、それは内部における凝縮物、つまり構築物にとどまる。[30] 構築物が構築物として示されず、ゆえにシステムが自らの構築物（自らの構築物であるにもかかわらず！）によって破滅するといった例も、数多くある。実際の例としては、共産主義的社会主義による国家構築および経済構築が挙げられる。だが他方で、自己言及と他者言及の区別による自己規定（自己組織）は、進化上の選択のための必須の条件である。より高次の意識形式と社会的コミュニケーションは、すべてこれに依存している。言葉（自己言及）と事物（他者言及）を区別することを学ばなければ、どのような社会も発生さえしなかったであろう。

世界のマークされない空間から何か指示されたものに作動としてアクセスし、それによってこれを世界のマークされない領域から区別するような区別そのものに比べて――つまり通常の区別の形式とは違って――、自己言及と他者言及の区別は、両方の側で接続可能であるという重要な長所をもっている。システムは、自己が観察しているということを観察することができる。[31] システムは、一連の観察を環境と関係づけることも、自己自身と関係づけることもできる。システムは、オリエンテーションを失うことなく、つねに行ったり来たり、つまり自己／他者の境界を乗り越えたり戻ってきたりすることができる。スペンサー・ブラウンの《横断の法則》は、このような特殊な条件のもとでは妥当しない。[32] この条件のもとでは、自らの状態（たとえば自らの行動可能性）をよりよく理解するために、外部から帰属された特殊化を利用することができる。だが環境がそれに加えて別の諸側面を示すという経験をすると、逆に自らの状態を修正することも考慮に入れることができる。このような非常に限定的な条件のもとでのみ、情報と情報加工――差異を生む差異というベイトソンの意味での情報――について語ることができる。

われわれが主体という古典的な概念を観察者という概念で置き換えたのは、次のことを明らかにするためであった。すなわち、意味というメディアを生産・再生産する作動は現実世界のなかで生じているのであり、リアリティの外にある超越的な領域で生じているのではないということである。もちろんこのことは、リアリティ概念にも影響を及ぼす。つまり、このことによってリアリティは、レトリック上の構築物、すなわち《オーソドックスな読み書き実践の相似物》[33]となる。コミュニケーションは、このような形式でもって、リアリティの反対概念――観念的であることであれ、主観性であれ――を形成する可能性をもつのである。

しかし、である。作動上の閉鎖から生じる《リアリティ喪失》を補うために自己言及と他者言及との区別を用いる観察者は、どこに位置しているのであろうか。これまで述べてきたすべてのことに照らしてみれば、自己言及の《自己》を観察者と考えることは、単なる論理的誤謬でしかない。このように想定していたからこそ、主観哲学は失望することになったのであり、ここでそれを繰り返す必要はない[34]。観察者とは、自己言及と他者言及の差異の統一である。それゆえ観察者は、自らを指し示すことはできない。彼は自己自身にとって不可視なままにとどまる。

世界も、また同様である。世界は観察者にとって、システムと環境との差異の統一として機能しなくてはならないであろう。両方の側で指示能力をもっている区別という観察装置は、全体として世界のマークされない空間に埋め込まれており、観察者はそこから観察している。《意味》という進化上の獲得物――それによってそもそも意識、社会、言語、文化（そして宗教、ともう言ってもいいであろうか）が可能になったのであるが――があったとしても、このことはなんら変わることはない。差異の統一の観察を意図することは依然として可能であり、それが意味世界のなかに意味を作るということは認められてよい。しかし、その意味はパラドクスの形式をとる。すなわち、異なるものの同一という根本的パラドクスの形式である。

IV

ここまで、世界と観察者が観察不可能であることを観察した。それとともに、宗教の観察を始めた。ただし、まだいくらかの精緻化が必要である。あらためて区別を区別しなければならない。

観察者／世界という区別は、観察するもの／観察されたものという区別から、区別される。この区別は、結局のところ世界が（それが誰であるか知らず、またいかにして観察するのかも知らないが）自己自身を観察するところの区別、すなわち観察不可能／観察可能という区別になる。観察者は、観察者が観察するということ、そしていかに観察するかということを観察することができる。観察可能なセカンド・オーダーの観察は、まさしく存在する。しかし、どのオーダーの観察の観察にせよ、観察という作動は、観察不可能なものから観察可能なものへと進む。スペンサー・ブラウンの、区別せよという指示は、この境界を横断することの指示である。そのような最初の区別は、観察のどの次元においても避けることはできない。観察者を観察しても、また自己自身を観察者として観察しても、最初の区別を避けることはできない。もっと単純にいうなら、観察という作動はそれ自体にとって観察不可能なままにとどまる。観察という作動は、区別を用いる。後者の非対称性が前者の非対称性を代理し、隠蔽する。観察するということは、その区別の内部で生じており、その外部では生じない。あらゆる観察にとって、「区別とは完全な自己抑制である」という命題が当てはまる。[36] だが観察そのものは、排除された第三項、すなわち区別そのものにおいて区別することのできない区別の統一である。それはいわば《盲点》を必要とする。あるいは超越論的な言い回しをするなら、観察の観察不可能性とは、観察の可能性の条件、すなわち対象へアクセスできることの条件である。

観察者を（事物としてではなく）観察者として、《客体》としてではなく《主体》として）観察するなら、このことは二つの次元で考慮に入れられなければならない。セカンド・オーダーの観察者がファースト・オーダーの観察者を（事物ではなく）観察者として観察できるのは、ただ次のことを観察するときである。すなわち、ファースト・オーダーの観察者が、自らが見ていないものを見ていないということを見ていないということである。これを定式化（観察）できるのは、ただ否定を用いることによってのみである。しかし、これでは事態を正当に表したことにはならない。というのも観察という作動は、（否定するときにも）否定から自由に作動するからである。観察は、自らが行うことを行う。観察のリアリティはそこにある。

このような所見は、伝統的には、他の観察者の自由として、あるいは観察者の決定の仕方を尊重する規範として、あるいは主観の《内的無限性》として定式化することができる。その場合、道徳に近づくこと、そして、諸々の制約をあらかじめ考慮に入れる必要性の前に立たされることが分かる。しかし、そのような定式化は、すでに社会の慣習的な分類に基づいている。それは、心的システムにのみ当てはまり、社会システム（観察者について語るときは、つねにこれも一緒に含意されるのだが）には当てはまらない。したがって、ここからは文化的かつ歴史的に特殊な宗教概念しか得ることができない。それらの権利は、もちろん否認されるべきではない。しかし、他の可能性を開いておきたい。

この観察不可能性の領域のなかに、すなわち観察と世界とが観察の前提として区別されえない領域（つまりマークされない状態）のなかに、宗教の意味形式として扱われ、なおかつ進化にさらされている諸問題の出発点があるのではないかと予想される。このような予想は、まだなんら専門的に研究された内容ももつものではない。しかし、それは意味メディアの分析によってカバーされる。というのも、このメディアは過剰な許容能力を提供するからであり、まさにそれがここで問われているからである。また観察不可能なものも、意味として作動のなかに組み込まれうる——そうでなかったら、どうやってここでそれについて語っているというのであろうか——。というのも意味は、排除可能性をもたないからである。アクセスできないものに対しては否定という形式を与えることができるであろうし、論理的により高度なものが求められる場合には、パラドクスという形式が与えられよう。その指し示すものが思っているものとは異なることを知りながら、それを名指すかもしれない。そしてそこから、まさにこの不適切さを対象として反省するような象徴についての理解が発達するかもしれない。古いサイバネティクスの概念で言うなら、ここで問題になっているのは《最小多様度[37]（requisite variety）》である。あらゆる解決策のための出発点は、ある謎を別の謎で制御しようとする試みのなかにあるように思われる。

もちろん、そのために確実で唯一正しいやり方というものがあるということではない。諸々の可能性が多数あることで、われわれには宗教の進化を分析するための前概念が与えられる。しかしながら目下のところは、次のことを確認するだけにとどめておこう。それは、観察そのもののなかに備わっている観察の構造的障害が、刺激要因として、とりわけ意味付与を要求するものとして、意味的宇宙に含まれうるということである。宗教というものは、この締め出されたものの内包、まずは具象的で、そして局所的で、やがて普遍的な不在者の共在（Anwesenheit）ということに関係している。しかし、ここにおいて、あるいはほかのところで、宗教やその社会学的な分析のなかで考えられ、また言われることはすべて、思念されたことに対する単なる暗号（Chiffre）でしかない。

V

ここで再びスペンサー・ブラウンの概念が、手がかりとなる。つまり、演算の限界概念、《再参入》の概念である。再参入の概念は、多岐にわたる区別との関係で語られうる。すでに、システムと環境の区別がシステムに再参入する可能性については述べた[38]。それに対して宗教の場合に問題となるのは、観察可能／観察不可能という区別が観察可能なものへと再参入するということである。

単純な観察は、境界の横断を必要とするのみである。指示すべきものを他のあらゆるものから区別する境界である。この境界は、あらかじめ存在することはなく、そもそも横断することで初めて生じる。区別は、作動の一契機でなければならない（そうでなければ他との相違において何も指示することができない）。しかし区別が、形式としてマークされる必要はない。再参入の場合には、これが異なる。というのもこの作動は、自己によって作り出された領域に再登場した区別が指し示されるときのみ、遂行されうるからである。スペンサー・ブラウンの用語法でいえば《クロス》（指示を横断すること）は、《マーカー》（形式の指示）として利用されなければならない[39]。そしてこれは、横断のためにマーカーを用いることなく行われうる。

こうした再参入の可能性の背景には、数学的に多くを要する前提条件（演算における作動上の前史）があるが、ここでそれに携わる必要はない。それより重要なのは、これによって可能になった作動の形式である。再参入は、パラドクシカルな作動である。なぜなら、それは二つの区別を同一のものとして用い、クロス／マーカーという区別を両義的なものにするからである。しかしそれ〔再参入〕は同時に、それが前提とした虚空間〔想像上の空間〕とは区別される作動である。この空間は、この区別によって分割され、そしてそのことによって、これを統一体として観察することは不可能となる。この区別は、形式として、すなわち二つの側をもった形式として、マークされる。それからこの区別は、形式の一方の側に写し取られる。まさにそのために、分割された空間に自己可動性（または自己指示能力）を認める例の虚空間が仮定されなくてはならない。ことによるとこの虚空間は、再参入が行われて初めて成立するといわなければならないのかもしれない。しかし、いつものように作動の特殊性は、それを実行する区別の――これであって他ではないという区別の――特殊性によって、保証される。

再参入という表現は、その名称に従うなら、まず出発点となる区別がつけられ、そしてそのなかで再参入が行われなくてはならない、という印象を与える。つまり、まず舞台が設置され、その上で劇が行われなければならないということである。舞台は、リアリティがどこにあり、どこに見せかけのリアリティが置かれているかということをはっきりさせるために、観客席から分離されなくてはならない。そうすれば舞台の上で、錯覚や思い違い、あるいはまた観察できないことを演じることができる。観客は、真実と見せかけとの間の上演された差異を――この区別そのものが本当は見せかけであることに目をつぶるなら――リアリティとして見て、そして理解する。再参入は自らを無効にすることはできず、その再参入を通してのみ、演劇は世界を象徴化することができる。[40] しかしもしそうであるなら、同様に逆のやり方をとって、形式のなかの形式を優先することはできないであろうか。すなわち、次のように推測できるのではないか。もはや、表象されているような世界——たとえば聖／俗という区別——で済ますことができないのであれば、出発点の区別は枠組みの枠組みとして創作されないであろうか。一種の《でっちあげ（framing up）》をもって区別を外に投影することで、その区別が自己自身を含むようにはできないであろうか。

この種の問いは、さして重要ではない。ことによると数学的演算の構築において、社会文化的な進化とは異なる優先順位があるかもしれない。しかし、われわれがこの問いを未解決のままにしておくことができること、それどころかそうしなければならないことは、観察概念が区別の活用であることによって前もって決められている。というのも観察とは、あらかじめ与えられた世界構造の複写（それは正しく行われたり、あるいは間違って行われたりするであろう）を意味するのではなく、また何かそれに対応するものを作り出すことでもないからである（それは、モデルや目的によって成功したり、あるいは成功しなかったりするであろう）。そうではなく、観察とは区別によって接続可能性を作り出すことである。そしてそれから、さらに継続できる能力や獲得可能な複雑性によって、その端緒がどのくらい生産的であるかが決まる。さしあたりわれわれの目的にとっては、この問題を理解しておくこと、そしてあれこれの流れについて、前もって判断してしまわないようにしておくことだけで、十分である。

目下の懸案に、集中することにしよう。すなわち、観察可能／観察不可能という区別である。この区別から出発する。他の区別は、宗教という観察領域がどのように展開するかに応じて、その後に続くことができる。だが、開始にあたって用いられなくてはならないのは、観察可能／観察不可能という区別である。この区別は、境界の有意味な（実り豊かな）横断を認めない。横断するとすれば《横断の法則（law of crossing）》が妥当し、それは《キャンセルの形式（form of cancellation）》を伴う。すなわち、横断から戻ってきても、あたかも何もなかったかのよう見える[41]。というのも観察は、観察可能なものの側でのみ（この側が、ただ他の側も存在するがゆえに存在するだけだとしても）生じうるからである。ここで問題になっているのは、観察不可能なものを観察可能にすること——たとえばそれを模写あるいは描写すること——でもない。もしそうだとしたら、それは端的にカテゴリーの誤謬、ないしは別の種類の区別への移行にすぎない。結局のところ問題となりうるのは、形式の形式への再参入、つまり区別がそれによって区別されたものへと再参入することである。別の言葉で言えば、観察可能なものにおいて（それ以外のどこにおいてだというのだろうか？）、観察可能／観察不可能という差異が観察可能にされなければならない。この区別のどちらかの側が問題になるのではなく、その形式、すなわち区別そのものが問題なのである。

　宗教が宗教について語る情報は不十分なことが多く、したがって以下の結論に至るまでに、これまでのような複雑な準備考察が必要であった。すなわち、意味形式は、その意味が観察可能／観察不可能という差異の統一に差し戻され、そのためにある形式が見出されるとき宗教的なものとして体験される、という結論である。宗教は、せいぜい百年前から主題となった《意味の危機》とは何の関係もない。《意味喪失》、《アイデンティティ喪失》、《世界喪失》といった主題において問題となっているのは、歴史上の大きな切断手術——国王の殺害や、学校、工場、職場に行くことによる家の無人化など——の後に感じられる幻影痛[42]にすぎない。だとすれば、こうしたことに取り組めという要求は、宗教に対して当を得たものとはいえないかもしれない。宗教にとって意味とは、満たされるべき《欲求》ではない。宗教は、《意味探し》に成功の見込みを与えるために存在するのではない。そうした理解は、まだ人間学的・機能的定義の域を出ていない。また、ジャック・デリダが関心を寄せている問題が、ここで重要なのでもない。すなわち、記号の使用は反復されえず、それゆえに状況が変わっても同一であり続けるような参照先はありえないという問題、存在の現前についての形而上学はわれわれを欺いてきた、という問題である。時間がすべてのものを変化させ、ゆえにつねに新たに登録される必要があるということは、まったくその通りであろう。あるいは、結局あらゆる《差異（difference）》は、差異の繰り延べ、つまり《差延（diffárance）》であり、どのような支えもそれゆえに脱構築が可能であろう。まったくその通りであるかもしれないが、しかしこれは、宗教と宇宙論との、あるいは神学と存在論的形而上学との古い聖なる同盟を、これも宗教であったということを否認しえないまま、解消するだけである。というのも、結局「なぜそうなのか」という同じ問題に突き当たるだけだからである。すなわち、なぜ別様ではなく、存在／非存在、共在／不在、あるいは反復／非反復（itération）という枠組みにおいて区別されるのか。これが必ずや意味をなすということに対し、異論が適切に差し挟まれることはない。もし、ああいうふうにもこういうふうにも区別がつけられるなら、何が観察不可能なままにとどまるのかという問いが残される。世界を語ろうとするあらゆる企てから宗教を区別する問題は――もし以上のことが当たっているなら――、意味はいかにして可能か、ということのみである。

その際――もうこのように再構成してよいであろうが――観察不可能性ということで意味されている

のは、実際のアクセス不可能性のことではなく、観察そのものを観察不可能にしているもののことである。これはつねに二重である。すなわち、観察それ自体と、観察によって指示されるものが区別されるところの、世界のマークされない空間である。それゆえ宗教によって補われるのは、けっして欠損、憂慮、不確実さといったものではない。そうではなく、体験や行為においてであれ、心的システムや社会システムによってであれ、なにものかｰでありｰ他ではない（etwas-und-nichts-anderes）ということを確定するために必要とされる不可欠の条件のすべてを、宗教は補うのである。

あらゆる区別は、ひとたびマークされると、他の区別を取り扱う自由をもたらす。まさにマークをつけるということが、その効果をもっている。なぜなら、それは単に指示されたものに目を奪われるのとは異なり、区別を区別することを可能にするからである。ゴットハルト・ギュンターの言葉でいえば、これは《超言的な作動》、つまり、ある区別が受け入れられるか否かを決定する作動である[43]。すでにここに、抽象的ではあるが宗教と自由との連関が示唆されている。それが懐疑への自由にすぎないとしても、である。

付随的ではあるがこれから展開可能なこととして、さらに次のことがいえよう。すなわち、宗教が提供することができるのは、最終的な思考としてはただパラドクスだけであり、それに関連する作動様式としては一般に《信仰》と呼ばれるものだけである。このように考えるならば、宗教上の意味が指示するものは決定されえない。最終的な差異の統一に関する問いを立てること、そして失敗することは、依然としてつねに起こりうる。しかし、それがまさにそうであるがゆえに、不可避的にそうであるがゆえに、そこには独特の確実性があり、またそれゆえに、単にそうなのだと非難することができない。

VI

神学は、イエス／ノーのコードで作動する言語に拘束されており、存在／非存在の区別から出発する存在論的形而上学に拘束されているために、否定ということについては困難を抱えてきた。その独自の言明を、否定神学として定式化することはできた。神の存在を否定することは、できなかった。それでも、所与の条件のもとで、否定は依然として基本的な作動であり、それ以上分析不可能な作動であり続けてきた。こうしたことが、これまでの考察の結果を受け入れることで、変わるかもしれない。

というのも、いまや世界と意味が否定不可能な事態として把握され、また区別をつけることが観察という作動の構成契機を成しているがゆえに、観察の可能性そのものを破壊することなしには、区別の一方の側をいわばないものとして否定することはできないからである。いずれにせよ、区別を作動として用いる場合には、区別の他方の側が存在しないがために顧慮されないということを前提にすることはできない。たしかに他方の側は、選択された指示からそのつど締め出されていなくてはならない。しかし、それは後続の作動にとってアクセス可能でなくてはならない。そもそも、ある区別のこちら側とあちら側とを分ける境界は、その境界が乗り越えられ、またあちら側を指示することも可能であるということをあわせて考えられるときにのみ、思い描くことができる。したがって、境界の横断、スペンサー・ブラウンの意味での《横断（crossing）》が、否定として把握されることもない。それに対応して、スペンサー・ブラウンにおける《横断（cross）》とは、指示の指示を意味する。なぜならば、指示するとは、マークされない空間とマークされた空間との境界を乗り越えること（それによって境界再生産すること）を必要とするからである。仏教は、否定することの可能性を拡大し、存在の根拠をそのなかに含ませる。だがそうであっても、やはり疑問が浮かぶ。すなわち、これによって人は世界を――規定的なものはすべて世界の《マークされない空間》から区別されなくてはならず、それゆえに否定されえないものである世界を――正当に評価できるのであろうか、という疑問である[44]。マークされない空間は、観察可能ではない。しかし、だからといって無ということではない。

　このように考えてみると、否定とは非常に多くの前提を要する作動である。それは、なによりも否定されたものの特定を前提としている（なぜならば世界および否定の作動の意味を否定することはできないからである）。そしてまた、記憶も前提としている。というのも、否定すべきものと肯定がなされうるものは同一でなければならないからである。つまり、否定の可能性を自由に処理できるのは、十分に複雑なシステムのみということになる。

　区別を横断する可能性が存在しており、**さらにそれを拒否したい**と人が考えるとき初めて、おそらく否定は必要とされる。つまり区別の一方の側にとどまりたいとき、たとえば、トマトをトマトとして扱い――目下のところ可能であっても――リンゴとして扱おうとは思わないときである。否定とは、この場合、横断（crossing）を拒否することである。それゆえ、知覚作用において否定は通常まったく必要とされず、必要とされるのは、ただ明らかな相違だけである。否定とは、ここでは単に思い違いを防ぐ作動でしかない。それとは反対に、バイナリー・コードの設定にとっては――それについては後に詳しく扱うが――否定は構成的な要素である。なぜなら、まさに横断（crossing）はいつも可能であり、予期されるからである。ここで、またここでのみ、否定とは横断（crossing）の反省であり、境界を越える、あるいは、越えない可能性の持続的な利用可能性である。

このことは同時に、われわれが絶えず関わっている言語上の困難をも、説明してくれる。というのも、言語とは、けっして文法的に整理された記号の集合ではなく、なによりコミュニケーションのバイナリー・コード化された形式――伝達されるべきものすべてに対してイエス・バージョンとノー・バージョンを用意している形式――だからである。われわれが言語を用いなくてはならないがゆえに、世界があたかも――マークされた空間や事物の有限性とは異なって――マークされない空間であったり、あるいは無限であったりするかのような印象が与えられる。しかしながらこれは、世界を言語形式的に指し示そうとするがゆえに、言い換えれば、言語形式的に区別しようとするがゆえに生じる言語の問題にすぎない。この区別を含めすべての区別が顕在化するのは、世界における作動としてのみである。マークされた空間／マークされない空間という区別も、その使用において、それを受け入れるマークされない空間（というしかないのだが）を産出する。

この種の理論は、ときにポジティブなものに優位を与えるテーゼであるかのようにいわれる。これもまた適切ではない。というのも、ポジティブなものについて語ることができるのは、それがネガティブでもありうることを前提にしたときのみだからである。まさにこのことが、疑われるべきなのである。われわれはむしろ、意味を処理していく諸々のシステムの固有性、ならびに世界や意味、そして最終的には宗教がそれらのシステムにとって意味しうるものについて、述べている。したがって、《優位》についで語ることができるのは、まさにこのシステム準拠の選択が問題となる場合にのみ、つまり、まさにこのシステム準拠から《内》と《外》とを指示するような決定が問題になる場合だけである。いずれにせよそれは、そのような一つのシステムの内部でのみ生じうる。そして、内／外という区別――どのようなシステム準拠であるか明示することを要求する区別――は、存在論的‐神学的伝統にとって、存在と非存在という区別が占めていた場所に取って代わるのである。

VII

観察者としての心的システムに準拠するなら、こうした考察は、伝統的になじみのある領域にとどまっている。眼が、自分が見ているということを見ることができないことは、プラトンからフィヒテの矛盾に至るまで言われ続けてきたトポスである。まさにそれゆえに、眼は反省のために、魂の特別な部分を必要とする[45]。さらにいえば、人間の認識能力が認知的に不十分であるということは、なんら驚くべきことではない。結局のところ、火も自らを焼き尽くすこと（それゆえ消すこと）はできない。しかし以下で問題となるのは、知覚でも意識でもない。意識が行うのは、神経生理学的な作動の（内的に加工された）結果の外部化である。意識は《外界》の構成を行い、したがって他者言及と自己言及との区別によって作動する。それゆえに意識は主体／客体‐図式に拘束されたままであり、反省的な態度をとったとしても、自らを事物との類比でのみ、つまり準客体、魂、精神、自己、自我として思い描くことができるにすぎない。しかし、とりわけ宗教にとっての問題は、宗教が主体／客体‐区別の意味を問うこともでき、また最終的には問わなくてはならないということにある。

宗教的な主題においてつねに人間への関係づけを伴うことが、これによって否定されなくてはならないということではない。しかし、それが当てはまるのは主題についてであって、宗教の基底的な作動についてではない。人間になった神の話や、自我の主観性についての神話など、影響力の大きい神話が存在する。それらは、自分が大勢のなかの一人にすぎないということについて、個々人を慰め、そしてそれを忘れさせてくれる。だが、これらの神話は、コミュニケーションが濃縮したものとしてのみ存在する。したがって社会学理論の文脈においては、宗教をもっぱらコミュニケーション上の出来事として把握することができる。意識過程もまた同時に作用しているということには、まったく疑いの余地がない。意識なしに、コミュニケーションはありえない。しかし、宗教の現実化は――もっぱら社会秩序の現実化が端的にそうであるように――、（それぞれに自己完結した）意識作動の総和として把握できるものではない。こうした想定から始めるなら、社会秩序の創発についての理論は、――まるで大理石の採掘場で発破をかけたらミケランジェロの彫刻が出てきた、とでもいうかのような――非常にありえそうにない結果に行き着くであろう。社会秩序の発生、およびその継続的な維持と再生産は、まさにそれを生み出している作動に基づいてのみ説明することができる。まさに実際に行われており、自己自身を再生産しているコミュニケーションに基づいてのみである。それゆえ問題となるのは、宗教的コミュニケーションのみ、つまりコミュニケーションのなかでコミュニケーションの意味として顕在化されている宗教的意味だけである。したがって――宗教が自らについて言明していることとは異なり――、存在するといわれる宗教上の諸存在（たとえば神性）を扱うことはしない。関心を寄せるのは、それがそのように言われているということについてだけである。（というのも、それが言明されないなら、それが当たっているのかどうかあれこれ思いわずらう理由もないであろうからである。）さらに、意識状態についての（そのつど個人化された）言明も扱わない。というのも、ここで問題となっているのは《人間化》、つまり十九世紀に行われていたような宗教の人間学的還元ではないからだ。かくしてコミュニケーションが、われわれの認める唯一のシステム準拠である。その際、コミュニケーションが可能なのは、特定の心的・有機的・化学的・物理的な構造的カップリングが確保された場合にのみであるということを、当然前提とすることができる。

意識が固有に生み出しているものを分析すれば、宗教が理解可能になるなどということはけっしてない。またとりわけ、宗教の有する高度の諸形式の進化が説明されるということもないであろう。（人間と高等動物の）意識の主な働きは、大脳の神経生理学的な作業過程の結果を《外界》として現して見せること、それゆえに、意識をもって生きている有機体が自己言及と他者言及の差異を指向することを可能にする点にある。これは直接の知覚を通して生じうるが、さまざまな種類のシミュレーションによっても生じうる。それとともに与えられた区別能力は、人間の場合には、周知のように言語によって強化され、特異な記憶と学習能力が備えられる。そのことにより人間は、言語という形式で知覚された（聞いた、ないし読んだ）ものも記憶できるようになる。したがって、観察不可能なものは――それがリアリティの見出し（インデックス）を与えられているとするならば――意識の純粋な作動においてつねに隠れたものとして、すなわち、別の現存物の《背後》ないし《内部》にあるものとして、現れることになろう。宗教的コミュニケーションもまた、意識的に想像可能なものを提供しようとするときには、《背後》や《内部》といったメタファーを用いる。しかし、コミュニケーションが《イエス》（受諾）と《ノー》（拒否）によって言語的にコード化されることによって初めて、宗教が占拠し発展させるゼマンティク上の空間は開拓される。コミュニケーションを通してのみ、意味は現実化されうる。意味は、意図されたこと、伝えられたこと、理解されるべきことが、意識にとってはアクセス不可能であることを明らかに要求する。こうして、背後存在、内部-存在、不可視性、模写不可能性といった意味形式がメタファーとして成立し、流通する。意識は、この言語に慣れる必要がある。しかしその際、そうした言語で説かれたものの意識上の相関物は極めて不確かであり、コミュニケーションにとっては使用不可能なままである。コミュニケーションは自らの作動の終了と再開のための条件として、理解について固有の形式を生み出す。コミュニケーションが意識の独自の性格に目をとめるのは、それがコミュニケーションそのものを刺激する限りにおいてである。したがって、コミュニケーション上のオートポイエーシスに基づいた独自の社会文化的進化の条件は、次のことにある。すなわち、コミュニケーションは、意識のような同時に進行しているものに対して高度に無関心であり、かつ特有の（だが自己規定的な）やり方で敏感であるということである。

コミュニケーションは、このようにして独自の産物から自らを再生産する作動様式として把握される。言い換えれば、《オートポイエティックな》システムの作動様式として把握される。コミュニケーションは、情報・伝達・理解の総合が達成されることを必要とする。それはコミュニケーションが継続可能である限り、コミュニケーションの意味において収斂する。コミュニケーションの確認的な（情報上の）構成要素と遂行的な（伝達上の）構成要素とは、各々のコミュニケーション上の作動において調整され、その関連性のもとで理解されなければならない。この点において、宗教上の信仰はつねに信仰告白であり、またそれでしかない。だがこうした出来事の統一性は、コミュニケーションとして産出されるのであり、参加者の（判断がいかようにしても難しい）意識状態として産出されるのではない。

コミュニケーションとは、つねに一つの観察作動である。というのも、それが少なくとも以下のことを前提とするからである。(1)情報と伝達は、区別されうる。(2)理解という構成要素――これによって先の区別がつけられるのだが――は、それ自体伝達とは符号せず、それから区別されうる。これに対応して複雑なのは、心的システムの参与に対する要求である。それはコミュニケーションに対して、攪乱的に反作用する。とはいえ、われわれが（具体的な人間ではなく）社会システムを基底に置く限り、コミュニケーションこそが一次的な作動であり、また二次的な作動であり続ける。ゆえにここで行われる研究においては、心的に同時に何が生じているかということを視野の外に置くことができる。心的に顕在化されたものがコミュニケーションの上で重要であろうとするならば、コミュニケーションとして注意を引きつけなくてはならない。そうでなければ、それは社会的なシステムであるところの社会に対して、何の影響も与えることのないシステム環境の変化にとどまる。

コミュニケーションを情報・伝達・理解という三つの構成要素の総合として把握するなら、この概念は、これらの構成要素のうちのどれか一つを物象化することも、存在論的優位に置くことも認めない。コミュニケーションは、起源をもたない。情報の事物的意味にも、何かを伝達する主体的な行為者にも、また結局のところ社会の文脈においても、理解を可能にするその制度にも、コミュニケーションの起源はない。コミュニケーションは、それ独自の産物である。[46] したがってコミュニケーションは、後続のコミュニケーションがどこに問題を見出すかに応じて――情報の意外性や、伝達の意図、あるいは理解の難しさなど——、それが指向する重点を絶えず変えることができる。このような分析は、放棄しえない意味の前提へと立ち戻る。というのも、意味とはまさにそのような主導的な構成要素の転換を可能にし、そこで自らを再生産するメディアだからである。この点において、客体、主体、理解の条件もまた、あらかじめ与えられた実在ではなく、その安定性をコミュニケーションの回帰性に依拠するコミュニケーションの《固有値》である。

こうしたコミュニケーションの概念をここでは詳しく論じることなく、前提としておかなければならない。[47] しかしながら以下の論述にとって重要なのは、観察についていえることはすべて、コミュニケーションについても当てはまるということである。社会システムも、それゆえに観察するシステムである。それ自体として独自に固有の区別を備えているが、とりわけ固有の知覚能力をもたない観察システムである。これは、観察の観察不可能性という中心的前提にも当てはまる。たしかにコミュニケーション・システムは、意識システムと同様に、自らに準拠する能力をもっている。コミュニケーションは、基底的作動の水準でコミュニケーションを指示し、それに基づいてさらにコミュニケートすることができる。さらにコミュニケーション・システムもまた、固有のアイデンティティを主題化することができ、また自己指示を用い、自己描写を作り上げ、自らについての理論を構築し、議論に付することができる。しかしながら、これらはつねに作動によってのみ行われるのであり、作動は、システムのなかに他のコミュニケーション的作動もまた存在していることを排除するのではなく、これをまさに(ヴィトゲンシュタインの規則概念のように)前提としている。

つまり、ここでも反省は、つねに先行する区別によって条件づけられ、かつ拘束されている。この区別は、観察そのものにおいては主題化されず、その盲点として働く。これと同じことが、コミュニケーション上の作動の基底的水準において、つまり情報、伝達、理解の区別についても、当てはまる。このように区別されたものの統一が顕在化する瞬間に、コミュニケーションが自らを指示することはできない。コミュニケーションにできるのは、作動するということだけである。そしてこの統一が重要であるとき、さらなるコミュニケーションが活用されなくてはならない。だが、それも自ら作動的に現実化するだけである。理解していただけるであろうか。

続く諸章では、繰り返しこの問題に関わることになる。それは（固有の論理に応じて）、さまざまな呼び名をもちうる。たとえば、作動と観察の区別、世界と観察の観察不可能性、区別されたものが同一であるというパラドクス、区別の自らへの再参入もまたそうである。これらの理解のために重要なのは、われわれがそれによってまさに例外なくコミュニケーションという観察作動に関係しているということである。日常のコミュニケーションにおいて観察不可能性に責任があるのは《人間》であってコミュニケーションではないというように、あるいは、宗教的な（たとえば、神秘的な指向をもつ）コミュニケーションの見解や表現の弱点は人間の構成的な制約に帰せられるというように、見誤ってはならない。これらは、コミュニケーション上で生み出された観察の観察不可能性という、より深層のパラドクスを隠すゼマンティク上の諸形式の一つにすぎない。このことが当たっているとすれば、そもそも宗教の科学と呼べるのは社会学だけであり、心理学や人間学ではない。

VIII

認知的な許容量を問う場合、作動／観察という区別によって得られた洞察を繰り返して用い、拡充していくことができる。宗教的伝統にとって、人間が限定的な認知能力しかもっていないということは当然の出発点であり、全知という属性は、反対概念として神のためにとっておくことが当たり前とされていた。今日の認知科学において、類似の問題が発生している。しかし、それは人間／神（有限／無限）といった区別で定式化されているのではない。むしろ、出発点となるテーゼはこうである。すなわち、いかなるシステムも、自らが環境に適していることを、認知を通して確証することはできない[48]。認知とはつねに、システム作動の内部に基づく追加的メカニズムにすぎず、それはなにより、環境の一時的な条件に対するシステムの一時的な適応を可能にするという機能をもっている。その際、つねに前提とされなくてはならないのは、世界（あるいはシステムから見れば環境）が、システムの自己再生産を許容するということである。

このことは、すべての生命有機体や人間の意識に当てはまるだけではなく、形式を変えるなら、あらゆる種類のコミュニケーション・システムにも当てはまる。たしかに、すべてのコミュニケーションは強制的に、《情報》という構成要素を活性化する（そうでなければ、それはコミュニケーションではない）。コミュニケーションは、何か特定のものを参照し、その参照点に情報という形式を与えなくてはならない。コミュニケーションは、それが指し示すものを区別として把握しなければならないが、この区別が認知的に処理されることでまた一つの区別をなす(49)。しかしコミュニケーションがそもそも成功するためには、さらに情報の伝達が必要であり、最終的にコミュニケーションを続けていくために十分なだけの理解が必要となる。理解は、伝達と情報の差異に基づいている。すなわち、コミュニケーションとはけっして、情報に基づいて自己再生産的に行われる認知にとどまるものではない。その本来の働きは、環境の条件をシステムのなかへとコピーすること（《表象すること》）にではなく、情報的な（確認的（コンスタティブ）な）構成要素と伝達的な（遂行的（パフォマティブ）な）構成要素という固有の作動様式の構成要素を、たえず媒介することにある。コミュニケーションは、大脳と同様に環境依存的であり、しかしその作動は、環境に接触することなく行われている。コミュニケーションもまた、他の作動への回帰的アクセスにおいてその作動システムを再生産する作動として、環境という前提と関わりあわなくてはならないのだが、しかしコミュニケーションは、このことをコミュニケーションそのものにおいて把握することもテーマ化することもできない。コミュニケーションが前提とするのは、通常コミュニケーションを許容している環境、なによりも意識システムであるが、それに加えて、かなり突発的で驚かされることの多いエコロジー環境もそうである。その際、コミュニケーションが成立しなかったり中断されたりすることが排除されてはいないが、しかし、それらは刺激としてコミュニケーションに作用を及ぼすことができなければならず、世界の通常の状態に反する出来事として説明可能でなければならない。

認知的な情報処理に特化した構造形成――たとえば繰り返し適用可能な知識や、ある記号を重要なものとしてゼマンティク的に強調すること、あるいは知識の検査と獲得のための信頼しうる方法といった形式における構造形成――もまた、これに関して何の変更も加えはしない。というのも、一つにはこのような構造は、コミュニケーションによる活性化を前提としているからである。つまり、それらはけっして作動と無関係に存立するものではない。さらにその進化は、一時的な状態への一時的な適応を可能にするという、あらゆる認知にとっての主導的関心に制御されている。つまりここで問題となっているのは、《ありのままの》世界の現状把握がますます改善され、適正化され、そしてますます精密になっていくことではない。それが問題であったことなど、一度もない。そうではなく、つねに問題となっているのは、システムが自らを支え続けるための内的な構成だけである。したがって、認知的な許容量の拡大——デジタル化、記憶化、区別の洗練化、あるいはあらゆる知識の変化可能性をあらかじめ計算に入れた学習速度など——は、システムにとっての世界の確実性を改善することはなく、せいぜいのところシステム固有の刺激可能性を増大させるだけである。そうなるとシステムは、もっと驚くべきものやまだ知られていないものを類型化し、加工し、それとともに理解されうるコミュニケーション領域を拡大することができる。しかし、そこには全体社会システムの適応能力の改善を保証するものは何もない。それゆえ進化というのも、システムがその環境へよりよく適応するのに役立つ知識の選択ではない。そうではなく、進化とはただ、非蓋然的なまでに高まった複雑性——サイバネティクスの用語法でいうなら逸脱強化(50)——にもかかわらず、システムのオートポイエーシスを継続可能にする形式の審査のことである。進化の働きとは、発生の蓋然性が低いなかで、発生したものが維持される高度の蓋然性を生み出すこと、つまりはシステムを形成することにある。

　コミュニケーション上の作動のオートポイエーシスによって、まだ到達されてはおらず、まだ知られてもいない未来が投影される。そこではつねにさらなる作動が可能であり、ただそのことだけが確実である。不確実性もまた同様に、終わりなき不確実性を意味する。すなわち、あらゆる規定とともに新しく構成される不確実性である。それは修正の可能性を保証しており、それで十分である。そのために超越論的な保証やアプリオリは、必要ない。ほとんどすべての機能システムにおいては——政治、経済、科学、そして今日においては親密な関係においてさえ——そのような修正が留保されているということで、十分であろう。しかし、それでも足りないというなら、他の意味の資源(リソース)を導入しなければならない。

こうした理論上の出発点は、生命の進化にとっても社会というコミュニケーション・システムの進化にとっても、広範囲に及ぶ諸々の帰結を有している。このような理論的出発点は、世界が存在の問題としてあらかじめ与えられ、イエス/ノーという二値的な論理で把握可能であるという伝統的想定から縁を切る。こうした想定のために、宗教は、存在論と手を結ばなくてはならず、つまりは宇宙論を受け入れ、存在するものすべてを創造し維持する(存在という称号をもった)創造主を要請しなければならなかった。これとは反対に、出発点を作動上の構成主義に転換し、あらゆる認知の作動上の前提を強調するならば、まったく異なった問題設定に至る。すなわち、もし世界と、つねに前提とされるべきシステムの適合性とが観察されず、ましてや認知的加工をすり抜けてしまうとしたら、そのときシステムは、いかにして意味信頼とでもいうべきものを発展させることができるか。宗教がこれを担当するのだという予想は、まったく的外れではない。

IX

この章を締めくくるにあたり、死の意味について考察しておかなくてはならない。ほとんどすべての宗教および宗教理論において、死は重要な役割を果たしている。死は、人間の生の根本的経験に属する。つまり運命や社会的地位にかかわらず、すべての人に関わる経験として、である。時間的にも、死は特別の性格をもっている。まったく予想していなかったとしても、死はつねに起こりうる。社会的に見れば、他人によって体験される死と、いつでも起こりうる自分の死がある。この普遍主義によって、これ以上説明をしなくても、死の意味は、それについて宗教が自らの有効性を示さなければならない問題であることが示される。他の機能システムと組織にとって、死が果たす役割は限定的である。医学は死とともにその努力を停止し、保険会社にとっては驚くほどの正確さで予測のつく数値が問題となる。そこでは統計は、固有のパラドクスに陥る。すなわち、多数の事例における予想の正確さは、個別ケースの予想不可能性によって条件づけられている。死は、組織に後継問題を引き起こし、政治システムにとって、場合によってはかなりの不安定要因となる。法は、死に対して法的な帰結を与える。このようなの場合においても、死の意味は、システムの中心的機能には触れていない。

このことは、宗教においては異なっていよう。この問題について、発言せずにいられる宗教は存在しないであろう。それと同様に、遺された人たちが悲しみを共有し社会的な参与を確認できるような儀式を提供せず、ただ死が生ずるままに放っておくような宗教も、存在しないであろう[51]。死者の魂が生き続けることに対する信仰は、広く見られる。それは災いをもたらす先祖として鎮められ、あるいは不運な魂としてミサが行われなければならない。肉体的な生のゼマンティクがもつメルクマールによって指し示されるのは、肉体的死を超えて生き残り、それによって解放され、あるいは死において初めて生成する（生殖と出産によって肉体が生じたように）なにものかである。その際、キリスト教によって定式化される肉体／霊魂という明瞭な区別を、前提とすることはできない。それはむしろ、特殊な種類の進化的産物である。それによってとりわけ、身体のゼマンティクはかなりの程度縮減され、やがて自然科学的かつ医学的に再複雑化に委ねられることが可能になった。

キリスト教の宇宙論は、死を二つの異なる時間イメージで考えている。二つとも生命を指示し、生命として定式化されている。永遠（Aeternitas）とは、あらゆる時間と同時に存在する神の生命の時間である。それは、単純であるがゆえに解消不可能な、生成も消滅もない生命の時間であり、それゆえに引き継がれることもない。それに対して、時制（Tempus）とは、解消可能な合成物（compositum）としての生命、つまり人間の生命の時間であり、それは霊魂によってのみ永遠の生命に参与する。時間と時間の差異、つまり《時制》という差異を内包した時間は、天地創造によって初めて成立する。したがって、天地創造以前の時間について問うことは、意味をなさない[52]。二つの時間概念の齟齬は、未来の不可知性によってマークされ、同時に解消される。これは、人は自らの死の時点を知ることができないということだけを述べているのではない。そうではなく、死によって始まる未来は、認識不可能であるということでもある。この裂け目は、神学の専門知識によって、なにより天国と地獄という枠組みによって埋め合わされる。これによって、個人または聖職者による司牧には、生き方の規則を作り、それを遵守するという課題が割り当てられる。この規則によって、人が死とともに永遠の地獄行きを命じられることなく天上の救済に到達することが保証されるか、あるいは神の恩寵によってそれが確からしいものになる。この二重の時間の宇宙論は、同時に、一つの《枠組み》であり、それは生／死という区別をもう一つの区別へと移行させる。それによって、この区別に、生きている身体に関する古い用語法（ギリシャ語ではたとえば aion）によってはもはや提供されえないような意味を与える。

通常の宗教理論において、（社会にとっての）機能と（他のシステムにとっての）働きは、はっきりと区別されていない。人間学的な想定に基づいて前提にされるのは、次のことである。すなわち、人間は死に際して慰めを必要とし、自分の死期が近づくと勇気づけを必要とするということである。死には、生の全体が反映されている。生は、その終わりから見ることで初めて統一体として把握可能になる。そしてそこに、宗教的な意味づけが結びつきうる。現代の機能主義的な解釈に当てはめるなら、典礼には、緊張を解消し、苦しみの圧力を無害な活動に転換するという、《潜在的》な機能が割り当てられる。宗教上の信仰手段、宗教上の慰めの言葉、宗教的典礼の働きに関する限り、それはまったくその通りかもしれない。進化的に見ても、死をきっかけとして顕在化し、死が生じた場合に反復可能なパターンを提供するような特定のゼマンティクと実践的行為が、実証によって選別され発展するためのきっかけをここで得たであろうことが推測されうる。しかし、死の宗教的な取り扱いと宗教の社会における機能とについては、それによってまだ何もいわれてはいない。

まずもって問題なのは、生物学的な死そのものではなく、死についての*知識*である。知識とは、コミュニケーション可能な知識である。それは、生と死という区別の助けによってのみではあっても、意味というメディアにおいて分節化される。この問題の解決が――死後の生を想定するのであれ、神の永遠の生を人間の時間的な生から区別するのであれ――、死を生のなかへと再び受け入れる形式をとることは、非常に特徴的である[53]。意識にとってもコミュニケーションにとっても、意味から逸れた作動は存在しない。それゆえに死もまた、意味というメディアにおいてのみ提示可能である。より正確にいえば、意味というメディアの諸形式の一つとしてのみ提示可能である。死のいわゆる《無意味さ》においてではなく、まさにここに、問題があるように思われる[54]。

意味とは、オートポイエティック・システムのメディアである。(意識ないしコミュニケーション上の) 作動の水準での終わりは予定されないということが、そこに含まれている。生産されるどのような要素も、諸要素の再生産連関によって生み出され、またこの再生産連関のために生み出される。それゆえ、《最後の要素》は存在しえない。というのも、どの要素も《最終的な》要素とはなりえないからである。同様の構造は、意味というメディアに、とくに意味の時間形式のなかに見出される。あらゆる意味の形式は、他の可能性を参照することによって形成される。したがって、時間的に見れば、それ以前ないしそれ以後についての問いが立てられないような絶対的な始まりも絶対的な終わりも、存在しない。この問いの棄却は――神の生命が永遠に現在であるというアウグスティヌスの教え、ならびにそれがよりどころとしている詩編の引用で言われるように[55]――、想像不可能で、それ自体パラドクシカルで、差異を欠いた時間概念によって行われ、そしてまさにそれゆえに、宗教的であることが示される。そのような「それが宗教的であるということの」取り決めは、意味メディアにおいては、信仰の措定として以外に現れえない。未来も過去もなく、暦も連続もない、差異を欠いた時間とは、それ自体が区切りであり、デリダの意味での《文字》の作用である。それは、生きている人間による時間理解とは異なるということに拠っている。

したがって、オートポイエティックな作動の水準では、その観察のために使われるゼマンティクの水準においてと同様に、《それ以後》を欠いた終わりは存在せず、《それ以後》をもたない死も存在しない。意識は、最後の考えを考えることはできず、ゆえに、最後の考えがいわばどのような感触のものか想像することもできない。当然のことながら、どのような死の事例についても、その後でなおコミュニケートすることはできる。また生じたことは、少なくともさらなるコミュニケーションが可能である限り理解されうる、ということも自明である。心的システムにとっても、社会システムにとっても（そして両方にとって――なぜなら、ここで問題となっているのは作動の観察メディアとしての意味であるから）、死は確実な知であると同時に、確実な不知である。死を把握しようとすると、意味メディアは自己矛盾に陥る。ここで問題となっているのは、別の側があるということを前提としなくてはならない境界の形式に矛盾するような、限界境界の経験である。したがってここで述べられた解釈はすべて、それが一つの解釈にすぎないということを否認しえない。解釈は、自らに固有の不知を存在論的に世界のなかに位置づけ、それをいわば宇宙論化することができる。そして、それを内在／超越の図式で解釈することができる。しかしそれは明らかに、死を個別の問題として取り出し、そのための〔処方箋を〕提案をするようには行われえない（そうであれば即座に異論の余地が出よう）。そのような解釈がもっともらしさを得るのは、宗教としてのみである。つまり、世界の知識を十分に動員し、冗長性を十分に顕在化できるシステムとしてだけである。それによって死は、意味が自らをパラドクスとして経験しうるケースとして、よく知られ慣れ親しまれたものとされる世界に退き、そこで迎え入れられるのである。

第二章　コード化

I

宗教がどのようなものであれ、宗教は意味メディアの形式を作り出すことを必要とする。それはまさしく、他のすべての意味加工がそうであるのと同じである。宗教の特殊性がどこにありうるのかは、まだ分かっていない。にもかかわらず、そのとっかかりとして、前章で始めた形式分析を基に考察をすすめることはできる。《宗教の意味》について、何か手元にあるものと同じように問うことは役に立たない。なぜなら、こうした問いに対するどのような解答も形式を用いなくてはならない、すなわち何か（つまりは宗教）を指し示し、《他のすべて》を締め出すような区別をつけなくてはならないからである。だが宗教は《他のすべて》を排除し、その形式の内側を用いることによって世界のマークされない空間——つまりは観察者——をそれ以上取り扱わないためのいわば口実にするような意味付与を、いかにして甘受することができるのであろうか。

マークされるものとマークされないものとの間にどのように境界が引かれようとも、ここにおいて宗教として妥当しうるのは、まさにこのことに自らの問題を見出す意味付与だけである。

これが意味するのは、とりわけ次のことである。すなわち、いかなる形式の使用もマークされない状態を作り出すがゆえに、あらゆる形式の使用が宗教を伴うということである（マークすることをなくして、《マークされないもの》が存在しないのは当然のことである。世界はつねに、まずはマークされた／マークされないという区別によって、虚空間へと変換されなくてはならない）。しかしながら宗教は、普遍的な意味の管轄領域からして、特殊な区別を念頭に置いている。すなわち、マークされた／マークされない（観察可能／観察不可能）という区別である。だが、区別の一方の側、すなわち区別の外側がマークづけから逃れてしまい、しかもまさにそれがマークづけそのものの条件であるとき、これがどのようにして一つの区別として、形式として、マークされうるであろうか。

宗教のコードについて問うことによって、この問題に別様の表現を与えてみよう。コード化の前提は——ポジティブな値とネガティブな値という区別によってのみであったとしても——、コードとなる区別の両方の側が指示されうるということにある。これについては後で再び取り上げる。目下の関心は、それ以前の問題にある。すなわち、マークされた／マークされないという区別が根源的かつ形式普遍的なやり方で占めていた位置を、宗教のコードが引き継ぐとすれば、何が生じるかという問いである。次のように、推測することができよう。すなわち、それによって宗教それ自体が、区別可能になる。つまり、（他のコードではなく）このコードを備えた一つのシステムとして、区別可能になる。そしてさらに、観察者が観察されうる。つまり観察者とは、この形式を利用し、この区別の助けを借りることで、指示したものに宗教的な意味を与える者である。このようにして、この世に「罪」が姿を現すこととなる。

そもそもコードの両方の側が、マークされない状態に対して、それぞれ区別されなければならない。二つのマークされない空間というものは、ありえない。それがデジタル化を、つまりマークすることを前提としているだろうからである。ここで明らかに問題となっているのは、秩序の論理的基礎から排除された第三項、すなわち通常の世界では容認されえない混沌（カオス）である。だが、世界から排除されているのは、世界そのものではなかったか。どうやって世界のなかに世界を作り出すことが、つまり排除された第三項を包含することができるのであろうか。

こうした問いに沿って考えていくと、すぐさまそれを行う可能性が多くあることに気づく。たとえば、いくつもの創造神話が存在し、語られている。そうした神話は物語を通して、つまり相互につじつまの合うように調整された区別の連鎖によって、もっともらしさを獲得している。除け者にすること、タブー化、お清めやお払いの規則といったものが存在し、それらは排除されたものに秩序を披露する(1)。別の方策としては、世界そのものを区別可能なものと見なすことが挙げられる。世界に何か他のもの——神であれ、無であれ——を対置するなら、世界を指し示すことが可能になる。この区別の非世界の側には、それが理解不可能であることをほのめかすシンボルを与えておけばよい。世界そのものを観察可能性という様相で前提としうるためには、すでにこれだけで十分であるように思われる。〔非世界の側では〕楽園におけるのと同様に知恵を禁じてもよいであろうし、あるいは観察者とは悪魔であるというイメージを広めてもよい。こうしたことを通して宗教は、宗教のコード化のゼマンティクを生み出す。特定の歴史的社会のなかでコミュニケーションを行い、不確実性を吸収するという目的にとっては、すでにそれで十分である。宗教は聖典化され、それを問う者は境界化（マージナル）される。

しかし、コードの統一――ポジティブ（たとえば良い）とネガティブ（たとえば悪い）との統一、マークされたものとマークされないものの統一、形式を必然とする区別の統一――に導き戻されるということを確実に排除することはできない。哲学者たちは、懐疑（しかし、それは無へと至らしめるものであるが）が《あらゆる哲学の自由な側》として携えられなくてはならないことを認めている[2]。だがこれは、問題を定式化するための、一つの変種にすぎない。いかなる特定の指示の背後にも、つねに自らにとって観察不可能な差異の統一が隠れている。すなわち、それがパラドクスである。

II

もし確実なことが一つあるとすれば、それは次のことである。すなわち、パラドクス（それはトートロジーという形式をもつ）は意味を失うことなく、同一性に転換されることはない。それは救済を行う神の同一性にも、救済を行う虚無の同一性にも、原理の同一性にも転換されない。パラドクスを、接続能力のある同一性へと解消するためには、区別が必要である。いかなる情報ももたらすことのないパラドクスのブラックホールに代わり、区別可能な同一性が用いられなければならない。そのような同一性は、それ以降要求可能なことを制限する。言葉の上では、文の主語に独自性や積極性を与えることによって、そのような制限がないかのように見せることができるかもしれない。だがこうしたこれまでの整序のやり方を捨てるなら、直ちに違いが見えてくる。すなわち、神と救済の違い、虚無と救済の違い、原理と承認の違いである。観察可能／観察不可能という区別の代わりにどのような区別が用いられるかと問うなら、パラドクスは、濃縮していくことができる同一性へと、つまりは《神》や《救済》へと展開されうる。

パラドクスの展開が問題となるやいなや、歴史もまた問題となる。というのはこの転換は、論理的にではなく創造的に、また必然的な形式においてではなく偶発的に、行われるからである。[3] それゆえ社会は、どのような指示によってであれば自らがもっともらしさをもって作動しうるかに応じて、適切なパラドクスの解消を選択する。[4] これが意味しているのはまた、特定のタイプが区別可能でなければならないということ、それゆえにそれは《批判》にさらされているということである。マークされていない状態という隠れ場所から突然揺さぶりをかけられるということは——まさにそこにマークづけが欠けているがゆえに——、けっして効果的に排除しておくことができない。したがって長期的な（進化的な）安定性は、それが修正可能であることによってのみ獲得されうる。同じことは、他の形態においてもつねに当てはまる。同一性は反復によって構成される。しかし、反復は諸々の異なる状況下で行われ、他のコンテクストを活性化させることになる。それは、しばしば同一のものを反対概念によって表すような区別さえ活性化する。反復されるなかで同一のものとして認められたものは、同時に濃縮され再認される。すなわちそれは、意味の核を成すもの（本質や真性 essentia）へ還元され、《……にとっての意義》が拡大されることで認証される。かつて存在論的形而上学は、実体的（substantiell）な規定と、偶然的（akzidentiell）な規定を区別することによって、意味の中核となるものについて考えた。そうして自己を存続させる同一性の形成、つまりは維持するに値するコミュニケーションを代表するところの維持するに値するゼマンティクの形成に至ることができた。[5]

しかし、あらゆる意味が参照過剰であるために規定性は制限と見なされ、別の側を問う可能性もつねに開かれている。中世の問答法（quaestiones disputatae）のテクニックにおいては、まさにそこから学者の競技が誕生した。こうして最終的に、論争に提出された問いに答えるために権威の有無だけでは十分でなくなり、パラドクス化のコミュニケーション上の正当化が行われるようになった[6]。つまり、起源、すなわちパラドクスへとさかのぼる道はつねに存在してきたのであり、ゆえに宗教が宗教として再認識される可能性が消失してしまうような形式への道も、つねに存在してきたのである。しかしながら宗教は同時に、まさにそれゆえに、《何でもあり（anything goes）》という無頓着さに陥らないようにするために、これを妨げようとしてきた（あるいは、システムの自己観察というシステム内の小さな循環に委ねようとしてきた）。こうして次のような問いが残る。すなわち、どのような意味形式において、またどの程度の期間、どの社会で、それは成功するのか、と。

宗教という文脈で登場する数えきれないほどの区別のなかから、宗教を宗教として認識することを可能にする区別を探し出してみよう。宗教を宗教として認識するということ。これは第一に、観察者が納得のいくような――あるいは納得のいかないこともあろうが――分類作業のことである。なぜならば、宗教の《本質》を問うような古典的問いに対しては、実際にまたさまざまな観察者が、さまざまな答え方をするからである。もしそのように、すなわち外側から問いを立てるならば、宗教の区別はさまざまに、しばしばそれぞれが宗教にふさわしいと考えたがる意味内容に従って行われる。ある人にとっては、食堂のメニューの選択肢がすでに宗教に属するものであるのに対して、他の人にとってはそうではない。本質への問いを維持するなら、そして問題をいわば存在論的に扱い続けるなら、今日の社会条件のもとでは宗教的多元主義を避けることはできない。そしてこのことは、それぞれに信奉者をもつ宗教が複数あるという意味においてだけではなく、そもそも何が宗教の意味内容としてふさわしいのかについて意見の相違があるという意味においても、そうなのである。

したがって、問題設定をずらし、ただ唯一の観察者について問うことにしよう。すなわち、宗教それ自体である。すると問いはこうなる。宗教的コミュニケーションはどのようにして宗教的コミュニケーションが問題になっていることを認識するのか、と。言い換えれば、宗教は自己自身をいかに区別するのかという問いである。このように問いを立てるならば、外部観察者として、宗教の自己観察をあてにすることができる。自らを宗教として記述するものを規定するのではなく、それを甘んじて受け入れるのである。もっとも前提とされるのは、次のことである（そしてこの点においては間違っているかもしれず、また経験的に反証されるかもしれない）。すなわち、自らを宗教として記述するために、形式を形式へ再参入するという根本的パラドクスを再定式化するような主導区別が存在しているという前提である。すなわち、宗教はそもそも自らを区別し、その区別を自らのなかへとコピーしてみせるような動機を有しているということである。この前提によれば、宗教は自己言及と他者言及を区別し、その区別を利用することができる。そして――これもまた前提に含まれるのだが――ここで言及される《自己》とは、いかにに宗教が自らを宗教として認識するかという問いへの解答をまだ与えるものではない。

III

最初の考察では、何かが観察されるためには意味世界（あるいは別の言葉でいえばリアリティ）は分割されなければならないというテーゼを用いた。しかしさしあたりこれが意味しているのは、いかなる観察も作動的に行われる区別に依存しているということにすぎない。しかし宗教上のコミュニケーションにおいては、ある特殊なケースが、すなわち（まだ一般的すぎるとはいえ）リアリティの二重化と呼びうるケースが、問題となっている。なんらかの事物あるいは出来事に特定の意味が与えられ、それによってその事物や出来事が慣れ親しまれた世界から引き離されるとともに（それらはその世界でなおアクセス可能にとどまる）、特殊な《アウラ》、すなわち特殊な言及範囲が付与される。似たようなことはゲームとしてのマークづけや、芸術、あるいは統計分析といった、宗教にとってはおそらく予想外で、対等な関係にはないような同類項にも当てはまる。[7] そのような区別は、あらゆる社会システムに存在するように見える。[8] ただ諸々の状態や出来事をそれに帰属させるやり方だけが異なっている。ここに、最終的に誤謬、規範破り、宗教上の問題、人工的な特殊産物等々を区別し、それぞれを分類し分割しておくような、分化の出発点が見出されるであろう。フッサール現象学の《超越論的還元》も、この図式にならっている。世界への《自然的態度》と存在論的問いが顧慮の外に置かれ（エポケー）、それとともに得られた可能性を徹底的に変化させる自由が、それにも屈せず不変である（ここではまだ《本質》と呼ばれている）固有値を見つけ出すために用いられる。

世界にとってこのことから帰結されるのは、リアリティという概念が資格付与的な意味を帯びるということである。これによって初めて、リアリティというものが（そしてそれとともに運命というものが）生まれる。すなわち、指示を行う――つまり他のものと区別されうる――リアリティである。すると世界は、狭い意味でリアルではなくとも、観察者の位置として役に立ち、観察者にとって観察可能な何かを含むことになる。そうなるともはや、存在しているすべてのものは、それがあるようにあるということによってリアルであるということではなく、ある特殊な、こういってよければリアルなリアリティが、それとは区別されるなにものかが存在することによって生み出される。宗教学上の関心は、これまで主に――それのみということではないが――聖なるもの（ハイリゲン）あるいは神的なるもの（サクラレン）という特殊な現象の理解に向けられており、その際、《……とは何であるか》という問いによって事象に近づくであろうということが前提にされていた。それに対して、差異理論的な問題設定によるなら、加えて次のように問うことができる。すなわち、もし世界が聖なるものと他のものとに分割されるならば、もう一方の側では何が生じるのか、と。世界のなかに、世界がそれから区別しうるなにものかが存在して初めて、観察者にとってはリアリティが生まれる。すなわち、これによって初めてリアリティはある程度、やや流動的な想像上の世界と比べて堅固なものになる。こうして初めて、この世界の二つの部分、すなわち実（リアル）のリアリティと虚（イマジナル）のリアリティとを結びつけるような諸連関、対称関係、あるいは介入的活動について推測をめぐらすことができる。その限りにおいて、宗教の第一義的な働きとは、このカテゴリーに属さないものを観察に供することによって、リアリティを構成することにあるのではないか。

すでに記号を言語表記のために使用していたことが、やがては段階的な帰結を伴ったそのような革命的展開に関係していたに違いない。一方では、認識に際して誤謬を織り込み、またコミュニケーションのなかでまやかしを用いることができるようになる。そうすることで、人は——こういってよければ——参照関係上リアルでないリアリティを観察することができる。それだけではない。このようにして、さらに人は、リアリティを作為的に、あるいは合意に基づいて二重化することが——つまり、リアリティを縮小ないし拡大することが——できる。先に挙げたゲーム、芸術、統計、宗教といった諸々のケースにおいて問題となっているのは、まさにこのことである。この二重化は、認知的な誤謬とは違って、再び抹消されることが定められているというのではなく、むしろポジティブな意味合いをもち、保持されるべきものとして再生産される。いわばそれは、「区別せよ！」という、あらゆる観察にとっての第一の掟を世界へと投影する。その結果として人は、さらなる区別・指示・観察を、区別のどちら側に接続させるのかについて、いつも提示しなくてはならなくなる。

　ここから、さらに次のような疑問が出てくる。すなわち、以上のようなリアリティと虚像（にもかかわらず誤謬ということではない）という真剣に考えられた区別は、どのようにして再生産されるのか。両者の混乱を防ぐようなしるしがあるはずである。たとえば、一連の物事がリアリティの二重化されたコピーの方に属することを知らせる、予言者やサッカーボールといった準対象物[9]のごときものが、あるいは、人を蓋然的なもの／非蓋然的なものの領域にとどめ具体的な出来事を推論するような過ちを犯させないようにする、ゲームのルールないし統計の規則のようなものが、あるはずである。しかしながら、宗教の場合はまさに、混乱を容認する可能性が存在しなければならないだけではなく、混乱を特定の状況において、たとえば熱狂的な祭式（カルト）のかたちで、計画通りに生み出す可能性も存在しなければならないのではないであろうか。

宗教的なものという虚のリアリティを特徴づけている、おそらくもっとも注目に値するがしかし非常に初期の形式は、秘密めいたものという形式によるコミュニケーションの制約のなかに見出される。その秘密は、特別の状況においてのみ、あるいはとりわけ聖なる資格を与えられた者にのみ開陳される（したがって、さしあたり原理的に明かされないというものではない）。このような秘密という形式を用いることによって、聖なるものは自らを区別し、陳腐化されないように自己防衛をする。これによって、リアリティのもう一方の側について恣意的な主張を行いうるという、リアリティの二重化そのものに内在している問題を、社会的コントロールのもとに置くことができる。誰でもいい、また何でも主張していいということでもない。社会学の古典では、これは社会統制の条件としての制度化という概念で語られてきた。

聖なるものを秘密として表すことには大きな利点がある。それによって知覚されたものは知覚可能なままでありながら、しかし見慣れぬものへと異化される。ここで想定されるのは、たとえば骨である(10)。あるいは彫像や絵画、また山、泉、動物といった特定の自然の対象物である。前章の概念でいうなら、ここで問題となっているのはつまり、再参入の具象化ということである。それは《手で触れられる》何かでありながら、同時にそれ以上のものである。ゆえにそれは、触れることができるにもかかわらず、現実には触れてはならないものである。こうして二重化の問題は、《物怖じ（aidós）》によって保護された両義性へと移行し、対象ごとに特有の二義性によって中立化される。

秘密が知覚可能なものとして客体化されうるなら、その限りにおいて秘密はコミュニケーションの前提となりうる。それは人が示しうるかたちで存在する神秘にとどまる。それを見ることができるのは、他の人もそれを見ることができるからである。これによって、秘密が秘密としてコミュニケートされる必要が出るやいなや生じる問題が回避される。というのは、秘密はコミュニケーションがなされるなかで言い当てられてしまう、あるいはこっそり漏らされてしまう可能性にさらされるからである。秘密は、コミュニケーションによっては構成されえず、脱構築されることしかできない。秘密は、遂行的矛盾なしにはコミュニケーションの産物として表されえない。コミュニケーションの文脈において、これはタブー化によって切り抜けられる。それは結果として、タブーが破られることがもはや排除されえないということを意味する。というのも、タブーもまた形式としてもう一つの側を、すなわち毀損を伴っているからである。これが意味するのは(これは進化の可能性をも示唆するのだが)、タブー破りや前代未聞の振る舞いが、適切な状況下では新しい宗教の創出として現れうるということである。

もう一つの抜け道として、秘密が矛盾と機能的に等価なものとして、あるいはパラドクスとさえ機能的に等価なものとして定式化される。そうすると観察の禁止は、矛盾を自己遮断することとなり、あるいはパラドクスの場合には、観察の禁止を主張することがその正反対のことを主張することになる。かくして神は、畏れるべきであり、また愛すべきであり、したがって神は、自らの十字架における死を受け入れることができない。かくして神は、大小の規模では考えられないものについて思いめぐらす場合に、初めて想像されうるものである。そして最終的にこれが意味しているのは、道徳に宗教的根拠づけと自己反駁という負荷がかかっているということでもある。人が自らの善良な行いを信頼するなら、まさにそのことが致命的となる。求められているのは、罪深き存在であること、そして後悔することである。

神秘が知覚可能なものの領域にとどまっている間は、人はなお区別が崩壊することを想像することができる。つまり神性がそのものとして現れること、その神性が善きものあるいは悪しきものへと触発されうること、象徴化や表象だけが問題となっているのではなく、何か非日常的なものが問題となっているということ、しかしこの非日常的なものは、いつもは不在であるが、目の前に存在することも可能であるということである。そうすると問題となるのは、対象物、出来事、儀礼、祭式などが有している神聖性のなかで予告され準備される非日常的なものの登場の過程を、その成就のただなかで認識すること、そしてそれを、まじないや犠牲(いけにえ)などを供することによって自分たちの利益関心に合うように調整することだけとなる。あるいは古代のように、通過儀礼やその場に居合わせることを条件として――これによって適切かつ理解可能なかたちで部外者に報告することが排除されるのだが――、秘密にアクセスすることを許すような神秘主義の祭式が形成される。

これはたしかに別種のリアリティである。しかし、それもまた諸々の事物のなかの一つであり、つまりは区別可能な出来事である。ゆえにそれは、人が条件づけられ、教え込まれた通りにそれに対して振る舞うことのできるなにものかである。社会における宗教性というこの形式は、無効とされることはなく、消されもせず、ただわれわれがコード化という概念で言い表しているような構造変化があった場合に、別の形式をとることになる。リアルな事物や出来事と、リアルに想像された事物や出来事との古い区別は実践的に用いられ続けるものの、しかしその区別は、もっとずっとラディカルで、世界そのものに関わり、存在するすべてのものに対して二重の評価を用意するような区別によって変形させられる。

宗教の場合、内在的なものとしての評価と超越的なものとしての評価という二重の評価が用意される。以前からすでに宗教的であったものは、この新しいコンテクストに適応し、それに応じて修正され、圧力をかけられ、解釈されなければならない。したがってリアリティの二重化は、内在的に観察可能なすべてのものに対する超越的な意味的相関物よりもさらに抽象的なものとして現れる。しかしそれが遂行されうるのは、このような抽象的かつ普遍的な意味図式が、いったいどのような内容によって満たされうるのかという問いに答えることができるときだけである。

リアリティの二重化における宗教の端緒をもっとも印象深いかたちで裏づけているのが、初期シュメールの宗教である。ここでは、自然と文化を含む世界のあらゆる有意な現象を説明するために、それらの背後に潜む神々がそれぞれ割り当てられている[11]。これはさしあたり、神々の関係における秩序を前提とするものではけっしてなく、また宗教的宇宙の特殊な体系化を前提とするものでもない。メソポタミアにおけるシュメール・セムの宗教がさらに発展して初めて、点と点の関係でしかなかった割り当てが、システムとシステムの関係での割り当てへと替わった。神々の世界も、家族形成と政治的支配という社会に存するパターンに従って体系化されることになった。このアナロジーは、彼岸と此岸の秩序をもっともらしく見せることに役立つ。両者が一致していることによって、それらの形式が必然的であることが立証される。しかしこれはまさに、人があらかじめ此岸のリアリティと彼岸のリアリティを区別したからこそ、そうなるのであるが。

こうした発展の土台には、まだ太古の原始的なメルクマールが宿っている。神の意志の啓示は、状況に応じて、そのつどインスピレーションのかたちで行われる。つまり境界を横断することは、時と場合に応じて具体的に行われる。《聖典》をもつようになるのは高度宗教からであり、それによって神の自己提示としての啓示も聖典化されることになる。ユダヤの伝統が、純粋に宗教的にテクストに固定化されたリアリティの二重化に固執したことによって、部分的にキリスト教の教理に影響を及ぼすことになり、他方でギリシャ哲学が言語的および概念的抽象化というまったく別の道をたどったということは、ヨーロッパ的伝統の財産に属する。[12] ラビの神学は神とのコミュニケーションにおいて拘束された関係を保ち、結果として、テクストが欺くことはありえないが、その代わり、それはたえず努力して解釈されなければならないとされた。その帰結としていかなる論争が生じようとも、である。[13] それゆえに論争は、パラドクスの展開の形式として、維持されるべき伝統的構造であるとされたのである。[14] プラトンにとっては逆に、指し示し（名称）とは錯覚を起こしやすいものである。それゆえに、原型的なイデアを想起することによって、リアリティに対して絶えず再保険をかけることが必要だとされた。いずれの場合においても問題となっているのは、想起である。前者の場合は、天地創造の計画書として寄与したテクストの保持と顕在化が問題となっており、後者の場合は、事物の本質をなす、もはや純粋には経験できない形式を回顧することが問題となっている。どちらにおいても、虚（イマジナル）のリアリティと、実（リアル）のリアリティとの距離が分節化され、それに対して、そのプログラムをそれぞれ異なったやり方で満たすようなゼマンティクが与えられている。そしてどちらにおいても、想起の反対の側、つまり忘却は、忘れられている。諸形式の強調と保持によって生み出される陰の側は、宗教的な形式においては、そのなかに含まれつつも排除された他者にとどまっている。[15]

IV

コードという概念によって示されているのは、以上のようなリアリティの二重化と実のリアリティの創出という問題を、作動へと置換する形式のことである。コード化とはけっして、単にリアリティの二重化を認識することではなく、またそれを単に指し示すことでもない。コードは、別類の区別を投影する。ただしその区別は、リアリティの二重化によって初めて可能になり、またリアリティの二重化を、分断された世界の見方の統一へと帰する。

コードとは、それによってシステムが自らと自らに固有の世界連関とを同定するような主導区別のことである。このような概念使用は、言語学において、あるいは部分的には社会学においても慣例となっている概念使用とは異なっている。[16] コードということで意味しているのは、ここでは厳密に二値的な図式論のことである。すなわち、それは二つのポジションあるいは二つの《値》しかもっていない。それ以外のすべては《第三項排除(tertium non datur)》という意味においてすべて排除されている。コードは、手元にあるものを複製する過程で生み出される。たとえば、話し言葉を活字にし、あるいはまた真実として想定されたものを、ことによると真実ではないものと見なす過程においてである。[17] また、さしあたり《アナログ》的に把握された現実、つまり同時に機能している現実が、《デジタル化》、すなわち二値図式へと解釈替えされるということもできよう。これによって、目の前に見出されるものは図式の一方の側としてのみ利用され、もう一方の側は制御と反省から自由なものとして置かれる。ここにおいてすでに、あらゆるコード化が人為的なものであることが読み取れる。それを区別として区別する可能性はこれに基づいている。それゆえに人は、コードを《超言的な作動》[18]によって受容ないし回避することができる。そしてただそれゆえに、コードは作動がどのシステムのものであるのかを同定するのに適している。

二値コードは特殊な種類の区別である。二値コードは単純な指し示しではない。すなわち、指し示しによって特定化されたものをマークされない状態から切り離すことによって、自らを区別する指し示しではない。それは他方で、天と地、男と女、都会と田舎といったような、両方の側に等価な特殊化の可能性（すなわち接続可能性）を与える質的な両数なのでもない。それは、むしろシステムを非対称化するもの、通常は正の値と負の値の区別として表されるような、非対称を作るものである（たとえば良い／悪い、真／非真、法／不法、有産／無産）。

ゴットハルト・ギュンターは、区別のポジティブの側を指名値（デシグナチオン）、ネガティブの側を反省値（レフレクシオン）と呼んでいる[19]。ここでは、ある（論理的な）機能の違いがすでに言い表されている。指名（Designation）は、存在論的な言い回しでいうところの、存在あるいは存在者と呼ばれるものを名指すことにのみ役立つ。このようにして非-指名値は、他の課題のために——すなわち、まずは一般的に指名値を使用するにあたっての条件の反省として把握されうるような課題のために——取っておかれる。この区別を論理学から経験的なシステム研究へと翻訳するなら、ポジティブの値には、システムの作動に対してシステムの作動が有している接続能力を指し示す意味が与えられる。システムは、こちら側でのみ作動することができる。ネガティブの値は——観察もまたシステム内在的な作動の形式においてのみ行われうるという条件のもと——そのような作動の意味を情報として観察可能にするために、またしても取っておかれる。

二値的かつそれ自体非対称に作られているコードは、システムの作動上の閉鎖性を根拠づける他の区別に対して、ある複雑な関係を有している。なにより重要なのは、諸々のコードが、システムと環境の区別ないしは自己言及と他者言及の区別に対して、横断するように関係づけられているということである。もしシステムが、自らをポジティブの値によって環境をネガティブの値によって特徴づけようとするならば、それはコードの誤用であろう。というのも、そうするならコード化によってせっかく導入された流動性を再び手放してしまうことになるからである。そもそも、システムのコードに対応するものはシステムの環境にはけっして存在しない。コードとは、むしろ作動上の閉鎖からもたらされる帰結をシステム内的に調整することに寄与するものである。というのも、システムは、それ自体としては（境界を越えて作動することができないがゆえに）自らの固有の作動によって環境と接触することができず、ゆえにどのような環境の状態も等しく蓋然的であると見なさなければならない。しかしシステムは、コード化によって驚きを刺激として扱い、デジタル化し、それをコードの双方の値への割り当ての問題として理解し、それを繰り返し使用するのに適切なプログラムを作ることができるようになる。簡単にいえば、システムは学習することができるようになる。刺激は差異として可視化される。それは内的に産出された予期地平や正常性が想定されるところにおいて、また、そのために予定された未規定の場所において、差異として可視化される。差異というのは、つまり情報になることができるということである。コード化された作動がその実践において作るものはすべて、純粋に内的な構築物にとどまる。しかしながら刺激は——環境の側に構造がある以上——任意に生ずることはなく、それゆえこの道具を用いてある内的な秩序を構築することができる。この内的な秩序は、たしかに、環境を模写したものでも、ましてやそれに対応したものでもない。しかし環境が決定的な（そしてシステムにとって破壊的に作用するような）点において変わらない限り、システムのオートポイエーシスがこれからも続いていくことを確からしいものにするのに十分である。

コード化という特殊な区別形式において注目に値するのは、反省性がそれに組み込まれていること、そしてそれが組み込まれている仕方である。コードは、指し示しとしてだけ役立つような区別、つまり一つの値だけで作動する区別とは異なる。またコードは、種属と類型といった方法で区分けされたものを非反省的な状態に放置しておくような単なる区分（天と地のような）とも異なる。さらにコードは、単にコピー（神の似姿 imago Dei）を主張するものではなく、また区別されたものを結び合わせるために存在の類比（analogia entis）を想定しなければならない鏡のようなものでもない。コードは、結局のところ、区別された客体の特性として反省が行われる区別とは異なる。ここでいう客体とは人間、すなわち男と女、主人と使用人などである。そうではなく、コード化によって用いられる区別とは、その反省性が区別そのものから生じ、区別のなかに埋め込まれている、まさに区別に特殊な形式と機能をその反省性が形成しているような区別である。ただ反省性のためにのみ、あらかじめ存在するものと直接観察可能なものとが複製される。これが意味しているのは、特殊な能力が補足的に付け加えられるということだけではない。むしろ、区別の両方の側が、セカンド・オーダーの観察に供され、それによって結びつけられるということを意味している。ポジティブの値は、ネガティブの値なしにはありえない[20]。それゆえ、あるコード化を強行することには、つねにポジティブな帰結とネガティブな帰結が待っている。

しかし、このことはセカンド・オーダーの観察にのみ当てはまる。つまり、システムがその独自の観察を観察する場合にのみ当てはまる。システムの直接的な作動において、コードの値を指摘することは必要ない。法廷において、法と不法との区別が判決の根拠に用いられることはない。それは、前提にされている。真理との関連づけは、研究言語の要素を成すのではなく、同様に芸術家は、美しいものを作ったと言われたからといって、理解されたと感じることはない。宗教的なコード値を引き合いに出してみたところで、慰みが与えられることはなく、それが説教に属することもない。それは、回心や信仰の論拠ではない。

しかしセカンド・オーダーの観察においては、コード化の複雑な構造――人はいつもそれと関わり合っているのだが――が可視化される。コード化は、境界を横断することとの意味を変化させる。ポジティブの値は、対立する値がポジティブに排除されている場合にのみ、それがポジティブの値であるというポジティブな性質を維持することができる。ここで前提とされているのは、次のことである。すなわち、ポジティブの値は、コードの全適用領域にとって（再び統一の指標として）考慮に値するものではあるものの、しかし規定可能な作動によって排除もされうる。よく知られているように、ポパーは、真理とは真理ではないかもしれない言明にとってのみ可能であると述べた。バルトルスは、所有は可処分性によって特徴づけられると述べている。ということであるならば、所有を特徴づけているのは、それがかつては所有物ではなかった、あるいは今後所有物ではなくなるという可能性である。所有の保護および出自に関する理論は、所有の獲得に関する理論によって駆逐され、あとはその対象を定義することができているにすぎない。原罪は、洗礼を受けることによって、罪を犯し許しを得るという価値ある地位へと転換される。それゆえに、コード化された領域には偶発性という様相形式が当てはまる。そしてまさにそれゆえに、この意味領域には、人が指し示すものがどのような地位にあるのかを決定可能にする、補完的機構（デリダの意味での代補 supplément）が存在するはずである。

コードは、パラドクスの正確なコピーであり、元のパラドクスの展開に役立っている。したがって、一見したところ何の利得も認められない。ポジティブの値とネガティブの値の同一性がどこに存しているかを問うやいなや、あるいは何が区別の統一を成しているのかを問うやいなや、異なるものの同一性という根本的パラドクスに再びぶつかる。したがって、ここでも問いは避けられねばならず、統一へと立ち戻ることは禁じられなくてはならない。利点は、しかしながら複数のコード化が存在するということである（そしてこのことは決定的である）。良い／悪いだけではなく、真／非真、所有／非所有、権力優越／権力劣勢など、複数のコード化がある。かくして人は、*コードの内的な統一について問いを立てる代わりに、それぞれのコード間の*区別を通じて、コードを同定することができる。たとえば、道徳が問題となっているのであって法が問題なのではない、あるいは所有が問題なのであって権力が問題となっているのではない、などと言うことができる。分離することによって、結合法（Kombinatorik）が――たとえば、非道徳的な権利の使用、不法な財産の調達、あるいは財産が権力へと転換されるという歓迎されざること（歓迎される／歓迎されない！）などというように――、用いられうるようになる。こうしたコード化の結合空間における内的問題は注目を集め、コミュニケーションを呼び、そしてまさにそのことによって、区別されたものの同一性というパラドクスが不可視化されていることを忘れさせる。このことはとりわけ、近代の、もはやヒエラルキカル（階層的）に編成されてはいない社会に当てはまる。ヒエラルキー、つまり貴族社会を支えていたのは、その頂点で――すなわち《善き生》、そして最終的には神において――すべてのポジティブの値が重なり合うということである。すなわち、善きこと（有能さや美徳）、財産・権力・合法か不法かを判定する能力（iurisdicto）を備えていることなどすべてが、頂点においてピークを迎え、重なり合う。こうした前提があったために、超越理論の学説は、唯一なるもの・真なるもの・善なるものが同一物であると唱えることができ、またその区別を自然概念へと持ち出すこともできた――つまり、首尾よくいった自然と失敗に終わった自然が存在すると主張することができた。さまざまなコード化に基づいてシステム分化している機能的に分化した社会においては、それとは反対に、このような統合形式、そしてそれとともに道徳が最高度の有意性をもっているということは、放棄されなければならない。それゆえ典型的には、システムコードは道徳によるコード化とは自らを区別し、自らのポジティブ／ネガティブの値が道徳のそれと一致することを避ける。所有や法、真理や政治的権力それ自体は、非道徳的に使用される可能性も備えていなくてはならない。非道徳的な使用は、ただそれぞれの区別がもっている固有のフィールドのゼマンティク装置によってのみ制約されている。そしてこのことがまさに、すべてを何のためらいもなく道徳的であると評価する可能性を――排除するのではなくむしろ――開く。これに対応して、《多（ポリ）-次元（コンテクスチュラル）的》な記述（ギュンター）を可能にする論理がつねに用意されている必要があるであろう[21]。

こうしたさまざまなコードの区別に依拠することのほかに、コードの機能の非対称性のなかにすでにパラドクス解消のためのヒントは存在している。ポジティブの値のみが作動可能（＝使用可能、＝機能的に有能）であるということがすでに妥当するなら、この値を優位なものとして主張することができる。

その場合、議論は次のようになる。すなわち、法と不法を区別することは法である（そうでなければ裁判所は活動することができない）、善悪を区別することは善である（そうでなければ人はすべてを――人種差別でさえも――正当化することができてしまう）。今日でもなお、議論のなかでこうした論証を取り払うことはなかなか難しい（ということを私はここで自己の経験に基づいて言っている）。他の選択肢としては、異なるものが同一であるというパラドクスに後退するしかない。そして人は、パラドクスに対するほとんどあらがいがたいほどの恐怖にぶつかる。その恐怖のゆえに、自己言及の論理、つまりはコードのコード自体への適用は行われないのである。

論理学的にも、ポジティブ／ネガティブの区別を作動的に、つまり統一として取り扱おうとするならば、またもやある区別に立ち戻らなくてはならない。その古典的な例は、連言（Konjunktion）と選言（Disjunktion）との区別である。統一がおのずから理解されるなどということはけっしてない。しかしながら、ゴットハルト・ギュンターが示しているように[22]、事象次元に固定されず社会次元（ギュンターにとってこれは、多数の主体、つまり多数の汝－主観性を意味する）と時間次元（彼にとってはなにより歴史的に新しいもののことである）をも含みうる、構造豊かな論理学が必要である。ギュンターは、この追加的に導入されうる作動を超言と名づけている。その働きは、ポジティブ／ネガティブの区別を選別することにある。言い換えるなら、これによって古典的な二値論理学では構成不可能であった自由、すなわち区別を受け入れ、あるいは拒否する自由が与えられる。それとともに、論理学にとっての帰結とはまったく別に、ファースト・オーダーの観察からセカンド・オーダーの観察への移行が行われる[23]。それが秩序を作り上げるためのもっともてっとり早いやり方だからにすぎないとしても、コード化されたシステムがたしかに厳密な二値性という前提のもとで作動（観察）しなければならないということが明らかになってくる。コード化されたシステムは、《第三項排除（tertium non datur）》〔の原則〕を放棄することはできない。しかし同時に、社会理論的反省によるのと同様に論理学的反省によっても示されるのは、その際に他のすべてのコード化の可能性に対する無関心が前提とされているということである。それゆえに、完全に論理的な記述は、他のすべてのコードを棄却した上で自らのコードを受容することを指すような第三項を受け入れなくてはならない[24]。このようなコード選択は《自己指示（self-indication）》と呼べるかもしれない[25]。しかしながら、これもまた区別依存的な作動であり、区別のもう一方の側に関する問いに至るであろう。観察者にとって、自らの考量の最後の作動というものは存在しない。休息も、固定点も、存在しない。観察者は、統一を探求する途上で否応なしにパラドクスにぶつかる。それが意味するのは、さらに要請し続けていくということである。というのも、観察者とはオートポイエティックなシステムであり、このシステムは他の作動が後続するという前提のもとでのみ、自らの作動を誘発することができるからである。それゆえに観察者の世界とは無限の世界であり、つねにさらなる可能性を約束する《地平》である。

このような、不可避的に抽象的な分析が社会理論にとって有意であるのは、次のような洞察のためである。すなわち、あるコードを受け入れるか棄却するかという区別は、セカンド・オーダーの観察の水準で行われる。ここで問題となっているのは、ある特定のコードを利用するシステム（あるいは人格（ペルソン））を棄却することではない。対抗的な棄却の誘発、すなわち敵対やコンフリクトが問題になるのではない。超言的な作動がもっている論理構造の社会における相関物とは、寛容の原理である（あるいはアイロニーの原理といってもよい）。これは翻って、機能的分化の必要条件である。機能的分化は、一方で部分システムの作動上の閉鎖を前提とし、他方で、諸々の問題を、その定義と解決に適したコードを有するシステムへとそのつど移転する可能性を作り出す。

最後に、次のことについて了解しておかなくてはならない。すなわち、コード化とその棄却値という社会秩序は、二値論理学だけではなく、伝統的なメタコード化、すなわち存在／非存在という区別によるメタコード化をも粉砕してしまうということである。すでにフッサールの超越論的現象学は、ある棄却値をこの方向において導入していた。フッサールはこれをエポケーと呼んだ。まさにハイデガーの『存在と時間』においては、世界が現出する条件として時間構造がより深部に置かれるという帰結をもたらした[26]。したがって作動上の構成主義においては、同一性という論理学的命題は再定式化されなくてはならない。それはもはや《AはAである》という命題ではなく、《AならばAである》という命題になる。これが意味しているのは、同一性は作動的な継続においてのみ構成されうるということである。すると同一性は、連続性の形成――高度に選択的で自らの輪郭をはっきりかたどる（区別する）連続性の形成――がそもそも可能になるように、構造的条件として機能することになる。そしてこれも、またある区別へと還元される。あらゆる反復は、反復されたものを同定し、それを先行するコンテクストから引き継がれたものの上に圧縮しなければならない。同一性は反復によって再認される、すなわち他のコンテクストにも調和することが保証されなくてはならない[27]。これによってさらなる区別のための前提が作り出される。つまり、一般化と再特殊化の区別である。その進化論上の有意性は、とりわけパーソンズが強調していた[28]。

V

宗教の理論に対してバイナリー・コード化に関する理解の厳密さを要求することが妥当なのは、宗教もバイナリー・コード化を利用しているときだけである。これはおのずから理解されることではなく、示されなくてはならない。宗教を区別することができるときにのみ、宗教が観察され、記述されうるということは明らかである。またこの区別が宗教自体によってなされなければならないということ、そして同一性を与える区別の——他方の側ではなく——一方の側においてのみ位置づけが行われることで宗教がシステムになるということ、これも前提としておく。しかしこれによってまだけっして確実ではない、むしろ、さしあたってはありそうにもないことのように見えるのは、宗教が——単純に聖なる意味や理念、創造者や神と自己同定するのではなく——ある区別と自己同定するということである。したがって、宗教がある区別と自己同定し、そして固有のコードの特殊化を通してこの世の世俗的関心と一線を引くことを期待するなら、それは宗教による自己意味づけと深いところで矛盾するのではないかと思えるかもしれない。

しかし、おそらくこうした憂慮の前提となっているのは、作動上の構成主義や差異の哲学、形式計算やセカンド・オーダーのサイバネティクスの言明世界に関する不十分なイメージであろう。コードについての十分な概念もまだ用意されておらず、まずは提案がなされなくてはならない。難解な神学的思考（仏教も含めることができるかもしれないが）が繰り返しトートロジーやパラドクスに関わってきたということだけを見ても、新たな思考が刺激されてよいであろう。というのも、トートロジーとパラドクスというどちらの形式にしても、自己自身を妨害するような区別の上に成り立っているからである。現代の《脱構築》的なテクスト理論は、今日ではもともとの《文芸批評》の領域を越えて広がっているが、これも同様な結果に至る[29]。宗教のコードを同定することに成功すれば、そこに隠されている示唆をつかむことができるかもしれず、場合によっては、ただ人間の理解能力の不十分さを告白するよりも多くのことを見出すことができるかもしれない（そしてこれが、神と人間とを分かつはっきりした区別を用いて、パラドクス／トートロジーを展開することに繋がるであろう）。

第二の問題は、より大きな困難をもたらす。宗教の分出というのは、歴史的な過程である。すなわち――社会学をすこしでも学んだことのある観察者にとっては――、それは〔社会が全体としてシステムであるような〕全体社会システムの進化、つまり文字の発明および複雑な社会分化形式への移行と関係のある出来事である。宗教が当初から厳密なバイナリー・コード化の形式を有していたということはなかろう。したがって、宗教の区別について語るときには、宗教のゼマンティクのもっともらしさを支えてきた非常にさまざまな歴史的条件を考慮しなくてはならない。さしあたり宗教的な名称を与えることは――たとえばメソポタミアにおいてそうであったように[30]――、祭式が執り行われる身近で居住可能な土地と、その周りを取り囲む危険な荒野とを分ける社会における一般的な区別と密接に関係していた。社会がより複雑になって初めて、宗教に特徴的な対照項が現れる。それによって、他の値のペア（たとえば貧／豊、有力／無力）とは区別されるような特殊宗教的なコード値の指示が見られるようになる。他の主導区別から宗教的な主導区別を区別することができるようになって初めて、バイナリー・コード化の概念を適用することが意味をもつようになる。

宗教の歴史的ゼマンティクに関しては、同一の呼称を前提にすることはできない。しかしそのことで、コード化の時間抽象的な概念を形成し応用することが、妨げられてはならない。というのも、そのような概念なしには（別の言葉でいえば、ある時代はそれに特有の概念によってのみ記述されうるという歴史家のテーゼによるならば）、せいぜい歴史的《言説(ディスクルス)》の共約不可能性を確認することはできても、社会構造の変化と指示に適した歴史的ゼマンティクの変化との関連が認識されうるかどうか問うてみることはできないからである。われわれは、コードという時間抽象的概念を（他の一連のシステム論的概念と同様に）セカンド・オーダーの観察の次元で使用し、そしてその次元の区別を尊重しなければならない。つまり、歴史的宗教が自ら目にし、定式化しえたもの、またそこから抜け落ちたものに固有の権利を与えなければならないということである。しかしこのことは必ずしも、科学システムにおける理論的複雑性の構築において実証される（あるいはされない）諸概念を用いて、抽象的分析を行うことを強制的に放棄させるものではない。こうした点からも、われわれは作動上の構成主義をよりどころとし、また作動的に閉じられたシステムの理論に準拠するのである。概念化の努力は、科学を構成する形式の内側においてのみ行われる。それは、科学上の成果の向上だけに向けられている。

以下、考察のテーゼは次のようになる。すなわち、宗教に特有なコードがゼマンティク上で練り上げられるのは、宗教という機能システムが社会における分出を遂げたことと連関しているというテーゼである。どちらが原因でどちらが結果であるかという因果的確認は、いかなるものであれ避けることにする。問題となっているのは、相互促進あるいは進化的適応の関係である。ただし、宗教が状況、役割、祭式、意味形式、社会批判的な距離、教理の体系化などに関して分出した程度においてのみ、宗教に特有なコードのより抽象的な理解が明確になる。だが同様に、自律性の獲得は――またそれが《この世》の日常的出来事に対する批判的な距離であるのならばなおさら――いかなるものであれ、この世で説明可能でなくてはならない。そこから、宗教にとって、差異を志向する思慮へのきっかけが生まれる。分出はコードを容易にし、コードは分出を容易にする。進化とは、それゆえに、この連関の進化である。そして近代社会になって初めて、宗教が社会にとって何を意味するかを理解可能にするために、抽象的かつ分析的に複雑なコードの概念が必要とされるようになったのである。

VI

宗教に特殊なコードの両方の値を指し示すためには、内在と超越の区別がもっとも適している。あるコミュニケーションが内在的なものを超越性の視点で見ているなら、このコミュニケーションはつねに宗教的であるということもできる。この場合、内在はポジティブの値を指している。すなわち、心的作動とコミュニケーション的作動にとっての接続可能性を用意している。超越はネガティブの値を指す。この値からすれば、生じたことは偶発的と見なされうる。ギュンターの用語法でいえば、内在がコードの指名値であり、超越はコードの反省値である。そこに何の選好も表されていないということに、注意を促しておこう（選好コードというものがまさしく存在しうるにもかかわらず、である）。けっして、ポジティブのものがネガティブのものよりなんらかの意味で《より良い》ということではない。コードという単位において、二つの値は互いに他を前提としあっている。超越から見て初めて、この世における出来事が宗教的意味を獲得するのである。しかし意味づけもまた超越の特殊な機能である。それは、それ自体としては存在しない。それは、他のものへと超え出ていくような、あらゆる境界の越境可能性である。しかしだれも、境界線上に住まうことはできず、またつねに移りゆくところに《強固な城砦》を築くことはできない[31]。こうしたことに別の意見を述べる宗教、とりわけ神の宗教が存在することがここで疑われているのではない。しかし、何かが存在するという判断は、ファースト・オーダーの観察者の判断である。そのような判断はここでは——セカンド・オーダーの観察者であればこう言うであろうが——、コードをコードへと再参入させ、そしてそのことを隠蔽するという機能をもっている。つまり、内在と超越の差異を思考可能および言明可能にするという機能をもっている。

少し先回りしてしまったようだ。さしあたり重要なのは、特殊宗教的なコード化が分出する以前の歴史を明らかにしておくことである。

古い宗教の多くが、超越と内在とを結ぶような空間表象に基づいている。遠い彼方にあるものは、たしかに手の届かないものではあるが、しかし同時に、そこへ行ったならば日常的に慣れ親しんだ世界と同じように観察できるなにものかである。オリンポスの頂上に行くことができたなら（しかし畏れ多いために試みられることはないのだが）、神々の宴を見ることができよう。したがって神学者たちは、ここですでに（たとえばユダヤ教あるいはキリスト教の意味での）超越が問題になっているということを、認めはしないであろう。しかし、進化理論的な意味において、これは前段階に属す形態である。この形態のもとでは、超越がそれにしかあてはまらない名称で特徴づけられることはない。しかも〔超越への〕移行は流動的であり、また人が到達できないような遠方にまったく別種の対象物を置くことは、宗教的想像力に委ねられている。したがって、比較宗教的なパースペクティヴや進化理論的パースペクティヴにおいて、このような（単なる）空間的超越のケースを除外することは——進化上の革新をいかに認めるにせよ——、ほとんどできないであろう。

　なにより西洋の伝統にとっては、コード化された宗教が存在論的形而上学とどのように関係づけられるのか、明らかにされなければならないであろう。その際、宗教的宇宙論がどれほど形而上学的基本想定によって作られていたかを跡づけるだけでは十分ではない。決定的なのはむしろ、存在論もそのロジックも、存在と非存在の区別の上に、したがって論理的な二値性を基礎として構築されており、それによってそこに収まらない問題が議論されなくなっているということである[32]。これによれば、あらゆる思考、そして認識のためのあらゆる努力は、存在において終結する。逆に、論理的に推論不可能な存在というものはない。別の言い方をするなら、そこに問題を見るためにはもっと構造豊かな論理が必要である。存在論的形而上学は、唯一の主導区別に基づく。それは、世界を（ゴットハルト・ギュンターの概念では）単一次元（モノコンテクスチュラル）で記述する。

　それゆえに、観察者が第一義的な区別として存在論と二値論理学に依拠することによって何を見ることが可能になり、何を見ることが不可能になっていたのかを、回顧的に問うことができる。あるいは、次のような問いも可能である。すなわち、存在と非存在の区別およびそれに応じて二値論理的な道具を端緒とすることで、何が失われ、不可視なままにとどまるのか、と。もちろん、存在論的形而上学も無、無限あるいは時間といった概念を形成することができ、これによって宗教と重なり合う部分を作り出すことができる。問題は、論理的存在論の二値性が有している排除効果にある。言い換えれば、この図式を《無批判》に受け入れ、自らを指し示すことができない観察者が不可視化されることにある。ここではある世界が、すなわち、あるリアリティが観察されないままになっている。自らが見ていないものは見ていないのだということを、形而上学がその二値論理学では見ること（定式化すること）はできないという、そうしたリアリティである。この点において、神学の霊的な定式化が何を言おうとも、形而上学は、いわばその背後において、宗教への需要というものを近代へ引きずるのである。

これを高度に発展したゼマンティクの構造および問題として受け入れるならば、次のような問いが残る。すなわち、宗教はいかにしてコードを、またそれによって自らを、社会におけるコミュニケーションのなかで前提にされ受け入れられているリアリティへと順応させているのかという問いである。われわれの出発点となっているのは、リアリティ区別のテーゼである。それは、そもそも実（リアル）のものを直接アクセスのできない虚（イマジナル）の世界から分離し、これによって――すでに示したように[33]――、世界のなかに《強固な》リアリティを構成する。これは当初、また長きにわたって、コード化という完全な形で行われてきてはいない。そうではなく、作動的にアクセス可能で慣れ親しまれた、既知の領域とそうでない世界とに世界を分割するものとして、知覚に近いところで構成されていた。リアリティのこの対抗世界を――それによってすぐにコード化を暗示させることなしに――、《超越》と呼びたい。なぜなら、それを指し示そうとするなら、境界を越境することを想像しなくてはならないからである。

この超越概念は、非常にさまざまな宗教のゼマンティクに対して、比較の観点を提供する。とりわけ、原始社会の諸宗教のゼマンティクに対してそうである。これによってそれらは、関連専門科学のどちらかというと民俗学的な多くの研究のなかにおけるよりも、真剣に宗教として受け取られる[34]。超越は、なによりもまず方向を指し示すものであり、境界を越えることを意味する。しかしこれによって考えられていたのは、当初から(場所が《神聖化》されていたとしても)領土的な境界などというものではなかった。それが考えていたのは、基礎となっている社会の外部にある到達不可能なものとの境界だけではなく、内部における到達不可能なものとの境界でもある。超越は、あらゆる意味を解体し、解消し、踏み越えることのできる不気味なものであり、そしてまた同時に、その固定化によって不気味なものを隠蔽さえする。ゆえにわれわれは超越を、そのようには定式化することのできない、まさに宗教によって隠蔽されたコピー——手元にあるもの、到達可能なもの、慣れ親しんだものが、別の意味領域へと複写され隠蔽されたもの——として解釈する。

さしあたり、作動上アクセスすることのできない領域、すなわち第二の世界が、想像力に制限をかけることはない。何も検証できない以上、何であれ言うことができるであろう。否定が気ままに扱われることはよくあることだが、それと同様である。超越するということは、意味の可能性の過剰を生み出し、それに応じて制限する必要を生む。レギリオ(religio)という語の成り立ちが、再−拘束という考えを基礎に置いていることは偶然ではなく、またデュルケムが神聖なもの(sacré)の概念をもって制約というサンクションを強調したことも偶然ではない。しかし、超越として神聖視されるべきものを制限することは、つねに(いかような指し示しの作動もそうであるように)新たな境界を生み出し、そしてそれはさらに越境されうるものである。このことによって示されるのは、超越とはまだけっして、限定不可能なものへ向かって表出してゆく、まさにその超越ではないということである。

こうした問題に困惑していたということが、初期の宗教がとった対抗措置も理解させてくれる。初期の宗教は、コミュニケーションを遮断する。この遮断は、それ自身において反省性を吸収することで、神聖化された。聖なるものは、秘密にされることで確実になる。そうでなければ、あらゆる儀礼の準拠点として未開社会の男性小屋に保管されている先祖の骨が実はまったくありきたりの骨であり、それがなくなったりこわれたりした場合には新しく用意されなくてはならないということに、みんなが思い至ってしまう。[35] こうした問題は、社会的なシステムが社会を自由に扱いうる唯一の作動方法、すなわちコミュニケーションによって解決される。すなわち、コミュニケーションの可能性の拡大と禁止という二重の過程によってである。聖なるものは秘密として、つまり物事を規定するコミュニケーションの不可能性あるいは禁止として、表現される。そして好奇心旺盛に問い返すこと（curiositas）は禁じられるか、あるいは、手に入るのは取るに足らない結果だけで本質的なところはつかみ損ねてしまうということを知らされることによって、その気を削がれるのである。

通常、原始的な宗教において、内在／超越－区別は、疑いようもなく存在している世界の区分として表される（そしてこれによって、コードをリアリティの二重化として考える可能性が排除される）。近いか遠いか、あるいは天か地かという区別によって、コードが説明される。[36] 天という宗教的な場所には、死後の永遠の生という観念が、またそれとともに内在と超越との宿命的な差異の止揚という観念が、結びつけられる。（高度宗教による影響を確実に受けた）かなり練り上げられた説明においては、超越とは境界を越えることであり、したがってそれ自体は境界をもたず、内在のなかにも在るというイメージが見出される。[37] そうすれば、神は遠くにもまた同時に近くにもおり、いたるところに臨在すると、信憑性をもって言うことができる。この場合、《何かのなかに在る（In-etwas-Sein）》という、ゼマンティク的に重要かつ理解しやすい形式に頼ることができる。すなわち、神とはあるなんらかの現れというのではなく、そのなかに存するのである、と。

此岸と彼岸の区別に対する、ゼマンティク上および制度上の——典型的かつ一般的な——リアクションとしては、その媒介が対象によるのであれ行為によるのであれ、ともかく媒介を必要とするということが挙げられる。媒介という形式が広く、おそらくは普遍的に広まっているということは、同時に、前提となっている区別が非常に原初的な性格をもっており、たしかに正当に宗教の系譜学に数えられるべきものであることを証明している。区別そのものは、境界をマークすることによってのみ把握可能になる。たとえば、空間や時間を区分し、あるいは出来事の一部を人為的に不可視化することによってである。境界をマークすることそのものの位置づけは、両義的である。というのも境界は、一方の側にも他方の側にも属しているからであり、つまり、どちらにも属している、あるいはどちらにも属していないからである。境界は、区別の統一を象徴し、また区別の統一を遂行する。それゆえに、マークすることそのものは聖なるもの（sacrum）、すなわち神聖であると同時に恐ろしいものである。つまり、差異の統一という問題は——たとえそのようなものとしては反省されず、畏敬の念と畏怖を抱きながら、あるいは特定の《聖別（Weihen）》によって保護された状態でしか近づくことが許されていなかったとしても、あるいはたとえば別世界へ遠征に行ったシャーマンが無事に帰還することを保証するような特定の技術的安全措置が施された上であったとしても——、初めから存在している。聖なるものは、いわば超越と内在の差異の統一を表す境界に凝縮する[38]。宗教それ自体は、けっして彼岸では生じない。

問題となっているのが、マークすることではなく境界を越えること、つまり行ったり来たり境界を横断することであるなら、媒介項が必要である。媒介項もまた――もしそのつどの様態を度外視しそれらを同一のものと見なそうとするなら――パラドクスを具現化する。この世の生において、ナザレのイエスは（罪なき人間ではあったが、やはり）人間であった。キリストとして、彼は神の子であった。三位一体の一部として彼は神であり、父なる神が自らの子であるのと同様に、彼は彼自身の父であった。この不可思議は、それ自体が基づいている区別を妨害してしまう。超越（父なる神）と内在（子の地上での生）の差異は、問題の説明として前提とされ、同時に無化されてしまう。論理性を放棄することは間違いではなく、この問題に関する適切な形式である。このことを確認するにとどめておくこともできるのだが、しかし問題の新たな記述を試みてもいいであろう。

マークづけも媒介も、それが何の役に立つかといえば、超越における慣れ親しまれていない世界を、慣れ親しまれた世界のなかに現象させるのに役立つといえる。制約が制度化されるのはただ形式としてのみ、すなわち指し示し可能で作動的に接続能力のある意味内容としてのみである。問題にすべきは、内在における見慣れた世界で聖なるものとして扱われているあれこれの対象、土地、仕草や行為である。慣れ親しまれた／慣れ親しまれていないという差異を、宗教の原初的かつ具体的な形式における構成的な差異として見るなら、宗教とは、この形式が形式へと再参入されることによって初めて生じる。すなわち、慣れ親しまれた／慣れ親しまれていないという差異が、慣れ親しまれたものやなじみあるもののなかにもう一度導入されることによってである。というのも、ただこのようにしてのみ、宗教的に慣れ親しまれていないもの（超越）と、単に知らないだけのものあるいはただ並外れているだけのものとを、区別することができるからである。とはいえこの区別もまた、進化的な獲得物である。そのことは、宗教的な解釈のきっかけが非常に長い間、予期せざるものや並外れたもの、驚異や異形といったものによって与えられていたことに見て取れる。

宗教を領域の境界づけによって、つまり聖／俗（デュルケム）あるいは非日常的／日常的（ヴェーバー）といった単純な区別によって特徴づけてきた古典的な宗教社会学に比べ、区別されたものへ区別を再参入するという図式は、より複雑な分析への出発点を提供し、また同時に、宗教のなかにつねに隠されているパラドクスへのアクセスをも可能にする。それによるならば、宗教的空想という虚の領域において形式の肥大に対する限界が設けられておらず、そこから変異のための刺激がもたらされるということを、宗教上の進化[39]の問いのなかに残しておくことができる。そのうえで、再参入という根本的なパラドクスの展開は、時代に適した説得力ある諸形式を、すなわち最終的に受け入れることが可能なものを規制する諸形式を要求する。言い換えれば、此岸においてもあるもっともらしさをもって——疑問の余地のないほどの明証性はなくとも——、彼岸についてコミュニケーションがなされなければならないということである。さらに、此岸と彼岸の差異が《遂行的矛盾》（たとえば呪術的パフォーマンスの失敗）としてコミュニケーションに侵入し、コミュニケーションを《脱構築する》ということは避けられなければならない。

よく練り上げられた宗教のコード化は、区別されたものへ区別を《再参入（re-entry）》させることを前提としている[40]。そうすることによってのみ、コードの区別を、一方あるいは他方の側への選択の強制として把握することを避けることができる。両方の側に、つねに両方の側が見出される。想像力によってのみ解明される計算不可能な不透明性が発生することは、論理的（数学的）な帰結である。これによって獲得されるのは、内在の側でコード全体に関与する可能性である。他方、内在において生じることが超越にとってどうでもいいことではないと思い描く可能性も、また獲得される。このようにしてのみ、信仰をもつ者はコードに参与することができる。このようにしてのみ、内在において行われているコミュニケーションは、コードに関連をもつことができる。ただし、このような再参入は、構造的な未規定性をもたらす。それゆえに再参入は、必然的な選択を促すような補完物（parega）に頼る。言い換えるなら、コミュニケーションは記憶に依拠しなくてはならず、将来に関しては、どっちつかずに揺れ動くことになる。たとえば人は自らの生活を罪と救済の物語の一部として思い描くが、魂の救済を得られるかどうかの確証もないまま、罪が許されることを望むことができるのである。

形式を形式へ再参入させることを通して――もしそれが説得力をもって成功するならば――、とりわけある一つのことが達成される。それは、宗教の社会的な安定化である。宗教的な意味づけがコードの第一義的な区別へと移転されると、宗教は異常な出来事の発生という偶然――日蝕からてんかんの発作に至るまで――には左右されなくなる。すると宗教は、考慮されるべき作動の原因までも包含することとなり、ゆえに世界の成り行きから切り離され、機械のように組織化されることが可能になる。ここから、循環的に構想された行動モデルが生まれるのも、偶然ではない。アステカ人の宗教においては、儀礼は世界の循環と並行して反復され、それが世界の循環の維持のために使われていた。いまでも、必要なときに宗教的祭式が行われるであろうが[41]、人は何をするべきかを知っているとき、それを繰り返す。ただゆえに宗教は、サイバネティクスのフィードバック・メカニズムのように機能することができる。ただし、そこには重要な違いもある。それは、宗教が外部環境の出来事（干ばつ・疫病・戦争）による誘発から独立していることが可能だということであり、さらに宗教は、自らがなにごとかを行う際の固有論理にあまりに頼るのであれば、過剰反応と適応不全にすら陥る可能性があるということである。[42]

宗教は、再参入の遂行と、それによって行われる特定の超越の描写によって区別される。超越的諸力の助けを欠いては（あるいは少なくともそれを鎮めることなしには）重要なことが何もうまくいかないというのは、おそらくそのもっとも重要な、いずれにせよもっとも古い理解であろう。この理解は、呪術的な手続きを踏もうとする動機を説明する――それは、さらなる経験的な原因が必要であるといわれるような意味においてではない。しかしおそらくは、偉大なる境界の向こう側にありうる障害を取り除かなくてはならないという観念において、説明するものである。呪術は、同じ世界にある可視的なものと不可視的なものとの単純な区別に基づいている。呪術は、自然の豊かさの表現であり、それは可視的なものを超える。問題となっているのはメタ理論ではなく、またそれによって投げかけられるあらゆる論理的問題を伴ったセカンド・オーダーの観察の様相でもない。世界を可視的／不可視的な世界として分割する差異そのものだけが、明らかにされないまま残る。作用の連関は未知のままにとどまり、まさにそれゆえに、信憑性をもつ。この作用の連関には、間違い探しの点検が入る余地はなく、また学習によって知識が発達する余地もない。未知のままであることが、いわば聖なるものを尊重することになるのである。しかもこれは、信ずるに値する経験を引き合いに出すことができるように、その作用の連関に権威を付与するという副次的機能をもっている。儀礼が定められていくのに応じて、その一部をなす神話も作られるが、この神話の語りは、人はなぜそうしているようにしているのかを説明する。後から見れば、それを素朴だと考えることもできよう。しかし、素朴であることは誤謬ではない。そして、これがラディカルな変化に至ることは、けっしてなかった。パラドクスの不可視化において無辜さを失い、それゆえに全世界を罪深き状態のなかで救済が必要であると考えるような神学が発生したときも、ラディカルな変化には至らなかったのである。

よく知られているように、マックス・ヴェーバーは例によって鋭く、次のように言い表している。「宗教的ないし呪術的に動機づけられた行為は、その原初的に素朴な状態においては此岸的に遂行されてきた」[43]。このような定式化が有意義なのは、神学上の偏見を阻止し、初期の段階も宗教的に動機づけられたものとして記述可能にすることだけが問題である場合である。しかしながら、次の段落においてすでに修正が、すなわち差異の導入が行われている[44]。実際のところ、最初期の宗教においてすでに境界に目が向けられていなければ、実践的な効用、利害、障害、危険から成る日常世界が、そのようなものとして統一的に経験されることすらありえなかったであろうし、また《此岸》という特徴づけも、近代になってからの再構成にとどまったであろう。マックス・ヴェーバーの宗教理解に近づこうとするなかでハルトマン・ティレル[45]が強調しているのも、まさにこの差異である。「したがって社会的行為を宗教的と呼びうるのは、行為者の指向に《経験外的なもの》、すなわち重大な《背後世界》の参照をほのめかす意味の層が与えられているときであり、そして行為が行われる過程で、その経験外的なものがなんらかの方法——さしあたり象徴的なやり方——で、《考慮に入れられている》場合である」。この差異によって初めて、補完される必要のあるリアリティが構成される。そしてまさにそこに、リアリティの宗教的形式がある。しかし初期においてこれは、当然のことながら行為の目的もまた彼岸に向けられていなくてはならない、つまり救済目的でなければならないということを意味していたのではない。そうではなくただ、世界が宗教的に分割されたかたちで経験されうるということを意味したにすぎない。

初期段階の宗教においてわれわれが出会う彼岸の諸力とは、恣意的で、気まぐれで、すぐに気分を害する（しかしその限りで影響を受けやすくもあり、なだめることも可能な）行為者（アクター）である。それらが象徴的に表しているのは、人間の生活が、コントロール不可能なかたちで影響を及ぼしてくる環境に委ねられているということである。それらは、社会を脅かす問題を外部化した結果である。彼岸と此岸の差異は、まだ明瞭に定式化されてはいない。もしその区別が原理的な締め出しというかたちで利用可能であるなら、その差異は神々の世界の規律化（ディシプリン）をもまた――とりわけ家族形成や政治的支配、文字といった社会において慣れ親しまれた構造を投影することによって――可能にする。このような発展はなによりも、基本的にはまだ太古的で原始的であったメソポタミアの宗教に読み取ることができる。[46] ここでは――神々が文書を支配し、その文書によって毎年毎年の運命が定められているにもかかわらず――、まだ《聖典》は存在していない。そしてそれゆえに再参入という、これによって生じる抽象化も存在していない。その代わり、神々の世界との関係を規制しているのは、占術の規則の複雑な体系である。後の高度宗教において初めて、占術の文脈で発達した文書もまた利用されることとなった。それは、聖なる意味を聖なる形式において固定し、その意味をとりわけ口頭によってさらに練り上げるために行われた。

テーゼをはっきりさせるためには、いまのところ以上のような示唆で足りるであろう。宗教は当初から（それ以前のものはまだ宗教としては扱わないでおこう）、宗教を同定する区別によって特徴づけられていた。すなわち、区別されたものへ区別を再参入させることにおいて明確となる区別によって、特徴づけられていた。慎重な概念形成は、ここにおいて報われる。再参入によって、それ自体パラドクシカルである作動が行われる。このパラドクスは、不可視化されなければならない。そのために利用される暗号化が――高度宗教においてはすべて、宗教そのものは考えられたものの本質なのではないという補足的知識を伴って――、宗教として現れる。

さらに確認しておかねばならないのは、コピーして取り込まれるものは区別であり、また区別にとどまるということである。単純化は繰り返し行われ、そしてそれは偶像崇拝として撲滅の対象となる。[47] しかし、そこでは崇拝されているのが具現化された差異であるということを考慮しないのであれば、彫像を神々と見なす古代エジプトの特殊な信心深さを誤って判断してしまうことになるであろう。たとえばアウグスティヌスの神学が主張しているのも、神は秩序であり善であるということではなく、その反対のものを、神による創造の一種の宿命として引き受けなくてはならないということである。それは、差異への関心を主張している。[48] けっして、ただ単に他なるものに対する（ことによると月並みな）しるしが問題になっているのではない。象徴的なイメージが利用可能であったとしても、意図されているのは単なるしるし以上のものである。問題となっているのはつねに――ちょうど門の大きさと装飾によって、この敷居を越えれば別の空間に立ち入ることになると示唆されるように――、差異のリアルな現前（プレゼンツ）である。

人が観察を行うことができるのは、慣れ親しまれたものの領域においてのみ、すなわち（超越との区別において）内在と呼ぶことのできる領域においてのみである。ここでのみ、何かを指し示し、何かを他のあらゆるものからの区別において強調し、後続の作動へと供することができる。これは、いつかなされうる区別がすべて内在的な区別であるということを意味している。存在と非存在、聖なるものと俗なるもの、神と人間の区別もそうである。それらがリアリティを獲得するのは、コミュニケーションを通してのみである。しかしながら、すべての指示とすべての区別から区別されたものは、マークされない空間として背後に残される。マークされない空間に残されるのは、すでに述べたように[49]、自らの観察の盲点としての、世界と観察者である。それらは区別不可能であるがゆえに、観察不可能である。

宗教は、この不可避なものを単純に甘受することをしない試みと見なすことができよう。それゆえ、区別によって観察可能になった世界は二重化され、最終的に内在と超越という主導区別によって、厳密なコード形式へと転換される。コード化とは、より厳密にカップリングされ、よりよく区別しうる別の形式へと、リアリティの区別を書き換えることにほかならない。リアリティの区別はこれによって、世界の新しい経験の仕方に対応し、より高度の偶発性に適応するようになる。このことは、一方では、同一性を不安定にする。もはや――宗教的観察という要求の多い高度な形式においてはいずれにせよそうなのだが――あるモノや出来事を聖／俗という区別で分類することが不可能になる。というのも、いまやすべてが超越あるいは内在という観点から記述可能であり、しかもそれは観察者次第ということになるからである――つまり、モノや出来事がどのように分類されるかを知りたいなら、われわれはその観察者を観察しなくてはならないということである。宗教は、そのための基準、規則、プログラムを準備しなければならない。そうするならば他方で、より高次の《世界の》不確かさが処理されうる。というのも宗教は、もはや特別なモノや出来事によって支えられるのではなく、自ら閉鎖的に世界を解釈する区別に支えられるからである。

こうした宗教の発展におけるもっとも際立った転機は、ヘブライの宗教に、つまり彼岸が此岸へ回帰することへの断固とした拒否という形式に見出される。[50] 祭司宗教は、さまざまな点で相違はあるにせよ、ヘブライの神が名前をもたないという点で一貫している。神は、自らがそうなるところの未来として自身を表象することによって、認識を、また具体的に取り扱われることを逃れている。神は、自らをテクストとして世界に提示する。世界の設計図としてのテクストは、二重の伝統として啓示される。すなわち、未来の解釈に開かれた口頭の伝承を、文書によって固定化したものとして、である。とりわけ第二神殿〔ユダヤ教のエルサレム神殿：エルサレム攻囲戦においてティトゥス率いるローマ軍によって破壊される〕の破壊以降、内在的な再参入の他の形式は、すべてテクストによって置き換えられている。タルムードの伝統の使命は、解釈の無限の可能性を論争として保存することにある。どうしても決定を下すことが必要な場合、とりわけ法律上の問題においては、もはや彼岸からの干渉によって惑わされることのない多数決の原理がとられる。[51] 厳密な意味において、それと同時に自らのなかへの区別の再参入がもう一つの側に、すなわち超越の側に移行される。超越的な神は、世界の観察者として、つまりは観察者と観察の統一として想定される。それに対して、この世の神聖なるものは、すべてその単なる反映にとどまる。

これによって初めて、十分に発達した宗教のコード化が完成する。そこでは形式の両方の側が、それぞれ両方の側のなかに再び現れる。もはや問題となるのは、世界を諸々の領域に分けること、つまり可視的／不可視的、慣れ親しまれた／慣れ親しまれていない、近い／遠い領域などへと分割することだけではない。そこでは、区別の一方が他方ではないということが前提とされるだけでよかった。だがいまや問題となっているのは、コードの二つの値が互いに意味づけを行うということであり、これによって宗教的な意味作用（シグニフィカチオン）が、他のコード化から隔離されるということである。社会学的に見れば、これは家族や一族といった、帰属的に与えられた社会的単位の外部で文化的エリートが発生したことと関係があるといえるかもしれない(52)。宗教は、特殊かつ普遍的に制度化され、その特殊性は、超越と世俗との先鋭化された差異に基づいている。そこで、宗教的コード化を他のコード化から区別する独自性が生まれる。超越のネガティブの値は、コード化そのものの根拠および源泉として設定される。超越は、自らのコードを産出しながら、他のあらゆる区別に対立するものとなる。超越は、質のないものとして前提にされなければならない。区別と区別ではないものとの区別それ自体は、ニコラウス・クザーヌスが記したように、超越にとって異質（フレムド）である(53)。これは、他のコード化と比べて、基礎づけの形式を変更する。宗教の場合、基礎づけは反対の値の排除によってではなく、包含によって行われうる。すなわち、真理が非真理を排除することによって基礎づけられるのとは異なり、あらゆる区別を超越的な意味づけによって評価し直すことによって、宗教は基礎づけられる。しかしそうなると、超越として設定されるものは、救済へ至る正しい道を示すものとして、弁別を行うことが可能でなければならない。こうしたことからも、少なくともこのことが観察されうるために、再参入の作動が要求される。

まさにこの点から始まるコード化は、ほかには存在しない。宗教の特殊性は、区別そのものに向けられた区別のラディカルさにある。そのようにしてのみ、次のようなことがらが何によるのかを把握することができる。すなわち、あらゆる観察（あらゆる区別、体験、行為、コミュニケーション）がつねに観察不可能性から作動するということ、したがってこうした点に立ち戻ることが、自ら固有の特殊化を否認することになるということである。それゆえに宗教の登場は――たとえ後になってようやくそれが発端にあったと知りうるのだとしても――、歴史的に、再参入の実施と不可避的に結びついている。

VII

宗教的な再参入を行う具体的な客体・出来事・行為は、宗教的インスピレーションを受けたコミュニケーションのなかで、その機能において特徴づけられることはなく、また形式的‐パラドクス的に記述されるのでもない。そのような偶発性を解き放つ観察形式は、社会の歴史の初期において、まだ用意されていない。その代わり、そうした具体的客体や行為は、ある特定の両義性のなかで――とりわけ威嚇的／援助的という区別に基づいて――現れる。肝要なのは、そうした区別のもとで用意され同意を得るような条件づけである。そうした条件づけは、独特なものであると証明された客体として、あるいは儀礼として、一義的で不変の形式を得る。この不変性によって厳密に思慮することが要求され、また間違いに気づかされるのだが、そうした厳密さをもってのみ、内的な形式の境界の横断、すなわち《こちら側かあちら側か》という横断がそこでは妨げられるべきであるということが認識できるようになるのである。そのような横断は作動として可能ではなく、むしろ聖なる客体の同一性へ向かって凝固するということができるかもしれない。それによってさしあたり、コードとして機能する内在／超越の差異を名指すことが不必要になる。こうも言えよう。すなわち、人は区別を崇拝することはできない、と。

その際、形式に忠実に、同じことを無限に変奏しつつ繰り返すことを妨げるものは、さしあたり何もない。（客体、建築物、儀礼という）内容は変わっても、両義性を同一性へ変換するための形式類型は変わらない。あるいは、少なくとも変わらないことが可能である。しかし、世界について問うこと、つまり聖なるもののなかで同一性として確定されている区別の統一について問うこともまた、可能となる。高度宗教が成立するのは、そのような宇宙論化への傾向が付け加わったときだけである。コードは、世界の分割として、また世界の時間的分割として現れる。それによって、歴史を物語ることが可能になり、超越を起源として、あるいは以前と以後という分割の意味として携えることが可能になる。分割（アインタイルング）は（この語は明示的に、しかも〔一つ（アイン）-の-部分（タイル）という〕文字通りの概念として選ぶのだが）、存在論的に行われる。すなわち、《何かであるもの》についての言明の形式において行われる。したがって、存在しないものとの差異において、ということである。しかしながら、現れるがままの世界を疑問視する用意ができていない限り、存在形式のもう一方の側は色褪せてしまう。そしてこの場合、そうした分割を否定するような無がまさしく超越なのである――そしてその超越は、（たとえば社会カーストへと区分するような）世界の分割を、自らそれとは距離を取るために生み出し、あるいは容認する。

　こうした文脈において問題となっているのは宗教史ではなく、また宗教の形態発生の理論や進化の理論でもない。問題となっているのは、ただ（このようにいうことが許されるならば）宗教コードの現象学である。内在と超越の差異が宗教の形式として可視化されるに従って、帰属問題が生じる。このことは、あらゆるコードに当てはまる。というのも二値構造は、ポジティブの値とネガティブの値のどちらの値が個別事例において問題となるかということについて、まだ何も意味していないからである。コード化の意味は、まさにこの決定を未決のままに保つ点にある。かくしてコードは、それぞれのコードごとに特定の《代補》[54]を必要とする。すなわち、必要な指示を与えるような補足をである。すでに古典的世界において、そのための諸形式は存在していた。たとえば、規則（kánon）、判断の手段（kritérion）、物差し（regula）といったように、自らの固有の正しさを強調しつつ二値構造と関係することを前提とした諸形式である。[55] ここでは、プログラム（規定）について語ろう。合法と不法に従った相互に排他的なコード化が可能になるのは、それに対応した制度的装備（裁判所）を備えた法規範が存在し、それによって個別事例において何が合法であり何が不法であるかが決定されうる場合のみである。ここでは、オレスト〔一方通行の愛の連鎖から破滅に至るジャン・ラシーヌの悲劇「アンドロマック」の登場人物〕あるいはミヒャエル・コールハース〔領主の不正に対する憤りから暴徒の頭となった、ハインリヒ・フォン・クライストの同名小説の主人公〕のように、法に固執することによって不法に陥るということにはならない。教師が良い成績あるいは悪い成績を与えることができるのは、何が必要とされているかを示す教育規準が確立されている場合のみである。真理のコードは理論と方法を必要とし、財産のコードは通貨化するための経済的計算の諸規則（資金や貸借対照表など）を必要とする。[56] これが一般的に当てはまるなら、宗教コードに別のことを期待することはできないであろう。

しかしながら、ここにおいても――ここでは深く追究しないものの、しかし無視することもできない――、歴史的相対性という問題が生じる。まだ完全に機能的分化に転換する以前の社会では、バイナリー・コード化が過剰に抽象的になされたとき、それを社会へ統合し直すためにプログラムの次元が利用される。次いでそこには、社会に構造と、なによりヒエラルキカルな（階層的）秩序を課する諸制約から生じるもっともらしさが、再び持ち込まれることとなる。コードそのものは、ヒエラルキカルに設置される。すなわち、その良き側の方に、自然かつ規範的な優位が割り当てられる。法の場合、たとえばこのことは自然法によって表される。その際、自然という概念によって規範的な明証性が示されており、しかし人間はその本性（＝出自）からしてさまざまな階層に属するということも、また示されているのである。だからこそ自然法そのものは、目的に拘束されるにもかかわらず、中世の神学の考えによれば、永遠の法（lex aeterna）の一部として把握することができた[57]。学問は、古くから伝わる知識や常識と折り合いをつけなくてはならない。学問がその枠組みを打ち砕こうとするなら、それは非学問的な形式として、つまりはパラドクスとして現れることになる。経済は、近代初期には《生計》あるいは《生活必需品》と呼ばれていたものを尊重しなくてはならない。つまり《家系》の身分分化を維持するために必要であったものを、である[58]。機能的に分化した近代社会において初めて、そうした制約は取り外される。機能システムは、自らの機能に対して唯一の責任を引き受け、それとともにコード化が抽象化されるリスクもまた引き受ける。プログラムは社会の統合要求から解放され、それぞれのコードに応じて特殊なかたちで設定される。法は実定法となる（このことはもちろん、現行法において道徳的規準、慣例、技術的な標準規格などが参照されることを排除するものではない）。いまや科学的な理論は、科学的な理論以外のものではない（しかしこのことは、科学的な理論が神学等と関係することを排除しない）。プログラムは、第三の値の排除を、排除されたものを再び包含することによって補う。たとえそれが、受け入れられた（つまりは棄却されなかった）コードを前提とした上での代補のレベルであり、またそこでシステムの作動をそのコードの両方の値に正しく間違わずに割り振ることだけが問題であったとしても、である。

宗教は、（相変わらず厄介な問いである）道徳との連合に関わることによって、自らのコード化が進化的に蓋然性の低いことに対する解決を求め、そしてそれを見出す。この同盟が容易になったのは、道徳それ自体が、なによりもそのネガティブの判断において宇宙論的に設定されており、ゆえに何をはばかることもなく嫌悪の念を表明するためであったろう。悪あるいは悪人は、腐敗したもの、不純なもの、(意図のあるなしにかかわらず)有害なものの近く、すなわち世界の闇の側に位置していると見なされ、人はその説明不可能な闇の力から自らを守ろうと努力する。[59] それゆえに、道徳の善き方の側は、社会のなかでそのつど受け入れられているような慣習となじみがよいのであろう。十七世紀および十八世紀のヨーロッパで呪術的表象が衰退したことによって初めて、[60] 道徳そのものへの一種の回帰に道が開かれ、その結果として、宗教もまた道徳的判断に従属し、熱狂から醒め、寛容が要求されるようになった。

しかしこれは、かなり後になってようやく完遂された単なる一つの発展経路にすぎない。すでにずっと以前から、宗教はそれ自身、超越というコードを道徳のコードと結び合わせることに困難を有していた。とりわけこのことは、重要な高度宗教が社会的革新運動のなかで成立したことと関係しているかもしれない。しかしそれを度外視したとしても、超越との関連で議論するあらゆる宗教にとって、次のような問いが持ち上がる。すなわち、地上で目にする善行と悪行との差異は、どのような宗教的意味をもっているのかと。とりわけ、幸運と苦難が道徳的規準に従って分配されているようには見えないことを考えあわせるなら、このことはなおさらである。

以上のことに加えて、道徳は注意を罪の方向に向ける傾向をもっている。というのは、悪は善よりも特定化しやすいからである。説教のレトリックによって容易に列挙されうるのは罪の方であり、人を善きことへ導くような誘因を示すことは、それほど簡単ではない。告解心得書として、人が避けてしかるべき罪のリストを編纂することも可能であろう。善き行いのリストにはつねに空白があり、場合によってはまさに重要になるであろうことが抜け落ちることもある。したがって善きことの登録簿は、いまここで問題になっていることについて何も触れていないという言い訳を容易にさせてしまう。人生のなかには、リストとして列挙されうる以上のチャンスが善きことのために与えられている。それに対して、悪しきことを登録する途は限られており、やむをえないときにそれは開かれる。

高度宗教は、超越を人間の行動の善い方の側に対して用意されたオプションであると考えている。部族社会のまだ《未開》の宗教であっても、すでに社会のなかで受け入れられた規範との関係を整序しなくてはならなかった。たとえば、規範破りを呪術の影響のせいにせずに（これをすれば責任転嫁になってしまったに違いない）、明らかに罪のある者を罪人として受け入れることによってである。これに対して、高度宗教、とりわけ一神教の宗教においては、道徳的価値という意味で宗教による一種の自己規律化が見られる。どのような行為が超越的な意味を担っており、どのような行為がそうではないのかを説明するために用いられるプログラムは、善か悪かという道徳的コード化との関連で定式化されている。コードの超越的な側は、人格化される。これは、神（あるいは神々の国を支配している神）が望むのは善きことであるということを、理解しやすくするためである[61]。しかしだからといって、宗教が支配的な道徳理解をそのまま受け入れる——警告的な批判が言うように——ということにはならない。もし道徳理解が批判されるとしたら、宗教的に承認しうる別の道徳においてであろう。たとえば神との契約関係に忠実であるという道徳、神の意志に自己の意志を服従させるという道徳などにおいてである。そうした神の意志は、真正なコミュニケーションにおいて現れる。それは模範的なやり方で（アブラハムの犠牲は、アガメムノンによって行われた人身御供とははっきり区別されている）、家族的かつ氏族的な支配的道徳に抵触するようなことをやってのける。またそうした批判は、神によって定められた戒律の道徳において、そして最終的には承認されあるいは拒絶される自由を尊重する愛の道徳において行われる。一神教の高度宗教から刺激を受けつつ混合主義的にその刺激を融合した部族宗教の場合、道徳と主神との関係は、これらすべての理由から両義的なままにとどまる。その関係は、単に不都合な意図をもたないように影響するだけの仲介的で宗教的な諸力や現象とのやりとりの諸規則のなかで、避けて通られている。[62]しかしながら別のケースも存在する。すなわち、制度的に下支えされた高度宗教の、道徳ポリティクスというケースである。これは、部族的であるがゆえに個別特殊的な道徳パターンを根絶し、それを神の意志の表れとして提示することのできる普遍主義的道徳に取って代わろうとするものである。これに関するもっとも印象的な例は、中世に見出すことができる。たとえば告解や、あるいは拡充された教会法上の立場を手がかりとして、また直接民衆に向かって教えを説いていたフランシスコ派の修道会による活動を通してである。こうしたプログラムが担ったゼマンティク上の革新とは、内的態度や自らの行為の内的承認へと向けられた、個人主義的な道徳概念を生んだことにある。[63]これはまさしく、個人化が時代遅れになった社会的分割の効力を失わせるために使われることを示す、典型的な例である。

キリスト教神学はそれ自体としてまさしく、道徳、つまり善悪の区別が、悪魔のものであることを知ることができたはずである。人は、知恵の樹から取って食べてはいけなかった。この冒瀆の報いのために、道徳という概念が使用され、道徳の手をすり抜けて背後に隠れている動機や利益関心がないかどうかが、繰り返し問われることになった。すなわち《暗闇》のなかでも人は道徳に沿って行為するのか、それとも道徳的行為はそれによって得られる名声のために行われるにすぎないのかという、よく知られた議論である。他方、神学者は道徳がすみずみまで染みわたった社会の文脈で説教をしなくてはならないために、態度表明を行うこと、そして善なる神の名のもとに善を要求することを、ほとんど避けては通れない。判断を下すことを放棄したとしても、その影響はどれも非生産的なものでしかないであろう。それゆえに神学もまた、原罪の犠牲者である。神学はせいぜいのところ、全体とはいずれにせよ神によって演出された歴史のことであり、蛇とは道徳の両義性を隠すために送られてきた形象にすぎなかったということで、諦めるしかない。

したがって宗教と道徳との関係のなかには、固有のコードが保たれていることの証明として解釈できる独自の徴候が存在する。つまり、それは宗教コードの値が、誰もが知っている道徳の善／悪コードには簡単に収斂しないということである。そうした独自性の一つは、すでに言及したような批判の可能性のなかにある。その土台は、すでに始まりつつあった王制と聖職者制、宮殿と寺院の間の役割分化およびシステム分化のなかに、あるいは支配者のサークル内部で両者が接近していることに対して行われた、宗教内部での警告的あるいは革新的な宗教批判の可能性のなかに存在している。二つ目として、道徳的な最終評価が明らかに未決のままである、ということがある。範例として最後の審判というスタイルがあるが、それはいわば道徳における超越性の留保だということができる。そして最後に、道徳と宗教の距離化の隠れた動機として、後にそう呼ばれるところの神義論の問題が存在する。明らかに神は、この世界に罪があること、また責任のない苦難が存在することを認めている。それによって示唆されることは、神が自らの自己実現を全うするのは、あらゆる区別を超えたところにおいてであるということである。神がもっぱら提供するのは、起こったことのすべてにおいて超越と関係をもつことが可能であるということ、もっと具体的にいうなら、すべてのことが、神の愛や神が近くにいることの形式として、神がつねに寄り添っていることの形式として、また神の観察の形式として経験されるということにすぎない。しかしこれには、なかなか理解しがたい補足をつけておかなくてはならない。すなわち、神も自ら、悪ではなく善を選ぶという選択をしているのである。

抜け道として（それもまた当然、道徳化にさらされ続けていたのだが）キリスト教が提示するのは、《罪》というテーマである。《原罪》というマークづけによって示されるのは、問題となっているのが責任や咎ではなく、宿命だということである。しかしながらとくに罪とは、死とともに終わり、天国においても地獄においても継続されることのない時間的な状態である。時間的な状態というのは（ラテン語の《tempus》という意味での時間であるが）、一つには、生涯にわたって人間に課せられている時間という意味においてであり、また一つには、それによって救済の道を進む可能性が与えられているという意味においてである。これに対して道徳の規範は、むしろ訂正されるべき過ちという形式をもっている。とりわけ、他人を道徳違反であると観察し、また批判する可能性をもっている。したがって、ここでの問題は社会次元にあり、時間次元にはない。しかし、まさにこの差異のために許されるのは、天がそれについて何と言うかを知らないままに、罪人を罪に基づいて観察し、あるいはまた彼らの存命中にすでに賞賛あるいは非難することである。とはいえ、道徳的非難とは、それ自体またもや罪の一形式でありえ、ことによると（聖職者や神学者はもちろん認めたがらないであろうが）その最悪のケースの一つでさえありえるかもしれない。

神学は、この道徳的なパラドクスにずいぶんと骨を折ってきた。そしてその理由が、神の意図のなかにあると考えた。なかでも、天地創造の総仕上げとして自由を認めたことがそうである、と[64]。しかしながら、善悪の差異そのものが悪ではなく善であるべきであるというパラドクスに戻ることは、難しいことではない[65]。外部のセカンド・オーダーの観察者の視点から見るなら、こうしたパラドクスを展開するための別の可能性として、他の区別によって置き換えるというやり方が存在する。われわれとしては、コード化とプログラム化の区別を利用することができるであろう。問題が生じるのはまさしく、宗教が、自ら内在と超越との差異の解釈に不可欠なプログラムを社会の側に帰属させるために、道徳を用いるからである。このように見るならば、道徳のコード（これも、それ自体パラドクスを担わされたバイナリー・コードなのだが）を宗教的に利用するのは、宗教が社会のなかで受け入れられうる区別と結びつこうとするための、中間的な措置にすぎない。道徳というコードが、まだたしかに全般的に用いられてはいるものの、しかし道徳のプログラム、原理、規則、価値の葛藤の解決策についてもはや意見の一致が期待できないような社会においては、まさにそれゆえに——たとえ、それが宗教的多元主義によってあがなわれなければならないとしても——、道徳の宗教的固定化、すなわち宗教的倫理が不可欠であると考えられるであろう。しかしながら、その反対、つまり道徳的条件から撤退してしまうことの方がむしろ適切である、ということもありはしないか。

道徳が宗教に基礎づけられたプログラムとしてうまく機能しない場合、もしくは、道徳が悲惨な結果を招くことや、道徳をどう正当化できるのかという、常に問われる可能性のある賢明な疑問を、少なくとも封じ込めることができない場合、宗教コードのプログラム化には、ほかのやり方はありえないのだろうか。あるいは、道徳が機能しないということは一例にすぎず、そもそも宗教という意味形式は、いかなる原理や基準にも準拠することを許さず、コード化とプログラム化との区別を破綻させるものであるということなのであろうか。これについては、他の機能システムが自らのプログラム（理論、方法、教育規準、法律、予算等々）を絶えず変えていこうとするのに対して、宗教が一種の信念を求めているということが関係しているのかもしれない。たしかに信念は、多元的に申し出られたものとして、さまざまな宗教において多様な現れ方をしてはいるものの、しかしながらそれは、いずれにせよ《今日はこうだが明日はああなる》という形式にはなりえない。

　とはいえ、こうした懸念をもって、プログラム化というアイデアばかりかコード化というアイデアをも捨てなくてはならないということにはならない。むしろ、別の可能性を問うべきであろう。すなわち、さしあたり空虚なバイナリー・コード化の内容を豊かにし、それによって、コードに具体的な状況における情報価値を与えるということである。ここでは、宗教的記憶の型について考えてみよう。それは、コミュニケーションの*テーマとシンボリックな内容*を区別することに、たとえば運命を恩寵として理解することに、適している。

VIII

　バイナリー・コードを、単に宗教の発展の説明がつくような発端あるいは独立変数であると措定することは、たしかに誤りであろう。どのようなゼマンティク上の装置のなかでコードが利用され、宗教的コミュニケーションがそれとして認識されうるかということは――これについては何度も強調したつもりであるが――、それ自体、全体社会システムにおける進化論的変化に左右される。そうした変化は、また個別に考察する必要がある。[66] 宗教と道徳のコードの連関が解消されるためには、たとえば法システムが機能していることが前提とされる（したがって反対に、宗教と道徳が再び融合した場合、法治国家が困難な状況に陥るであろうことは、想像に難くない）。ヨーロッパの中世において、こうした前提は市民法の領域でもコモン・ローの領域でも満たされており、さらに十七世紀以降、領域国家を基礎として成立してきた、たとえば宗教的寛容を確保するような《公法》によっても補完されていた。しかしながら、こうした社会構造的な考察によっては、宗教コードそのものが道徳からの分離を越えていかに存続しえたのかということについて、何も確かなことはいえない。

ここで固有のコードという生産的な差異を断念することは、考察の対象にはならないと思われる。バイナリー・コードは、自らの閉鎖性（《区別とは完璧なる自制である》）とさらなる規定への開放性（代補やプログラム）において、形態発生的なプロセスに対する刺激を作り出す。そうしたプロセスが、ここに接続する。ミシェル・セールが導入したメタファー[67]を用いるなら、それは発展への寄生的な接続ということもできよう。前節で論じたコードに従属したプログラムの発生は、その一例にすぎない。さらに考えなくてはならないのは、コード化によってどのような決定の負担が生じるかということである。これは答えを要する問いを生むが、もし教義学の背後にあるバイナリー・コード化が明らかにされるなら、問いを求める答えを生むことにもなる。したがって、述べられていることを明らかにする方針やテクストが存在しなければならないというだけでなく、よくできた注釈や、あるいは単純に宗教的インスピレーションを伝えるための役割や技法もまた存在しなくてはならない。

形式的に見れば、ここでも問題は第三の値を排除するコードの二値性にある。しかし、ここで問題になっているのは、社会におけるコミュニケーションにとって十分ではない、機能的ではあっても人為的な抽象である。コードは、複雑性を極端に縮減してみせる。それによって、より高度の複雑性をもった秩序の構築を可能にするという、コードが担っている唯一の機能を遂行する。まさにそれゆえに、コードは進化の《吸引力》として働き、そこへの寄生を呼び寄せる。寄生するものの方では、コードの規定値に合わせて自らを変形しようとし、そして第三、第四、第五の値として付け加わるよりも、条件づけの必要を――どのような機会の、どのような利益関心であるかということはさておき――利用しようとする。別の言葉でいえば、寄生物が利用しているのは、コードの閉鎖性の開放性、すなわち補足的な意味規定の必要性である。

コードは決定を必要とする。決定は、そのものにおいて寄生されうる。決定が下される状態は、コードによってあらかじめ安定化された差異から生み出される。だが決定そのものは、決定されるべき選択肢の一部ではない。ある特定の行為が神の意志にかなっているか否か、魂の救済に有利か否か、祖先を怒らせてしまうか否かが決定されなくてはならないとき、決定そのものはさらなる選択肢の一つではありえない。決定とは寄生物にとどまる。すなわち、参加していながら排除されている第三項という、まさにその意味においてである。問いそのものはこの決定へと向けられているものの、答えは単純に決定の自己表示のなかにあるということではない。すなわち、決定が「私は自己自身に対して決定をしている」と言うことのなかに、答えは存在しない。決定は、自らのパラドクスを認めてしまってはならない。(68)

決定は、自らを神秘化しなくてはならず、決定が引き起こされたものであることを否定しなくてはならない。こうしたことはすべて、決定を行う人格に帰することでもっともうまくいく。それゆえに、ここから逸脱強化のプロセスが動き出す。人格は決定を個人化し、決定は人格を個人化するのである。

排除された第三項の編入、すなわち不在なものの共在という前提条件は、(いつものごとくさしあたり定式化された)バイナリー・コードを設定することによって、つねにつきまとう問題となる。その帰結として反復状態が生じ、さらにそこから回帰的に依拠することのできる諸規則が導かれる。われわれは、これをプログラムと呼んだ。決定と決定が結びつくことによって、すなわち、先行する決定が、その具体的な状況や吟味においてではなく、もっぱらコミュニケーションのなかで伝えられたその帰結において繰り返されることによって、つねに不確実性が吸収される(69)。不確実性を吸収する古典的な形式は、権威と呼ばれる。それはあるものを、すなわち複雑性を増大させる。権威は、権威が決定のためにしっかりとした根拠を与えることができるであろうということが前提とされているということを、前提とする。しかしながら同時に、この前提が実際に履行される必要はないということ、あるいは個別のケースにおいてのみ、ただ象徴的かつ示威的に履行されるだけでよいということも、前提としている。権力は、ヘーゲルの適切な言い回しを用いれば、「*それに反対なものの禁止もなしに*」作用する(70)。こうした意味において、中世の討論問題(quaestiones disputatae)の技術は、《回答(respondeo)》のために権威を利用しうるという想定に基づいていた(中世哲学のテクストは、討論形式になっており、命題→反対命題→回答、の形式で書かれている)。このような形式の歴史から読み取ることができるのは、(すでにオッカムのウィリアムにおいて読み取ることができるが)権威の尊大さがいかに不確かなものであるかということ、そして場合によっては、ある意見とその反対意見との未解決のパラドクスがいかにそのままに残されるかということである。この時代は、同時に、組織に関する問いが重要になる時代でもある。というのも、不安定性の吸収は——公会議によってであれ、教皇の名のもとにあるローマの教皇庁によってであれ——、いまやそのために設置された組織的な役割によって引き受けられなくてはならないからである。しかしながら、ここから近代に典型的な問題が生じてくる。すなわち権威は、それが実際に利用されるなら、自らをリスクにさらすことになってしまうという(たとえばフランスの君主制がその犠牲となったような)問題である。

ピエール・ブルデューは象徴的暴力、ゼマンティクの発展的離陸(décollage sémantique)、ハビトゥスといった概念について語ることで、明らかに同様の起源を念頭に置いている[71]。しかしながら彼にとって出発点となっているのは、コード化の形式ではなく、明らかにできていないといわれる社会と経済との関係である。それゆえにブルデューは、象徴的暴力という概念において、そこで問題となっているのが自己適用の可能な自己学習的概念であるということ、したがって象徴的暴力という実践が再び繰り返されるだけであるということを反省的に考察しなかった。しかし今のままでは、それを受け入れるしかない。まさしくそれゆえに、出発点に関する問題をもっと抽象化して理解することが推奨される。

いずれにせよ、コードへの寄生やゼマンティクの発展的離陸において、ある徴候が演出される。そしてそれは、おとなしく受け入れておかなくてはならないような演出である。パラドクスに立ち戻る痕跡は、消し去らなくてはならない(われわれにできるのは、痕跡を消し去った痕跡を発見することである)[72]。人はこうしてゲームをプレイすることができ、ゲームで許されているもろもろの区別で満足することができる。それらの区別がただゲームそのものが区別されうるがゆえに区別をなす、ということを考慮することなく、である。ゲームのなかの諸々の区別は、ゲームという区別を代理表象している。こうしたことは、たとえここでパラドクス、秘密、神秘、計りがたい神の意志などを指摘することができ、また直接ゲームのメタファー[73]を用いることが許されたとしてもなお、強化されることになる。知っておく必要があるのは、いつそのような指摘が持ち出されるべきかということだけである。たとえば、死とその状況を説明するためにそうした指摘を持ち出すのは適当であり、しかしながら棺桶を墓地に入れようとしてロープが切れた場合には適当ではない、というようにである。

しかしそれとともに、宗教を実践する人それぞれに専門的な助けが不可欠になる。少なくとも一般の信徒は、正しい道を歩もうとするならば、専門家に聞いておく必要がある。そうでないと、《あたかも、もっと広大な航海さえすれば、ロンドンへ至る道と同様に、天国へ至る道も見つけられると考えてしまう》というように誤ってしまう可能性がある[74]。

IX

内在／超越という区別が、宗教のバイナリー・コードたりうる機能を満たしており、またそれによって何が宗教的コミュニケーションとして関係することができ何が関係できないかを見分けることが可能になるということに基づくなら、ある重要な逸脱が目に入る。それは、ことによると堕落やできそこないのように見えるかもしれないが、いずれにしても世俗化された逸脱である。すなわち、それがカントの超越論哲学である。カントは、経験の可能性の条件について問いを立てている。この問いへの回答において、カントは、論理的循環を（つまり経験を経験によって説明することを）避けようとしていた。ここから彼は、意識の作動との関連で、経験的と超越論的という区別に至った。さらに、存在論的ともいえる表現の仕方によって、因果の領域と自由の領域も区別される。自由の領域には、自己反省的に意識へと接近できる独特の種類の事実性が存在する。カントはそのような事実に訴えて、認識、実践的行為、審美的判断の可能性の条件を、経験的な被規定性に準拠することなく、明らかにしようとした。

この試みが成功したか失敗したか、どの程度まで成功あるいは失敗したかということについては、ここでは議論しない。しかし際立って見て取れるのは、存在論的な形而上学の言説のなかで、その言説を破砕するために論じられているということである。宗教というコードの世俗化も問題になっているということは、少なくとも表面的には分からない（それはカントにとって宗教が、信仰というテーマに属する問いであり、第一義的な区別の問いではなかったためである）。しかし、宗教を信仰の特性によって定義するのではなく、コードによって定義するのであれば、つまり宗教が自らにとって世界を観察可能にしているところの区別で定義するならば、類似性が見えてくるであろう。その場合、超越的／超越論的という術語上の近さは偶然ではなく、問題を移動しようとする意図を示しているといえる。その意図とは、（ここで行われている議論を展開するような）観察者からすると、世俗化への意図として理解できるかもしれない。

このように理解するなら、それ以降に見られた一連の現象はもはや驚くべきものではない。なにより一八〇〇年頃には、主体を神格化するという苦肉の趨勢があったが、カントとフィヒテを別にすれば、それは新しい神話へのロマン主義的な探究であったといえる。そうした神話もまた、ときにはリアリティに対するアイロニカルな距離のなかで、ときには反省的に表明される距離として作動する。ここにきて重要なのは、文書や印刷のために規定されたコミュニケーションである。そのおかげで、問われることを考慮する必要なしに、言っていることと考えていることが違うということを気づかせる不適当な表現のなかに、問題を隠すことができるようになる。それゆえに、《断　章》(フラグメント)が高く見積もられることとなる。こうした運動は、その（暫定的な）締めくくりを、つまり自己規定的な終結を、ヘーゲルの精神哲学のなかに見ている。より正確にいうなら、あらゆる区別を自己自身のなかに止揚し、排除だけを排除する《絶対精神》としてのパラドクスの表現のなかに見ている。

このような哲学が、宗教と、また芸術とも共有しているのは、（後のヴィトゲンシュタインの『論考』において、世界を記述する言語と沈黙するしかない言語とが存在するように）世界をあるリアリティや何か別のものへと分解しようとする企てである。こうした構造は、哲学者、論理学者あるいはジョージ・スペンサー・ブラウン(75)のような数学者の関心を引くかもしれない。社会学のような世界科学は、リアリティの方にのみ関係していると称している。しかし、社会学理論のなかに（超越の担い手としての）人間を見つけようとするなら、(76)問題はさらに移動されることになる。世俗化の連鎖の最後に理論の欠損が推定され、ゼマンティク上の価値が低下するその歴史のなかで、それに代わって欠損を越える宗教を切望するという信条(ベケントニス)は排除される。宗教――それは明らかに、科学的な分析に当てはめる必要のない別のシステムである。しかしそうであるならば、科学システム内でその形式が制御できなくてはならないであろうし、場合によっては宗教を宗教として認識可能にする区別を捨て去ることもできなくてはならないであろう。

魔法をかけられたように主体へと変身してしまった人間は、社会理論にとってはとくに重要な客体である。なぜか。単に、それがわれわれだからであろうか。あるいはそれが超越の位置を占めており、リアルなものはすべてそこから記述され、基礎づけられうるからであろうか。もし後者だとしたら、人間そのものはいかにしてリアルなものと認識されうるのか。こうした超越論的な謎の解決をめぐる努力は、さまざまな経路をとった。人間（単数形）の素朴な脱構築から、言語学に基づいて言語を分析する哲学を通り、それから人間を匿名化し手続き的に規制された理性使用へと還元する討議理論を経て、自らの観察の不可視の寄生者としての観察者の理論に至るまで、さまざまである。しかし、これらと並行して、社会学にまったく別の課題を突きつけることもできるであろう。つまり人間を脱構築する代わりに（あるいはそれに加えて）、宗教にのみ内在／超越のコードを用いた本来の観察を認めることによって、宗教の再構築を試みるという課題である。そうすれば、カントの言うような単純に構築された非対称性に、したがって経験の条件は経験のなかにはありえないというテーゼに、従うことを避けることができる。すなわち、この区別によって隠されたもともとのパラドクスに光を当てることができるであろうし、そのことにより、宗教的コミュニケーションが、想像力と創造性を用いながら、自らのパラドクスを解消するためにどれほど驚異的なことをやってのけているかを、見ることができるであろう。

X

さてここでもう一度、宗教コードの位置、すなわち超越と内在の位置がどのように措定されているかという問いに戻ろう。いかにももっともらしい一般的な答えは、次のようなものであろう。すなわち、超越という位置は神のために用意されているのだと。こうした答えは、高度宗教による答えである。というのも、そもそも神をあらかじめ想定しているからである。反対の側には、あらゆる欠陥をもった人間が置かれる。欠陥というのは、特徴的には、罪や悪いことをする自由や認識の弱さなどである。この両側の架橋については、後の章で観察の諸関係を綿密に分析することによって論じるとしよう。人間はいかに欠点が多く、いかに罪に陥りやすくとも、神がどのように自己を観察しているかを観察することができる。

このように神と人間を配置する図式は、伝統のなかで（コードという概念を基礎にしたとしても）見逃すことのできないかなりの負担を処理しなくてはならない。こうした配置は、まず道徳コードのパラドクスにさいなまれる。そして、人間がそれに合わせなくてはならないにもかかわらず知ることのできない、神の観察基準という問題に煩わされる。神義論の、そろそろ古典的ともいってよい主題は、こうした問題について全力で反省的考察を行ってきたが、それも問いの設定の仕方を根本から変えるものではなかった。さらに、神にある区別の内部の（それが宗教のコードであってもなくても）二つのうちの一方の側を割りあてるならば、神をあらゆる区別を超越する存在として想定することがそもそも不可能になるという問題が生じる。そうしなければ（超越を自らの境界をも含むあらゆる境界の越境として理解しようとする際、つねに想定しなくてはならなかったのと同様に）、超越は内在を含む値になってしまうであろう。しかし、超越はコードの一つの値として、コードそのものを自己のなかで止揚する。それは、良いか悪いかを区別することは良いことであるというときにも見られる、パラドクスの克服の方法である。コードは、形式の形式への再参入——つまり区別による区別そのものへの再参入——を通じて実際に、作動可能となる。

超越論哲学においてもなお維持されていた古い考え方によれば、内在的に経験されたものは、超越によって根拠づけられる。世界を創造したのは神であり、ゆえに世界はその意志に対応しているとされる。あるいは、超越論的主体は、自らの経験世界の秩序づけに必要な総合を行うとされる。超越を引き合いに出すことはこれとともに説明でき、そして安心を与えることができていた。それに対して、システム理論の分析は次のような観点に立つ。すなわち、世界は意識とコミュニケーションに過大な要求をしており、まさにこの意味において超越的である。このように理解するなら、超越について暗示することは、安心を与えるというよりもむしろ、不安を引き起こすように作用する。救済の必要あるいは信仰への疑問といった伝統的要素を思い返しても、こうした逆の特徴づけが立証される。この解釈の争いに決着をつけ、宗教を二つの見解のどちらか一方に繋ぎ留めようとすることには、明らかにあまり大きな意義はない。バイナリー・コード化の理論は、そうではなく、あらゆる伝統的要素を新たに記述し直すためのきっかけとなる。システムを定義するのに中心的な、二つの値にコード化された差異が存在するなら、宗教システムは、差異の統一という問い——その答えは存在しえない——に直面することになる。（他のではなく）この区別を確定することによって、そこに属するマークされない空間が作り出される。外部の観察者は、区別がそれによって区別されたものへと再参入することを通して、不安定な説得力と《信憑性》をもったさまざまなゼマンティクが歴史的に作り出されうるのを見ることができるかもしれないが、しかしそれもまたパラドクスの展開というかたちをとっている。超越を根拠づけとして見るなら、根拠づけの根拠づけを問うことになり、無限遡行に陥ってしまう。超越とは、意味を担いつつ活動しているシステムが作動的に閉じられていることに対する反対概念であると想定してみても、そうした投影にリアリティとして対応するものは何かということは、依然として不明である。

社会学は、ここで懸案となっている問いに答えることはできないであろうし、また答えようとも思わないであろう。経験科学としての社会学は、この種の厄介な問いにおいても、あるいはまさにこのような厄介な問いにおいてこそ、社会がそれに対応する事実を作り出しているということに、基づいている。したがってここでは、宗教が信仰を提案するコミュニケーションの形式について判断を下しているということに、基づいている。ともかく社会学は、宗教システムの反省の審級、つまり神学に対して理論的に考えられた問いを示すことができる。最初の問いは、コード化の分析において提出されている（コード化については、ここで行われているよりも、論理的かつ数学的な手段を用いた方がかなりうまく展開していくことができるのであろうが）。このことは、有意味な神学的選択肢を限定し、理解のしやすさを断念するという負荷をその選択肢に負わせる。さらに、社会構造的かつゼマンティク上の検討を行えば、個人は近代社会において、高度宗教を生み出した社会とは原理的に異なった状況に生きていることが裏づけられる。[77] 近代社会の機能的分化は、社会における包摂の調整を諸機能システムに委ね、これによって、階層と道徳に基づいて行われていた中心的包摂は放棄されてしまった。宗教はこれに対して、宗教への参加が自由裁量であることを前提としつつも、しかし宗教がもつ説得力に対する期待を高めることで対応した。個人は、自分にとっても自分が不透明であるがゆえに、アイデンティティを必要とするようになった。個人は、社会的な共感、愛、キャリアなどを自らのアイデンティティを構築するために用いることができるが、しかしそれは不確かな根拠の上に建てられた構築物にすぎない。だとすれば、個人は自己自身にとって超越的であるということができるのではないだろうか。すなわち、超越論的アプリオリの確認という最終目的においてではなく、自己自身との（反省的であるがゆえに）アイロニカルな関係という、むしろロマン主義的な意味においてである。

古くからの知恵に従えば、個人は、《私は誰か》という問いに自分で答えることができない。伝統的には、これは個人という内在的存在の弱さの現れ、つまり自己の利益関心に定位し、洞察が弱く、罪を犯しやすいといった、弱さの現れであった。こうした評価は、自己完結的な超越の対称項として押しつけられたものである。別の解釈をすれば、次のようにもいえるはずである。すなわち、個人とはそれ自体が超越であり[78]、まさにそれゆえに、不安定な自己規定を絶えず確認し続ける必要があるのだと。そうすれば、次のことも理解可能になるであろう。すなわち、個人が、内在と超越の差異の統一というパラドクスを自己自身において経験するということ、そしてそれを外部化することによって、あるいはリアリティを二重化し、あるいは涅槃を想定し、直接的な神の現れを想定することによって、パラドクスを解決しようとする傾向があることが理解できるであろう。これとともに、信仰を、それが権威をもっているからという理由で受け入れる可能性は失われる。それどころか、罪や苦難、排除されていることやあらゆる種類の失敗の方が、社会が提供するあらゆる証明よりも、こうした可能性を受け入れやすくすると考えられるかもしれない。だがそうすると宗教が提供するのは——神を想定しようとしまいと——内在と超越の統一というコミュニケーションの可能性、すなわち、起きていることすべてのなかに個人が自己自身を再び見出すことができるということを確証するコミュニケーションの可能性ということになろう。

「主観的な」個人主義を発明し、それを受け入れてきた社会では、宗教のコードの根本的な変革が、すなわちゼマンティクの水準ではその転覆(ニヒリズム等)として記録されるような変革が、不可欠であるように見える。内在/超越というコードの値が放棄され、それによって宗教の認識可能性が失われるということではない。しかし、その値の配置の仕方、世界との繋がり方は転換される。超越は、もはや遠い彼方にあるのではなく(これに対しては結局のところ、人はどうでもいいように振る舞うことができる)、またもはや《天上》にあるのでもない[79]。いまや超越は、そのつどの自己の、つまり私の、解明不可能性のなかにある。これによって、人格神という想定をもつキリスト教の教義学は、困難に陥る。このことは、仏教がいまなぜ魅力的であるかを説明するかもしれない。というのも仏教が、区別をつけるという日常生活の習慣を捨て去り、無への瞑想のなかで、存在するものはすべて自己も同様に、結局のところ無に依拠しているということに思い至ることが重要であるということを教えるからである(しかしこれによって、《主体》としての個人理解は否定される)。さまざまな宗教の教義学の立場が存続しているという問題にもかかわらず、次のことは認めておかなくてはならない。すなわち、近代の世界において、遠方とは超越にとって説得力のある場所ではほとんどないということである。そしてまた、その代わりに、各個人が、自分とは何であるか、あるいはよくいわれるように自己の《アイデンティティ》が何であるかを知りたがっているという不確かさが、増大しているということである。[80]

XI

これまでの分析は、《社会》というシステム準拠に基づいており、意識過程を視野の外に置いてきた。これは、宗教を――たとえ個人の《欲求》から説明しないにせよ――人間学的に根拠づけようとするあらゆる試みと、極端な相違をなしている。宗教に特有なコミュニケーションの特殊なコード化も社会構造であり、そこに心的な等価物を前提にすることは容易にはできない。このことは、われわれが作動上閉じられたオートポイエティック・システムの理論の内部にとどまる限り、変えることはできない。しかし、宗教的体験の可能性の条件を問うならば、これまでの分析を補足することはできる。つまり、システム準拠を切り替え、意識システムとその神経生理学的な基礎から議論を始めるのである。

意識が、興奮するもの、あるいは驚くものであるということは、疑いようもない。次のことから始めることもできよう。すなわち、大脳が生物‐電気的な刺激を素早く繰り返すことによって強度を生み出すということ、しかしそのためには、この刺激が意識によって連続性としてではなく強度として認識され、なんらかの仕方で、いずれにしても神経的作動に戻ることなく解釈されなくてはならないということである。[81] そうすると問われるのは、この解釈はどこからやって来るのか、名づけは、情動の区別可能性は、どこから来るのかということである。

意識は、それが連続性を特別に認定された単位によって置き換えるということで、大脳との関係においてオートポイエティックな自律性をもつことが保証される。これが事後的にのみ起こりうるということ（もちろんたいていは、運転をしていてひやっとするような誰もが知っているコンマ数秒のことだが）が意味しているのは、同時に、意識が事後的にのみ作動可能であるということ、つまり、すでに生じており、あとは観察される必要のある固有の状態にさらされるということである。このことは、意識が、予期せぬ刺激を考慮することを学んでいたとしても当てはまる。たとえば、暗闇のなかで怖がり、あるいは見知らぬものに注意深く対応することを学習していたとしてもである。こうしたことすべてから、ある基盤が、すなわち意味づけを助けるような感受性があてがわれる。それは、何が《生活世界》と呼ばれるかによって、非常に異なった形式をとる。そのために典型的には、とりわけ社会史上は、参加者の知覚を拘束する祭式（カルト）という形式での現実化が必要とされる。

どのような場合においても、宗教的体験のための知覚の基盤は非特殊的に、つまり宗教的に特有なものとしてでなく、いわば無形式に与えられている。独自の体験を宗教的に観察しうるかどうかは、意識の外部化にかかっている。意識は、独自の知覚を活性化しなくてはならない。あるいは、それによって他者言及に対する独自の状態を定義することができるということを思い出すことができなくてはならない。そのためには、神話が役に立つ。というのも、その語りは聞いてもらえるからであり、そしてその物語が周知のものであることを前提にできるからである。語り手としてであれ聞き手としてであれ、身体と意識は、同時にオーケストラの全体的な演出の一部になっており、意識はそこに《狂詩曲（ラプソディー）》のように参加している。[82] ことさらそのために用意された対象、場所、時間、演出などは、同様な機能を果たす。

それらは聖なるものとしてマークされ、多様な知覚メディアの差異を架橋しながら、神話の語りと相互に強化しあう関係を結ぶ。そのような演出の儀式化は、思考によってではなく（！）知覚によって、意識が内的な未規定性に形式を与える手助けとなるような意味内容を圧縮し、強化する。

こうしたかなり一般的な考察は、ある体験が宗教と関係づけられるのは何のためかという点を未決定のままに残している。ここでのテーゼは、次のようなものである。すなわちそれは、ある特定の言語を調整することで明らかになるのではなく、内在と超越という枠組みにおける宗教のバイナリー・コード化を通じて明らかになるというものである。この枠組みのなかには、一方では、知覚が慣れ親しまれたものを再確認するところの日常的なるものの場所があり、他方では、慣れ親しまれたものにおける不慣れなものに対する意味が含まれている。この枠組みは境界をマークし、それによって何か他のものが重要であるということを暗示しうる。その意識は、聖なるものによって、すなわち恐怖と畏敬の念によって魅了されていると感じ、他のことを思い浮かべることはないであろう。しかしこれが可能なのは、社会的なコミュニケーションが、区別を区別として再生産する場合のみである。

以上のことから、宗教システムのコード化は、宗教と意識の構造カップリングにも同時に役立つということが確認される。二つの領域はまったく異なった作動の仕方をしており、それゆえに、意識が本当に震撼するほどに体験を共有しているのか、心の底からの敬虔であるのか、あるいはただそうしているだけなのかということは、問題にならない。このことは、説教者のような積極的で指導的な役割を担っている者にも、あるいはそういう者にこそ当てはまる。コミュニケーションは、必要とあらば形式を強化することによって、意識による過剰な刺激から自らを守る。まさにここに、意識が外部化に依拠できるということに対する条件が、また意識が疑念――つまり、自分がそれを信じるときにのみ存在するような、自ら作り上げたリアリティを問題としているということに対する疑念――とつねに関わらなくてもすむための条件がある。したがって、神学が、宗教において問題となっているのは信仰の問いであると説き、そうした立場から説得を試みようとするなら、それは致命的な結果をもたらすかもしれない。

第三章　宗教の機能

I

近代社会の分化を、機能的特殊化という原理によって特徴づけることは定着している。これはデュルケムによる社会分業の概念の基礎をなしており、また、パーソンズによる行為概念と行為システムとの分析的解体の基礎にもなっている。また近代社会の宗教の諸問題も、こうした想定を背景として検討されている[1]。唯一、別の選択肢として長期にわたって議論されてきたのは、搾取的な工場組織をモデルとした階級社会である。だがそれも、まったく説得力をもっていない。しかし分化テーゼがこれほどまで受容されているからといって、本質的かつ中心的な問いが説明されないまま残されているということを見誤ってはならない。とりわけ、まったく満足のいく説明がされていないのは、社会構造的な分化が――十九世紀に想定されていたように――個人の行動に直接的な影響を及ぼしているのかどうか、また、どのように影響しているのかということである。それはたとえば、意見の一致／不一致、協働／コンフリクトといった変数によって説明されたり、秩序に反した行動を生むアノミーの問題として説明されたりした。あるいは単に、人はますます、知り合いでもなければ気にとめることもない人びとの相互行為に依存しつつあるということによって説明されてきた。[2] だが、このようなマクロ社会学的現象とミクロ社会学的現象とが比較的直接カップリングしているという想定（あるいはことによるとそうした区別そのものすら）を捨ててしまうと、社会のなかで引き起こされた生の問題からの逃げ道が宗教に求められると直接推論することは、結局ほとんど説得力をもたなくなってしまう。

ここで、十九世紀の分化概念に関する細かい議論にとどまるわけにはいかない。したがって以下では、システム分化に、とりわけ、近代社会が機能システムを分出させた方法に、議論を限定する。もちろん機能的分化が優勢であるというテーゼは、分化には他の形式も存在するということを否定するものではない。それ以前の分化に関する観点の解体（すなわち脱分化）という展開があることも否定しない。ただ、機能的分化の優位というテーゼが意味しているのは、分化の他の形式または脱分化がどこでどのようなものとして生じるのかということが、機能システムへの分化をもとに調整されるということである。したがって決定的な問いは、そもそも社会の部分システムの機能特殊的な方向づけということで、何が意味されているのかということだけである。この問いは、以下のような特殊な問いに着手する前に解明しておかなくてはならない。すなわち、宗教がある特殊な機能を、つまり宗教以外の場所ではけっして有意とはならない機能を担っているのかどうかを、担っているとしたらどのような意味においてかを、そしてそれは近代社会において——それ以前にとはいわないまでも——宗教のために特別な機能システムが分出したことに対する十分な根拠であるのかどうかを問う前にである。

したがって、まず、機能という概念の使用について了解を取っておかなくてはならない。この概念は、数学的な用いられ方からも、目的論的あるいは経験因果科学的な用いられ方からも、抽象化される。抽象化の後で機能として残るのは、いくつもの解決策が可能な準拠問題である。他の場合にはまったく問題ではないであろうから、機能を次のようなものとして定義することもまた可能である。すなわち、問題といくつもの機能的に等価な問題解決との差異の統一としてである。その際、一つのあるいはいくつもの解決がすでに知られているかどうかということは関係がない。問題解決とは、ある目的の達成のことでありえ、あるいはまた数学的方程式（＝変異の条件づけ）の具体化、あるいは何を、いかに、という問題への解答の発見のことでありうる。機能化によって手に入れることが目指される獲得物とは、問題解決そのものにあるのではない（というのも、多くの場合、すでに解決された問題もまた問題になりえ、また将来的にも問題になるであろうから）。そうではなく、機能化の利得は、機能的に等価な問題解決が多数あることを指摘することに、すなわち、選択性や機能的等価ということを確立することにある。これは実践的には代替可能性としての効果を、必ずしもでないにしても、もちうる。別言すれば、それは他の可能性の探索に出かけるための刺激として役立つかもしれない。このように代替可能性を横目でにらみながらであれば、宗教の機能を問うことも、きわめて論争的なテーマになるのである。

以上のようなわずかな考察から、すでに二つの重要な結論が引き出される。まず機能主義的なパースペクティヴのもとでは、適合しうるものは何であれ、すべて偶発的である、すなわち、他の可能性との比較にさらされている。その様相化の射程は、準拠問題の抽象度によって制約される。つまり、同じ問題に対して機能的に等価な解決法として記述されうる選択肢の幅が制約される。あまりに高度な抽象化は、逆効果である。それは、《複雑性の縮減》をもって試してみれば分かるであろう。第二に機能連関は、あるパラドクスの展開として、すなわち異なるものの同一性（ここでは機能的等価ということ）のパラドクスの展開として、認識可能になる。偶発性（必然性と不可能性を手放すこと＝本質的安定性を放棄すること）は、明らかにパラドクス化／脱パラドクス化に対して支払われなければならない対価である。そのような世界と関わる者は、自己自身の作動を頼ることができなければならない。つまり、かつて自然概念が提供していた安定性を手放すということである[3]。

観察の理論の一般的な枠内では、もちろんここにおいても次のような基本的条件が妥当する。すなわち準拠問題を区別することができなければならないということ、少なくとも世界のマークされない状態から取り出すことができなければならないということである。この技法の実り豊かさは、その制限の度合いに比例する。十分に絞りこんで問うときにのみ、具体的な等価物を解答として得る。どのようにしたら、遠くのものをより正確に認識できるであろうか。近づいていって見るか、望遠鏡を使うかである[4]。しかしそうしたメリットが求められ手にされるときにはいつでも、準拠問題の形式が用いている区別もまたはっきりする。したがって、まったく別の問題に取り組むこともできるはずであろう。

以上より明らかになったのは、機能とはつねに観察者の構築だということである。それによって、次のような問いが浮かぶ。すなわち、宗教の機能が問われているとき、観察者とは誰なのか。意図された比較の射程は、誰の利益関心によって規制されるのか。誰がどの準拠問題を区別するのか。誰が、パラドクスに対して思い切って対処するのか。その際、パラドクスを展開するためにどのような区別が活用されるのか。つまり、機能を問うこととは、観察者を問うこと、そして観察者による偶発性の処理やパラドクスの展開の可能性を問うことの一つの形式にすぎない。これをもう一度先鋭化させるなら、次のようになる。すなわち、宗教の機能への問いが問題になっているとき、観察者は誰か。それは、宗教システムそれ自体であろうか、それとも外部観察者としての科学であろうか。

II

コード化に関していえば、出発点は、超越と内在という主導差異が――時代に応じてゼマンティクがどのように定式化されようと――宗教システムそのものの内部で処理されるというところにあった。主導差異を用いて、システムは宗教上の作動（つまり固有の作動）を他の作動から区別する。主導差異は、偶発性を作り出す形式となる。また、パラドクスを展開していく初期状況となりうる形式としても使える。そしてこうしたことすべてが、宗教システムそのものに役立つ。機能という偶発性の図式には、逆のことが当てはまる。この図式が寄与するのは、機能的に等価な問題解決を開示してみせることであり、別の選択肢を生み出し、それによって、既存の宗教的形式を破砕することである。具体的な水準では、そのような開示を受け入れることは困難である。たしかに、ワインとパンが手に入らないなら、ノンアルコールビールとバナナでいいではないかと問うことはできよう。だがそれなら、どのような問題がここで取り扱われるのかということが、あらかじめ規定されなくてはならないであろう。というのも、そうでなければ、いかなる限定をも見失うことになってしまうであろうからである。宗教システムそれ自体の内部では接続することが不可能な（あるいはインディアンが行うマジックマッシュルームによる宗教儀式のように、非常に特殊な設定においてのみ接続可能な）機能的等価物（たとえば陶酔剤など）が見出されるほどに宗教の機能に関する問いを抽象化するならなおのこと、こうした問題が持ち上がることになる。

したがって、機能への問いという偶発性図式を徹底的に検討することができるようになるためには、外在的な観察者の立場をとらなくてはならない。そうすれば、明示的な機能と潜在的な機能という区別に準拠することができる。明示的とは、観察されたシステム自体にとってアクセスが可能であるということであり、潜在的とは、そのシステムにとってアクセス不可能であるということである。[5] たしかに潜在的な機能を問えば、研究の対象となっているシステムの自己理解の裏をかくことになる。しかしながら、そうした問いそのものは、あらゆる機能主義的な問題設定がもっている限界に拘束されたままである。すなわちこの問いは、なぜ、またいかにして、あるものが現に在るようにあって他ではないのかということを説明しない。つまり、この問いによっては、いかなる信仰も根拠づけることができない。そうではなくこの問いは、想定されたものすべてを比較にさらす。[6] 明示的な機能と潜在的な機能を区別したとしても、このことは変わらない。明らかにこれも、観察者によってつけられた区別である。すなわち、観察者による観察の次元での区別であり、したがって、どのような（潜在的な？）関心において、ここではまさにこのように区別され別様には区別されないのか、という問いが向けられなくてはならないはずの区別である。こうした区別の可能性を、排除すべきではない。しかし、以下の考察の出発点としては、次のような洞察で十分である。すなわち、宗教システムということでここで扱われているのは、自らを観察するシステムであるということであり、機能に関するここでの問いは、このシステムの内部へと簡単には写し取ることができないということである。

もう一つあらかじめ決めておくことは、宗教が担う唯一の機能について語るべきか、あるいは複数の機能について語るべきかという問いに関係する。社会学において、法、経済、政治、家族、宗教といった機能システムが論究される際には、諸機能の完全な一覧表が作られるのが通例である。これを行うことができるのは、問題／問題解決という区別の図式が、非常に多様なやり方で適用可能だからである。だからこそ慰めを与えること、恐怖を和らげること、生きる意味について納得のいく解答を用意すること、祭式行為や信仰を立証する行為を通して共同体を形成することなどが、宗教の機能と見なされうる。このようにして、すべてが宗教の機能と見なされると、そのリストは膨大なものとなる可能性がある。ただしそうなると、宗教の統一性はそのようなリストの統一性へと希薄化され、宗教の中核的機能としてまだ通用しうるものも、あまりに多様な機能的等価物によってばらばらに解体される。そうしたリストの統一性が宗教の統一性であるかどうかという問いには、宗教の機能とはまさに宗教的機能のリストの統一性を作ることであるという解答をもって、答えられることになるであろう。あるいは、ここで超（スーパー）機能について語ることが放棄され、その代わり宗教的《意味》に頼ることになる。

　結局、そしてなによりも、多数の機能という想定は、近代社会の分化形式が機能の特殊性に向けられているという観念と衝突してしまうであろう。というのも、これは、（つねにそうであるように下位に分割することが可能な）機能の統一性がシステムの統一性に対応するということを前提としているからである。だが、一つの根本的機能に還元することのできない複数の宗教的機能が存在するならば、この混合物を宗教として認識可能にするのは何であるかを見定めることは困難であろう。たしかに宗教システムの内部には異なった宗教が存在してはいるものの、しかしその分化はむしろ環節化の原理に従うものであり、いずれにせよ機能的分化の原理に従ってはいない。それゆえに、まさしく宗教の、まさしく機能を問うために、外的観察者がもつ距離が利用されるのである。

こうした前提のもとでは、限定された選択可能性しか存在しない。デュルケムの、宗教には連帯をはぐくみ道徳的に統合する機能があるというテーゼは、今日ではもはやほとんど支持されていない[7]。宗教は、それとは逆に、第一級のコンフリクトの源泉の一つであり、そしてこのことは近代社会に限ったことではない。先のテーゼは、いずれにせよコンフリクトを抑える傾向をもつ部族社会には当てはまるかもしれない。しかしその場合、機能の特定化は、それに典型的な宗教的経験とコミュニケーションの強化とを伴って、宗教の機能を妨害してしまうであろう。宗教は、犠牲と禁止――拒絶はそこに集中しうるのだが――を作り出すことによって模倣コンフリクトを規制するというルネ・ジラールによるこのテーゼの変種も[8]、社会構造上の相関物を等閑視している。とりわけ、生活状況と諸要求との比較可能性を遮断し、無関心を作り出す装置として階層化がもっている影響を等閑視する。神が求め、そして最終的に神自身が範例的に遂行してみせる犠牲の必要性は、うまく裏づけることができる。しかし宗教の機能の指摘としてそれらが示唆しているのは、そもそも、それなしには何も正当化しえず、何も指し示すことができず、何も観察しえないような諸区別を、神が配置しているということにすぎない。そしてこのことは、神が無辜の犠牲――イサク〔旧約聖書創世記〕、イーピゲネイア〔ギリシャ神話〕、最後には自らの子イエス〔新約聖書〕までも犠牲にすること――を求めるからこそ、ますます際だってくる。つまり、単なる罪の帰結や、単なる法の執行を問題としてはならないのである。

区別というキーワードは、意味と形式の観察についての出発点にある考察へ連れ戻す。意味というメディアに《自然》はなく、《本質》もない。また、乗り越えられない境界も存在しない（というのも、そうでなければそれは境界として、つまり他なるものの示唆として、意味をもたないであろう）。そうではなく、あるのはただ、あらゆる動きに合わせて動く地平だけである。そして意味は、つねに他なるものや世界のマークされない状態を指示するような、つまり次第に支えを欠いたものへと移行していくような回帰的ネットワーク化のなかで、自己言及的にのみ規定されうる。アイデンティティとは、作動の反復によって生じるものであると同時に、反復が反復として認識されるための構造である。一言でいえば、意味は《オートポイエティックに》、ただ意味構成の過程においてのみ自らの境界を認識することができるシステムによって、構成される。それは内部と外部への二重の言及を、つまり自己言及と他者言及という独自の区別を、自らに備え付けることによって行われる。あらゆる観察作動は区別を行っているのであり、またこの区別するという作動を遂行することによって自らを区別する。これによって、その作動は他の観察にとって観察可能となる。同様なことが、それら他の観察にも当てはまる。接続不可能であることが示されるもう一つの側が、つねに随伴するのである。観察は自ら《志向性》を備えることができるということが想定されたとしても（これはフッサールにとっては不可避的な必要条件であり、この要件が満たされることなしに意識は進行しえない）、しかしながら志向の他の側、志向の区別、つまり志向の志向性は定義されないままである。

宗教は、こうした基準が問題になるときにはいつもそこにあるように見える。つまり、人がそうあってほしいと望むようにすべてがあることはない理由を悟らなくてはならないときには、つねに宗教が用意されているように見える[9]。まさにそのような問題を、個々人は――それが自らの自己意識と矛盾するがゆえに――自己反省によって見つけ出すことができない。その根拠は、問題設定とともに、コミュニケーションを通して与えられていなくてはならない（ヘーゲルにとってこれは、概念の概念を通して、ということを意味するであろう）。

存在論的形而上学は、アリストテレス以来、（理念の明瞭性と判別性だけではなく）特定の存在物を指し示すことを、言明が真でありうることの前提条件として扱ってきた[10]。それは、形式からして、外的な基準を必要とすることになった。そしてフッサールにおいてもまだ（存在問題を考慮から外してではあるが）、地平のように与えられたどのような未規定性も《確固として定められたスタイルの規定可能性》に還元しうると想定されていた。実際、移行の際に次の作動を規定することができないならば、それ以外にどうしてある作動から次の作動に移ればよいというのであろうか。しかし同時に、まさにこのことによって、規定されたものは再び未規定なものへと逆行していく。「もちろん、明瞭なものは再び不明瞭なものに、描写されたものが描写されていないものに、等々、逆の方向へと移行していく。このような仕方で無限に不完全であるということは、事物と事物の知覚との相関関係の廃棄できない本質の一部をなしている」[11]。これがそうなるのは次のことのためである、と推測することはできよう。すなわち、こうした記述の根底には、すでに自己言及（事物の知覚、ノエシス）と他者言及（事物、ノエマ）という区別が下敷きとしてあるからであり、この区別は超越論的事実として、すなわち意識の自己分析の成果として導入されるのであると。ジョージ・スペンサー・ブラウンの形式の算法は、同じ問題に別の仕方で取り組んでいる。彼は「区別せよ」[12]という指示で始める。この指示は、意味生産のオートポイエーシスの可能性の条件として把握されうる。その指示に従わなくてはならないという、存在ないし自然に備わった強制はない。あらゆる作動は、《別様にも可能である》ということと《この指示を遵守することに依存している》という二重の意味で偶発的である。必然性は存在しないが、制裁は存在する[13]。指示に従わない場合は、何も起こらない。オートポイエーシスは、始まらない――あるいは継続されない。指示は、システム生産のオートポイエーシスと同様の頑なさをもっている。すなわちそれは、生じるか生じないかである。第三の《より柔らかな》可能性は、存在しない。

指示は、コードと同様の厳格さを有している。われわれは、このことに気づかざるをえない。指示は、コードと同じ二値構造をもち、コードと同じく第三の可能性を排除している。ゆえにコード化は、明らかに規定不可能性、自己言及的回帰性、世界の観察不可能性および世界のなかで観察することの観察不可能性と名づけることができる問題の、あるいは――宗教により近い言い回しをここですでにしてしまうなら――《空虚》と名づけることができる問題の《枠》となっている。コードは――さしあたりいかなるコードも、といっていいであろうが――、形式問題を再定式化する一つの形式であるように見える。すなわち、二つの側を伴うという問題と指示する区別（観察）が内的に非対称であるということに対して、より扱いやすい、別の形式を与える形式である。その際、組み込まれた偶発性と、コードの自己自身への適用によるパラドクス化／パラドクス展開の可能性とは、保たれたままである。そして最初の合図の厳格さは、オートポイエーシスにも同様に当てはまる。もしそれが起こらない場合は、何も起こらない。だが同時に、コードは、より特定化された枠を形式の問題に与える。それとともにまた、人が超言的な作動にさらすことのできる、つまり受容するか拒否することができる枠が与えられる[14]。そうすれば人は形式問題の《枠》について語ることができるであろうし、ことによってはゴフマンの意味での《枠組み（frame）》について語ることもできるであろう[15]。

出発点の問題との関係で獲得される利点（そしてこれはコード化の《機能》と呼ぶこともできる）は、コードのポジティブの値に接続することのできる作動を特定化することにある。言語のイエス／ノーのコードでは、語ること、場合によっては書くことができるだけである。貨幣によっては、人は支払うことしかできず、真理によっては認知的構造を作り出すことしかできない等々。だがこの利点は、コードの区別によって入手されなくてはならない。すなわち、世界の《マークされない状態》からなされなければならない例の超言的な作動によって、入手されなくてはならない[16]。この点において、さまざまな機能システムのさまざまなコードは、機能的に等価である。それらはそのつど固有の偶発性を、そのつど固有のパラドクスを、そのつど固有のプログラムを、あるいはその他の代補を生み出す。それらは、主導区別として社会における別個の機能システムを回帰的に再生産することに役立ち、それによって社会を、諸システムに対応したシステム／環境の諸関係へと分化させる。そしてそうした諸関係は、固有の境界を自ら維持していく。

このような分析によって、射程の長いパースペクティヴが開かれる。これによって、《機能的分化》という定理が、つまり近代社会にとって可能な一つの記述が解釈される。それが意味しているのは、機能システムはすべて社会に直接的な関係をもっているということである。だとすればこれは、他の機能システムとなんら変わるところなく、宗教システムにも当てはまるであろう。それはすなわち、近代社会は機能的分化の優位によって特徴づけられうるというテーゼの言い換えである。そしてこれは、近代社会が世俗化された社会であるという記述と調和するであろう。すなわち、そこにおいて宗教はたしかに存在するものの（そしてことによると、より古い社会編成においては存在しないか、あるいは禁欲、すなわち社会からの《退場》と結びつけられてのみ存在していたような要求や徹底性さえも伴っているかもしれないが)、しかし近代社会において宗教は、もはや社会におけるあらゆる諸活動を総合的な意味へと関係づける不可欠の媒介の審級ではないという記述である。したがって、宗教が社会の統合に役立つという古いテーゼを維持することは、ほとんどできないであろう。むしろ――少なくとも国民(フォルクス)教会(キルヒェ)的な宗教の形式にとっては――、逆のことが当てはまる。すなわち、宗教そのものが、かなりの程度、社会統合に依存しているということである。[17] あらゆる機能システムが、自らの機能そのもののなかに社会のオートポイエーシスへの貢献という意味を見出している。諸機能システムは、宗教をそのためには必要としていない。それらは、自らに固有の形式のパラドクスのために固有の展開を発展させ、それによって、もはや社会においてはシンクロさせる必要のない固有の時間条件に適応することが可能となっている。にもかかわらず、まだ宗教的な意味づけがあわせて提供されるとすれば、それはまるで不必要かつ技法上あまり有益ではない意味が過大に掲げられているかのようである。[18] こうしたことから、不確かで議論の余地のある《世俗化》の概念は、機能的分化を通して定義することができよう。[19]

このような型の社会においても耐えうる宗教の機能を挙げようとするなら、いったい何が宗教という特殊なコード化の特質をなしているかということを、より正確に述べなくてはならない。あるいは、宗教的であると認識することができる接続作動の特殊な類型が、どこにあるかを述べなくてはならない。その接続作動によって、もしそれが連鎖的であると同時に回帰的であるネットワークへと結びつくならば、宗教として認識可能なシステムが分出する。内在と超越として双方のコード値を区別することは、このことに対して決定的な示唆を与えるが、しかしその示唆はより正確に練り上げられる必要がある。[20]

宗教をコード化しようとする野心が向かう先は、観察（認識、想像、行為など）が行われるときに使用されうるすべての区別に対して、超越という対称値を置くことであるように思われる。たとえば、すべては結局のところ神の意志として甘んじて受け入れなくてはならない、すべては結局のところ虚無である、といった常套句によってである。しかし、コードそのものがある一つの区別である。したがって、もしここに宗教的機能の準拠問題があるとすれば、コードの統一は脱パラドクス化されるであろうし、宗教の意味は内在と超越の差異の統一に基づいているといわなくてはならないであろう。ニコラウス・クザーヌスの神学とほぼ同じように、神自身はけっして区別をつけない、なぜならば、神は区別を必要としないからである、と想定しなければならないであろう。すなわち、神が自らと世界との間に区別を設けないのは、結果として罪の重荷そのものを自ら引き受けるためであり、そして神が自らに対して自己言及的関係ももたないのは、そのためには自己言及と他者言及とを区別しなければならないからである。これが日常に有用な神学でありうるのか、あるいは涅槃の方がより的を射ているのかどうかということは、未解決のままであると、クザーヌスは述べる。注意すべきものとして残るのは、コードによって別様に措定されたものの統一というパラドクスが現れるということ、そしてそのパラドクスが、コードのネガティヴの値、反省値、超越を通じて解消されるということである。これが注目に値するのは、他のコードがこの最後に可能な作動のために、ポジティヴの値を利用するからである。つまり、善と悪を区別することは善であり、真と非真の値を区別しなければならないことは論理的あるいは方法論的に真である等々と。

次のものの間には、隠れた連関があるに違いない。すなわち、内在と超越の差異の内在への再参入

（つまり聖なるもの）と、内在と超越の区別も含めたあらゆる区別を同化してしまう完全に差異をもたない超越の表象、つまり人格としても無としても適切に指し示されえないような、形態も形式も欠いた最終的意味の想定との間である。もしこれが当たっているとしたら、コードとは、パラドクスの展開においてもなお、双安定的（ビシュタビール）であるということになろう。さらに、次のことが想像されうるのではないか。すなわち、社会における宗教の進化によって、宗教の重点はある可能性から別の可能性へと移行するということ、つまり宗教が脱聖化するということである。

こうした考察はすでに、宗教的なもののゼマンティク上の構造の範囲に関わっている。しかしその点から、宗教の機能に関する問いに答えることもできる。すなわち、自己言及的に作動する意味使用すべてが有している規定不可能性という出発点の問題に対してどのような定式化が優先されるかに応じて、宗教はその問題と関わり、そのための特別の解決を提供する。

宗教は、規定不可能なものへと至らされるような指示に抗して、あらゆる意味の規定可能性を保証する。古い社会においては、そのために、過去の修正不可能性を利用することができた。このことは、宗教を記憶として把握することを可能にした(21)。しかしながら神学的反省が付け加わると、これは変化する。神学的反省が可能にするのは、パラドクスを伴ったままコミュニケーションに入っていくことである。なぜならば、まさにこれによって別様には表現することのできない統一が象徴化されうるからである。神学的反省は、規定不可能なものを規定可能なものへと転換する際に暗号を使う。たとえば《意志》、あるいは神々の決定という想定である(22)。これらは、人間がそれに対して態度表明を行わなくてはならないということを帰結として伴う。記憶から意志への切り替えを行った神学は、その際、確実性を非確実性へと置換した。しかし神学は、生じていること、納得して行われることはすべて、体験と行為を自ら受け入れることを可能にする第二の超越的評価に従っているという確実性を提供する。この種の定式化は、さまざまに変えることが可能であり、また特定の歴史的宗教の言明可能性により近づけることが可能である。しかし、ここでそれをする必要はない。いまのところは、次のことで十分である。すなわち、宗教がいかにして、超言的な作動の文脈において、また社会における機能分化の文脈において、自らを還元不可能なものとして主張しうるのか、その可能性を立証することである。

まさにこの問題が顕在化する形式は、全体社会システムの構造に、つまり社会の進化に依存している。すなわち、コミュニケーションの意味メディアにおける開放的自己言及の問題が、顕在化する形式である。構造的複雑性が増大するにつれて、また決定と決定への依存性（たとえば政治的な類いの）[23]がますます可視化されていくにつれて、さらに新しく発明されたコミュニケーション・テクノロジー――とりわけ文字と印刷術のような技術――が影響を及ぼし始めると、コミュニケーションにおいて考慮しなくてはならない指示参照の地平の開放性は拡張される。文字は意味を、つまり顕在性（アクトゥアリテート）と潜勢性（ヴィルトゥアリテート）との統一を前提とする。しかしながら文字は――絶えず現実に体験される確固たる係留地に基づいているにもかかわらず――、ともに作用している潜在的可能性をかなり拡大することができる。事物の本質やその本性、あるいは変更不可能な理念に関する想定は、他の可能性が浮かんでくることを防ぐために、それがもっていたもっともらしさを失う。宗教はそれとともに、より困難になり、またより反省を経たものとなる。社会における他の機能領域においてそうであるのと同様に、構造は機能に基づいて作られなくてはならず、さらにより特殊かつより普遍的に使用できなくてはならない。これがうまくいくとき、機能に定位した宗教が分出する。その宗教は、《世俗化された》社会のコンテクストにおいてもなお、意味の確証というより高度の要求を満たすことができる宗教である。たとえそれが、教会として組織された決定と解釈を業とする運営体のかたちにおいてのみであったとしても、あるいは宗教として認識されうる風変わりなものに対して寛容な多元主義のかたちにおいてのみであったとしても、そうである。それが過大な要求であると思われたとしても、なんとかなるものだからであり、またどうにかするものだからである。

III

宗教の機能に関するこの考察は、意味というメディアの分析を中断した地点までやって来た。意味が何によって利用されようとも、否定可能性は排除できない。さらに根本的なのは、誰が観察をしようとも区別が用いられなくてはならず、ゆえに区別されたそれぞれのものが同一であることを同時に出発点とすることはできないということである。肯定／否定の区別（存在論的形而上学の存在／非存在）は、これに対する一つの適用事例であるにすぎない。ゆえに、区別をもたない意味（たとえば否定不可能な意味）があると主張することは、すべてパラドクスに至る。それは、意味というメディアにおいて存在しえない意味を主張しているのである。むしろメディアが寄与するのは、形式の形成（つまり区別）を可能にすることだけである。その際、メディア／形式という区別は、自ら固有の法則に対応している。この区別もまた、パラドクス的にのみ把握可能な、自らを含んだ形式である。

こうした成果を、考察の第二の行程を通して立証することができる。その際、歴史的準拠枠は宗教システムのコード化を分析するときよりもはるかに強く限定しなければならない。十九世紀後半以来、意味問題は、主体にとって有意味であるものを参照するように定式化されてきた。このアプローチが前提としているのは、誰も逃れることのできない意味という一般メディアが、有意味／無意味という区別を通して構造化されているということである。この区別の内的な境界を横断すること、すなわち何かを無意味であると考え、あるいは話すことは、依然として可能である。しかしながらそうすると、誰がこの区別を利用し、誰がどのような基準によって世界は有意味と無意味に分けられると決めるのか、という問題が生じる。つまり、またしても観察者の問題である。

古典的な解答によれば、観察者とは主体である。だがこの解答で満たされるのは、すべての主体になんらかの超越論的な共通性を想定するときのみである。これは、主体を人間個人と考えるならば、ほとんど不可能である。すべての人が同じことに意味を見出すような、残余(レスト)とでもいうべき人の集まりであっても(「残余」とは、「手を尽くしたあとに残るリスク、取得する権利のある残りの休暇など」今の流行語だが)、こうしたことはありえない。純粋な主体性に対するこうした疑念に対して、有意味な意味の産出メカニズムのなかに共通のものを見出そうとする諸理論が反応してきた。共通のものが、単なる自己の歴史の記述や自由に選択された自己主題化ということはありえない。むしろこのテーゼが述べているのは、意味として有意味なものは特定の種の社会的状況において形成される、ということである。

ルネ・ジラールの模倣コンフリクトの理論については、もう何度も言及した。(24) 他人もそれを得ようと努めるとき、このことは意味をもつ。有限な世界では、これは模倣されるものとのコンフリクトというパラドクスに至る。その解決は、宗教システムにある。すなわち、それで折り合いをつけることのできる犠牲を規定することによって解決する。あるいは、最終的にもはや凌駕しえない方法、つまりは神による犠牲の死と、それに続く救済的な復活という神話によってである。

ピエール・ブルデュー(25)は、社会的でありながらも客体において顕現している区別の必要に、意味探求の社会的媒介を見ている。芸術、教養、言語能力あるいは社会的地位のシグナルとなるその他のものはある意味をもつが、その意味とは他人よりも抜きん出ることにある。これによって、生まれながらの地位という形式にはもはや備わっていない秩序が再びコピーされ、あたかも社会がヒエラルキーとして秩序化されているかのような見せかけが再生産される。これが機能するのは、ジラールにおける犠牲の選択と同様に、諸々の差異化(ディスティンクシオン)が理解され、それがもつシグナルが合意のもとに解釈される場合のみである。すなわち、さしあたり事物につきまとっている表面的な意味に抗して解釈が行われるときのみである。

なによりこのような非常に異なる理論の比較において目を引くのは、分析が救済の必要へと向かっていながら、この必要は理論そのものには取り入れられず、一種の〈デリダの意味での〉《代補》として機能しているということである。そうなると事実上、潜在的にではあるが、この理論が示そうとすることを制御しているのは、この代補ということになる。ジラールの場合、彼の理論そのものが神学者にとってどれほど受け入れ難いものであったとしても、この問題はキリスト教的解決へと先鋭化する。ブルデューの場合、救済は社会学者にとっておなじみの社会批判に至るであろう。どちらのケースにおいても、救済の必要と救済の方法は潜在的なままにとどまる。なぜなら、宗教上の信仰告白やまったく異なる社会のビジョンをもとに理論を確立することはできないからである。そこからの逃げ道は、自己矛盾の遂行にある。だがそれは、最終的に有意味／無意味という区別の脱構築へと至らざるをえないような矛盾である。

こうした議論は、次の指摘をもって簡略化することができる。すなわち、有意味な意味と無意味な意味について語る市井の理論や学問的理論は、有意味／無意味という区別そのものを有意味と見なしているということ、つまり、この区別を自らに適用しなければならないということである。それが向かう先は、根拠づけを求めるとどまることのない無限遡行か、あるいはこれを（そしてそれによって根拠づけを）放棄した場合には、区別の自己自身への再参入というパラドクスのかたちをとる。あるいは、主観的な意味創造という理念に回帰する。だがそれは結果として、認識可能な秩序なしに問題を膨大に増殖させることを意味する。つまりここでは（多くの社会学者と神学者にとってコード化よりも納得がいくと思われる言い回しをするなら）、改めて次のような問題に直面しているのである。すなわち、パラドクスとしてのみ定式化可能な区別されたものの統一という中間形式を超えてさらなる区別を産出するために、どのような区別が、一般的かつ否定不可能な意味メディアに導入されうるかという問題である。そして、明らかにこのことをなしとげうるのが宗教の機能なのであり、ここではそのことを探究しているのだと改めて気づかされる。

何度も強調しておかなくてはならないが、パラドクスはけっしてコミュニケーションの障害ではない。逆である。パラドクスは、定式化されうる。パラドクスは、高度に表現豊かな内容をもってさえいる。パラドクスは、驚くべきものを表現し、また面食らわせる。より古い社会では、総体（トータル）であるということを内的な反対物——すなわち、天と地、最大と最小、どこにでもあるものとどこにもないもの、都市と田舎、そして宮廷（court）と地方（country）に至るまで——によって示す傾向があった。この《と》を伴った連言のおかげで、これは論理的欠陥として、あるいは修辞的文学の逆説性のような戯れとして捉えられずにすんでいる。いったい何も省かずいかなる境界ももたない包括的なすべてであるということを、これ以外のやり方でどのように表現したらいいであろうか。

そうなると当然浮かんでくる次の問いは、このことによって何ができるのかというものである。この問題は、論理的手段によって解くことはできない。それは、解決が得られるような問題ではない。というのも、これによって問題／問題解決という区別が止揚されるであろうし、問題も解決も消滅するであろうからである。パラドクスの《展開》という概念（トートロジーとして把握されたパラドクスも含む）は、むしろ創造的で情報産出的な契機をもっている。そのためには、宗教が繰り返し強調してきたように、決定が必要である。そして決定できるのは（これもまたパラドクス的に定式化すると）、原則的に決定不可能なもののみである[26]。

パラドクスとは、知識が限定されることなく与えられている唯一の形式であるということもできよう。パラドクスは、カントとその後継者たちが、無条件で、アプリオリに妥当し、それ自体において明確な知識へ直接アプローチできるものと期待したところの超越論的主体に代わるものである。ただし、それを放棄したあとも、なお無限定／限定つきという区別は引き続き維持されうる。どのような条件のもとで他方ではなく一方の側が使用されうるのか——たとえば真と非真がそのケースであるように——ということを規制する諸条件が導入されうるには、パラドクスを展開しなくてはならない。すなわち、パラドクスをある区別によって置き換えなくてはならない。ただし、超越論的な主体を放棄すると、アプリオリに妥当する知識は他の知識を根拠づけることができるより高次の知識である、という想定もなくなる。逆に前提とされなくてはならないのは、利用可能な（接続能力を有する）知識はつねに限定された知識であるということ[27]、そして知識の利得は複雑に限定されたシステムを構築することにある、つまり偶発性によってあがなわれなくてはならないパラドクスを展開することにある、ということである。

このことは、パラドクスの展開が比較的安定した形式を獲得している典型的構造に対する問いかけを、けっして排除するものではない。安定した形式は、歴史的に認められており、ゆえに宗教システムの固有値のようにさらなるコミュニケーションを導いていく。だが、パラドクスの展開というこのコンテクストでもっともらしさを得ようとする宗教的ゼマンティクは、それがいかなるものであれ、そのために独占的な正しさを要求することはできない。まさにそれゆえに――とはいえ、これがなにがなんでも必要ということではないが――宗教的ゼマンティクは、コミュニケーション次元で権威を要求し、排他性を押し通そうと試みるかもしれない[28]。しかしなによりも、こうした出発点たる問題を前にした、ゼマンティク上の案出がなされた。そしてそれらは、多かれ少なかれ説得力をもっている。かくして、神による世界の創造という教義は、さまざまなパラドクスに組み込まれることが可能であり、それを通して、固有の意味の不変性を獲得する。これは一方では、多なるものの統一という問題を説明する。神とはある統一であり、多様性を排除せず、むしろ多様性をまさに産出あるいは流出させる。だがそこで、時間問題が持ち上がる。すなわち、解釈によっては創造とも答えられるような、始原の問題である。人間の現状から振り返ってみれば、不可避的に次のような問いが立てられる。すなわち、始まりよりも前は何だったのか、と。神による世界の創造という理解は、この空白を満たす。世界の始まり以前は神であり、神が、世界の始原に関して、それ以前とそれ以後とを区別することのできる観察者でもある。これが必要とするのはまたしても、神を（単に流出的（エマナティフ）〔世界を根源的一者からの流出と考える〕な本質としてではなく）自己観察者として想定することであり、神学をこうした公準によって制限することである。そうすると、もう一歩進めて次のようにいうことができる。すなわち、時間そのものが（時制 tempus として）創造によって初めて生まれたのだと。こうして、このような以前／以後問題は、アウグスティヌスの言う永遠（aeternitas）／時（tempus）のような次元の問題へと移行されうる。またそれによって同時に、世界をもたない神の永続性が世界時間が存在する限り存続するということも把握されうる。そして、とりわけ創造という教義は、次のようなコミュニケーション実践上の利点をもっている。すなわち、その教義は物語ることができ、聞き手や読み手を次々と渡り歩き、その際、出発点におけるパラドクシカルな差異は物語の経過として経験され、そのようなものとして遂行されうる。選択肢としては（しかしそれは何に対する選択肢なのかをあらかじめ知っていることを前提とするのだが）、始まりも終わりもない世界をイメージすることができる。しかしそうすると、その結果として問題が生じる。この世界の内部で、始まりと終わりをマークしなければならないという問題である。たとえば、人類史の始まりなどのようにである。

　パラドクスとその展開という問題に準拠することによって、特定の（そしてほかでもない）諸概念の進化上の成功の歴史を、説明することができる。しかし、単独の概念によってすべての問いが解明されることはない。また、文書化による内容の固定化に際して、それに一貫性を持たせようとする関心が加わるとき、そこから派生的なパラドクスに至ることがある。あるいは、諸形式を求める、非常に手間のかかる宗教擁護と宗教批判との間の対話にも至りうる。キリスト教、すなわち高度に発展した教義学をもった教理宗教の場合には、どの意味次元に明証性の問題が移されるかに応じて、展開の戦略とそのつど組み込まれた神学的な論争上の問いが細分化されつつあることを、とりわけよく見ることができる。

ここでは社会次元、時間次元、事象次元を区別する。[29] 社会次元では、神との出会いのなかに、信仰の証しが求められ見出される。具現化した神という教義は、超越／内在という区別を維持することを可能にするが、しかし、イエスとの出会いから神を推論することがいかにして可能なのかという問題を残している。[30] この問題は、父と子という区別によって説明されるかもしれないが、しかし父が子自身であり子が父自身であるという、隠しがたいパラドクスを伴っている。超越的神は、区別不可能であると同時に、キリストの姿では区別可能であると考えなければならない。神は創造の神として、その被造物から独立している一方で、神の愛はその被造物に依存してしか考えることができない。時間次元では、啓示の歴史的一回性というテーゼにおいて――すなわち、特権化された（そして反復不可能な）時点をマークする可能性をもつ時間と歴史の区別において――、代補の問題が存在する。そしてこのことは、神が遍在しているとともに、あらゆる時に同時に思惟されなければならないにもかかわらず、そうなのである。事象次元においては、最終的に問題は統一と複雑性の必然的な結合へと、つまりは神と世界、宗教と宇宙論の結合へと移される。通常、これは（複雑なものの統一という）構造上のパラドクスとしてではなく、説明上のパラドクスとして現れる。つまり、説明の論理は、それ自体を説明する要素を必要とする。（そうでなければそれは無限退行に陥ってしまうであろう。）美しく秩序だった世界という奇跡は、それに優越する、自らで自らを基礎づける創造主によってのみ説明でき、その存立も継続性において認識可能になる。ただし、十九世紀以降はとりわけ進化理論が出てきたように、絶えず他の説明仮説が登場しうるという問題を、結果として伴っている。また、秩序の事象問題に対するこうした解決によって、とりわけ、神を出会いのために人格化して考えることがいかにしてなおも可能なのかということが、不確かになるように思われる。

こうした宗教的な世界の捉え方の全体構成は、高度のもっともらしさを備えている。なぜなら、それがまさに意味次元を切り離し、その上で互いのなかに映り込むようにするからである。（出会いは歴史的一回性を必要とし、一回性は枠組みとして宇宙論を必要とする。[31]）しかしながら、文字文化という社会のなかで与えられた条件のもとでは、一貫性への圧力が生まれる。そうした圧力は、タルムードの文脈では口頭の解釈と宗教的に正統化された不合意を許すことによって緩和されるが、キリスト教的な文脈では逆に、絶えざる硬直化、教義政治上の争い、そして最後には信仰の分裂へと至る。代補によって隠蔽されていた出発点のパラドクスは、気づかれえないかたちでシステムへと戻ってくる。

正しき宗教的信仰の前提を教義的に確定することによって、信仰をもつ人と信仰をもたない人との区別が可能になる、いやそれどころか強制される。基底的なパラドクスは、この区別のなかへと移る。そうすると、宗教に対する信仰心ある態度と信仰心なき態度において何が《同一のもの》であるかということに、疑問がもたれることとなろう。これは、宗教的なものについての一般的な概念を示唆しているかもしれない。また、確定された形式の宗教的内実についての批判を、喚起するかもしれない。キリスト教の教会と諸宗派は、この区別に対して、布教（ミッショナリー）の努力でもって対応した。そして、その可能性が尽きたと見ると、《教会の危機》という反省によって対応した。いずれにしても、正しい信仰がなぜ受け入れられないかということを、宗教的に理解可能にしようとすることは困難である。この問題はそもそも、主が降臨するであろう未来、つまりまだ未規定の将来に延期されることしかできない。加えていうと、正統主義（オーソドクシー）は、その責務からパラドクスを信仰と不信仰の関係へ移動するが、この方法をとる諸宗教そのものを危険にさらす。というのも、それらはそうすることによって、今日では宗教に信仰告白をすることに宗教以外の理由はもはや存在しないことを、ますますはっきりと感じ取っていくからである。

こうしたことを考えあわせるなら、宗教が関係しているのは、パラドクスの展開問題としての意味問題である。社会において宗教システムの機能的な分出が起こるとすれば、そのときの準拠問題はこれである。パラドクスはたしかに多様な仕方で、たとえばレトリックたっぷりの冗談めいた文章としても、論理的システムの爆薬としても、語りえないことを表現するシンボリックな形式としても、次元の分化を主張する議論としても、特定の種類の形而上学に対する賛否の議論としても、あるいは決定の（そして決定者の！）神秘化としても、生み出されうる。そしてどのようなバイナリー・コードも、その統一が問われることによって再パラドクス化されうる。つまりわれわれは、パラドクスに関係しうるゼマンティク上の素材をすべて宗教的に分類すること、ましてやそれどころか体系化するということを期待できない。もしできるとすれば、それは変化したかたちにおいてではあれ、社会の最終的な基礎を宗教的な基礎とするテーゼの新版にすぎないであろう。《パラドクスの展開問題としての意味問題》という定式はもっと狭く、正確に理解されなければならない。システム理論的に理解するならば、ここで問題となっているのは、意味というメディアにおいて作動し、その際、自己言及的な観察と他者言及的な観察に依存している（心的ないしは社会的）システムの、作動上の閉鎖の可能性の条件である。作動上閉鎖しているシステムは、その観察様式において開いたシステムである。それは他のシステムとの区別のなかで、自らへの自己言及を否応なく確立する。意味とは、この種の形式形成を可能にする、つまり区別による形式形成を可能にするメディアである。こうしたこととの関係で問題が生じる場合、その問題はシステムの観察の仕方にとっては、宗教として伝承可能なゼマンティクへと凝結した形式をとる。

IV

宗教は、単なる問題の解決――すなわち、論理的一貫性に関わる問題でありながら論理によっては扱われえない問題の解決――ではない。パラドクスは、いかなる観察活動においてもあらかじめ存在しているものではない。それは、折にふれて生み出され、そして再び解消される。その可能性は、意味メディアによって与えられている。意味メディアは、パラドクスを無化することはできない。というのも、意味メディアそのものが、その統一が問われうるような区別に基づいているからである。宗教は、そのきっかけがどのように与えられようとも、このパラドクス化／脱パラドクス化に関する代表的な遂行例である。とはいえ、けっして宗教が意味そのものに権限をもつのではない。もしそうだとしたら、世界は容赦なく貧困化するであろう。また、もしそうだとしたら、観察可能な諸形式において、宗教の普遍性請求からその特殊な基盤を奪ってしまうであろう。宗教がパラドクスという回り道をとるときに担当しているのは、そうではなくて意味の構成問題である。つまり、そのつど行われなくてはならない基礎づけのやり直しを行うのである。

上述のテーゼを、例を用いて説明してみよう。その例とは、ヨハネの福音書（八章一〜十一節）で語られている姦通をした女の話である。ここで前提にしておかなくてはならないのは、姦通した女は石打ちにされなければならないというモーセによる戒律はそのもっともらしさを失ったものの、それが宗教的に根拠づけられたものであるがゆえに変更することはできないということである。パリサイ人と律法学者たちは、イエスにこの問題を突きつけた。イエスは身をかがめて（他の人びとが読むことのできない新しい掟を？）書いた[32]。それから彼はその新しい掟の説明をしたが、それは他の人びとが立ち去らずにはいられないような掟だった。すなわち、「あなたたちの中で罪を犯したことのない者が、まず、この女に石を投げなさい」と。この文字もまた、見ることのできないやり方で書かれている。しかしなぜ、「あなたたちの中で」であり、「私たちの中で」ではないのであろうか。もしイエスが、この新しい掟に効力をもたせ、それをモーセの戒律の追記として認めさせようと思うなら、彼自身が最初の石を投げなければならなかったはずである。この新しい掟は、モーセの文脈における自己除外ということによって有効なものとされたのではなく古い戒律を破ることによって、あるいは立法者による変更として有効なものとされた、つまり構成的な非対称性を利用することによって、有効なものとされた。しかしながら、まさにこの最初の裂け目、最初の区別は、コミュニケートされえない。だからこそ、書かれたものは読むことができないままなのである。こうした経過がパラドクスを含んでいることは、第二の描写、すなわち聖書がこれを記録し伝えることによってのみ認識可能になる。しかしそうなると、この記録を、聖書という語りの文脈全体において、この世における神の業の証しであると信じなければならない。

スペンサー・ブラウンの用語で再定式化すれば、この最初の区別は《書かれざる囲い（unwritten cross)》を含意しており、また、これを隠蔽している。[33] というのも、形式として二つの側を備えた区別はすべて、一方の側（他方の側ではなく）を選び出す指示を可能にするために、同時に彼岸を、つまりさらなるマークされない空間を作り出し、このマークされない空間から最初の区別が——それがマークされた／マークされないという区別であったとしても——導入されるからである。

いまや見てとれるのは、最初の区別は、はるか過去にさかのぼる出来事などというものではけっしてない、ということである。すなわち、ある偶然によって進化が開始され、それによって——というのはつまり歴史に取って代わられたためにであるが——その意義を失うことになった、当初の偶然のようなものではない、ということである。そうではなく、あらゆる意味がパラドクスを召喚し、それをなにがしかの区別（ここでは、罪を背負った／罪を背負っていないという区別）で置き換えるきっかけを提供しうる。そのパラドクスは、諸々の基準を発生させることによって不可視化される。罪とは、禁止と違反という最初の区別を示唆する、キリスト教の文脈における宇宙論の中心概念なのである。

V

ここで、宗教の機能に関する分析の射程（別の言葉でいえば、システム準拠）について、コメントを加えておく必要がある。宗教は、機能的に解釈された場合、通常、深層に横たわる人間の欲求に還元される。私は、これを生産的な出発点とは考えない。そのような欲求は、すでに宗教が提供するものから独立して確定されることはほとんどないということからして、実り豊かでないと考える。しかしそれだけではなく、「人間」に帰属する欲求が一人ひとり異なるということ、また、ほとんどの人間とはいわないまでも、多くの人間にとってそうした欲求が存在していないという理由からも、そうである。さらに、人間は苦境に陥ったときに宗教にすがる、ということがよくいわれる。しかし、このことも、けっして一貫してそうであるとはいえず、加えて宗教の機能を規定するということを問題にする限り、あまりに貧弱な議論である。

個人というものを経験的に真剣に捉えるならば、人間学的に一般化することは困難である。カントが経験的な議論と超越論的な議論とを区別する必要を見ていたのは、理由のないことではない。それゆえに、われわれは宗教の機能に関する問いの答えとして、いかなる人間学的議論をも放棄する。それはもちろん、深淵な宗教的結びつき、経験、動機づけが事実上存在することを否定するものではない。しかし、これが事実として主張されるべきであるとしたなら、誰のことを問題にしているのか（名前は何といい、居場所はどこか！）が示されなくてはならないはずである。しかし、宗教研究がそのような例にかかずらうことは——そこにコミュニケーションを通じて媒介される社会的な有意性を見るというなら別だが、——ほとんど価値のないことであろう。

したがって、ここでは、機能規定の基礎として、社会というシステム準拠をとる。宗教が個々人の意識や身体にとって何を意味したとしても、社会にとっては、コミュニケーションによるコミュニケーションの再生産という回帰的ネットワークで生じるもののみが意味をもつ。ここで考察の対象としていることがらからすれば、問題となっているのは、つねに宗教的なコミュニケーションである。まさにここにおいて、素描されてきた意味問題が特別な鋭さで生じる。有機的システムは生命活動を行い、意識システムは自らが処理可能な知覚をもっとも広範に及んで頼りにすることができる。そのことが、これらのシステムに直接の世界の明証性を――ともかく、疑念の解消のための枠組みとして――与えている。また意識は、並はずれて飛躍的に作動することもでき、あちらこちらに結びつくことができる。意識は、非一貫性に対して高度の寛大さをもっている。なぜなら意識は、結局のところ、知覚可能な自己の身体と、その外部化の働きにおいて、自己のアイデンティティのための十分な保証をもっているからである。コミュニケーションの場合、こうしたことはすべて当てはまらない。コミュニケーションは、知覚することができない。まさにそれゆえに、意味連関の高度の一貫性に依存している。さらに、コミュニケーションが継続するべきだとするならば、一つ以上の意識が関与している必要がある。それは合意によっても、あるいは関心を抱いた非合意によっても媒介されうるが、しかし、いずれにしても十分な理解を前提とする。そして理解は、ただ《局地的に(ロカール)》のみ、そのつど有意な文脈を強く制限することによってのみ、獲得されうる。したがって、コミュニケーションからコミュニケーションへの進行は、もっともらしいものであり続けなくてはならない。言い換えれば、〔コミュニケーションの〕主題あるいは相手の変更が、マークされつつうまく橋渡しされなくてはならない。それゆえに、コミュニケーション・システムの非一貫性への寛大さは、個人的な意識システムのそれよりもはるかに小さい。そしてこのことは、文書上のコミュニケーションにより一層当てはまる。中世の文献神学の突飛な言動を教会政治的に（つまり法、代表機関、組織といった手段を使って）取り締まることの困難さが、それを劇的なまでに証明している。というのもこれは周知のように、教会の分裂、すなわち諸宗派と教会システムとの分化を通じた解決という帰結を伴うことになったからである。

こうして閉鎖の問題が――社会におけるコミュニケーション・システムの、自らにとって決定可能な意味の制限による閉鎖であろうと、（道徳の場合のように）コード化による閉鎖であろうと、あらゆる種類の《保証》によって無差別を作ることによる閉鎖であろうと――、ますます有意となってくる。そのためには、社会構造上の手段もゼマンティク上の手段も、利用可能である。社会は、システム分化、つまり社会のシステム／環境分化の反復も、再利用可能（保存可能）な意味の圧縮と再認も、利用する。しかし、こうした諸々の解決のどれもが、社会構造的なものであれ、ゼマンティク上のものであれ、新しい形式、新しい制約、新しい境界、形式の別の側への新たな展望を生み出す。つねに、そのたびに排除されたものが付帯現前（アプレゼンティーレン）され、利用不可能なもの、作動上接続できないものが一緒にコミュニケートされる。コミュニケーションがいつか／なんらかの仕方で境界を越えてしまわないかどうか、確信することは絶対にできない。

そのために、それでもなお可能なコミュニケーションの形式を準備することは、社会の次元では宗教のことがらに属する。[34] これは、宗教社会学が以前から知っていたように、《宗教めいて（religioid）》、あるいは《宗教的（religiös）》に生じうる。[35] しかし、とりわけこの機能にも、接続可能性を保証する一般的な方法、つまり下位システムの形成やゼマンティク上の圧縮／再認といった方法を、いまや宗教的な兆候とともに改めて適用することができる。ここでももっぱらコミュニケーションのみが問題になっているということは、そのことによってまったく変わることがない。社会において他の作動の仕方はない。それゆえに、宗教に特有のコミュニケーションの準拠問題も、社会にとっての問題の一つであり続ける。

《システム機能主義》のより古い変種とは違って、ここでいわれているのは、機能システムの機能が、機能システムそのもののなかにあるのではなく、社会という包括的な社会システムのなかにあるということである。自己保存、存続の維持、境界の保持（メンテナンス）（そしてほかにどのように名づけられようとも）、これらは諸機能にとっての準拠点ではなく、その存在を表す称号である。システムは――オートポイエーシスの概念がこのことを明らかにしたのだが――、自らの作動を継続できるときのみ作動する。そうでないなら、機能を担う構造もまた存在しない。加えていうならば、《存続の維持》という概念をもって、個々の機能システムを区別することはできないであろう。この概念はあらゆるものに当てはまるであろうし、その結果、機能的分化という想定は意味をなさなくなってしまうであろう。出発点としなくてはならないのは、社会におけるオートポイエーシスの続行、つまりコミュニケーションによるコミュニケーションの再生産がそのつど歴史に従属した進化の水準で異なった問題を投げかけるということ、それゆえに機能分出にとって多くの刺激が生まれるということである。またこのことは、同時にそれぞれの機能が枠型（シェーマ）であるということをも意味している。すなわち（機能的分化に至った場合には）部分システムはその枠型を通して全体システムと関係し、社会に対する影響力を行使するのである。

社会というシステム準拠によって、またそれによって区別可能性が与えられていることでさらにいわれるのは、宗教は、近代の諸条件のもとで、普遍性と特殊性という二重の基準を満たさなければならないということである。普遍性、すなわち宗教上の問題があらゆるコミュニケーションに登場しうるということ、しかも特殊組織的な作動をきっかけとして、あるいは経済、科学、法、政治等々の諸機能システムに振り分けられた作動をきっかけとして、コミュニケーションに登場しうるということである。もちろん宗教は逆に、金銭を必要とし、法を遵守しなければならず、政治的には受け入れがたいものとなりうる。機能システム、または組織に特有の作動上の閉鎖により、それぞれのシステムが、自らの固有の機能に対して社会がもっている普遍的能力を知覚することができないなどということはない。まさにそれゆえに、何がどこで生じ、システムがいかに相互に負荷をかけあうか（＝統合されるか）ということが単なる偶然の産物とならないように、相応する作動は十分に〔機能〕特殊的に認識可能かつ帰責可能でなければならない。

最後に、機能分析が社会というシステム準拠に限定されるにせよ、身体的あるいは心的に生み出された状態が宗教上のコミュニケーションに作用を及ぼすということは否定されるものではないということは、はっきりさせなくてはならない。これは伝統的に、《熱狂状態》と解釈され、より高次の諸力の影響に帰せられる状態だと見なされてきた。しかしこのことはまた、この（口頭による）文化が——コミュニケーションを説得力のある言い回しあるいは宗教的意図をもった刷新によって刺激するために——文書によって抑圧され[36]、その結果、文書上のコミュニケーションの可能性（つまり不在者による不在者のためのコミュニケーション）が利用される場合にも当てはまる。別の言い方をすれば、互いの刺激を誘導しあい、相互作用の循環のなかで、社会のなかでのコミュニケーションにおける逸脱を強化する傾向を誘発しうる意識とコミュニケーションとの構造カップリングが存在するということである。ただし、なんらかの点において意識の一部がそのものとしてコミュニケーション・システムのなかで使用されることはない。

だが、この考察は後の分析を先取りしている。目下重要なのは、機能分析の準拠問題を社会のコミュニケーションへと限定することに利点があるということを確認しておくことだけである。すなわち、宗教が固有の構造と作動によってのみ決定されており、他の《材料》を利用することがまったくできないにもかかわらず、いやまさにできないからこそ、宗教には諸個人の身体状態や意識上の体験に対していかに反応しうるかを理解可能にするという利点がある、ということである。

VI

最終的に宗教の機能というテーマは、宗教が近代社会において《機能喪失》に苦しんでいるというテーゼに対する態度表明を求めている。このテーゼは、さらに細かくいえば、宗教がかって担ってきた機能の多くの領域——規範の妥当性の最終的な保証や、政治的権威の基礎づけ、戦争による暴力や侵略のための出兵、伝道の援護等——から撤退したということである。知識の根拠づけにも、もはや宗教は関与しない。宗教が何かを説明するとすれば、それはすでに説明されたものを説明するか、あるいは説明されえないものを説明するといわれている。こうした機能喪失のテーゼは、今日ではたしかにまれに主張されるにすぎない[37]。これは、世俗化概念への批判が普及したことと関連している[38]。しかし、その際、明らかにされずに残されているのは、どうしてこのテーゼが、それを支持する歴史的証拠が多くあるにもかかわらず、ふさわしくないかということである。

機能喪失のテーゼのもとでは、宗教はいくつもの機能を満たしており、そのうちいくつかが放棄されたということが自明のように想定されている。もし（これまでの論述で想定してきたように）宗教にはただ一つの機能しかないとすれば、機能喪失について——たとえ宗教が今日では何の機能ももたない進化上の《生き残り》にすぎないというような想定においてであれ——語ることはできないであろう。それゆえ意図されていることが、概念的により明確に定式化されなくてはならない。そうすれば同時に、機能喪失というテーゼが、機能的に分化したシステムとしての近代社会の記述と一致しうることが示されよう。

機能的分化は、機能的特殊化に基づいている。機能的分化は、システムの境界づけの可能性という条件のもとで、特定の機能にとってよりよいチャンスを作り出す。これに従うならば、あらゆる機能が自己限定を行うならば、そしてできるだけ多く他の機能領域に介入しようとするのを断念するならば、どの機能もうまくやることが予想される。(したがって、貨幣に媒介された取引に準拠する経済システムの分出は、すべてを貨幣では購入できないこと、たとえば魂の救済は貨幣で購入できないということによっている。というのも、もしそれができるとすれば、資本形成があまりに強く固定化されてしまうであろう。[39])当然のことながら、こういう歴史の解釈に立つなら、あの部分は大きく変化し、この部分はあまり変化しないなどと記録しうるような、一定不変の概念的下地があると想定してはならない。むしろ、機能的分化に向かう社会の構造的再編は、社会が機能やその他のものを記述するゼマンティクをも変える。つまり、おそらく《宗教》の意味をも変えるということである。このことは、時代の違いによる比較を困難にする。また、そうした比較をセカンド・オーダーの観察という抽象的な用語へと後退させてしまう。そうなると宗教の《機能喪失》というテーゼは、正しいか正しくないかというより、むしろあまりに不正確に思えてくる。

〔宗教の〕多くの他の機能領域からの撤退、および《社会的コントロール(social control)》と政治的権力を正統化することの断念という条件のもとで、宗教にとってのチャンスが増大するという可能性を考慮しなければならない。それはけっして高度宗教による自己描写という意味で定義されてはならず、新しい信仰(devotio moderna)とでもいうような、生活実践の一貫した宗教的規定性という意味で、また信仰および信仰への懐疑がコミュニケートされうる状態として内面化されているという意味で、定義されなければならない。そもそも宗教のチャンスの増大は、個人が宗教によって規定された生活態度へ強く包摂されることを意味するものではない。それよりもずっとありえそうなことは、包摂と排除との差異が増大し、この区別の両方の側、すなわち宗教的生活態度と宗教に無関心な生活態度がコミュニケーション能力を備え、社会的に受け入れられるということである。

このことは、宗教現象の現れがここ数十年でますます多様に、いやそれどころか、ますます多彩になったことをも説明できるかもしれない。セクトのかたちを呈するさまざまなものの新たな登場、その一方でたとえばイスラム教のような高度宗教の増大、知識人によるスピリチュアリティや秘密めいた教義への幅広い関心、かつては地域的に限定することができた宗教形式の国際的な拡散、たとえば禅仏教あるいは瞑想術の拡散、ヨーロッパにおけるシャーマン・カンファレンス、荒廃したコニーアイランドの浜辺での宗教的な音楽の合唱、また、こうした形式の多くにおいて、身体や身振りや無意識の単調さが、また意識の限界を突破できるという暗示などがより一層強く取り入れられていることは、あたかも、現代の文化的発展の一面性をこの次元で修正することが重要だとでもいうようである。

こうした条件のもとでの宗教の増大を、特定のプログラムの貫徹能力の強化として把握することはけっしてできない。事実は、明らかにその反対のことを物語っている。どうやら他の機能領域からの撤退によって、それを前提にしていた規律化も抜け落ちたらしい。そして、より多くのかたちをなすことが可能になる。それによって、あらかじめ教義において築き上げられていた識別の仕方、たとえば神への信仰を基準とすることではもはや事足りなくなり、聖なるものと宗教的なものの古典社会学的な区別（デュルケム、またジンメルも）が解消されることになる。だからこそますます重要になりうるのは、コードや機能といった識別の基準を堅持し、場合によってはこれらの考え方を宗教としての宗教の自己観察の問題に、また宗教システムの境界設定の問題にアレンジすることである。というのも、そうでなければ、ほかに説明しようもない奇妙なもののすべてを宗教と判断することが可能とされてしまうからである。

第四章　偶発性定式としての神

I

宗教の機能について論じる際まず問題だったのは、どのようにしたら意味というメディアをうまく扱うことができるのかということであった。もっと先鋭化していうなら、次のようになる。すなわち、意味というメディアで規定されるものすべてが無限に続く指示の過剰を付帯現前（アプレゼンティーレン）するなら、そもそもコミュニケーションがいくばくかの成功の見込み（合意に対する見込みであれ、不合意に対する見込みであれ）をもって行われることはいかにして可能なのかと。意味以外に、どのようなメディアも用いることができない。意味を排除しうるには意味が必要であり、意味に接続しうるにも意味が必要である。それでは《意味》の概念がぶち壊しであるというなら、まさしくそのことが偶発性定式（Kontingenzformeln）が生み出されるところの問題を示している、と答えることができる。

　接続することが締め出すことであり、それはそのようにしてのみ行われうるというパラドクスは、さまざまな形に転換することができる。本書ではこれまでも、規定不可能性を規定可能性へと、つまり無限の情報負荷を有限の情報負荷へと転換することがいかにして可能かということを問うてきた。この

（すでに機能的な）問題設定は、《いかにして》を、《誰あるいは何が》に変えることでさらに先鋭化されうる。ここではこのような、問題を狭めて把握することを問題の解決と考える先鋭化を、偶発性定式と呼ぶことにしよう。

機能的なパースペクティヴや外在的な記述に基づくのであれば、こうした定式の統一は再び消えてしまう。それに対して、これまではパラドクシカルな定式化を選んできた。すなわち、問題はその解決として現れ、差異あるものは同一なるものであるとする定式化である。これは、機能概念を定義するにあたり用いてきた区別を消し去る。システムの内部領域——そこでシステムはコード化を通して偶発性と反省性に転換されるのだが——では、偶発性定式が機能への準拠に取って代わる。そうすると、システムの自己記述もまた、そこによりどころを見出す。システムがすでに一つの差異であるにもかかわらず、また、システムを作動として見た場合にシステムはその差異の再生産であるにもかかわらず、システムは自らにとって統一としてアクセス可能になる。システムは——ただし再参入とコード化のパラドクスがそれ以降のよりどころとなる同一性によって置き換えられるという方法においてのみであるが——、自らの固有の対象化と関わることができるようになる。外部の観察者は、それがいかに行われているかを見ることができ、また、それ以外のやり方ではうまくいかないということを見ることができる。外部の観察者は、システムの作動に責任がないため、そのような偶発性定式の機能についても問うことができる。外部の観察者は、これによって比較を行うパースペクティヴ——それは、比較の対象となったシステムでは用いることのできない——を手にすることができる。また、セカンド・オーダーの観察者という、より大きな自由を活用することができる。ただし、それが実際に可能になるのは、彼が〔観察するものとされるものとの〕パースペクティヴの差異を考慮に入れ、そして〔観察された〕システム独自の観察が、盲点――これなしには、システムの観察も自己観察も不可能であろう――に委ねられているのと同様に、システム独自の偶発性定式に委ねられているということを顧慮する場合のみである。ここでセカンド・オーダーの観察者が、修正の余地ある誤謬や意識の欠陥、イデオロギーといったものを想定するなら、彼自身が間違いを犯すことになるであろう。というのも、そうであれば自ら事象に即した客体への接近を妨げるような区別（たとえば真理／イデオロギーといった）を用いてしまっているからである。

偶発性定式は、すべての機能システムに見出される。このシステムは、自身のコードを偶発性に、反省性に、またパラドクス的／トートロジー的な自己観察の可能性に対して開く。このシステムは、どの作動類型に接続能力を与えなければならないかによって区別される。このようにして経済システムでは《希少性》という偶発性定式が用いられ、それによって――このことは財、労働、貨幣のどれにも当てはまらないにもかかわらず[1]――作動から独立した一定の総量を経済が当てにできることが示される。この原理の不自然さは、効果的な貨幣量制御を行うときの困難に現れている。この原理が不可欠なことは、誰も自分の貨幣を二回以上支払いに用いることができないという規則に見ることができる。政治システムでは[2]《公共の福祉》の原理に、これに対応する事態を見出すことができる。あるいは、いずれにせよ、公的関心と私的関心をその本性に従って区別できると考えていた中世と初期近代の伝統に当てはまる。このことが次第に当てはまらなくなってくると、政治の偶発性定式としては広く受け入れられた価値への準拠という意味で《正統性》が取り上げられることとなるが、しかしこの価値は、価値コンフリクトをいかに解決するかということについて手つかずである[3]。それゆえ、ここで問題となっているのは、正統化された日和見主義である（しかしこれをいってしまうと、正統性という意味定式がパラドクスであることが暴かれてしまうが）。教育システムでは、偶発性定式は――内容と関連づけられた教育模範の形式においてであろうと、学習能力の学習の形式においてであろうと[4]――、学習目標をあらかじめ設定しておかなくてはならない。その際、学校で別のことも学んでしまうこと、たとえば、退屈であることに慣れてしまうこと、あるいは人生において勤勉よりもごまかしが大事になることが多いなどということは、排除しておくか、言及されないようにしておかなくてはならない。科学の作動は、真理コードが限定的に機能することに依拠している。すなわち、知識を用いた反駁によって、真理であるためのチャンスが色濃くなるということに依拠している。ここでも、知識が増えると無知はそれ以上に増えることになるという相反する経験が数多く存在しているにもかかわらず、そのようになっている[5]。法システムでは、《正義》という偶発性定式がこれに対応している。正義は、等しいケースを等しく扱い、等しくないケースは等しくなく扱うという二重の指令によって、ことがらの決定の一貫性を定めている。すなわちこれは、等しい／等しくないという観察図式をあらかじめ設定しており、それによって初めて法システムのなかで比較のための視点を探すことが意味をもつようになるのだが、しかしその視点がどのように見出されうるかということは、明らかにされていない[6]。

　このように諸々の例を挙げることにより、偶発性定式が何をなし、いかに機能するのかが（概念を定義してみせるよりも明白に）示されよう。偶発性定式は、同時に与えられてもいる別様の可能性の制約を目論んでいる。この形式のもう一方の側は、随伴する知識として再生産されるかもしれないが、もはやシステムの意味の固定化には参画できない。公的なコミュニケーションは、偶発性定式の与件に定位し、したがって、あらかじめ受け入れられることが予想された、より確実な側で作動する。十九世紀以来、そのために選好に関する合意可能性を予示する価値概念が利用されてきた。しかしながら専門知識は、それだけで済ませられるものではないことも知られている。専門知識は、時折、境界を越えることによって、つまり他の側へ視線を投げかけることによって、完全な知識でありたいという思いにつきまとわれる。通常、その成果はほとんど約束されることがないと見なされるであろう。というのも、人はシステムにおいて偶発性定式の枠内でしか作動することができないからである。コミュニケーションそのものは、人が何かを達成しようと思うとき、その人がよって立つ想定を補強する。しかし、このような回答は、問いを差し挟むことを控えるよう求めてはいない。価値概念によって問いから外されるのは、欠乏状態がより少ないこと、より多くの正義が実現されることといった、望ましい価値のみである。しかしこのように定式化することがすでに、もとの定式化には含まれえないような地平を開いている。

II

諸々の世界宗教は、宗教の偶発性定式をもっていろいろ試してきたものの、一致する結論には至らなかったといえよう。もっとも成功した試み、すなわち仏教と一神教は、ともに救済のパースペクティヴという要素を基礎にしているように見える。そのことによってこれらの宗教は、超越へ至る通路を、諸々の区別にまつわる苦難を和らげるための方法として用意している。またこれらは、いかなる区別もあらゆる区別の彼方へと止揚されうることを約束してくれる。これが、内在と超越との区別が提示されるところの形式である。そうなると必然的に必要になってくるのは、救済を条件づけるプログラムである。このことは翻って、時間パースペクティヴを宗教のなかに埋め込むことを要求する。問題が時間化されると、《この世界（hic mundus）》、つまり、いまここに与えられているような世界の価値が切り下げられる。そしてそれとともに、宗教的に規定されたコミュニケーションが社会構造的（状況的、役割従属的、制度的）に分出されるなかで、いずれにせよ与えられるもっともらしさのチャンスを十分に利用し尽くす可能性が与えられる。

これほどにも多くのことを、共通の出発点として想定することができるのである。それは、もう十分に多い。つまり《神》という偶発性定式の機能を問い、それにはっきりとした特徴を与えるのには足りている。構築主義的想定からすると、おそらく仏教に接近する方がより簡単であると思われるのだが、[7]しかし（だからこそ）以下では、分析をこの偶発性定式に限定することにしよう。多神論の宗教も、ここでは考察の外に置いておくべきである。この種の宗教はあまりにたやすく、神々を他の神々との差異で規定し、さらなる問いを排除する傾向に陥りやすい。その特性もまた、過度に特定の社会編成への働きに（たとえば——それが貴族の系図であろうと、まだ特殊な機能システムへと分出していなかった役割と権限であろうと——、分化への手がかりを与えることなどに）適用されてきた。

神との関連において自己を定式化する宗教にとってまず特徴的であるのは、それらが神のほかにも——たとえば、身近に存する神々、助けてくれる神々、天使、精霊、聖人、精神において生き続けている祖先など——、いくつかの聖なる像をもっているということである。それらの像は、宗教的世界に棲み、またあまりに多くのことを規定しなくてはならない主神の負担を軽減している。また同時に、人が神に直接コンタクトを取る勇気がない場合、あるいはその可能性がない場合、媒介者や仲介の審級として働く。（このことが王制を伴う貴族社会の社会構造を反映していることは、一目瞭然である。）主神の特別な地位を特徴づけているのは、主神のみが超越というメルクマールを完全に表現しているということ、とりわけ境界の不在、あらゆるところでの現前、内在という領域においても遍在していることなどといったメルクマールを現実化していることである。つまり主神は、超越と内在との差異の統一というメルクマールを体現していることによって際立っている。主神のみが、宗教的宇宙を完結させる定式として働く。しかし、まさにそれゆえに主神に反するような行動をとることは困難となる。したがって偶発性定式の問題は、諸々の代補を必要とすること、つまり補佐的な装置や、ついには専門的なアシスタントを必要とすることへ変換される。しかし、代補とはつねに、それを必要としている本性の要素である。われわれは、このことをデリダの分析から知っている。つまり代補とは、隠されたパラドクスに対する指し示しである。

偶発性は、人格の振る舞いにおいてもっともよく見極めうる。というのも、人との関係では、人は別様にも振る舞うことが想定されるからである。しかしこれは、ある困難をもたらす。すなわち、別様に振る舞う可能性をもっているはずの――しかしその可能性を排除する――人格として最高度の超越を考えるという困難である。それゆえに厳密に一神教的な宗教は、その偶発性定式を固定化するという大胆さにおいて、他のどの宗教よりも際立っている。したがって、個人の信仰を要求するという点でも際立っている。そしてそれゆえにまた、もっともらしさを手に入れるために教義学上の装置に課せられた負荷によって、また信仰をもつ者と信仰をもたない者との区別の明確さによって、そして最終的には組織への依存によって際立っているのである。これらすべては、超越の総体を存在命題へと変換すること（超越の彼方に超越は存在しない）を前提としており、そこから出発している。超越は、人格として存在する。それは、唯一の神である。これを信じない者は、排除される。こうしたゼマンティク上の極端さの《別の側》は、それゆえに、その社会構造上の相関物である。すなわち、多かれ少なかれ手痛い社会的帰結を伴う《破門》の可能性である。

神々が、家の守り神として祖先崇拝のかたちで敬われている限りは、それらを（不可視な）人格として示すこと、したがって生きている者の観察者として示すことに、困難が生じることはなかったであろう。しかし、こうしたかつての生者との関係づけが失われてしまうと、（不可視の）人格によって観察されているというイメージを引き続き保ち、最終的にそれを世界神へと作り上げるためには、特殊な動機が必要になる。神を人格化してイメージすることは――それによって同時に超越的な能力が維持され、拡張されなければならないとすればなおさら[8]――困難で、まさしく直観に反するようなことであったに違いない。こうしたゼマンティクがリスク、つまり自らにとっての脅威であるのは、とりわけ良き影響と悪しき影響、すなわち聖なるものがもっている魅力的な存在のメルクマールと脅威的な存在のメルクマールを、一人の人格の意図として考えざるをえないことにあるであろう。ギリシャ人は《不死の》や《老いを知らぬ》といったもろもろの否定を用いることによって対処し、そうした枠組みのなかで、ギリシャの神々には判断の自由さ、選り好みをすること、喧嘩も厭わない性質などが想定された。それによって、こうした個々の性格（ペルソナリテート）は多くの神々と結びつけられ、神々は自らの行為領域において、いわば相互に人格化しあっていた。だがこれでは、より高次の宗教に対する要求にとっては偶発性が高すぎた。最終的に、唯一であり、超越的であり、すべてを管轄下に置く神を人格（ペルゾン）として——たとえそれが名前のない人格であったとしても——考察することができたということは、それが容易には認識できない欲求に応えていたがために違いない。そのような欲求がある社会構造上の発展のなかにあったということが、推察される。すなわち、社会分化と個人化とを同時に引き起こし、それゆえに統一をただ観察者という概念を通してのみ把握することができたような、社会構造上の発展である。というのは、個々の性格（ペルゾナリテート）は、観察することと観察されることとの一つの符牒にほかならないからである。

　しかし、なぜ神は観察者という性質を備えていなければならないのか。なぜ神は単に存在するだけではいけないのか。この問いに対する最良の答えは次の考察から、すなわち、存在するあらゆる事物を数え上げること（P_1、P_2、……P_n）によって神の概念にたどり着くことはけっしてなく、つねにさらなる事物を想定することになるだけであるという考察から、生まれる。このことは、ドゥルーズらの考えからもいえる。ドゥルーズによれば、先行するものと後続するものという連続する二つのものを数えあげていくことによって可能になるのは、その統一をパラドクスとして把握することだけである[9]。つまり神は、ある別の次元に、ある格づけのうちに存在しなければならず、観察者という概念は、少なくともこうした神の位置づけに対して可能な解釈の一つを与えてくれる。存在やモノ（ラテン語の res という意味での）といった述部が〔主語としての〕観察者にも当てはまることを、神は排除しないどころか、まさしくそれを要求するがゆえになおさらそうである。

　観察者が区別を行う指示形式として把握されるだけではなく（それが神の場合、ありとあらゆるものからその個体性において区別されるのだが）、さらに人格としても把握されるとしたら、次のことにもなるほどと思わせられる。すなわち、気に入るか気に入らないかを決める条件を用意するのは観察者であり、そして、社会という文脈においてそうした条件は、他のあらゆる区別を覆う包摂と排除という差異を作り出すということである。規範はつねにそれが排除するものによって同時に規定されており、その定式が一般化されればされるほど、最終的には、それがなおも排除しているものの効果においてのみ認識可能になる。いかなる《根拠づけ》を行おうとも、このことは変えようがない。したがって神を掲げる諸宗教は、社会学的に見るならば、それが分出するために選択した形式のなかで、排除に重点を置くような条件に、たとえば中世には皇帝でさえも屈服させることができた社会構造的条件に依存している。しかしながら、包摂（インクルジオン）／排除（エクスクルジオン）のための条件は、社会変動の深層[10]に基礎を置いており、それゆえに、そうした宗教が〔社会構造的条件から〕外されていながらもそこに埋め込まれているという事態を危うくしうる。これは、ゼマンティクの次元で——たとえば神の特性を取り替えることを通じて、あるいは（今日ではいささか時代錯誤的な感じのする）《父》という象徴的表現を手放すことによって——阻止できることではない。したがって問題は、神を掲げる宗教が、今日、信仰に対する個人的決心という偶然に頼らなければならないのか、または反駁不可能な思い込みがこれからも存続するということを当てにしなければならないのか、ということである。あるいは、そのゼマンティク自体のなかに、宗教の機能と同じ方向に作用する深い動機と社会的親和性があるのかどうか、ということが問題である。この問題を社会学的（したがって宗教外的な）観察態度で扱おうとするならば、そもそも神という偶発性定式がどのようにして機能するかということについての、より正確な検討が必要であろう（そして当然のことながら、《機能する》とは、トリビアルなマシンという意味ではなく、宗教の準拠問題、すなわち、規定不可能なものを規定可能にするという問題を解決するという意味である。)

III

ここでは、《神の証明》には関わらない。神の存在証明をもって人が試みるのは、神は世界の通常の偶発性を否認するということである。そしてそれは、まさに神から見て世界が偶発的であるからである。しかし、このような証明が循環的な構造に基づいていることは、今日ではもはやほとんど疑いの余地がない。この循環は、なんらかの仕方で中断(非対称化)されなければならない。おそらくもっともはっきりしたやり方は、神の自己啓示という教義によるものである。[11] 別の言い方をするならば、世界の整然とした秩序や美を見て、そこに知性的な理由があるはずであると推論することによって、好ましくないことをすべて失敗としてバランスシートに書き込むことを避けなければならないということである。あるいはまた、あらゆる意味的な世界記述は偶発的であるということから出発して、議論を逆さにすることもできよう。すなわち、世界の偶発性が神の存在を証明するのではなく、神の存在が世界の偶発性を証明するのである。いずれにしても、循環は神–世界という非対称的な関係のなかへ解消され、その結果、もはやこの関係は反転不可能なものとして扱われる。そしてまさにこれが、情報の獲得を可能にする構造であり、偶発性定式として指し示される構造なのである。ここで考えられるのは、非対称化は行われなければならないが、それが行われていることは隠されなければならない、ということである。真に重要な問いは、その作動を可能にしている形式の特性に向けられる。

神－世界の非対称性という考えは、一神教の発展が完全性という不毛な観念のなかで停止状態に陥ることを妨げるがゆえに、そのことからしてすでに有益である。絶対的に完全な神は、自己自身に何も付け加えることができない神である。しかし、そのような神は区別をつけることができるのであろうか。[12]この問題は、形而上学的にはプラトンとの関連で流出の神学によって解決される。[13]「自己充足している完全さという観念が大胆な論理的転換によって——初めの意味を全然失わずに——自己を超越する豊饒さの観念に換えられたのであった[14]」。このような逃げ道は、過剰さ、横溢、贈与といったゼマンティクによってさらに練り上げられうる。しかしながらそれは、神を人格として考えることを必要ともしなければ、理解可能なものともしない。

キリスト教の伝統は、観察者としての神という想定を存在論上の形而上学と結びつけた。つまり、存在／非存在という区別を基礎とし、他のあらゆる区別をそれに従属させる世界記述に結びつけたのである。この世界が神の創造物として把握されるなら、それによってある規範的な要素がそこに付け加わることになる。それは、秩序の必要条件として把握される。存在するものは、それがそうでないところのものではあってはならない。つまり人間は動物であってはならず、男性は女性であってはならず、キリスト教徒は異教徒であってはならない。こうした存在論的な排除関係が侵される場合には、それは《驚異》として把握され、それとともに宗教へフィードバックされる。存在の世界は神によって創造されており、その区分に矛盾するものもまた、結局次のことの証明になってしまう。すなわち、世界は全能の神によって創られているのであり、神はその力を世界のなかで失うのではなく、逆に、それを別様な決定を行う可能性として保ち続ける。こうして、形而上学と宗教とは互いに立証しあう。しかもそれは、思考体系を閉じる循環という形式において行われる。

どのような初期状況によってこの特殊な発展が導かれたかということを、ここで取り扱う必要はない。多神教的な宇宙は、人格‐形式を区別の原理として用いることができた。ヘブライの伝統では契約能力が重要であり、それは同じく個々の性格（ペルゾナリテート）を前提としていた。部族社会における高次の神の表象との関係や、政治的支配との形式の類似性やアナロジーについては、多くの論争的な文献が存在する。いまここで取り扱っている神という偶発性定式の問題にとって、そうした進化上の獲得物に関するゼマンティク上の系譜は——もちろん《前適応的進歩（preadaptive advances）》から出発しなくてはならないものの——決定的な意味をもつものではない。決定的なのはただ、超越が人格として構成されることの機能だけである。《人格（ペルゾン）》ということで想定されうるものが、神と人間のアナロジーを通して突きとめられることはない。すなわち、〔神を擬人化する〕神人同型説においても、逆に神は人間を《その似姿として》創造したという〔人間を疑神化する〕説においても、可能ではない。この種の解釈の試みは存在しているが、それらは（少なくとも今日では）もっともらしさを有する根拠をなんら見てとることのできない内容的な類推に基づいている。こうした差異を背負い込んだ従前の類推図式は、すでに述べてきた仮説によって置き換えられる。すなわち、神が人格として定義されるのは、神が観察者として定位されているからである。ここで問う非対称性の形式は、それゆえに観察という作動の形式である。

観察という概念には、ここまで問うてきたものが含まれている。観察という作動は、非対称な、つまり反転不可能な作動であり、もっぱら観察者の内部でのみ進行するが、観察者にとっては観察するものと観察されるものの区別を暗に示している。その区別は、区別を行っているところの指示のなかにある。その際、そこで使用されている区別は、観察者が自らを観察されたものから区別しているという合意と同じものではない。別言するなら観察者は、区別しうるために自らを区別しなければならない。神の場合には、これを世界創造の理由と見なすことができる。

さらに観察という概念は、人間に関していうなら、体験と行為、認知活動と意志活動を包括するほど一般的なものである。体験と行為の（内的に経験された）区別は、ゴットハルト・ギュンターが示したように、自己言及と他者言及の区別に従属しており、それゆえに、間接的にではあるが、システムと環境の区別に従属している。[15] 体験の場合、システムは外的な決定の経験に対して内的な二値化で——たとえば、真／非真という図式や気乗りする／気乗りしないといった図式に従って——対応する。それとは反対に行為の場合は、環境のなかに、ある差異をシステムが生み出す。たとえば、達成された目的と、そうでなかったであろうものとの差異である。しかしながら、神が自己言及と他者言及を区別するとは想定できないため、そこから派生する区別も、神には当てはまらない。このことは、神を観察者として把握することを排除するものではない。しかし観察概念は、神に関して知性／意志という区別を省くことになる。これに関する中世の論争は、歴史的には興味深いが、それ以上のものではない。知性による観察と意志による観察の統一がとりわけ意味するのは、神の意志は認識を通じて前もって獲得された洞察とは関係がないということである。中世の論争のように、全知が意志の全能に優位することを説く必要はなく、またその逆を説く必要もない。この二つは同じことなのである。[16]

しかし、なによりもまず神という観察者は、特殊な地位を有している。神は、宗教コードの超越の値と相関する。神は、《盲点》を必要としない。神はあらゆる区別図式を、区別されたものの差異として実現すると同時に、その統一として実現することができる。それは区別されたことと区別されていないこととの区別を包含する。そしてこのことは、神の観察のすべてに同時に当てはまるため、神の観察の仕方は、それを神の側から観察しようとするなら、パラドクスとしてのみ把握されうる。この問題には、後でまた戻る。たださしあたり確認しておくべきことは、超越的な観察者の行う観察は、あらゆる世界内在的な観察とちょうど反対のやり方で行われるということであり、つまりそれは論理的にその観察者に欠けているものによって補完されているということである。神／人間の差異は、観察という作動の統一が作動において自らを観察できる（超越）かできない（内在）か、という問いにある。次のようにも言えるかもしれない。すなわち、超越的人格はそれ自体が透明であり、内在的人格はそれ自体が不透明であると。その限りで、偶発性定式としての神は――神を観察者とするならば――宗教のコード化の必然性に合致しており、また偶発性を反省するという宗教に特殊なあり方に合致している。

神という概念が《世界》と区別されるかたちで与えられているならば（というのも、神が世界を観察しているというためにはこれは絶対不可欠のことだからであるが）、逆に世界を神から区別し、その区別によって世界を規定するという可能性も与えられる。しかし同時に、観察者である神が世界について完全な知識を有していると仮定するなら、神はその秩序を乱すことができないことになる。というのも、たとえば奇跡といった秩序の乱れは、神の観察様式のなかで、いつもすでに予見されているからである。神と世界とは、調和の関係にある――これはとりわけルネサンスの自然哲学にとって、重要な思想である。他方で、神と世界とを区別することには、依然として意味がある。すでに何度も述べてきたように、この区別は自然の脱神聖化を可能にする。世界は、自然として、人間の使用に供するものと定められている。[17] 神／世界という区別はさらに、《この世界（hic mundus）》という意味で世界の価値の切り下げを可能にし、それによって、社会内的に見るならば、貨幣や権力、地位や性的生活といった世界内的な関心事に対する宗教的関心の分化を可能にする。これは比較的容易に、厭世的な宗教的（僧院的）生活態度を要求するために利用される。そして最後に、世界を神との相違によって定義することができるとしたら、他のメルクマールはすべて、かなりの程度で不問にしておくことができ、不確かさや仮説等々と折り合うことが可能となる。[18] 近代の多次元的な社会が、世界をマークされない状態として、それゆえに観察不可能なものとして連れだつことを要求したとしても、宗教はなおも次のように主張できるであろう。すなわち、宗教自身は世界を区別できる、つまり神から区別できるのだと。

こうしたことは、さしあたりすべて抽象的に定式化できるので、そのためには宇宙論も道徳も必要ではない。神の観察を人間に、しかも第一義的に人間に引き寄せて考え、自然は人間のために設置されたという錯覚に陥ることは、人間にとってたしかによくあることである。〔そのように考える人にとっては〕神の力添えがなければ、トイレの水すらうまく流れないというのも正しいであろう。しかし全知と全能の教義は、それよりはるかに長い射程をもっており、そのことはたとえば、継続的創造（creatio continua）の教えのなかにはっきり表れている。すなわち神の観察とは、あらゆる細部とあらゆる瞬間における世界経験の条件なのである。

観察者である神は、言葉、テクスト、《ロゴス》としても、あらゆる区別の彼方に位置しており、なによりあらゆる時間的区別の彼方にいる。このことによって、存在論的形而上学の存在の現前が保証される。すなわち、そのつどアクチュアルな人間の体験の瞬間的にのみ与えられた同時性とは独立して、保証される。さらにこのことは、死後の生をも保証する——これは生きていく上であらゆる道徳的条件づけの基礎をなし、それを（原理や因習法などに依存することなく）統一へとまとめ上げる神学的一般化のもっとも射程の長いものである。その際、時間は持続として把握され、（《それ以前》のない）始点と（《それ以後》のない）終点を考えることが不可能であることから、魂の不滅が推論される[19]。現前の形而上学とそのロゴス中心主義に対するデリダの批判も、まだこうした着想を負ったままである。それは独立したものではなく、単にその拒否として定式化されうるにすぎない[20]。

神の存在が区別とは独立にあるにもかかわらず、人間が区別をつけるときはつねに、神は当然、区別の善い側、美しい側、力強い側に置かれる。このことが存在／非存在、存在／仮象、良い／悪いといった区別に当てはまることはもちろんであるが、それは芸術における神の模写に関する風変わりな考察にも当てはまる[21]。もし人が逆のやり方で、区別のネガティブな側をその区別の象徴として利用しようとするなら、あらゆる区別を無に帰するような死の象徴性に接近することになるであろう。以上の考察が示しているのは、死後の生という利益関心を伴った図式が、論理的に不可能な二つのものを一つのパラドクスに統合するということである。すなわち、あらゆる区別の統一をそのネガティブの側あるいはポジティブの側から指し示すこと、つまり死あるいは神として指し示すことである。

ここでは、存在論的な観察方法には頼らない。つまり、存在と非存在の区別に基づいた観察には手を出さない。というのも、もしそのような観察方法をとったとしたら、以下の問いに連れ戻されるだけであろうからである。すなわち、観察者は誰なのか、まさしくこの区別図式で観察しており、世界をほかでもなくこのように区分けしている観察者は誰なのか、そして、何が彼の盲点なのかという問題である。ことによると、〔盲点とは〕時間を把握することが不可能であるということであろうか。いずれにしても、神は存在と非存在との区別に頼ることなく観察を行う。したがって神にとっては《排除された第三項》は存在せず、つまり論理学も存在しない。そしてそのようにしてのみ、ニコラウス・クザーヌスが主張したように、神が非存在から存在を創造したと考えることができるのである[22]（そして創造主とは、再びより抽象的な概念を用いるなら、観察者である）。なおも存在論的に考える神学者にとっては、神－世界の非対称性は、意味の総合、存在の完成、もっとも普遍的なもの（ens universalissimum）として神を考える可能性によって置き換えられる。それはたとえば有限者／無限者（ens finitum/infinitum）あるいは被造物／非被造物（ens creatum/increatum）といった差異の定式化に基づいた差異の統一という（なんとも露骨で形式的な）イメージで置き換えられなくてはならない[23]。こうした存在論上の弱点を埋めることができるのは、空虚な決まり文句でしかなかった。ここではそれを、（作動上の）観察の理論によって置き換える。

区別に用いる最小限の構成要素と、それによってすでに所与となっている世界の解釈を確定することで、たくさんのより魅力的な問いが出てくる。神という観察者は、いかに観察されうるであろうか。神を（単に不可侵の聖なる客体としてではなく）観察者として観察することができる者は、それとともに意味の究極的な確かさを手にする。それは、世界を創造し、何が起こるのかを見、自らの設計物を変えることができるにもかかわらず変えずにおくような、無謬の設計者との連関においてである。この創造主は、伝えられるように、世界を善きものと考えた。このことは、多くの教義によって力説されている。

すなわち、神は契約として自らに責任を課した。神は人間を創造における頂点と見なしている。神は人間を愛している。

しかし、神がすべてを観察していること（神から逃れうるものは存在しない）、そしてそれゆえに、神はすべてのものから区別されなければならないということを想定するやいなや、神は世界のなかにも世界の傍らにも観察されえなくなる。世俗的なるものにおいて、神が存在するかしないかということは、区別されえない。神の証明は、それがそもそも証明しようとするものと矛盾する。それゆえに、問いが反復されなければならない。いかにして人間は観察者である神を観察できるのか、また問いを社会学的に先鋭化するなら、人はいかにして観察不可能なものを観察する際に予想される意見の相違に対処するのであろうか、と。このようにセカンド・オーダーの観察の可能性を問うならば、一方で特権化された地位を要求し、他方でその不完全性を反省するような諸々の解決策に行きつく。それがすなわち、神学的議論の豊かなゼマンティク上の領域である。

徹底した反省が行われていない宗教においては、すでに人間の無知――無学という意味での無知であるが――に対する容認を見ることができる。[24] その場合、これは魅惑と忌避、求めることと避けること、祈願と畏怖との両義性へ解消される。そこでは物事が状況と機会に応じて細分化され、あるいは人は超越としての神を愛し、内在としての神を畏れるというように取り扱われもする。さらに、神話のなかで保ち続けられた解決法も存在する。罰せられる高慢さというやり方であり、神がそもそも何を意図しているかを分かると知ったかぶるやり方である。これは、天使の運命といえる。天使は、天界からの追放をもって罰せられても、つまるところ神を観察することが唯一の目標だったがために悔いることができない。さらにまた、パラドクス、脈絡のないお喋り、沈黙という解決法があり、《知らないがゆえに知る》、思弁的な融合(《神の目は我が目》)、すなわちニコラウス・クザーヌスの解決法、神秘主義の解決法がある。

堕天使の運命を、神によって容認された悪への自由(なぜそうなのであろうか?)としてではなく、愛のパラドクスとして解釈するという洞察を、神学者たちはほとんどしていない。[25] というのも神をもっとも愛する天使は、パラドクスの確認に自分を限定することに満足したり、あるいはまた肩をすくめて、これは神が知らなくてはならないことで自分の問題ではないなどと評することに満足することができないからである。[26] サタンの愛は実存的なパラドクスとなり、愛ゆえの違反(Verstoßensein)を生む。そこにおいて、自由はまったく関係がない。そしてただ引き続き悪魔の誘惑活動が、神学によって自らの道徳コードを世界の創造に組み込むために(神学を犠牲にするかたちで)、追加的に発明される。だが、これはまったく低い水準〔の反省〕にとどまる。[27] 観察の観察を反省する神学は、[28] 認知上の直接的な問題化に際して、意識の不可能性から不可能性の意識へと移行する。しかしながら、そのことに利点を見出すのは誰なのであろうか。

というのも、神学的反省の深さのいかんにかかわらず、神学者は神の専門的な観察者もしくはそのテクストの解釈者として、彼らにとっての問いとそれに対する解答の期待にさらされていると感じているからである。神学者らは宗教システム内部でコミュニケートし、彼らが知っていることを述べなくてはならない。このことは(多かれ少なかれ)、これはイエスでありこれはノーである、神はそのように望んでいる、といった選択基準に至る偶発性定式の致命的な解釈替えを強制する。第三の可能性は存在しない（Tertium non datur）。しかしそうだとすれば、いかにして人は、聖書で禁じられた果実を自らは食べない（！）悪魔と異なり、知ったかぶりの思い上がりを避けることができるのであろうか。

可能な選択肢の一つは、神の自己啓示を引き合いに出すことである。啓示は、中心概念であるがゆえにもっとも難解な宗教学的概念の一つであり、神学的にも今日に至るまで論争が続いている。ここでは神学内部の議論に介入することはしないが、しかし一つの区別を保持する。すなわち、問題となっているのは単に占い、占術、さまざまな徴候の解釈、可視的なものと不可視なものとの形式的アナロジーではないということである。すなわち、人がなんらかの生活状況から神に問いを投げかけ（この女と結婚すべきか？　戦争を始めるべきか？）、それに対して（いつものように謎めいた）答えが得られるということが問題なのではない。占術とはつねに、表面に表れた相から、深淵なものや隠されたものを推論することができるのではないかという望みをもって観察することであったし、いまもそうである[29]。神々が日々人間の運命について決定すると想定したとしても、いかにして、またどの兆候から神々のどのような決定を読み取ることができるのかという問題が、依然として残る。神の自己啓示という考え方は、まさにそのことと手を切り、まさにそこにその歴史的爆発力と進化上の獲得物がある。啓示のための特別の概念は、それゆえに神による発意と自己論理的契機を含んでいる限りにおいてのみ意味をもつ。これにより、真理について（学問的な意味で）問うことは除かれる[30]。形式的に見れば、啓示は自ら自身を啓示する。そしてこのことは、啓示には啓示を啓示として受け入れる以外の認知的な接近手段は存在しない、ということを含んでいる。内容的に見れば、すでに述べてきたような観察関係、すなわち観察者たる神を観察する可能性の創出が問題になる。そして歴史的に見れば、啓示は歴史を変更するがゆえに、宗教を記憶として把握するだけではもはや事足りなくなる。歴史のなかで、新たなものが開始される。[31]

神の自己啓示が、観察のほどよい手ほどきによってコミュニケーションとして考えられるならば、特殊な困難が生じる。とりわけ困難となるのは、情報と伝達の区別である。啓示とは一つの情報であり、それがなぜ伝達されるのかを尋ねることはあまり意味のあることではない。宗教的真理が問題となっているとき、それを伝達するためにさらなるきっかけや動機が必要となることはない。そのうえ、啓示がコミュニケーションであるならば、継続的関係である観察は、同時に出来事として、瞬間的かつ一回限りの生起として、把握されなければならない。このことは、共在が不在によって証明されるというパラドクスに導く。そのために、テクストという形式が提供される。このことは、またもや啓示がテクスト上そして歴史上完結しているということを前提とする。もし神が、その豊富な可能性のもとにたえず新しいことを告知し、社会のエコロジー状況に意見をし、また性的行動に突然人びとが考えているのと異なる判断をするとしたら、それに対応するのは困難であろう。（いずれにせよ中世後期の妄想的な現象が、教義告知の道具としては扱われることはなかった。それは、つねにそのきっかけとして、またそれを際立たせる効果として見なされた。）したがって啓示の教義学、たとえばシナイの啓示についての教えなどは、つねに後から作られた伝説であり、すでに確立された宗教が歴史的に欲した正統化のための答えである。[32] ユダヤ教のタルムードでは、文書上／口頭上という形式的差異を手がかりに、啓示を神の意志に応じて両方に誘導するという方策が案出された。テクストは、口頭での解釈、それゆえに将来的な修正可能性に開かれた解釈のために、文書として与えられる。ことさら印象深いパラドクス展開の形式である。[33]

第二の可能性は、神の観察の最初の観察者である悪魔を引き合いに出して、自らを区別することである。すなわち、悪魔化や誹謗中傷、あるいは善／悪という道徳的コード化を伴う神と悪魔の関係を再構成することによってである。神について何を語ればよいか分からなかったとしても、悪魔の誘惑には何の後ろめたさも感じることなく警戒することができ、罪人を悪魔の国へ導くと考えられるあらゆる悪習に烙印を押すことができる。ここで用いられているのは、コミュニケーション技術上、また修辞（レトリック）上、より簡単な否定的コミュニケーションである。何がよい趣味かということは定義できなくとも、趣味の悪さを認識することはそれほど難しくないのと同じである。

第三の、おそらくもっとも野心的な解決策は、神秘主義のそれである。複数の視線が、入れ子状に組み合わされる。基準は必要ではない。人は、見られたことを直接見る。区別はすべて、もちろん瞬間においてのみではあるが、実存へと止揚される。そのとき存在する確信は区別されえず、凌駕されることもない。しかし、まさにそれゆえに伝達もされえない。神との直接的な交信（communicatio）は（ここでは共通性の創造という古い概念がふさわしいが）、人と人の間のコミュニケーションにも影響を及ぼす。人は、神との交信についてほかのことと同じように語ることができる。しかし、この経験をしていない者には、伝達することができない（だが、自分にその経験があるかどうか分かっている人はいるのであろうか）。宗教的経験がセカンド・オーダーの観察の水準に移される場合にのみ、神秘主義は存在しうると主張されるかもしれない。すなわち、そこで区別の基準という問題が生じ、その問題設定を不適切なものとして避ける方法を探すとき、神秘主義が存在するという主張である。こうした文化的な埋め込みのなかでは、神秘主義はその説得力を、あらゆる他の解答、またあらゆる教義的および専門職的な解答がもつ命令的性格から、すなわちその明らかな不適切さから引き出す。しかしこのことは、神秘主義が宗教上のコミュニケーションのなかで教義学に取って代わることができるということを意味するものではない。

手短に言おう。セカンド・オーダーの観察の複雑な構造は、神という偶発性定式を練り上げるのに役立つ。一方で、それは内在／超越というコードの統一の定式であり、この特性において偶発性を吸収する。それは他方で、選択の基準である。それどころかほとんど内在と超越の関係において、何が正しく、何が誤っているのかを述べる宗教上のプログラムにとっての総合定式ですらある。これらはすべて、客体についての言明を通しては到達できない、すなわち《神》というしろもののメルクマールを挙げることを通しては到達できないように思われる。神の属性論によるならば、観察不可能性を確認することしかできない。そもそもセカンド・オーダーの観察のコンテクストがあって初めて、神ですら、観察者としてでっちあげる必要が生じる。神が何であるかを知る必要はない。自らの生活を神の愛にかなうものにしうるために知らなくてはならないのは、神がいかに判断するかである。

IV

社会および社会のなかで宗教を再生産している、コミュニケーションという作動に戻ろう。そうすれば、神という偶発性定式はコミュニケーションに逆らっていることが示される。この定式は、分析の試みを拒否する。その《聖性》はまさに、いかようであれ神秘へ迫っていくことが禁じられているという点、また、こと細かに検討し、細分化しゆくどのコミュニケーションも見つけ出したものは探していたものではないと知らされることをもって罰せられるという点に存する。しかしコミュニケーションは、社会が現実化されうる唯一の形式である。意味を社会において実現する可能性は、ほかには存在しない。必要とあらば、コミュニケーション不可能性についてもコミュニケートしなければならない。

社会の長い歴史のなかでは、そのためにさまざまな主導的イメージが作られてきた。そのもっともらしさは、社会の大枠の条件づけに依存している。大まかには（重なる部分も多くあるものの）部族社会（あるいは環節的社会）から成層的社会へ、そしてそこから機能的に分化した社会への移行と相関する三つの形式を区別することができる。それらに応じて、《秘密》、《パラドクス》、そして《外的（機能的）分析》というモデルが区別される。

聖なる対象や技法や関係についての原初的イメージにおいては、制裁を伴った秘密の形象に関するコミュニケーションの問題が解決される。これは、あらゆる種類の聖なるものに当てはまる。それらは外的な所与のものとして扱われ、その本質への接近は制限されている。厚かましくも神秘を探ろうとしたり、またタブーを犯したり、あるいは不遜な口をきこうものなら、超自然的な制裁を覚悟しなければならない。霊的な諸力の注意が向いているのは——そう想定しなくてはならないのであるが——、自身の聖なる不可侵性である。したがって、問題は外部化される。コミュニケーションのなかで要求されるのは、ただこの条件を守ることだけである。そしてそうなると、このことが一種の連帯責任によって保証される。罰は、罪を犯した者にだけではなく、一族郎党に降りかかる。聖なる諸力は、個人の罪に照準を合わせているのではない。それは道徳的には——そもそも、道徳的な観点からいうならではあるが

――、不正確に作動する。こうしたことが生じないように予防措置を講じ、それに応じてメンバーを訓練し、あるいはまた追放することは、社会に任せられている。

このような表象は、高位の神、それどころか唯一の神を想定し、その期待が道徳に向けられていると考える一神教的な宗教が作られると、難しくなるに違いない。これによって生じるコード化の問題は、すでに論じた[34]。目下関心を引くのは、そのような神は、自己が誰であり、どのように人間を評価するのか、もはや秘密にしておくことができないということである。こうした状況では、秘密のテーゼは受け継がれるが、しかし脚色される。神のみこころは、計り知りえぬと見なされる。たしかに戒律は存在しており、神は自らを啓示するのだが、しかし同時に人間は罪を背負い込まされるので、結局のところ、神の要求を満たしているのかどうか、要求を満たしていないならその欠損を埋めるだけの恩寵を受けられるのかどうかを、知ることができない。

こうして、コミュニケーション不可能性の核心はパラドクスの形式をとる。前記の洞察は、この形式でのみコミュニケートされうる。これはとりわけ、セカンド・オーダーの観察者向けのコミュニケーションである。つまり、神の観察を観察しようとする観察者のコミュニケーションである。ということは、これはなにより悪魔と神学者に当てはまる。《好奇心（curiositas）》は、宗教的なことがらにおいて依然として禁止されており、また神秘を冒すべからずという昔ながらのやり方によって取り扱われてもいる。十七世紀になっても文献では、〔好奇心は〕まだ次のように取り扱われている。すなわち、「知識の高慢と放縦。なぜならば、それはわれわれの上にある高次の事物を探し回り、われわれには関係ないとされる隠された事物を探し回るからである[35]」。しかしながら神秘を冒すことは、もはや稲妻と雷鳴、不作と疫病によって罰せられるのではなく、そこから現れる定式化が陳腐であることによって罰せられる。すなわち、これはむなしい努力であった、あるいはもっと強い言い方をするなら、《誤りの源（a source of error）》であった、と言われる。[36] いまや神は、はっきりと人間の個性に照準を合わせている。神は努力を無駄にすることで罰し、恩寵的な神であれば、学習ということで罰する。そして十七世紀の宗教の特殊性において、これは間接的な（神学者によって解読されるべき）暗示でもあった。すなわち、人間は救済を自己自身の内にのみ見出すことができるのであって、知ることができず、また知るべきでもない物事への好奇心においてではない、ということである。[37]

発展のこの段階になると、文書の影響、さらに後には印刷術の影響がはっきりと認識される。《破廉恥な問い》には、文書で答えなくてよい。[38] 他方テクストは、まったく立てられたことのなかった問いに答える。問いと答えとをこのように対等に配置しえないということによって、コミュニケーションの禁止ないしは制御にとっての出発点は変化させられる。後期ルネサンスの印刷術によって、パラドクスのレトリックが全盛を迎えることになったのも偶然ではないであろう。テクストは、著者と読者をそこにいないものとして扱うことができ、それゆえにパラドクスの形式によってコミュニケーション参与者に何が思念されるべきなのかを任せるような叙述を、選択することができる。

パラドクシカルなコミュニケーションは、仏教のように口頭で行われようと、神秘的な経験の文書による記録であろうと、固有の真正性を必要とする。すなわち、伝達された内容に《イエス》や《ノー》と答えることによって継続されうるコミュニケーションを破壊し、これを《是非の彼方》という形式で記録するがために、まさに合理性を必要とする。[39] そのようなコミュニケーションは、独特のまじめさを装う。というのも、真なる知を伝達する際に、人は嘘とはいわないまでも、思い違いをすることがありえるからである。パラドクシカルなコミュニケーションは、この点で無敵であり、その限りにおいてけっして反駁されることのない最高の知を象徴している。それは、条件づけられていない知として、表象されている。ただし、このコミュニケーションのあり方は信仰を受け入れることによって担われるものの、信仰はそれ自体として批判的に拒否されることがありうる。こうした可能性が社会全体で受け入れられるなら、秘密とパラドクスの形式はそれまでと同様にその役割を担うものであるが、しかしそれはコミュニケートされない何かがここに存在していると信じる人にとってだけのことである。

　これに対し社会は、信仰される必要のない、いや信仰されえない宗教との関わりの諸形式を解放することによって反応する。これはまず、宗教の禁止や国家宗教[40]の法的な規制に該当し、さらには、宗教の自由が公的かつ法的に確立していくことにも該当していく。ひとたび法の手に委ねられると、何を述べることが許されるのか、何が場合によっては神の冒瀆や他人の宗教感情の侵害として罰せられるのか、ということも規制されうる。これと並行してライプニッツは、神義論の問題の解決策を考え出した。神は、残余機能へと限定される。神は可能な世界すべてのなかから最善の共可能性（コムポシビリテート）を保証し、両立しえないものを締め出すことによって世界を創った[41]。ただしこの考えが、長く支持されることはなかった。カントとヘーゲルにより新しく定式化された弁証法によって、この問いも世界のなかへと引き込まれ、対立するものの不安定性の問題として定式化されることになる。

　十八世紀の後半から、学問として扱われるにふさわしい宗教的テーマについての議論が付け加わる。外から見れば、宗教は文化として現れ、それゆえに歴史的・地域的に比較されうる[42]。神学自体が歴史化され、それに加わる[43]。後の経験的な宗教研究では、現代の社会における神への信仰がどのような状態にあるのか、一方では統計的に、他方では機能的に分析される。このような外的な記述は、通例では外的に獲得されたデータ、たとえば、アンケート調査の結果やテクスト内容の分析を取り扱うものが多い[44]。しかし原則的に、いずれもここでまさに行っていることを妨げるものではない。それはすなわち、教義の問題からもっとも微細で秘教的な構成までを、その機能と歴史および社会におけるもっともらしさの条件に基づいた構成として問うことである。学者はその場合、たとえば、パラドクシカルな観察の形式で神についてこれ以上語ることは、まさにそれによって信仰の心構えを弱めることになるために賢明ではない、という見解に至ることもできる[45]。

　機能的分化が進むと、神の秘密やパラドクスは多次元的（ポリコンテクスチュラル）に解消されうる。コミュニケーションがどのシステムのなかで接続可能性を求めるかによって、さまざまなコミュニケーションのコンテクストが割り当てられる。そうすると、宗教システム内では有意ではないと見なされうるような、宗教についての非宗教的なコミュニケーションが大量に存在することになる。機能システムの作動上の閉鎖とそれぞれに特殊な機能の管轄機能の普遍化によって、〔コミュニケーションの〕集中と無関心から成る非常に多様な混合物ができあがる。こうした配置の社会構造的な《論理》を把握して初めて、初期の社会が神という偶発性定式をコミュニケーションにさらしつつも、同時にコミュニケーションに対して保護した諸形式との、連続性と非連続性が見えるのである。

V

人格的な唯一の神の成立によって、これまですでに何度も触れてきた問題、すなわち宗教の道徳への関連という問題に劇的な意義が与えられる。諸宗教を比較してみるなら、宗教と道徳のこのような重なり合いはむしろ例外である。[46] 部族的文化のアニミズム的宗教においては、神的な諸力が人間の道徳上の問題に関係するということはほとんど考慮の対象にならない。[47] 社会のなかで規範的に規制されるべきものは、むしろ外からの呪術的な個別の介入から保護されなければならない。宗教と社会生活の構造的連関は、道徳的な戒律によってではなく、たとえば純粋／不純といった図式によって媒介される。[48] こうすることで、偶発性を使わずに済む。さらに、呪術的諸力による外からの脅威は、それとの関わり方の決まりを道徳化するという、内的な反応を引き起こすきっかけとなる。[49] 彼岸の諸力の怒りに触れる者は、自己自身を脅威にさらすだけでなく、社会を脅威にさらす。しかしこれはまさしく、超越と内在にとって同じ意味をもつ道徳が存在していないということを示している。多神教的社会も、宗教と道徳のあまりに密接な関係づけを避けている。管轄領域と利益関心をもった神々は、ただ立場の相違を映し出しているにすぎない。主神の存在が認められている場合でも（アフリカ宗教圏に典型的であるように）、[50] その神に道徳的優位を割り当てることは難しい。神の本性は、この点に関して両義的である。他方、ここで議論されるべき発展の終わりには、つまり十八世紀には、再びかなり非活性化された神が見出される。この神は、もはや道徳的優位を認識させることなく、見えざる手によって、世界が自動的に運行するほどうまく世界を調整している。そうなると道徳とは、諸宗教を文明の質との関連で評価するのにとりわけ役立つような社会装置ということになる。[51] したがって、宗教コードの超越性が一人の人格的神によって代表されていること、そしてこの神が同時に善なるものの化身とされなくてはならないことは、特殊な関係づけである。こうした関連づけは、それに伴って生じる問題を抱えており、代補のゼマンティクによってそれを回避しなければならない。

神、つまり観察者としての神に道徳という負荷をかけることには、多くの、そしてほとんど強制的ともいえる根拠が存在している。もし神がすでに観察を行い、すでにすべてを見、それと同時に見たものすべてを望むとするなら、神は道徳のような重要な案件についていったいどうして中立的に振る舞うことができようか。ヘブライ人の神は、世界神としてすでに一度、この教訓をパラダイムとして学んでいる。[52] 神とその民の同盟という観念が、この発展の促進に寄与したと推測してよいであろう。神という観察者をイメージするとき、少なくとも部分的には観察されうる神が想念されるなら、神が道徳的な色彩を帯びることはほとんど避けることができない。すなわち、内在／超越と善／悪という二つのコード化がどのように関係しあうかという問題が生じるのである。

しかし道徳とは、当初、さらに近代以降もかなりの間、人間の自由な行為の領域においても神が秩序と安定性を供給しているということを意味するにすぎなかった。自由であるにもかかわらず、創造された自然のなかで秩序に資さない領域は存在しない。このように見るならば、人間の間での道徳的秩序の創造が（そしてそれによって道徳そのものが）善きことであり悪しきことではないというのは、自明である。善と悪の差異は、まったくもって素朴に創造のポジティブの値へと分類される。そうすると、道徳のある種の自然な認識において、神が何を見たいと思っているかということが、逆推論できる。[53]

区別することの必然性に道徳的評価が備え付けられることは、古い社会にとって驚くにはあたらない。逆に驚かれるであろうことは、告解という形で天地創造の道徳的欠陥を繰り返し目の当たりにすることを神がとりわけ喜ぶであろうと考える、聖職者の信仰が有する倒錯的態度である。[54] これが組織的に強要され、社会化の作用を及ぼすべきだとしたら、ますます、神が罪を許容するということを理解可能にするための神学同士の論争が行われなければならないのではなかろうか。

この図式の解消は、十七世紀にようやく始まった。一方で罪の歴史は、原罪は幸せなる罪過（felix cu-pla）であったという例の考えに触発され、いまや成果の歴史と見なされる。[55] そして人間は、道徳的な改善能力をもつものと捉えられる。他方で神は、自らが作った落とし穴に入り込む。すなわち、もし神が世界を道徳的な基準に従って創り上げたならば、それは道徳的に最適な世界ではないのか。しかしおそらく、世界を道徳的に欠陥のあるものとして創造する道徳的な理由は存在しえないだろう。神は、道徳的な必然性のもとで行為する。そう考えることによって人は、知の不足を認めるにせよ、この世界から神を推測することができる。こうした議論は、ライプニッツのそれに近い。[56]

そこに、古い宗教的象徴が権威的解釈と準拠の明確さとを放棄しなければならないという、さらなる問題が加わる。公共のコミュニケーション実践においては、《教皇至上主義者》がうさんくさく見られるのと同様、ピューリタン的な《熱狂》もいかがわしいものとなる。[57] その結果、直接的あるいは制度的に媒介された神の観察を通して神が期待していることを知ることができるという想定は、放棄される。内的な悟りを求めるそのような努力において、人は自らの理性を差し挟むことなしに、いかにして神的な霊感と悪魔のささやきを区別できるのであろうか。これは、ホッブズ、ロック、ライプニッツが問うた問題である。その結論として、道徳的および美的な感受性に対する本来の能力が評価され、また、神は人間にそのような性向を与えたはずであるから人はそれをあてにすることができるという想定が生まれる。しかしそうなると、人類を文明の進歩の途上において観察すれば事足りることになる。そういうことから十八世紀には、これに対応する文明と文化というゼマンティクが展開された。

それに伴って、神が人間をどのように観察するかを観察するということは、もはや問題ではなくなる。すなわち、宗教が背景の確かさや社会的制度として、また《文化》の達成物として疑われなかったとしても、《神学》が主題になることはもうない。もし理性（反省）が介入しなくてはならないとしたら、それは人間がトリビアルではないマシン[58]として前提とされなければならないということを意味している。そうなると、ようやく、人間の観察を観察することに意味があるように見えてくる。というのも、神の知識、原理、戒律といったことだけでは、もはやうまく説明ができないからである。

十八世紀には、世界に対する視野の拡大の結果、啓蒙の結果、そして歴史的地域的にそれぞれ独自の宗教をもった多くの《文化》への洞察の結果、宗教と道徳の統一は完全に解消する。道徳は、人間学的基盤の上で、とりわけ道徳的な感情（sentiment）というコンセプトによって、新しく定式化される。そうすると、少なくとも《教養ある階層》においては、人を他の宗教に属しているということで、たとえばユダヤ教徒やイスラム教徒だからといって道徳的に軽蔑することは、道徳的に耐え難いことになる。しかしこれは、自らが崇拝されていることを求める神の手から、基準を奪うこととなる。

これらすべては、次のような問いを生じさせる。すなわち、このような転換は社会のコミュニケーションにどのような影響を及ぼすであろうか、という問いである。この問題を理解するためには、道徳的コミュニケーションについての洗練された社会学理論が必要となるであろう[59]。だがここでは、いくつかのキーワードで足りるに違いない。道徳的コミュニケーションは、共在しているものと不在のものに対する尊重と無視の配分を規制する。共在／不在というこの差異が、すぐに問題を生む。なぜなら、人はそこに居合わせた人を尊重しやすいが、そこに居合わせない人は無視することが多いからである。この問題と同様に、一定の時間上の一貫性という問題も、尊重や無視に《値すること》の条件づけによって解決される。結果として、道徳的コミュニケーションは回帰的に自己自身との関係をもつことが可能になる。そのような条件（あるいは規則）は、規範的な形式をとりうる。しかしこれはまた、要求しえない（《道徳的な義務を超えた（supererogatorisch）》）所業が承認されるに値するとする基準をも、確定することとなりうる。その場合、道徳の問題は、さしあたりこのようなプログラムの不変性と安定性にあることになる。良い／悪い（あるいは内面の態度も含める場合には善／悪）という普遍的な道徳のコードは、たしかに同じ一般化の水準で形成される。しかしこのコードは、必要なはずの安定性を備えていない。というのも、このコードはまさに偶発性を反映しており、どのような行動の仕方にどのような道徳的価値が与えられるかということについて、何も規定していないからである。道徳的基準に超越的な保証を求めるきっかけを与えるのは、この不安定さであるように思われる[60]。道徳として現れ、実践されているものは、道徳というコード化の代補である。合理的な根拠づけを要求することは、さらなる代補の追加を意味している。

道徳の規則という問題を外部化によって解決しようとする試みは、しかしながら、この問題をすでに利用されてきた根源へと連れ戻す。すなわち、神はなにゆえに善きことと悪しきことの差異を創り出したのであろうか、なにゆえにそれを許容するのであろうか、またなぜ神は、善が勝利するのを手助けするために自己の可能性を活用せず、悪に勝利させるのであろうかという問いが生じる。近世になってようやく、《神義論》が議論されるようになる。しかしこの問題は、神が道徳と同一視されたときから存在している[61]。さまざまな種類の解決を、考えることができる。善が最終的な勝利を収めるまで両義的な状況を創り出し続ける神の敵対者を考案し、超越に投影することができる。あるいは、観察者たる神を観察することが可能であると認め、そこに再び限定をかけることもできる。すなわち、神は（たとえば、人間に自由を与えるために[62]）限定的にのみ観察されうるのだ、と。どちらにしても問題となっているのは、かろうじて我慢のできる暫定的な措置である。というのも、前提として不死が考えられているからである。善の最終的勝利、またはそうでない場合には最後の審判が、すでに前ぶれはありつつも頑固な道徳家にとっては驚きであるようなやり方で、実情を明らかにする。すると道徳を信頼しすぎた者は騙されたと思い、罪を犯すという回り道が救済にとって必須であることが証明される[63]。救済は前もって与えられた道徳的価値の弁証法を通じてのみ可能である。しかしながら、こうしたジグザグコースが必要となるのは、あらかじめ神義論の問題を背負い込んだ場合だけである。

　神の思惑を再構成できると考えるなら、別の解決策が視野に入ってくる。というのは、善人のみが幸福になりうるという解決にも、明らかに神が避けたいと考えていた短所があるからである。この場合、善人は自分が善であるがゆえに善なのか、それともそれに関連する幸運のために良い境遇にあるのか、知ることができない[64]。これを避けるためには、善／悪の区別と幸福／苦難の区別の結びつきが断たれなくてはならない。そうすれば、善人のなかにはたしかに苦難を受けなければならない者も出てこよう。しかし彼らは、少なくとも神がそのことを観察し承認していることを知ることができる。そうすればより一層、善であることの帰結にではなく、善そのものに集中することができるようになる。ここにおいて神義論は、それ以外のものと同様に、まだ信用のできる秩序についての数ある変種の一つを意味することとなる。

もう一つ別の困難として、道徳的規則だけが宗教的に再認されなければならないというのではなく、まさにそれゆえに、道徳という二値コードもまた宗教のなかにコピーされ投影されなければならないというものがある。時間のかかる問題解決をとるならば、それに応じて二つの最終地点が用意されなくてはならない。すなわち天国と地獄、神の国と悪魔の国である。このような論理は、啓蒙の時代である十八世紀以降ずっと避ける努力がなされているもの(65)、依然として逃れることが困難な論理である。というのも、自らが善であり、道徳的に疑問の余地なく作動したにもかかわらず、人の振る舞いが善いのか悪いのかを区別するために何の用意もできていないような神をいかにしてイメージすればいいのであろうか。

これまで取り扱ってきた問題が立ち入った神学上の注意を引いていたのに対し、どちらかというと外部観察者の注目を引く、もう一つ別の問題がある。道徳を宗教と同一視し、あるいは逆に宗教を道徳と同一視することによって、宗教は道徳的コミュニケーションの紛争的構造の影響を受けることにもなる(66)。道徳は、尊敬と軽蔑の基準が社会構造との関係から完全には独立していない場合にとくに、容易に争いの対象となる。主題となるのはつねに友人と敵対者、より高い地位をもった人びととそれに従う人びとであり、またコミュニケーションの結果に対する予測である。そのうえ信仰の問題が道徳的に解釈されるなら、火にさらに聖なる油を注ぐことになる。その最終的な効果として目にするのは、とくに宗教コードと道徳コードが結びついた宗教の領域での何百万もの人間の殺戮である。コード化のパラドクスは、その展開のためにまったく実践的な形式を見出した。すなわち、善なる神の名のもとに拷問が行われ、殺人が行われる。なぜならば、他の説得手段は期待された効果をあげず、尊重と無視の差異は、結局のところただこのようなやり方で裁可されうるからである。というのも、たいした問題ではないなどと悠長に構えていることは、もはやできないからである。

こうした困難は、中世ではカトリック教会の法的組織的戦闘力に基づき、その後さらに近世初期ではすでに政治的に誘導されていた宗教戦争のなかで、社会が免疫反応を作り出すほどまでに、つまり法の力を借りて対応するまでに先鋭化した。だがとりわけ変わったのは社会分化の形式であり、それによって宗教と道徳が要求される文脈が変化した。機能的分化の初期段階に移行していくにつれて、宗教的な世界措定は社会を覆うような意義を失う（だからといって、宗教的コミュニケーションの集中化が逆推論されるということではない）。さらに、道徳がもはや社会統合の形式としては適していないことがはっきりする。階層的社会が位階の相違における統一を表現するために宗教や道徳を利用するのに対し[67]、機能的分化体制で最終的に明らかになるのは、機能システムのコードがどれ一つとしてそのポジティブ／ネガティブの値を道徳のそれと同一視することができないということである[68]。道徳的コミュニケーションは、たしかに大量に再生産され、その主題を機能システムの領域にも求める[69]。しかし道徳のコードのみが、その形式性と厳密な二値性ゆえに、なおも普遍的に適用可能である。これに対して道徳のプログラムは、もはやコンセンサスを作る能力をもたない。それはマスメディアの影響を受けており、実定法とは違って、もはや規範的に貫徹する保証を備えていない。かくして社会の統合は、機能システムの活動領域の相互的な制約に委ねられなくてはならない。（いまや学術的になった）倫理学も、道徳に関する制御を失っている。倫理学は、道徳のコミュニケーション的問題とその帰結には立ち入らず、その代わりに法的規制を討議を通して準備するという機能を引き受けている。いまや道徳は、（新聞雑誌やテレビを含めた）日常のコミュニケーションにとってのみ意味をもち、しかもどちらかというと病理的なケースにとってのみ意味があるということができよう。

同じく劇的に進行するのは、セカンド・オーダーの観察の様式を用いるコミュニケーション領域の変化である。これまでのところすべての機能システムは、この観察様式へと転換している。[70]科学は出版物の力を借り、経済は市場に定位することによって、政治は世論を通して、そして家族とその他の親密な諸関係は私的な親密性に基づいて、そうするのである。教育家には、彼らが子どもたちからどのように観察されるかを観察することが求められる。しかし、それゆえに彼らが自分を神だと考えることは期待されていない。法律家が実定法の諸ルールを見出すのは、当該状況において法がどのように法によって観察されてきたかを表す諸々の決定においてである。そうすると、宗教にあってもそこで活躍している専門家の助けを借りてセカンド・オーダーの観察の様式を用いることは、もはや特異なことではない。その場合、ここでは神という偶発性定式が、他のところでは市場や世論や親密なパートナーからの視線、あるいは子どもは教育可能であるという観念によって達成されるものと等価な機能を有するものとして、役立つ。つまり、システム固有の観察をシステム固有に観察することによって行われるシステムの反省的な処理（プロセシング）である。もし全社会的な討議がなおも存在するとしたら、それは知識人の手のなかにある。すなわち、自分にとってはありがたいが耳の痛い批判にさらされつつ、自分が書いたものについて他の知識人が何と書いているかを書くことを仕事としている、知識人である。

事後的に見るならば、あたかも宗教は、神という観察者によって、重要で影響の大きいコミュニケーションのすべてがセカンド・オーダーの観察様式へと転換されることを準備していたかのように思われる。人は、後に高度の複雑性に対処するための社会において普遍的な様式となるものについて、神をもってある程度テストし、練習をしていた。そのためにそれぞれ機能特殊的な形式（市場価格、メディアのテーマ、子ども、学術論文の叙述規則、あるいは法的決定の根拠づけ）が見出されると、宗教的・道徳的宇宙論における全体的な意味の要約は必要がなくなる。とはいえ、この問題がまだ存在するということ、そして全体社会システムの内的・外的適応不全をきっかけにこの問題が害をもたらすようなところではつねに宗教が答えを用意しようとしているということは、排除されていない。

VI

神という観察者は、ほとんど代替不可能な方向づけの保証を与えてくれていた。それが手放されると、《方向づけ》が問題（そして、流行語）となる。神は、存在を等質化した。神は、それを合理性の連続体として出現させた。神は、存在しているものはつねに人間によってではないにせよ、すべて知られうるということを保証した。したがって、無知とは、人文主義的とはいわないまでも人間学的な概念であって、形而上学的な概念ではなかった。言い換えれば、無知が知の可能性の条件であり、知を求める努力がさらなる無知を生み出すことになると考える必要はなかった。到達可能な知の限界は、神秘主義の停止信号によって、つまり好奇心の禁止によってマークされていたのである。

さらに観察者たる神は、区別に（あるいは、ともかくもっとも重要な区別に）優遇されるべき側を与えた。すなわち、そこに本来の存在、完璧さ、自然などが見出されうる側である。それによって、こちらの側が区別そのものの意味にとって決定的に重要であると見なされることになった。すなわち、男性は男性／女性という区別の根拠として見なされ、都市（あるいは政治的なもの）がポリス／オイコスという区別の根拠となり、口頭上／文書上という区別では文書は単なる技術的な外部化であり、霊魂（不滅）／肉体（必滅）においては永遠の生命が選好され、概念／メタファーという区別では、その区別そのものが概念的な区別であると想定され、善が善／悪の区別の根拠であり、真なるものが真／非真の区別の根拠であり、存在が存在／非存在の区別の根拠であると見なされた。古いヨーロッパの思考のいたるところに、このように序列化された対立構造を見ることができる。これは、自らにも影響を及ぼすヒエラルキーである。すなわち、選好された側を区別そのものの意味として二重に適用すること（論理的には許されないこと）を通して、論理自体が——ゲーデルが登場するまで——閉ざされることになった。以上のように展開されたパラドクスの形式においては、世界を神が望んだものとして解釈することが可能だった。

脱構築の哲学は、このような存在論的‐神学的な形而上学の決定的な問題点を指し示している。すなわち、（たとえそれが確たる形而上学ではなく形而上学のようなものであっても）差異へと根拠を移す形而上学である。それは精神以外のものをもはや排除しえない精神の形而上学であり、すなわちパラドクスの形而上学である。「等質性というモチーフ、とりわけ神学上のモチーフが、破壊されなければならないものである」[71]。この《なければならない（must）》も、もちろん再び脱構築されうる。そのことは、つねに考えあわされている。そこでは、もしそうでなかったらどうであろうかということが頑に問われる。それによって、より大きな距離を伴ってではあるが、神学の《エクリチュール》が繰り返される。これを非難だと思ってはならない。あるいは、非難と考えてよいとすれば、非難は自らが非難するものを反復（差延という意味ではあるが）しているという意味においてのみである。こうした非難は、それが拒否するものに脱－再構築的（ディ・リコンストラクティフ）に依存しているのである。

このようなことを知っていれば、より多くを知っていることになるのであろうか。このことの利得が、容易に脱構築されうる（自らの側で存在を知っているとする）知ったかぶりにあるのではないことは確かである。そうではなく、この利得は、観察に自由に用いられる形式がより大きな構造的な豊かさを獲得することにある。それによって、コミュニケーションの可能性が増大する。

以上のような、非対称な対立項を利用する序列の形式と並んで、レベルを区別することによって観察者のパラドクスを解消する、もっとよく知られた存在の階層構造がある。神は自らと人間の間に天使を創り出し、天使には世界に認知的にアクセスするための別の形式を与えた。天使は、理念を知覚することができる。天使の精神のなかには、もう一つ別の世界、理想的な世界、純粋に精神的な世界が存在し、これをもとに人間は、自己の認識の欠損を測ることができる[72]。このようなレベルの分化によって、再び対立項の非対称化の根拠づけが可能になる。その対立項では、善の側で視線がいわば上へと向けられる。

いまのところ、以上で終わりにしよう。すなわち、歴史、人間、形而上学、芸術、書物、そして神については、ここまでにしておこう。しかし本書では、人が何かをそのように指し示す際にどういった区別が使われるのかということを学びさえすれば、それでよいのかもしれない。

第五章　宗教的コミュニケーションの分出

I

すべてのコミュニケーションが宗教的コミュニケーションであるような社会の状態は、これまで一度も存在しえなかった。そのような条件のもとでは、宗教的コミュニケーションを他と区別することは不可能であったろう。つまり、それを宗教的であると指し示すことはできなかったであろう。宗教的コミュニケーションが存在するときには、非宗教的コミュニケーションもまたつねに存在していなければならない。宗教とは、どのような社会条件のもとにおいても、またどのようなゼマンティク的形式にあろうとも、二つの側をもった一つの形式である。すなわち二つの側とは、宗教的コミュニケーションがいわば自らのもとにあって宗教的コミュニケーションを再生産するような内側と、コミュニケーションの（この形式が選ばれる場合にはではあるが）他の諸可能性が存在している外側である。

本章のテーマは、この区別によって示されている。すなわち、いま改めて問題となっているのは、宗教的コミュニケーションがいかにして自らを区別するのか、そしていかにしてこの区別の形式が、作動的に閉じられつつ自らを再生産する宗教的コミュニケーション・システムの成立に至るまで発展しうるのかということである。その際前提となるのは、超越というコード値の顕在化をつねに問題にしなければならないということである（当然のことながら、この非常に後期の神学的解釈は当分適用されない）。しかし、このことによっていわれているのは、さしあたり非常にわずかなことでしかない。より精密な形式は、宗教的コミュニケーションの分出との循環的連関において初めて獲得される。

宗教的コミュニケーションの区別のおそらくもっとも素朴で、したがっておそらくもっとも古い形式は、そのテーマとともに与えられていたと考えられよう。彼岸の不気味な諸力や聖なるものについて語られるとき、また明らかにそのようなものとの関連のなかで扱われるときには、宗教的コミュニケーションが問題となっている。それは、次のことからも成り立つ。すなわち、個人（Individuen）が自らの宗教的経験について語り、それについての真正性を——というのも、彼らが分割-不-可能（In-dividuen）であるがゆえに——要求するということである。宗教的コミュニケーションは、言及の同一性と、それゆえに関連づけの反復可能性が保証される限り、まったく無規則に、あらかじめ定められたきっかけや目的がなくても生じうる。全体社会システムは、コミュニケーションが宗教的言及によって理解可能になるなら、宗教による偶然の刺激に反応することができる。サイバネティクスの観点からすれば、ここで問題となっているのは調整されていないシステムである。どのようなインプットが宗教的コミュニケーションを誘発するかをあらかじめ定めたフィードバック・メカニズムは、存在しない。宗教的コミュニケーションの機会が利用されなくても、何の損害も生じない。そのような不履行が、不履行として同定されることはけっしてない。とはいえ、ここで論じることと矛盾がないようにいっておくと、それはコミュニケーション・システムの内部でまったく偶然に生じるということではない。特定の出来事に宗教的解釈を与え、他の出来事には与えないといった流れが展開するかもしれない。

テーマに魅了されるということは、コミュニケーション理論的な概念からシステム理論的な概念へと翻訳すると、他者言及を通して魅了されるということである。それは、ある心的状態に対応している。すなわち、そこに参与している心的システムが、第一に知覚によって規定されており、それゆえ同様に外部化——それは内的なコントロールの同時並行的な反省を放棄する——によって規定されている状態である。こうなると聖なる諸力は心的システムにとって、知覚可能な事物のコピーというかたちで表象可能なものにされる。たとえば祖先の霊や動物、または自然の諸力として表象される。まさにこのことに、その不気味さ、その内的なパラドクス性の本質があるのかもしれない。すなわち、見えてもいいはずのものが見えないということ、それゆえに通常のやり方ではその見えざるものの影響から免れることができないということである。

外的なものの根源的優位に関するこうした考察が正しいとすれば、それ以外のあらゆる進化は、内部化の増大として把握されなくてはならない。そしてここでもまた、全体社会システムにおけるコミュニケーションの自己言及と心的システムに対する過度の認識要求という共進化(コエボルチオン)を考えることができる。

初めの一歩として、聖なるものに関するコミュニケーションの時間と場所が規定されることは理解できよう。聖なるものに対して心の準備をしておくべきなんらかの場所、特別な庵、最終的には神殿といったものが存在する。そこに近づくことは冒瀆であり、社会的な制裁が加えられる危険を伴う。また、俗なる空間から聖なる空間へ、逆に聖なる空間から俗なる空間への移動を秩序づける時間的秩序も考えられる。人は、とりわけこの日に神が普遍的観察者としてすべての日に現前しているということを思い出すためだけであるにせよ、毎週日曜日に教会に行く。宗教体験の集中的な顕在化は、それがつねに有意である可能性の証明となる。こうした形式の分化を、状況分化（Situationsdifferenzierung）と呼ぶことにしたい。ここで《状況》とは、空間／時間‐位置から観察された世界のことを指している。

そのような状況分化は、当然のことながら、コミュニケーションの保証と萌芽的な反省性、すなわちコミュニケーションについてのコミュニケーションを必要とする。状況分化は、諸々の状況を区別し、それを他の状況から接近できるようにしなくてはならない。これは、仕事の後には食事を摂るというように、通常の日課において自明のことである。しかしながら、経験可能なものの直接の論理を超え出るような宗教的状況定義がなされるべきときには、別の固有の意味をもつ諸状況を取り込んだ宗教的な関係定義（Konnex-Definition）が展開されなくてはならない。たとえば穢れ／浄め、罪を犯すこと／告解をすることに関してである。このことがすでに、宗教が《判決を下す（judizieren）》こと、つまり自らと他のものを評価することを可能にするためのゼマンティクを必要としている。

反復的な宗教的慣習のために時と場所が状況として整えられて初めて、その形式が他の可能性の排除（それゆえに現前）を立証する厳密な儀礼が発達しうる。[1] そうした儀礼は、祭式というかたちで執り行われる。祭式は、それ自体で注意の向かう先を固定する。機能的観点から見るなら、礼拝は多かれ少なかれ深く考えることをしなくとも、見通しの改善を可能にしてくれる。そうなれば、変則的あるいは規則的きっかけに基づいて儀式が行われる回帰的なメカニズムも、また可能である。これは、制御されないままに現れる出来事をきっかけとして行われる浄め、癒やし、心の鎮静といった反応的な呪術的儀礼とは異なる。

儀礼は、知覚に関する演出を伴うコミュニケーション形式として把握されなくてはならない。これは合意の対象や、ましてや申し合わせの対象としては理解されない。というのも、もしそうだとすれば不合意や同意放棄の可能性が制度のなかに入ってきてしまうからである。社会的な結束とその進行過程の調整は、それがどの程度まで進んでおり、いまは何が問題となっていて、何をなすべきで、何を予期しなくてはならないのかを知るために人が観察する諸対象を通じて行われる。[2] 身体的な共在は、必須である。互いに互いを見ており、自己が見られていることを見る。これはすでに十分にコミュニケーションである。身体が不可避的に現前しているということは、コミュニケーションの可能性を拡張する。まさにそれによって、身体は形式形成のメディアとして、すなわち、制約の存在から、他にやりようのないほど正しい遂行のあり方までをも可視化し表現するメディアとして、役に立つ。[3] トランス状態、舞踏、儀式を執り行うただなかにある特殊な身体は、観察に照準を合わせる。それによって、それが規則を適用することで生じたとする理解は不要なものとなる。中世においてもなお身体の動きは、フリーデリケ・ハウスザウアーが巡礼を例に示したように、自らや他人との合意という意味での内的心構えの検査よりも、重要であった。[4] コミュニケーションはたしかに行われ、厳密に管理される。しかしながら、伝達と情報の間には最低限の差異しかない。行動の意味が伝達されるだけであり、それを濃縮することにより、さしあたり解釈の問題は余分なものとされる。意味づけは、ギリシャ悲劇の合唱隊（コロス）とは異なり、補足的な注釈の対象となってはならない。なぜならば、もしそうだとすれば、そのゲームの偶発性が明らかになってしまうからである。

しかし同時に、暗示的なやり方で、遂行の意図と世界についてもまたコミュニケートされる。[5] 場所、時間、そしてその処理形式を指定する全体社会システムの自己規定の開始は、それによって外的言及が意義を失うということを意味しない。コミュニケーションが自己言及的にその独自の正しさに定位するからといって、当然のことながら、コミュニケーションが世界そして社会において生じることが否定されることはない。コミュニケーションはつねに実現可能でなければならず、また再び解消されうるものでなければならない。しかし、儀礼とともに、他者言及を新たに規定する必要も生じる。したがって、たとえば、《神話と儀式（myth and ritual）》学派[6]によって説かれているように、次のように推測することが許されるであろう。すなわち神話の発展は、実際に行われなくてはならない境界づけへと向かうゼマンティク的に並行する構成として、つまり《境界事例[7]（liminal phenomena）》として、今のこの時と儀式の根拠とを他の何かに対して目立たさせるために物語のなかで使用されうるような差異の指針として、儀式化から刺激を受けるということである。儀礼で使用されるのは、カオス／コスモス、誕生／死、過剰／欠乏、不滅／必滅、無垢／罪、魂／身体、無性（両性具有）／有性、巨人（タイタン）／神々の差異、あるいは非常に具体的には、形態が移り変わるさまである。つまり他者言及は、区別を用いて練り上げられる。他者言及が意義を獲得するのは、自己言及的な宗教的コミュニケーションが意味を必要とするときである。それは、限定された自由を認める。たしかに、これらの区別は強制的に前もって与えられており、自由使用に任されているのではない。しかしながら同時に、個別のケースにおいて何が生じ、あるいは何が該当するかということは、人間の行動次第でもある。これによって時間が有意となる。それ自体として一様に（アナログに）流れる時間がデジタル化され、このことによって指示可能となる。ここから、差異が統一として現れうる、つまりパラドクスが展開されうる語りの形式が生じる。その際、神話の語りにとって決定的に重要であり続けるのは、語りの場所と時がしばしば前もって指定されているということ、そしてなにより、行為も社会性も語りのコンテクストから消去されえないということである。このことはアナロジー形成を容易にし、神話の知恵を日々の生活状況へと翻訳することを容易にする。

　神話は、人がすでに知っていることを物語る。それが、慣れ親しんだもののなかによく知らないものを再生産する神話のやり方である。それが再生産するものは、連帯であって情報ではない。したがって、神話はつねに、その現在の解釈可能性を視野に入れつつも過去の出来事のみに基づいている。未来は、取り扱われない。稀なケースとして死後の生の叙述を越える終末論があるが、未来はそこでは、反転図——それは想像上の（ファンタスティーク）産物であるということによって人を魅了するのだが——のなかに差し出される。そのとき未来は、よく知らないものが慣れ親しんだものを圧倒していくことを意味するのである。

　神話のなかでは、周知のことは改めて語られず、ストーリーの対象にはならない。それは語られるのではなく、語りの前提とされる。自己言及的な諸関係は付随して進行するものの、分節化されず、つまり（つねに否定可能でもある）コミュニケーションのテーマとはならない。神話文化の終わり頃になってようやく（この場合にはギリシャの神話文化だが）、詩人の手による珍しいもの、驚くべきもの、新しく作られたものが期待されるようになる。そしていまや、そのために任命された者はもはや予言者ではなく、作者（マッヒャー）と呼ばれる。(8)

　儀礼／神話という組み合わせによって、逸脱は識別が可能になるよう誘導され、それによって規範的な予期が配置される。人が逸脱できるのは厳密に規制された儀礼からのみであり、そこでは逸脱は過ちとして容易に認識できる。神話は、物語られるだけである。物語は口頭で行われるために、共同の経験として追体験される、つまり信じられる。語り手は、その物語が再認識可能な構造を守る限り、尾ひれをつけ、また後から創作しても構わないが、しかし物語の改変を確定的に固定することはない[9]。規範的に固定化されうるのは、宗教の全体的な複合物の自己言及の側だけであり、他者言及の側ではない。というのも、人が影響を及ぼしえない環境の物事を規範化することは、無意味であろうからである。それに応じて、偶発性が許容される形式が区別される。神話は、そうした区別を物語の連結場所（つなぎ目）で出現させる。そうした区別は、儀礼においては誤りとして可視化され、可能であれば取り除かれ、そうでなければ不幸のしるしや前兆として把握され、そうしたものとして取り扱われていく。

このような発展と並行して、増大していく困難を受けとめる社会的な補佐が必要とされる。超越がテーマとなり、それに伴ってパラドクシカルな、あるいは両義的な定式化が行われるに従い、媒介の必要も喫緊のものになる。これは、宗教的コスモスにおけるパトロン／クライアント関係のパターンに基づいて組み込まれることがある。この場合、それは介入的な聖人というかたちをとる[10]。その機能的等価物は、祖先崇拝から独立した媒介を提供することのできる役割が分出することによって生じる[11]。ここでもまた、進化理論上の分析にとって興味深いのは、異常なものへの慣れが可能になっていく過渡的な形式である。偶然訪れる聖なる諸力の脅威や干渉において重要なのは、単純に、その場で必要となる能力をもつ者、比較的強靱な精神をもつ部族のメンバー、あるいは、たとえば年齢のおかげや、過去にあった同様の事例を覚えているおかげで状況定義のための承認を集められる部族メンバーである。知識が処方箋として、不確実さを吸収するために投入される。そのためには、あれこれが役立つと主張するだけで十分である。より大きな要求は、儀礼と神話の発展のなかから生まれる。いまやこの区別の両側で、冗長性と変種が保証されなくてはならない。その場その場でのその能力と並んで、あるいはそれに基づいて、このことを担当する役割が形成される。そして役割に向けられた諸期待とともに、もし役割の担い手が失敗し、あるいは死亡した場合には、後継者の問題もまた生じる。すなわち、一種の官職意識が生じる。宗教システムはこのような複雑性の増大に二重の分化によって応じるが、その分化はまさしく二重化によって支えられている。すなわち、役割と人格の区別であり、そしてこの特殊な一つの役割（または複数の役割）とその他の行動との区別である。

役割分化は、純粋に状況に規定されて生じうる。それが直ちに、超越への接近と関係づけられる必要はない。トランス状態で執り行われる（今日、たとえば中南米で広まっている）祭式では、精霊に《取り憑かれ》うる《仲介者》の役割は、たとえそのつどの演出による選択が必要であったとしても、原則としてすべての参加者が担いうるとされている。つまり、超越への接近に関しては確固とした役割の非対称性が存在しない。おそらくそれゆえに、黒魔術と白魔術の間のはっきりとした区別も存在しない。それに対して他のケースでは、祭式の順序は、聖職者が自らの特殊な（たとえば秘蹟を授けるといった）能力で貢献する限り、もっぱら秩序正しく経過しうる。そうした能力は、そうなると誰もが所有し、用いることができるというようにはいかない。確固とした役割の非対称性が重要である場合、社会身分の一般的秩序のなかで——すなわち階層的な社会構成においてにせよ、教会の特別な公職組織においてにせよ——二重に保険をかけることが容易に思いつかれる。この点、トランス状態で執り行われる祭式はより自由である。それが、今日なによりも人種的また社会的に抑圧された住民層で発達しているのは、偶然ではないであろう。

役割組織は、固定性と運動性を同時に可能にし、宗教的活動に関する創発的水準を作り出す。宗教問題を処理する能力は、長くその能力を維持するよう保証されうる。そのような能力は、分業あるいはヒエラルキーを通して分化されうる。資金が十分ある場合には、聖職が誕生する。その職は、最終的に諸々の役割へのアクセスを統御し、場合によってはその制御を社会階層によって調整することができる。

全体社会システムから見れば、これらはすべて自己言及に関わる組織である。しかし自己言及として何が意味されているかということは、ここでは多義的である。相変わらずコミュニケーションの自己観察が、すなわちコミュニケーションについてのコミュニケーションが問題になってはいる。しかしながら聖職制度という役割組織の分出は、純血性であれ、正統性であれ、あるいは資金であれ、独自の関心を発展させうる。これによって、宗教が自らを超えてシステム分化という社会構造様式へと移行する可能性が生まれる。そうすると、再生産能力を有する聖なる対象や儀礼や神話があるのみならず、さまざまな非宗教的活動や資源を組み込み、それらについてもコミュニケートしなければならない宗教システムが生起する。すなわち、建築物や行政、下位の人事や、社会内在的ではあるが宗教システムにとっては外在的な諸関係といった案件についてである。いまやこのシステムは、作動の水準とゼマンティクの水準における二重のシステム化に立脚している。それによって、システムは《二重の閉鎖》という状態に到達する[12]。一方で、作動はそのつどのシステム状態の観点とシステム内部における接続能力の観点から規定される。他方で、人はそれに基づいて調整された世界構成に定位するようになる。そこでは、移り変わりは制御され、不整合性はできるだけ回避される、あるいは単に仮象の矛盾として表される。このことはなにより、生と死、幸運と不運、日の出と日没、友と敵のような対立がもはや矛盾として経験されるのではなく、宇宙論のなかに組み込まれることを要求する。矛盾を許さないということは論理学に退かなくてはならないということであり、それは先のような事象と出来事を取り扱うのをやめるということだといえるであろう。

宗教の他者言及が、そのような発展の状態に適応しなければならないと考えることは、的外れではないであろう。たとえば、魂の救済には献金が有効だという教えや、それと連関して、死の際の状況（戦争のさなかで迎える死、寝床で迎える死）や社会階層によって定められた条件から切り離して死後の生が考えられることなどである。そもそも死後の生の考え方としてもっとも歓迎されるのは、新たな分化に基づいて一般化された考え方であるように思われる。[13] それはクライアントの欲求にかない、資金の調達を容易にし、そしてさまざまな道徳の条件を組み込んだひとまとまりの表象として、正統派（オーソドクシー）の役に立つ。さらに、いまや切断されてしまった聖職者と信徒との差異によって、伝承可能な解釈が必要とされる。そのためにさしあたり容易に行われるのは、秘密めいた古い言い回しを持ち出すことであり、さらに聖なるテクストを取り扱うため、また聖所の神とその場でより効果的にコミュニケーションをするために特別な能力が必要だということ、あるいはまた、ある特殊な生活態度に高い功徳があるということなどである。禁欲は、富を正当化しうる。賢さは、独立した（経験的な）知識の点検が可能でない限り、とりわけ賢者の生活態度によって証明されるに違いない。しかしなによりも人びとは、いまや生前と死後の運命や罪を帰責することのできる《魂》を必要とする。したがって罰は、主に罪の感覚として魂のなかに認められ、[14] それ以外は法に委ねられることになる。

こうした発展段階においてとりわけ目を引くのは、神とその民との結束、すなわち契約という考え方が受け入れられうるということである[15]。それによって儀礼という社会的出来事を制御してきた準対象物は、かなりの程度置き換えられ、その価値が引き下げられる。これによってまた、宗教的祭式(カルト)は新たに位置づけ直されることとなる。いまやその意味は、《シナゴーグ的に》契約を確認すること、テクストを読誦し、解釈を通して我がものにすることに見出すことができる。契約は所与であり、それはまた受け入れられる。これによって、契約遵守の問題が生まれる。そして、それまで不純化と儀礼的な失敗には相応の代償行為が求められていたのが、すべてその形式が変更される。

今日、他者言及と自己言及のゼマンティク上の関係におけるずれは、システムに内在する問題をより一層はっきりと反映している。極端なまでに一般化するならば、いまやシステム固有の相違と区別が、組織の発展と教義の発展を促すということ、そしてこれによって与えられた自由をくまなく利用することによって、よく知られているところの高度文化における宗教間の相違が生み出され、この相違が今日まで、世界的に単一の宗教的ゼマンティクを形成することを妨げてきたといえよう。各宗教の自己特殊化には、その他の宗教に対する境界づけも含まれている。そしてそれは、そのつどの排除の規則がはっきりと区別可能になるほどの強度をもっているのである。

II

テーマの分化、状況分化、役割分化、そしてシステム分化は、区別のさまざまの基準を前提にしている。テーマ、状況、役割は、物を区別するときのような比較的簡単な区別によって、別々にしておくことができる。こうした対象はどれも、他のすべての物事から、つまり世界のマークされない状態から区別することができ、したがって指し示されることが可能である。それが難しい場合には、状況を新しく定義することで対応できる。どのような一貫性の問題が現れるかということは、生活態度の日々のリズムのなかで決められる。たとえば、ある場所から別の場所に至るためには時間が必要である。文字文化の発展によって初めて、それまで維持されてきたゼマンティクの内部で一貫性の要求が増大する。これに対してはなにより、一貫性要求の重荷を、システム／環境という区別で和らげるシステム分化によって対応することができる。これは、システム分化が他のあらゆる分化形式とは次の点で異なることによる。すなわち、システム分化においては観察者の位置がともに分化し、そしてどのシステムからも、何かしら異なるものが環境と見なされるという点である。

分化の他の形式とは異なってシステム分化については、システム自体が自らと環境の間に境界を引き、これによってシステムを再生産する場合についてのみ語ることにしよう。観察者がなんらかの連関を（たとえば儀礼と神話の間に、あるいは宗教的役割相互の間に）見出す可能性とは無関係に、システム形成が前提としているのは（こうした理論的条件を受け入れるならばだが[16]）、どの作動がシステムを再生産し、どれがそうではないのか、つまり何がシステムに属し、何が属さないのかを、自己観察という方法で決定するということである。もちろん、そうなるとまたもや外部観察者が登場し、別の区別や区切りによって観察を行う。これとの関連でシステム概念をどのように用いたとしても、いずれにしても《オートポイエティックな》システムは存在する。それは自らの作動に属し、そのなかで接続可能になるものすべてを固有の作動のネットワークのなかで生産する。ここから帰結するのは、このようなシステムは作動の閉鎖性という条件のもとで働くということ、またその固有の状態が外部から直接規定されることはなく、システムが刺激として受け取り、取り扱い可能な情報へと変換するような信号を誘導する（そして他のものは締め出す）構造的カップリングとのみ関連するということである。

宗教の長い伝統において、祖先崇拝は特別の役割を担っている。祖先崇拝は、それぞれ独立に生まれたが、メソポタミアや中国など、さまざまな社会で見ることができる。自分の両親や祖父母が亡くなるという根源的な死の経験は、死者たちはこの先どうなるのであろうかという問いを促す。この問いは、死者が利益をもたらす守護霊として生き続けその家族に影響を及ぼすのか、あるいはそれが悪霊としてなのかが確かではありえないということによって、典型的な宗教の色彩を帯びる。たとえ死者の生前の様子が徐々に忘れ去られたとしても、祭式を通して、また包括的な私的系譜を通しても、記憶は保証され再生産される。その際、系譜は分類的な枠組みとして役立つと同時に、祖先崇拝の祭式の準拠点としても貢献する。祖先崇拝の分出と制度的な承認とともに、社会においては、たとえずっと以前にすでに政治構造や高度宗教あるいは道徳理解の成文化が行われていたとしても、家政における基底的かつ環節的な分化が顧慮されうる。宗教の分出は、このようにして可能になると同時に、ブレーキがかけられる。あらゆる宗教的コミュニケーションを網羅し、またそれのみを含んでいるような宗教システムについては、まだ語ることができない。祖先崇拝はあまりに強く、家庭内の生活やそれよりも大きな親族システム（氏族）に結びついたままである。祖先崇拝は、そこから動機を得て、再生産される。

しかし高度宗教は、何が自らの文脈において意味をなし、何が意味をなさないかを判別することができる。高度宗教とは、オートポイエティックなシステムである。それは自らの作動によって自らを再生産し、そのために、自己言及と他者言及の区別を必要とする。その区別は、正典（カノン）として扱われるテクストの基盤を、すなわち学習能力の制限を伴う正統派（オーソドクシー）を通して得られる。だが、そのテクストは世界の記述を定式化する。つまりそれは、自己言及と他者言及との差異を再生産することを可能にする。世界は宗教的に解釈され、宗教的意味で覆われるのである。とはいえそれは、システム内部において接続能力をもつコミュニケーションの作動に基づいている。そうであるからには固有の手段を用いて、何か他のものについての言明を検証することができる。このテクストという手段は、したがって拘束的なものとして、すなわち結びつき（religio）として前提にされなければならない。その自己解釈は、その聖性に制限をかける。というのも、そうでなければ記述がつねに外部から（たとえば政治的に）変形されることを、内的に許容することになるからである。

宗教がこのような分出形式に到達すると、それはある（宗教の目から見て）完全な世界記述を提供する。これによって、社会の内部で宗教の分出を認識し、それに対してコミュニケーションをもって反応することは、不可能でないにしても難しくなる。すべての人間が多かれ少なかれ信仰の諸前提を共有している場合には、とりわけそうである。社会は宗教的な世界措定を帯びる。そうすると、この世界においてのみ、そしてまさにこの世界においてこそ、非宗教的コミュニケーションの自由が存在することになる。毎日が安息日ということではない。しかし、まさに宗教を時間的に濃密化することによって、差異として、つまり形式として宗教的に含意されている差異が設立されることになる。聖なる時間とその他の時間は同じ世界の時間であり、その（宗教的な）統一は、それが二つの側をもった形式であることによって強調される。

つまり宗教システムは、作動的には閉じられているが、意味的に閉じられてはいない。宗教システムは、社会にいくつかの観察図式を提供する。そこでは、区別の一方の側で宗教が――特別な時間として、また祭式や聖職として、さらに典型的には時間・事象・社会という三つのすべての次元において――再び登場する。宗教的に定義された世界に宗教が再参入するというこの複雑な構造のなかで、宗教システムの作動の基礎が可視化される。そして同時に、宗教の区別が宗教それ自体に負っていることが不可視化される。それゆえに、人は宗教的な世界措定を問いに付すことなく、祭式や聖職制度等を（場合によっては批判的な）コミュニケーションにさらすことができる。宗教的な世界措定は、他の（たとえば自然科学的な）世界構築が存在しない限り、自由に手が加えられることはない。

作動的に閉じられたシステムは、自らの作動によっては開始することも停止することもできない。というのも、そのためには自らの作動で自らの境界を乗り越える必要があるからである。始まりと終わりについての記述を作ることができ、また世界の始めと終わりの記述を作ることもできる。しかし、それは始まりと終わりの間に挟まれた世界のなかでのみ生じうる。なぜなら、それはオートポイエティック・システムの作動によってのみ可能だからであり、そしてそのシステムはすでに作動しているからである。[17]まさにそれゆえに、ミルトンの『失楽園』では、世界の始めから終わりまでの歴史の意味を、それを知ることができないアダムに大天使ラファエルが語って聞かせるのだが、その際、いずれにせよ神は自らが創り出したものの始めより前、そして終わりより後を観察しているという前提で説明しなければならなかった。時間は語りの地平として用いることができるが、しかし語りは、時間のなかで生じなければならない。

時間への時間の再参入というこの自己充足的な構造は、記述の次元ではパラドクスとして認識されえない。この構造は、ただ世界の空間的／時間的な有限性／無限性についての議論に、きっかけを与えるだけである。しかしながらそのような議論は、客観主義的ともいえる区別によって問題を論じ損なう。こうした記述を外的に記述したからといって、次のような問いから解放されることはない。すなわち、宗教というオートポイエティック・システムの端緒をどのように思い描くことができるのか、いかにしてそれを《科学的に》再構成することができるのかという問いである。だとすれば、作動上の閉鎖を進化上の成果として見なすことが自然であるように見えてくる。すなわち、そのために十分な前提条件が満たされている限り、さまざまな出発状況から《等至的(エクイフィナル)〔ある到達点に至る回路が複数ある〕》に到達可能な進化上の成果として見なすということである。この点については、宗教の進化についての考察との連関で後ほど取り上げる。さしあたり取り組まなくてはならないのは、宗教の分出について別の観点から取り上げ、その分析を完成させることである。

III

いかなる言語コミュニケーションに対しても、言語コミュニケーションはイエスかノーかで、すなわち肯定するか否定するかで応じることができる。これがどのように決定されるかによって、先行するコミュニケーションは前提として後続の選択の基礎となったり、ならなかったりする。いずれの場合も、その結果、進行中のコミュニケーションが中断することがありうる。というのも、同意が得られた場合、もはやこれ以上話す必要はなく、また意見の相違があった場合、これ以上コミュニケーションを続けることが無意味に思われるからである。しかしいずれの場合も、結果としてコミュニケーションが続くことがありうる。すなわち、同意が得られた場合には、それがよりリスクが高く、より前提の多い、構築的なコミュニケーションの土台となり、同意が得られない場合は、争うか、あるいは平和的に議論を行うことに意味が出てくるからである。つまり、このイエス／ノーという分岐がもつ意味は、コミュニケーションの継続あるいは断絶と同じではない。反対にそれは、どのような外的影響（動機）によってコミュニケーション過程がイエスあるいはノーの軌道に載せられようとも、すべての場合においてコミュニケーションが継続可能であることを保証する言語コードである。

今日ハーバーマスによって代表される立場とは異なり[18]、ここでは、コミュニケーションに究極の目標が内在しており、それは合意を求めることをあらかじめ規範的に指示していることを前提とはしない。同様に、合理性に関する規範的概念をも放棄する。これを放棄することによって、別の問題設定へ至る途が開かれる。社会というコミュニケーション・システムのオートポイエーシスを保証しているのは、まさに絶えず更新されるイエス／ノーの分岐、つまり言語のバイナリー・コードである。それによって社会はイエスの軌道でもノーの軌道でも作動を継続することができ、より魅力的な他のコミュニケーションの可能性が見えた場合には、中断することもできる。しかしながらその場合、取り組む問題は次のことになる。すなわち、もしコミュニケーションによって提供される意味がますます選択的になり、ますます非蓋然的な「予想の範囲を超えたもの」になっていくとしたら、そしてもしその期待内容が不当なほど増大し、社会がもっと複雑になるなら、コミュニケーションが十分に受け入れられるということは、いかにして保証されうるのであろうか。

これはなにより、活字が導入され、普及して、コミュニケーションがその場に居合わせた人たちによる相互行為の調整を免れる場合に当てはまる。その場にいない人びとは、その場に居合わせない人びとの間でのコミュニケーションを可能にする。文書は、読んだものの意味を応用するかしないか、信じるか信じないか、規範や手ほどきとしてそれに従うか従わないかという問いに対して、より自由でいられる。それは、まさにさまざまな状況、チャンス、見られているかどうかなどということに依存するであろうし、また選択の可能性がすでに時間的に広がっていることから、コミュニケーションの拒絶や単純に不整合なコミュニケーションの継続が、より生じやすいかもしれない。文書は、言語と同様にイエス／ノー・コードに服しており、それ自体としては中立なコミュニケーション技術なのだが、ノーと言うことに有利に働く。

さらに文書は、その場にいる者の間で働く相互行為への強制、時間的なプレッシャー、そしてまた互いに知覚しあうことからくる圧力を避けることを可能にする。文書は、コミュニケーションの参加者に対してより自由な関係にある。参加者は読む時間や読むときの気分を選択し、読書を中断し、あるいは再開する。それによって、コミュニケーションに対してパーソナルな関係を獲得する。マスメディアの時代とはまさに、コミュニケーションへの参加が強度にパーソナル化していく時代である[19]。そのようにしてのみ、（宗教的な、またその他の）コミュニケーションへの参加が非常に私的な経験となることが、そもそも可能となる。

数々の重大な社会的発明は、まさにこの問題に合致している。進化上重大な成果の拡充が、完全に表音的で汎用的な文字の導入、つまりアルファベットの導入の後で起こっていることは偶然ではなかろう。因果的な連関を指摘することはほとんどできないが、しかし、社会をより高度の複雑性の水準で実現するのに適していたということはいえよう。

重要な社会的発明、とりわけ政治的に制御可能な官職権力の発明と、鋳造貨幣の発明[20]、対話や文献をとおして行われる真理探究の分離[21]が古代ギリシャ社会にもたらした複雑性の水準は、それ以後、社会の制度的記憶のなかで活用され、あらゆる揺り戻しがあっても忘れ去られることなく維持されている。そしてこのことが、宗教をゼマンティク上および構造上の適応への介入から遠ざけておくという条件のもとで起こりえたということは、ほとんど偶然とは見なされないであろう。それによってもたらされた構造分化は、宗教に対立するものであるはずもなく、またそれはなんら世俗化のプログラムを追い求めることもなかった。構造分化は宗教を、内的に強化された祭式(カルト)の水準で、社会の構造的な分化の契機として受け入れることができた。

象徴的に一般化されたコミュニケーション・メディアの一般理論を用いて、こうした発展を再構成することができる[22]。これらのメディアの機能は、受諾の非蓋然化という問題に関連している。それがこのメディアの共通の出発点であり、その方法も一致している。問題となっているのはつねに、動機のあり方をずらす特殊な条件づけである（ここで《動機のあり方》とは、心理学的に考えられているのではなく、コミュニケーションの機能の想定のことである）。人は脅迫手段（権力）を用い、また証明手段（真理）を用いる。感覚的に追体験可能な形式を組み合わせることによって得心させ（芸術）、また相手に対して高度に個人的な期待の態度をとることによって納得させ（愛）、あるいは再利用可能な《ジョーカー》(貨幣)を使って頷かせる。つまり、それによって条件づけと動機との人為的な関係が作り出される。この関係はさらに高度の偶発性と両立しうるが、しかしそれは同時に構造的な分出を必要とする。それは社会的な共同生活の部分的な局面しか把握しないため、それに応じてシステム分化の傾向を示す。こうした発展は、近代社会が機能的分化へと転換する過程において、初めてその完全な帰結を示すことになる。

宗教もまた、受諾の非蓋然化という同様の問題をもっていたに違いない。文書という新しいコミュニケーション技術への一般的な文化的転換がすでに、信仰命題の変化を要求した。たとえば、神の表象——つねに現前している不在者、あらゆるものを観察している神という表象——は、初期にはまだ人間のコミュニケーション領域で宗教的コミュニケーションが口頭で行われるということを前提とすることができたのだが、これを変える必要が出てくる[23]。

これについては、神が継続的に人間とコミュニケートすることを禁止するか、あるいはそれを固定的な一群のテクストに限定するだけでよかった。というのも、そうしなければ神の告知に関するありとあらゆる議事録がすぐにうずたかく積まれることになり、技術的条件のせいで聖職者の失業がもたらされるか[24]、あるいはさまざまな報告を後から合理化したり調整したりする仕事のために、聖職者の再訓練が必要になったであろうからである[25]。印刷術の登場によって初めて、信仰要求の個人的な検証可能性と反省可能性——これは文書の支配の拡大と結びついているのだが——が問題となる。そしてこのことはプロテスタントにとって、信仰のより強い外面化(文書への信仰——書かれていないものは信じない——と、教会組織の不可欠さ)と個人の信条における独自の経験と確信という、信仰のより強い内面化とをもたらした。

多くのことが、次のことを示唆している。すなわち、以上のような一般的かつ典型的な問題の布置連関の圧力のもと、《信仰》という、象徴的に一般化された特殊なコミュニケーション・メディアが、少なくともキリスト教の領域で発達したということである。正しき信仰の条件が、項目として(つまり文書で)定式化される。また、コミュニケーションを確認する形式が発見され(教会は信仰の共同体という精神的意味を与えられる)、古い儀礼文化がもっている機能は、一種の共生のメカニズムへと、つまり身体的な共在の形式、さらには死せる神の身体的な現前の形式へと転換される。こうしたことすべてについて、象徴的に一般化された他のコミュニケーション・メディアにおいて並行関係が見られる。しかしながら、はっきりした違いも存在する。他のメディアは、ありそうにない選択として動機づけられるべきは体験か行為かという問いに関して分化し、それに応じて(たとえば一方では真理、他方では権力という具合に)専門化する[26]。このような区別の原理を、宗教は取ることができない。なぜなら宗教は、全生活を神の観察のもとに置くからであり、そして救済を――これは認められるに違いないが――単に心的に任意の行為によって、あるいは逆に、それに対する行為のなかになんらかの対応物ももたないような体験によって得ることは難しいであろうからである。聖職者と信徒の区別という専門性の構造も、《行為する者と体験する者》という図式に従って整理することは不可能である。なぜならば、これは信仰における共同体という考えに矛盾するからである。別言するならば、宗教は人間という単位への近さを必要としており、人間にとって体験と行為は、つねに解きほぐせない相互関係にある。外から感銘を与えられるのか(体験)、あるいは内的に動機づけられるのか(行為)という選択に分類することの一面性と作為性は、そのつどこの区別の他方の側を空けておくことで副次的な意味をもつ。しかしまさにこのことが、宗教の信仰要求には適さない。これは、宗教を拒否することがますます容易となっていくという事態について宗教がどう処理するかという問題を、未決のままにしておく。この問いを繰り返すならば、次のようになる。すなわち、社会がより複雑になり、相互行為に基づいた局地的な包摂の共同体が個々人の生活態度に対してもつ重要性が失われていくとき、いまはまだあてにできる条件づけと動機との繋がりはどのような形式においてなおも可能であろうか、という問いである。

一種の機能的等価物は、身体的な生を生き抜いた多くの魂と永遠の神との関係を問題化するゼマンティク上の複合体のなかで、発見されうるかもしれない[27]。魂という構成物、そしてそれに対応した身体と魂との区別は、宗教にとって、世界への投錨点として役に立つ。すなわち、生き長らえることに対する関心を取り込む可能性として、また魂とその運命の間の緩い結びつきを想定可能にする固有のメディアの構成要素として役に立つ。こうしたメディアの統一は、神が各個人の魂を最終的に救済するのか永劫の罰に委ねるのかという問題を生じさせる罪という形象によって、保証される[28]。これがメディアであるのは、神と魂の関係について、最終的には二つだけ（しかし、ともかくも二つ！）の値、すなわち救済か劫罰かしか選択可能でないにもかかわらず、多くの組み合わせを認める点においてである。罪は、アナログにもデジタルにも理解される。すなわち、この世の身体的生の持続的状態（ハビトゥス）としても、現在的行為つまり負債（シュルド）としても、理解される。神の参与が保証されるのは、（すべての象徴的に一般化されたコミュニケーション・メディアにおけるのと同様に）自己充足が、つまりここでは自己救済が排除されることによってである。罪のない生を求め、善き行いをなす人もいるかもしれない。しかしひとたび総括を行い、さらに救済をあてにするならば、このことによってまさに逆の効果がもたらされる。すなわちそれは、天国への途中に数々の罠をしかけた悪魔による回り道の策略にはまることである。恩寵は、個人的に積み重ねられた徳行の経歴に報いるために不可欠であるが、しかしまた、悔い改めた罪に救済でもって報いるためにこそ不可欠なのである。そしてそれにもかかわらず、魂の救済はすべてその一回的で個人的な形式をもち、それを維持している。神はすべての個人を知っており、それぞれに判断を下す。

入念に考え出されたこのような位置関係は、宗教のメディアの前提条件をすべて満たしているように思われる。それは全知の神の愛において媒介的な基礎を提供し、この基礎は作動の過程で特殊な諸形式を作り出していく。このような条件づけがもつ動機づけの能力についても、少なくとも数百年の間、疑義が挟まれることはほとんどなかった。しかもその動機づけの能力は、古くから定評のある高度の説得力をもつ手段を伴っている。すなわち、すべてを見通す唯一神という観念であり、そして身体的な死を生き延びる人間の魂の想定である。他方で、特定の歴史的条件は見誤るべきではない。とりわけ、こうしたメディアを管理するための、強制団体的で、法形式的に構造化された教会という形式と、救済／劫罰というコードのためのプログラムとして役立つ基準という点で道徳的合意に与えられた比較的良好な機会についてである。これらはすべて、宗教改革、教会が有していた裁判権の国家による継承、印刷術の影響によって、問いにさらされることになった。したがって、ここで語られていることが、自らの成立条件と時代的歴史的成功の機会とを経験した進化上の達成物であるかどうかということは、疑わなければならないであろう。

象徴的に一般化されたコミュニケーション・メディアの欠落に対する機能的等価物が、構造的システム分化のうちにあることを想定することはできる。すなわち、包摂／排除の差異といったものにである。この差異は、場合によっては対応する組織によって支えられうる。中世のカトリック教会は、組織的かつ法的に完成された《団体（universitas）》という形式をとっていたが、その規模はこの仮説に対応する。同様に次の事実、すなわち、異端には排除を通じてのみ対応可能だったということ、あるいはまた印刷術の導入後は、キリスト教内部のさらなる構造的分化を通じてしか対応できなかったということも、この仮説を支えている。

もっとも、事態はこのような単純な対比に現れるよりも複雑である。社会の他の機能領域においても、象徴的に一般化されたコミュニケーション・メディアが発展し、効力を発揮している場合には、分出が起こる傾向がある。こうして中世に急速に拡大した貨幣経済は、かつての家政と市民社会という分化様式を政治的にも宗教的にも階層化によっても制御されえない経済システムによって破砕し、また今日では世界中で伝統的な農村的・手工業的な家族経済を破滅に追いやっている。同様のことは、公職の権利との関連で、近代の領域国家にも当てはまる。この場合は明らかに、特殊な問題の布置連関に対する特別な動機づけの技術的可能性によって、その後のシステム分化が引き起こされる。宗教の場合、これは逆の方向に進行したと考えられる。すなわち、まず包摂／排除がよりどころとされ、宗教内的な分裂との関連で流動性が増大したことによって初めて、システム独自の説得力ある手段をさらに強力に手に入れる必然性が見出された。ルターによる聖書翻訳、家長によって担われた宗教的義務、イエズス会の巨大な学校組織——これらはみな、中世の状況ではかなり異例の努力であるが、前記の仮説のはっきりとした証拠である。そしてここにおいてようやく、民間信仰が教会の観念からなおもいかに激しく隔たっているかが、体系的にも注意を引くようになる。

この（とりわけ初期近世の）宗教の特殊な位置づけのために、宗教は、近現代の観念世界を表すゼマンティク上の革新の多くを遂行することができない。初期近代において利益関心という概念が台頭し始め、それは結果として特殊化と普遍化の結合をもたらした。すなわちそれは、（《理性的利益関心》という言い回しにもかかわらず）**個別**の人間の**個別**の利益関心の集積というものを、統一的な最終目標のなかで排除してしまった。そのために救済への関心を利益関心として把握し、世俗的な利益関心に対する優位を与えようとする試みは、すべて頓挫している。観察者の観察者から見れば、このように戦略的に計算された合理性を脱線させるために、神はその恩寵という手段をすぐさま別様に用いているのではないかと思われる。つまり宗教もまた、相互行為と階層化がうまく働かない場合は、自らの個人的利害に基づいて他者を評価し制御しようとするあらゆる試みの外部にある。そのために必要な特殊化と普遍化の結合と、そのオートポイエティックな機能システム内部での制度化は、宗教的信仰には翻訳されえない。

それゆえにますます、包摂／排除のメカニズムが十分に強く動機づけられて機能することに、すべてはかかってくる。しかしながら、ここでは宗教そのものが、人間の欲求を指示参照するような自己記述を行うことによって、その妨げとなっている。誰もが、自分がその種の欲求を――すなわち、死の恐怖も、苦しいときに役に立たない慰みを求める欲求も、意味付与への欲求も、利他的動機を強めたいという欲求も――もっていないことをあまりに容易に断言することができる。それゆえ、問いは次のようになる。すなわち、もし宗教にコミュニケーションをいちいち細かい点まで徹底的に構造化するための独自のコミュニケーション・メディアがないとしたら、いかにして動機の《フレーミング（framing）》を――とりわけ、外界とのいかなる隔絶をも浸食し、絶えず境界の横断を招くような社会条件のもとで――、システムの境界のみに委ねておくことができるのか、という問いである。

こうした特殊な負荷を背負いながら、今日、機能的分化へと構造転換した社会のなかに宗教を見ることができる。宗教もまた他の機能システムと並ぶ一つの機能システムとして自らの位置を確保するということから、問題が生じることはない。作動上の閉鎖、バイナリー・コード化、機能的特殊化に関していえば、宗教は他の機能システムと肩を並べられる。宗教を外在的に記述するこうした言い回しはもちろん適切ではなく、宗教の自己記述には用いられない。もっとも、これは他の機能システムにも当てはまることである。しかし、宗教もまた、以前と同様のやり方で自らのシステム境界を、したがって包摂と排除の区別を、動機のメカニズムとして使用することができるであろうか。

この点には、後ほど戻ってくるとしよう。目下確認できることは、この問いが進化的に分出への傾向が見られるということによってはまだ答えられるものではないということだけである。

IV

宗教的コミュニケーションの分出――それは主題の区別から始まり、宗教的コミュニケーションに係留された自己産出的なシステムの区別によって終了するのだが――は、ともかく回顧的には、一つの歴史的過程として記述することができる。しかしながらこれは、一種のガットマン尺度法が当てはまるということ以上のことは何も言っていない。ある経過における後続の段階は、それ以前の段階を前提としている。この過程は、自らの成果を破壊しない限り、また同じ経過が起こる保証がないままに新たに開始される（あるいは開始されない）ときを別として、違う方向に推移することはない。

このような過程の観念から出発するなら、時代の違いに留意する記述様式が得られる。それは、対応する社会の歴史の記述と統合することが可能である。しかし学問的目的にとっては、これによってさらに多くのことが得られたということはまだない。過程の観念が適しているのは、物語の枠組みのイメージとしてである。しかし、そのような過程の構造をより正確に規定しようとする試みは、すべて失敗してきた。このことは、自然法則によって制御されたものとして過程を捉える記述にも当てはまる。そのような自然法則によれば、初発の条件が同じならば、つまり《事情が同じならば（ceteris paribus）》、同じ結果がもたらされるとされている。このことは、ある段階から次の段階への移行において構造の断絶を記すことが可能な段階モデルにも（かなりの幅の広さと不正確さはあるにしても）当てはまる。このことはヘーゲルとマルクス、さらにはアドルノの言う意味で、新弁証法的発展の理論にも当てはまる。彼らは、矛盾は不安定であること、またそのことによって（いわば経験的に規定可能な因果的原因の代替物として）他の現実組成への移行を――精神的にであれ物質的にであれ――強いるということを、前提としている。こうした理論的提案がなされていくなかで、その構成の洗練さは顕著なまでに高められていく。しかしながらつねに、過程そのものを構造化する区別が、それどころか弁証法の場合には過程を反省的に進める区別が前提とされている。それを放棄するなら、過程のカテゴリーも放棄しなければならないというのであろう。というのも、そうなれば内側から過程の統一性を説明できるものが、何も手元に残らないであろうからである。

ダーウィニズム、あるいはポスト・ダーウィニズム的な進化理論の登場によって、初めて別の考え方のための前提が可視化されることになった。宗教システムの進化については、後の章〔第七章〕で取り扱う。しかしながら、ここですでに進化理論上の問いを明らかにしておかなくてはならない。なぜなら、社会の部分システムの分出も進化の結果であり、しかも社会システムそのものの進化の結果であるからである。結局のところ、部分システムの分出とは、差異の進化である。すなわち、システムが固有の複雑性を産出し、固有の力学に自らを委ねるような内側と、それが生じるときに社会のそれ以外の部分としてとどまる外側とから成る、二つの側を伴った一つの形式の進化である。[29] 分化とは、いずれにしてもこれまでの社会進化の結果であり、そしてこれからの社会進化のきっかけである。そしてこれとの関連でいえば、特定の作動領域、たとえば宗教的な意味づけを伴う作動領域において、独自の進化が開始され、そしてその帰結はどこか他のところで甘受されねばならないが、しかしそこで利用されることも可能な場合——たとえば政治的支配を宗教的に正当化する場合——それは全体社会システムから見れば偶然のことである。[30]

しかしながら、ここでは《進化》ということで何が理解されているのであろうか。進化理論もまた、よく過程論として扱われてきた。しかし、これはすぐに誤解であることが分かる。[31] 進化理論は変異、選択、再安定化を区別するが、それは変異概念に基づくことによって、すでに安定性（再安定化されていること）を前提としている。進化理論はこのような区別を、システムにおいてのみ環境との差異が区別されうると考えるシステム理論へと組み込む。さらに次のことが前提とされうる。すなわち、こうした進化上の諸機能の区別そのものが（変化の出発点になるそのつどの位置関係だけではなく）進化の産物であるということ、したがって進化がおのずから加速すること、そしていかにして加速するのかということもまた説明することができるということである。つまり進化は、変異・選択・再安定化という進化的機能の分化のために、より複雑な適用領域を作ることによって加速されるという説明である。

この区別を順序だった一連の出来事として理解するならば、そこに一つの過程を読み込むことができる。しかし論理的に観察するなら、ここで問題となっているのは循環構造である。理論の課題は、非計画的な構造変化と、これに伴う複雑なシステムの《形態発生的》構成（あるいはダーウィンにならっていうなら種の多様化）を説明することにある。そして、これが神学的に望ましくないことの理由もここにある。というのも、このような理論はよく知られた神の存在証明の一つを無用なものにしてしまうからである。すなわち、創造の複雑さと秩序の存在のために創造主を想定することを無用にしてしまう。

このような（進化理論上の）区別の非常に一般的な形式は、さまざまな機能がいかにして担われているのか（つまりその実現を進化上の《メカニズム》として考察することはいかにして可能か）、また、そうした諸機能の分離はどのように解釈されうるか、という問いを残す。この点において進化理論の社会学的適用は、生物学的適用から分かれることになる。

これに対するここでのテーゼは、次のようなものである。変異は作動に影響し、選択は構造に影響し、再安定化はシステムと環境の関係に影響する。このことはまた、進化理論の不可避的な循環性をも説明する。というのも、作動、構造、ならびにシステムは、それぞれ独立して現れることはできないからである。進化上の機能の分離は、システムによる調整の不在として――次の意味において――理解されうる。すなわち、変異は選択がいかに（ポジティブあるいはネガティブとして）行われるかを決定しないという意味において、また（ポジティブあるいはネガティブの）選択からは、システムが構造変化または変化の抑制において環境への境界を維持するのかどうか、どのように維持するのか、あるいは、システムは拡大的ないし限定的に見て、そしてまた長期的に見て、破壊的ですらありうる方向に進むのかどうか、いかに進むのかは確定されない、という意味においてである。このように組み込まれた不確実性についての古典的表現は、「偶然」であり、こうした問題整理の帰結が「予測不可能性」である。

これまでのところ、次のことが明らかになっている。すなわち、社会システムの作動で問題となっているのは、つねにコミュニケーション、すなわち持続性をもたない出来事である。それゆえに、変異について語ることができるのは、コミュニケーションが予想外のものとして注意を引く場合のみである。これは通常のケースでは、それこそたいていは状況のせいだと見なされ、それゆえ結果を伴うことがない。さらには、コミュニケーションそのもののなかで、構造変化を引き起こすことなしにイエスかノーで反応するという可能性も与えられている。システムは、システムが制御できない誘因を有する偶然の変異からほぼ完全に守られている。

しかし、そのような通常のものと異なった変異であるがゆえに、構造のひな型が認識されるということはありうる。そうなると、そしてその場合にのみ、ポジティブないしはネガティブの選択についての問いが立てられる。このようにして、諸々のテーマは宗教的な意味づけに入り込むか、あるいはより適した説明がコミュニケーション上で展開された場合にはその意味づけを失う。通常のものとは異なるということによってしか対応できない、困難な状況もあるであろう。あるいは、偶然の一致というのがあまりに説得力があるために、それを反復して儀式化しようとするかもしれない。聖なるテーマを取り扱う技量は、そうしたことをもはや偶然に委ねず、能力のある者がいないときには後継者を探し、それとともに役割を定義するためのきっかけになるかもしれない。役割分化から後継問題が生じ、それに伴って、後継の候補をどう規制するのかという問題と、前任者と後継者が同じく全うしなければならない役職上の義務をどう定義するのかという問題が生じる。そこから、人びとが自らの役職の遂行において区別されているということ、またそのあり方を見て取ることができる。

これに従ってここでは、変異と選択との分離関係について、一方ではこれは進化の確立であり、他方では形式に対する意識の一層の固定化であると推測する。これによって理解可能になるのは、多岐にわたる初期状況から、つまり《等至的(エクイフィナル)》に、呪術的処方や儀礼の発展に至るということである。そうした処方や儀礼は、ある程度進化のテストを経ており、同一性と逸脱とを区別可能にする。そしてそのことによって、他の意味領域と区別されうる特殊宗教的な観察を可能にする。言い換えれば形式発生を説明するためには、特別な欲求の状況(マリノフスキー)の想定も、あるいは特別な機能(ラドクリフ=ブラウン)の想定も必要ではない。しかしながら、形式が安定したままその反復使用によって意味や解釈や伝説が付け加えられていくということを説明しようとするならば、さらなる証明を想定する必要がある。古典的進化理論ならばここで《自然淘汰(natural selection)》という議論を引き合いに出し、選択と安定化を区別しないであろう(32)。しかしながら、構造の固定化が内的にも外的にも適応不全に至りうるということ、そしてそれは安定化を危うくするような問題へと展開しうる(あるいは展開しない)といな）システムはつねに、高度の《失敗許容力》や《頑丈さ》、あるいは《ルースなカップリング》を特徴としているからである。そうでなければ、選択の機能と再安定化の機能はまったく分離されえないであろう。

うことを前提とした方が、出発点としては正しかろう。(33)というのも、進化的に登場してきた（非計画的

宗教的な形式世界の分出は、いわば自らを動機づけるようにして開始され、そのまま進行するかもしれない。しかし、分出してもなお既存の社会分化との関連やエコロジー的基礎との関連を、つねに維持している。もし分化が単に人間の年齢や性別としか関連をもたないとしたら、どのように変わりゆくかという移行の問題が、またそれとともに差異の《プロセス化》の問題が、宗教の形式形成を求めることになろう。子どもはどのようにして男性あるいは女性になるのか。もしすでに家族が形成されているとすれば、つまり環節分化が存在しているとすれば、環節的単位を第一義的に規定しているのは血縁なのか、それとも住んでいる土地に基づく共同性なのかということが、宗教上の形式選択のもっともらしさにとって重要になるであろう。それがどちらであるのかに応じて、加護と豊穣が祖先崇拝によって約束されるのか、あるいはむしろ土着の神々の体系によって約束されるのか、説得力が変わってくる。だがどちらにしても宗教の形式選択に影響を与えるのは、争いを回避する必要性と、環節分化とともに生まれた外婚制度である。そこで、以下のように推測できよう。すなわち、たしかに日常のコミュニケーションの水準で変異は大量に生じ、それらはある種の短期記憶（個別事例や状況の記憶）において短期的にはコミュニケーション上参照することも可能であるが、しかし積極的選択が行われる可能性が高いのは、ただ既存の社会分化の文脈のなかで接続能力をもつ場合のみであるということである。これは、例

外なく妥当しなければならないということではない。まさしく宗教システムが――奇跡という概念のように――、自ら作り出したもっともらしさに基づくような概念もある。こうした概念は、うまくタブーを破ることを可能にする。そして非常に多くの場合、それが宗教的英雄や新しい宗教の創設者を際立たせる。

したがって、進化の説明の出発点として使えるのは、あらかじめ存在している人間の基本的欲求ではなく、また社会的機能でもない。そのような理論は原始的な社会システムに準拠して作られたものであり、コミュニケーションというオートポイエティックな作動がもつ、とてつもなく大きな形態発生的能力を過小評価するものである。このことが当てはまるのは、とくに高度文化と近代社会への移行を進化理論的に説明しようとする（そうでなければどうやって説明できようか）ときである。これをもって、欲求や機能の重要性が否定されるものではない。しかし、それらの有意味性は、進化上の再安定化や、新たな展開を起こすための外的ないしは内的な接続能力、結果として生じる負担（たとえば、余剰労働、困窮、奴隷化など、より高次の経済的発展の結果としての負担）を担う能力に基づいている。進化の移行期には、機能の転換が起こるのが典型である。新しい構造の積極的選択（たとえば、家族形成、文書、鋳造貨幣、義務発生の根拠としての契約など）をさしあたり容易にした諸機能は、事後的に結晶化していく構造に対応している必要はない。

にもかかわらず、このようなやり方で古典的な因果主義的説明との繫がりが断たれている。オートポイエーシスを、システムが自ら作り出した作動を用いて自らを再生産することであるというのであれば、このことの説明は、さしあたり進化理論に課せられるべきものである。というのも、システム理論の内部では、離陸(テイク・オフ)の問題、まさにこれから開始されるという始まりの問いに答えることができないからである。しかし進化理論もまた、この問題を脱問題化する。この理論によれば進化は、進化の結果である差異から説明される。起源についての問いは、結局《ビッグバン》、すなわち初発の差異の想定へと吸収される。しかし、進化理論の図式の構造上の革新を記述することに限定するならば、ことによるとこのような神話など語らなくて済むのかもしれない。というのも、転換点の問題は、端緒においてであれ中間のどこかであれ、いずれにしろパラドクスとして立てられた問い、つまり以前と以後との差異の統一の問いだからである。宗教は、このパラドクスを展開する可能性を——神話を語ることによってであれ、つねにすでに前提とされる統一体としてすべての差異に臨在している観察者たる神を観察することによってであれ——発見した。学問はこれ以上、うまく行うことはできない——しかし別の仕方で、これを行うことはできる。

V

以上のような進化理論的分析を経て、ここでもう一度、宗教システムの分出に関する構造上の問題に戻ることにしよう。構造上の問題は、さまざまな仕方で主題になりうる。一方で、発達した高度宗教は《自らの陣営》のなかに問題を抱えている。すなわち、民族宗教性、《迷信》、しぶとく残り、あるいはまた新たに生ずる呪術的宗教性、信仰に関する最低限の知で事足れりとする無関心などの問題がある。他方で、宗教システムは自ら作り出した外的境界に直面しており、その境界の他方の側では、何か別のことが生じている。

システムの《内的な》境界においては、恒常的でほとんど希望のない闘争が繰り広げられる。とくにその闘争は、長期にわたって苦心して獲得され、《学習され》ながら、実践的状況においては何の共感も得ないような知識の側から行われる。そうした知識は、占術の知識や（たとえばバラモンの）儀式的知識、あるいはつねに必要とされる医学的治療の知識に比べ、実践的共感を得ない。キリスト教のように形式ばった分類規則が存在するところでは、日常の体験と行為が宗教的に規定される規模はまったく過大評価されている。このことは、ヨーロッパにも当てはまる。しかもヨーロッパは、独自の罪の学説を導入し、また決疑論に従った告解を取り入れているのにもかかわらず、それが当てはまるのであり、宗教が効力を失っていることを結局のところ《世俗化》として説明できてしまう近代に至るまで、それが続いている。植民地化されカトリックによって支配されたラテンアメリカ地域においてはますます、こうした事情が当てはまる。さまざまな種類の混合主義的な祭式（カルト）が住民の宗教的関心を結びつけ、カトリックへの結びつきは《マリア》を通して行われているにすぎないにしてもである。地図上の分布を見ると宗教の統一性の過大評価に、さらに拍車がかかる。あたかも中国人全員が孔子あるいは仏陀のことを聞き知っており、氏族特有の祖先崇拝が従属的な役割しか果たしていないように考えてしまう。現代の社会科学的研究によって、ようやくこうした実態に適切な光が当てられるようになった。

宗教システムのこうした内的な境界に対して、他の機能システムとの関係における外的な境界については、あまり注目されていないように見える。最初に目につくのは、伝統的な宗教的ゼマンティクが、かなりの範囲で宗教とは別の領域で生まれたもっともらしさに寄りかかって形成されてきたということであり、またそれが近代までかなりの程度うまくいっていたということである。そうした領域の主な例としては、家族や氏族構造、政治的支配などがある。いずれにしても、すべての伝統的社会において、機能的分化の障壁を指摘することができる。この障壁は、ゼマンティク的カップリングが双方の側で利用されることに基づいている。それを前提にしうる限り宗教は、社会における共同生活の他の領域に対して、拒否するというのではないにしても、かなりの距離を保つことができる。とりわけ、貨幣経済の枠組みにおける無制限かつ政治的にも危うい利潤獲得の努力に対して、そして家族に支えをもたない愛の関係に対して、そうである。

もし氏族が、中国で非常によく見られるように祖先崇拝を通して束ねられるなら、多機能的な親族単位の形成が可能になる。すなわち、その親族単位によってかなりの程度、経済的問題、政治的接触の仲介、教育（出世のための選抜を含む）、個人が法的主体であることに基づく裁判権の主張を伴わない権利への配慮などが、保証される。近代日本と比較して中国で観察できた近代化に対するかなりの抵抗は、このことに還元できるかもしれない[34]。他方、宗教システムはこうした宗教性の結びつきによって負担を免除され、西洋の信仰宗教と比較して宇宙論的・道徳的問題に特化されうる。多くの場合において祖先崇拝は、宗教的方向づけの問題の《家庭的な》解決にも役立つ。つまり、こう言ってよければ、彼岸の諸力が有している、恐怖をいだかせるような側を《馴致》するのに役立つ。

同様の共生は、宗教と政治の関係においても観察できる。支配に関する用語は宗教でも借用され、そこでは宗教的勢力の位階化が促進される。したがって、こうした宗教的諸勢力は、支配者がいないというほどには自由には振る舞えない。王が存在する場合には、その政治用語が宗教で模倣されることが考えられる。[35] 他方で、政治的支配の正当化と同じ図式が近世になるまで使われていた。すなわち、十七世紀に社会契約という構築物に取って代わられるまでである。フランス革命までは王朝の聖なる身体は、政治と宗教がともに自己同一化するポイントとして役立っていた。革命においてそれは《一般意思（volonté générale）》、つまり決定によって取って代わられたが、これはまったく骨の折れることであった。初期近代の法主権を含む国家主権という公準すら——市民的自由権が発展し、それによって権力の制限というこの機能が引き継がれるようになるまで——、いわば神の監督下とその神法（ius divinum）の制約のもとですべての事が運ぶという前提に頼っていた。

このような共生関係が引き裂かれたことは、社会の機能的分化の優位が貫徹してきたことと連関している。いまや宗教の他の機能システムとの関係は実にさまざまであり、他の機能システムの自律性という単なるその事実がすでに宗教にとっては大きな挑戦であるため、問題はもはやゼマンティク的等価物によっては解決されえない。ここで顕著な問題について、二つの例をもとに議論したい。一つは宗教システムと科学システムの関係であり、もう一つは宗教システムと芸術システムの関係である。

一般的かつ社会学的にも支配的な見方によれば、宗教が世俗化の影響を受けるのはまさに科学との関係においてであり、宗教は困難な条件のもとでこれに対抗し自らを維持しようと試みる。学者ならびに知識人は一般に、国民の平均よりも宗教心が薄いことを、経験的調査研究がはっきりと示している。[36] しかしながら、個人的な態度の調査に基づいたそのような所見は、宗教システムが科学的世界像によって打撃を受けているかどうか、受けているとすればどのようにしてなのかについては、ほとんど何も教えてくれない。宗教との関係で距離を保たなくてはならず、また独自の構築物の関心を防御しなければならないのはむしろ科学の方であって、その逆ではないこともまったくありうる。[37] 指導的な教会関係者はここに重大な問題をもはや見ておらず、むしろ相互承認における純化と明瞭化という課題の方を見ている。[38] 科学の領域では、これは構成主義的認識論の傾向に対応する。機能的分化が貫徹するという兆候のもとで明らかに講和を結び、相手と同じように、それどころかもっとうまく果たすことができる課題を求めることなど、もはやどちらの側もしない。許されたことと禁止されるべきことについて議論するために、倫理学というシステム中立的な場所で両者は落ち合うが、その際に科学者は真理を盾にとってもうまくいかないことを知っている。というのも、それが有害であることがまさに問題であるからだ。また神学者は、神がそのような場合に基礎とするであろう基準についての知識を引き合いに出すことは避ける。

宗教／自然科学の関係で定着したこの相互尊重を、社会科学に、とくに宗教について論じる社会学にも転用できるかどうかという問題は残っている。ここでもそれと同様のことが達成可能になるとすれば、それはシステム準拠を呈示し、それに応じて宗教の外在的（社会学的）な記述と、内在的（たとえば神学的）な記述を区別する場合にのみである。しかしその場合、一つの対象が二つの記述において問題になることになる。そうでなければ、外／内という区別は何の意味もなさないからである。社会学はこれに対して、理論を（かなりの理論的負荷とまだ解明されていない論理的問題を伴ってではあるが）、自己記述を行うシステムの理論として構想することによって対応することができる。社会学はその際、システムに、その自己記述のなかでは登場しえない（あるいはパラドクシカルにしか登場しえない）機能を帰属させるといったことを行うことができる。社会学がもっとも神聖なる人物と信仰の不可欠性をも機能化してしまうとき、神学者がそれについて何と言うかはまだ分からない。この問題を、受容するか拒否するかという二者択一として立てることはできないであろう。むしろ宗教システムは、諸々の固有の束縛をあたかも外からやってきたものであるかのように観察する機会を獲得するであろう。

　宗教と、徐々にそこから分離していく芸術システムとの関係は、徹底的に比較することができる。もちろん、作動やコード化、機能、分出の過程などの違いは考慮に入れなければならない。美しい芸術作品の自律性と単一性という観念が確立するのは、ようやく十八世紀になってからであるが、しかし芸術は、十四世紀というのではまだ早すぎるとしても、十五世紀にはすでに宗教の庇護から離れている。絵画は、もはや第一義的に礼拝用の絵画であることはなく、また字の読めない者のための学習や記憶補助の道具でもなくなった[39]。読み書き能力は、もはや聖職者に限定されないために、テクストに準拠した、たとえば修辞学や詩学に関わる論争が宗教内部の論争であることは、もはや自明ではなくなった。しかし、なによりも古代の芸術と詩作の再発見が《ルネサンス》にとって意味したのは、この世での完成がすでに一度存在したということ、そしてそれに匹敵する能力の再獲得が目標だということである。このような目標は、宗教の批判や、ましてはその拒否を意味していないはずなのだが、超越的な関連の象徴化や宗教的崇拝とは明らかに区別される。中世にはすでに始まっていた古代／近代論争[40]は、当然のことながら宗教には触れることができず、基準についての議論が生じるのに応じて、とりわけ詩作、絵画、技術等々に関連した能力意識について論争が行われるようになった。印刷術が導入されるとすぐに、まずはイタリアで、包括的で今日では見通しができないほど多くの批判的文献が生まれ、それらは古代のテクストと同様に同時代の有名人（アリオスト、タッソ、ミケランジェロ、ラファエロほか）に依拠していた。ヴァザーリは、「イタリア画家・彫刻家・建築家列伝（Le Vite de'più eccellenti pittori, scultori, et architetti italiani）」という題名のつけ方によって、かつて聖人の人生を描いていたテクストの種類をまだわずかに思い出させてくれる。

驚愕、驚嘆、賞賛や感嘆を引き起こすものの考察という特殊なテーマに注目するなら、芸術の議論と文学の議論におけるそれらの取り扱いは、宗教的な意味づけと承認の束縛から、ここでも徐々に離れていっていることを見てとれる。主題についてはアリストテレスの詩学に依拠しつつも、それは模倣と意外性との関係、冗長性と驚くべき変異との関係へと移行してきており[41]、これは最終的には《奇跡（meraviglia）》として期待されるものを、主題の特殊性から芸術的な成果そのものへとずらすことになった。たとえばムラトーリが《詩の美（bello poetico）》を《まったく新しく驚くべき楽しさ（vero nuovo e maraviglioso dilettevole）》と規定するとき、彼は芸術家の業績だけを念頭に置いている[42]。

こうした状況を目の前にしてプロテスタント的純粋主義と反宗教改革においては、トリエント公会議の後でたしかに、芸術的な奔放さに対する批判、とりわけ音楽と絵画という感性にとってより誘惑的な芸術に関する批判が行われた。しかしながら、そこで問題とされたのは、もはや（たとえば神の似姿を描くことが許されるか、あるいは偶像禁止を尊重すべきかといった）宗教内的論争ではなく、また神学上の論争も問題となることはなかった。そうではなく、論争の問題はいまや、宗教システムと芸術システムの関係についてであった。宗教システムと芸術システムの関係は、宗教芸術にとって特に実りのない領域が割愛されることによって、またバロックの《作法（Decorum）》を尊重するスタイルによって、あるいは宗教的目的のための表現上のマニエリズムを通じて解消されていき、他方で芸術システムの自己反省とその様式変化の歴史は、独自の道を歩んでいった。

要約すると、以上の例に即して次のことを見てとることができる。すなわち、宗教はすでに長いことその特殊な働きを社会の分出に負っていたこと、しかしこれによって同時にまた、社会に対して拘束力のある世界記述を行うことが可能になっていたということである。その世界記述は、より教義学的な、またより呪術的かつ大衆的な変種への階層化と平行して分化していたにすぎなかった。近世の始まりとともに、宗教と両立しうる機能システムが発達する。それらは、宗教を徹底的に尊重することができつつも、しかし独自の力学に従う。社会進化のこうした転換に、宗教はほとんど抵抗することができない。宗教は、自らの組織的手段と教義学上の手段の無駄をそぎ落とし、このようにいうことが許されるならば、アウトソーシングを行い、とくに干渉的なコミュニケーション領域に反発することによって、なんとか切り抜けてきた。宗教がまさに高度の有意性と非日常性を与えようと試みるならば、可能なのは、宗教がなおも他の諸機能のなかの一つの機能でありうる、ということだけであろう。

VI

宗教システムの分出は、このシステムの作動上の閉鎖とオートポイエティックな再生産をもたらす。それ以外に、宗教的コミュニケーションがただ宗教的コミュニケーションのネットワークのなかでのみそれとして見分けられるということは、確かめられない。社会の環境とのカップリングが解除されることで、過剰なコミュニケーション可能性を伴った内的構造の未規定性がもたらされる。システムは、これによって自己組織化を行うように強いられる。しかしながら自己組織化は、システムが《ミクロな多様性》を十分に活用することができるときのみ可能である[43]。たとえば、法システムには異なる十分な数の権利をめぐる十分な数の争いが存在していなければならず、また経済システムにはさまざまな種類の取引が存在していなければならない。宗教システムにとっては、宗教的コミュニケーションの次元で、そうしたコミュニケーションのためのさまざまなきっかけが十分に存在していなければならないと推測できるであろう。宗教への参与は——なかんずく聖書が印刷され、私的な読書に委ねられることによって——、私化される。敬虔さを示す行為が高度に標準化されると、それはたとえば定期的に教会に通うといったことに限定されるのだが、それでは前記の要求を満たさず、また宗教システムをある意味で枯渇させてしまうことになろう。その場合は、宗教システムは権威的かつ規制的なシステムに変貌するであろう。それは権威の喪失に対して、および／または、関心と動機の減少に対して、ほとんど抵抗力をもたないシステムになるであろう。

制度、組織、テクストのレベルで、宗教に対する機能システムが分出しているということは、かなり適切に描写することが可能である。明らかに宗教的であると認められるような、十分に特殊化された行動様式や書物が存在する。宗教システムは固有の作動によって分出しており、そこに宗教システムを見分けることができる。疑いは多かれ少なかれ、コミュニケーションのなかで除去されうる——意見の相違は残るが、これはどのシステムで引き受けられるかに応じて、さまざまに処理される。

だが最後に、こうしたイメージは、少なくともある一点において修正される必要があるということを指摘しておかなくてはならない。すなわち、宗教運動でありながら、同時に政治運動でもあるような運動が存在している（また逆に宗教的基盤をもち、その強度が宗教に条件づけられているような政治運動もある）。シャーの体制を崩壊させた、イスラム運動を考えてみるとよい。あるいは、労働組合の政治的全権委任を打ち破り、そのためにとりわけ宗教的資源を動員したポーランドの労働組合運動（連帯 Solidarnosz）が想起される。あるいは、米国における多くの公民権運動が、なかでも人種的に差別された住民の権利のために起こされた運動が考えられる。こうした例が示すように、一義的にどれか一つの機能システムに分類できない社会システムが存在する。たとえば、動機とコミュニケーションにおいては宗教に準拠しながらも、目的としては、主に政治的指向をもつような社会システムである。

　そのような混合形式の説明は、社会運動の特殊現代的な形式のなかに求めなくてはならない。それは社会システムの類型として、すでに例外的な地位をもっている。社会運動は相互行為システムでも組織システムでもなく、ましてや現代社会の機能システムでもない。社会運動は、抗議（プロテスト）という形式を用いて増殖していく——つまり自分では満たすことができず、また自分で満たすことも望んでいない要求を掲げるのである。相手に対して積極性を求めるようなこうした形式での対立において、宗教的な根源が政治的な目標と結びつきうる。たしかに純粋に世俗的な運動は存在し、なによりいくつもの非宗教的な理由（自己実現？）から運動にのめり込む参加者もいる。だがここで関心を引くのは、現に存立しており、また目に見える機能的システム分化を前にして、宗教と政治が融合する*可能*性だけである。抗議（プロテスト）という形式でもって、社会運動は機能システムの自己記述と機能的分化の論理を無視する許可を、自らに与える。それゆえに、その独自のコミュニケーションの枠内で宗教と政治は融合する。しかし、あらゆる形式がそうであるように、抗議（プロテスト）はもう一つ別の側をもつ。すなわち、要求されたことが実行されなければならないならば——運動の勝利によってであれ、運動の宛先によってであれ——、再び全体社会システムの機能的分化に接続しうるような分化へと不可避的に至る。そうでなければ、（たとえばイランのように）地域的特殊性に向かい、機能的に分化した世界社会への接続に苦労を要することになるのである。

第六章　宗教組織

I

近代社会のあらゆる機能システムの内部では、組織化されたシステムが重要な、また不可欠な役割を果たしている。それゆえ、宗教の場合だけそれと異なるとするのは、おかしな話である。しかし、他方で、組織化された決定プロセスが、宗教的行為の形式で進行することを想像するのは困難であり、組織を束ねる決定が、共同の祈禱の形式で下され、あるいは神的霊感を祈ることによってのみ導かれると想定することも困難である。記録文書は、教会管理においてさえ秘跡の対象ではなく、多数決は、たとえ個々の参加者が神が宣告した意志から外れていると思ったとしても、行われ、貫徹されなければならない。(1)

古いヨーロッパの伝統の影響は深く近代にまで及んでいるが、この伝統は、社会と組織とをはっきりと区別してはこなかった。今日の組織概念は、ようやく十九世紀になって、秩序と有機体に関する一般的ゼマンティクから分離することで成立したものである。(2) 社会それ自体は（非常にさまざまに異なった概念ではあるが）、人間の共同生活の自然な秩序、あるいは、それ自体が自然によって動機づけられた社会契約の成果として把握されていた。この伝統を、組合（Korporation）や団体（Körperschaft）といった概念で一括することも可能である。これによって明らかになるのは、この用語法は、自身が指し示しているものを家族ないしは家政から区別しているということである。それらは、すべての人が自然にそこへ生まれ落とされるところのものであり、また、人びとはこうした家族や家政のなかで、社会の分化秩序における自身の位置を規定している。

組織は、神話と教義学を生み出す宗教的意味づけと、宗教に特有な行動の日々の実践との間を仲介する。組織は、このことによって（現に祭式を執り行う場合であっても）、旧世界で――それが家族における祖先崇拝であろうと社会において制度化された儀礼であろうと――祭式が占めていた位置に取って代わる。祭式は、かつては信仰の観念と直接的に関わっていたが、今日では組織を通じて仲介され、そしてそこから初めて帰属の問題と、それに対して賛成か反対かを決定するという問題が生じてくる。

中世以来、協同の様態は、法学的には団体（universitas）の概念で把握されたが、さしあたり見通しがきかない多様性へと展開していった。政治的支配によって規定される市民社会（societas civilis）と並んで、独自の法に基づく教会が存在した。都市、修道院、修道会、大学、ツンフトとギルド、それどころか身分制による協同（身分団体［シュタンドシャフテン］）まで存在した。分化は、ある部分では内的な秩序と特殊な規律化によって、またある部分では都市政治的、領邦国家的代表によって動機づけられた。宗教システムは、《教会》という形式や、また修道会、修道院という形式をとることもあり、こうした団体のそれぞれの運営に特別に関与する。まさしく、教会は帝制の神権政治的傾向を退けて、幾重にも複製された団体[3]（universitas）の理論を手に入れたが、それはシステム内的な問題の高度の法化、独自の裁判権、独自のテクスト体系学、そしてなによりも、教会に信仰政治的、教会政治的な決定能力を保証する、はっきりと洗練された位階構造を伴っていた。しかし、同時に信仰の共同体としての教会がもっている宗教的な意味は維持され、そしてそれは、すでにほとんど組織といっていいものに対して、欠かすことのできない聖なる支柱を供給していた。

しかし、メンバーとなることを選択する動機づけの基礎として機能しうるような、いかなる入会規則も、そしてまた退会規則も存在しない。キリスト教の洗礼は、入会の決定として考えられてはおらず、秘跡として考えられた。この秘跡を執り行うことで自然の罪の状態が変更され、そして救済への見込みが保証される。入会か退会を通じて横断され、（指示を行う権限の承認を含んだ）システムのあらゆる内的決定をそれに依存させるところのシステム境界の代わりに、システムそのものの内部で生じる救済の不確実性が見出される。この不確実性は、義認される者と罰せられる者とが区別されうるということの前提となっている。したがって、たしかに誰をも《放逐する》ことはできないが、しかし破門により、誰からであれ救済の見込みを奪うことはできる。そして、不確実性を縮減し、それを浄福か劫罰への（たしかにつねに心もとない）見込みによって置き換えるために、道徳プログラムと祈禱儀式を整えておくことができる。システムは、役割の水準では異教徒の排除に応じて、また極めて古い伝統が継続しているところでは聖職者と信徒の地位の分化によって、自己規定を行う。この区別もまた、聖なる意味づけを利用し、生活形式と宗教的志向の強度への要求とを分化させる――貴族と民衆という以前からの支配的分化と類似しているのは、たしかに偶然ではない。しかし、こうした分化によって、同時に、教会の公職を占めるのに必要な人的資源もまた調達される。もっとも、聖職と公職とは概念的にも分かれていたが、トリエント公会議のはるかにあとには、人事に関しても分かれることになる。その結果、公的には（組織的には）訓練されていないものの、それでもきちんと《聖別された》聖職者の数が増大することになった。

進化理論的パースペクティヴでは、場合によっては組織として把握でき、こうしたシステム形式の可能性を利用し尽くすことで展開可能なものの発展の前兆を認識することができる。十六世紀の信仰の分裂以後、印刷術の普及を通して差異の意識が広まった後、また宗派の意識が体系化された後、そして近代初期の国家形成に依拠した宗教の相違を地域的に固定しようとするあらゆる試みの失敗に伴って、組織はますます用いられるようになった。こうした組織は、万一の場合の決断を行わなければならず、そしてその際、中央銀行のように、独自の通貨の外的価値をもつねに視野におかざるをえない。個々に移動することができるメンバーにとっての信仰の魅力という問題、信仰者を新しく入れる際の自己選択と他者選択という問題が切迫したものとなる。しかし、あいもかかわらず信仰の共同体という観念は、メンバー組織という観念と衝突する。[4] 後者は、自身の要求をそうした動機と調和させなければならず、場合によっては調整によって無差別圏[5]（zone of indifference）を作り出さなければならない。この無差別圏は、規律と指示を特殊化することでこうした組織を形成し、また変わりゆく条件に適応させることができる。問題の典型的な回避の仕方は、公式のメンバーシップの要求を極端に低くし、また登録されるということにその要求を実際的には限定することであった。また、一方では、こうして構成されたメンバーシップのサークル内で公的教会（アムツキルヒェ）が分出し、他方でそれは、他の人よりも自発的で、強力に動機づけられ、より強固な信仰をもったメンバーの自己選択の過程をあてにすることになる。

宗教と教会の区別は、以下のことを術語的に確定しておくには一見したところ十分に思われる。すなわち、社会は宗教についての機能システムのなかにも組織を用意したが、しかしここでもまた、一つの組織へと限定することはできなかったということである。そのうえで、さしあたり法学的目的のために展開された《強制団体（アンシュタルト）》概念は組織として解釈されえようし、この公的な強制団体の特別な権力関係は、入会することでそれに服し、退会することでそこから免れることのできるメンバーの役割として解釈されえよう。神学者による教会をめぐる教理、教会論（エクレシオロジ）はたしかにその前に立ちふさがっているが、しかし、これを――少なくともセカンド・オーダーの観察者の距離からは――特殊なタイプの組織の文化的自己記述として、いわば《組織文化（corporate culture）》として再解釈することはできないであろうか。そして労働法的には、《傾向経営》〔宗教団体、政党の出版事業など特定のイデオロギーを基礎とする企業を指し、思想信条による従業員の採用解雇が認められる場合ありとされる〕が問題になる。これには、求められる信仰からのはっきりした逸脱が行われる場合に発動されるような、特殊な解約告知の規則が妥当する。

もっとも、注意を払うべきなのは、けっしてすべてがそうだったというのではないが、実際にはキリスト教のみが教会というタイプの組織を形成したということであろう。他の宗教は、学校ないしテクスト解釈のための集会（シナゴーグ）で十分であり、寺院や修道院で十分であった。すべての信者が組織のメンバーであることは、そこでは期待されていない。教会の概念が思わせる以上に、世界社会の宗教システムにおける組織が多様に存在していることを考慮しなければならない。しかしながら、なによりも団体、強制団体、さらには官僚制のような概念群における単純化を克服するような組織理論が仕上げられなければならないであろう。というのは、そうすることで初めて、ある宗教システムが機能的分出の状態で自己を維持しようとする場合、このシステムが組織を必要とするのか、またなぜ必要とするのかを判断できるようになるからである。

II

社会とその機能システムのように、組織も固有の原動力から動くオートポイエティック・システムである。組織は社会の内部でのみ、つまり社会に執りしきられて形成される。というのは、その作動の仕方もコミュニケーション以外のなにものでもないからである。つまり組織は、社会の分出を、すなわち言語およびあらゆる種類の機能充足を、その環境として前提にする。しかし、これが保証されるならば、そしてそうである限り、組織は固有の境界、社会におけるコミュニケーションの連続体への独自の切れ目を形成し、再生産する。それも、メンバーと非メンバーを区別することによってである。そうすることによって、組織がメンバーの行動に（メンバーシップをそれ相応に魅力的に形成することに成功する限り）特定の要求を行うことが可能になる。しかし、この基礎を基にオートポイエティック・システムの形成に至るのは、メンバーに帰することのできるコミュニケーションが回帰的にネットワーク化され、作動が作動に接続し、これによりあるシステムが自ら設定した境界の内部で分出する場合のみである。つまり、メンバーの人格、役割、そして行動様式が類別されるだけでは十分ではない――それはちょうど、靴職人が靴職人としてなすことの境界が存在するといったようなものである。換言すれば、単に職業や特定の義務あるいは態度に基づいたその他の類似性が問題になるのではない。むしろ組織された社会システムでは、あるメンバーのコミュニケーションはつねにまた他のメンバーの行動の前提でもある(6)。しかも、この前提の付与が決定行動を産出し、この決定行動がさらに回帰的に前提付与自体を決定として可視化するといった具合にである。そうなった場合、このことはメンバーの採用と解雇、入会と退会にも当てはまり、それらはシステムの決定過程の特殊条件に服す決定、ないしはそこから切り離されている決定として把握される。組織は社会の内部で形成されたオートポイエティック・システムであり、そのオートポイエーシスは決定過程の自らが保証する継続可能性に基づいているが、その場合には、組織への帰属性とそれに伴う決定の責任もまた、メンバーの役割において認識することができる(7)。

つまり、自己自身によって保証された決定のオートポイエーシスが問題になり、そしてこれは、単に規則あるいはプログラムを明確に提示するということにおいてだけではなく、なによりも純粋に事実的であるという点において問題になる。すなわち、決定はコミュニケートされたのであり、それゆえにさらにもう一度なされる必要はない。決定の前提として、決定は二重の意味で、すなわち可能にし制限するものとして、働く。つまりシステムというものは、さらなる決定の可能性の拡大と制限の間で恒常的に脈打ち、まさにこの仕方でそのオートポイエーシスの継続を、つまり組織に典型的な決定可能性のメディアを保証する。後続の決定はすべて、このメディアのなかで区切りを刻み込み、複雑性を縮減し、またそれに基づいた後続の決定を可能にする。

この出発点は、もしこれを練り上げることができるならば、古典的な、なによりもマックス・ヴェーバーに準拠した官僚制的組織の理論とはまったく異なった種類の組織理論へと至るであろう。組織の機械的モデルと有機的モデルというより古い対置ですら、この相違を把握してはいないであろう。組織とは、それとは独立に考えられた支配の道具ではなく、また特定の目的の達成を社会に保証する社会システムの一つでもない[8]。さらには、メカニズムとして構成された機械でもない。しかし、組織は有機体のように、生きた部分を全体へと秩序づけるシステムでもない。むしろ決定的なのは、まだよく知られていない、そしてときに荒れ狂うような環境に直面しても固有の再生産の仕方を継続できる能力を備えた、システムと環境との差異の、自立した、外部からは決定不可能な再生産である。つまり、決定により決定を生産し、そしてそのために必要な構造を維持し、あるいは変更する（自己組織化）能力を備えているということである。

当面の文脈において、この理論の帰結のみが社会における機能システムの関係の理解にとって、ここではとくに宗教システムとの関係の理解にとって、そしてそこで形成された組織の理解にとって興味深い。官僚制モデルから出発するのであれば、その頂点が当の構造から独立し、機構がその社会における機能を実現しうるという状態をもたらすような階層構造を想定しなければならないであろう。この理論の通例のパラダイムである国家組織にとってさえ、これは今日ではもはや説得力のあるものとはいい難い。宗教でいうならば、いかにして宗教の機能が支配を通じて、また機構を備え持つこと（apparative Implementation）を通じて達成されうるかを見ることは、まったくできない。理論的にもっと適切に実際の様態を判断し、機能的分化と組織形成との関係を現にそうあるものとして把握する別の可能性が、すなわち作動能力のある偶発性の増大と、社会の水準と組織の水準における独自の力学との関係として把握する可能性が、存在しなければならない。

この関係をはっきりさせるために、ここでは新たな包摂と排除の概念を必要とする[9]。これにより、心的システムと社会システムの構造上のカップリングが指し示される。社会システムにおいて、環境である有機的システムと心的システムの特別な重要性が《人格》の形式で認められる場合、包摂が呈示されている。[10] ゆえにわれわれが排除について語るのは、あるシステムが、(社会において構成された)人格に対して無関心、顧慮のなさ、拒否を行うことができる場合である。別言すれば、包摂/排除の図式は、内側が包摂であり、外側が排除であるような形式を示している。あるいはまた別の言葉を用いるならば、包摂のマークづけはあるマークされない空間を残すが、その空間に人格が関わる限り、それは排除領域と名指すことができるということである。

近代の機能的に分化した社会においては、中心となる審級は存在せず、また身分の差異に注目することで包摂と排除が規制可能だった、古い世界の家政のような制度も存在しない。この問題は、むしろ機能システムに委ねられたままである。ゼマンティク上、これは自由と平等のような原理によって表現される(この原理が正当にも《ブルジョア社会》のイデオロギーとして批判されるときには、たとえ十分な分析がなされなかったとしても、それによって肯定的に強調された包摂は、つねにまた排除の側をも有しているということが指摘されていた)[11]。社会の諸機能システムの水準では、(身体的あるいは精神的無能力に関してであれば話は別であるが)機能上有意味な排除へのいかなる関心も存在しない。包摂/排除の差異を形式として利用しようとするのであれば、それゆえに、組織が形成されなければならない。組織は、自身を構成するメンバーシップの規則によって、まさに若干の人格をメンバーとして包摂し、他のすべてを排除することができる。しかも、正統性をもってできるのである。そしてこうしたことは、典型的には機能システムの包摂領域の内部で生じるが、同様に、経済的に能力があり、支払い能力がある、あるいは労働能力がある人格の内部でも、人格の一般的な権利能力によって構成された法への接近の内部でも、そして前提とされている宗教への関心の内部でも、生じうる。

したがって、機能システムと組織システムの関係は、補足的関係として把握されうる。機能システムが、自由と平等という符号のもとで、逸脱の根拠が欠けているためにであったにせよ、より一層包摂に対してオープンになっていけばいくほど、このように構成されたシステムの内部では排除の第二段階の可能性がもたらされるに違いない。これはまさに、特殊な要求を通じて、特殊な包摂／排除の基準を正当化できる組織の設置を通して行われうる。それゆえ、特別な要求はすべて機能システム内部の切れ目へと至るが、それは、自由人／奴隷、富者／貧者、知者／無知者、熱心な信仰をもって参加する人／それほど信仰に厚くない人、というようなシステムに有意な基準に沿った人格の単なる特徴づけによってのみ行われることはない。それのみならず、かの人格のメルクマールから多くの部分で独立しており、その代わりに、動的で、組織内部の選択基準に適応した、メンバーの公式的ルールに定位する組織形成の、近代に独自の形式においても行われる。あらゆる信者が説教壇に立つことは許されないが、しかし他方で免職になったからといってすぐに破門を意味することはなく、また当局が決定した破門ですらも、今日では直ちに宗教心を沈黙させるものではないであろう。

機能システムの包摂領域へと、つまり宗教システムへと、すでに前提とされた包摂／排除の区別を再び導入（スペンサー・ブラウンの意味での《再参入》）することには、多くの根拠が存在する。この根拠の一つは、共同のものとして表象された信仰における、システム内部の相互依存の遮断の必要性である。しかし組織は、なによりもコミュニケーション能力を集団に備えるために必要とされる。組織は、固有の名で拘束的な宣告を発し、外部に対し自らを結びつけることのできる唯一の社会システムである。なぜならば、組織はシステムの外部に対して有効な決定を受諾するよう、メンバーに義務づけることができるからである。社会において与えられていた宗教に対する恒常的な枠組みの条件が解消し、宗教的コミュニケーションがそこから解放され、それによって構造化の必然性が積み重なっていく程度に応じて、自己修正に対する要求、つまり決定に関するコミュニケーションに対する要求も増大する。これはすでに、法と組合組織的な体制を強調した中世の教会において観察することができ、ましてや一定の信仰を刷り込むという普遍的要求(プレテンチオネン)に従う全社会的な体制が解消された後では、ますますそうである。この考察を続けることもできるが、そうするとじきに足を踏み入れることになるのは、さまざまな世界宗教があまりにさまざまなかたちで組織的解決を行おうとする領域か、あるいは組織的な問題解決のこうした趨勢には従わずに、寺院(聖職者)や修道院(僧侶)と信者との互酬的関係のような古い形式に固執する領域かのどちらかであろう。それゆえ、宗教システムにおける組織の集中的なまでの要求からもたらされる負担が何であり、これによって他の宗教がいまだ有している可能性が閉ざされてしまうかどうかということを、むしろ考えていきたいと思う。

III

組織には、頑として不確実性の吸収を行う傾向がある[12]。組織は、決定が後続する決定の前提へと絶えず転換していくことにより、極度に不確かな(それは統一として見ることができないからなのだが)世界へ向けて安定性を構築し、投入することができるが、この構築を刺激の内的な処理による以外のやり方で検証することはない。組織はこれによって社会の自己記述および世界記述を支え、また事細かに述べることができる。そしてこのことによって、宗教という特別なケースにおいてもまた、表出能力を失うことなく超越を踏み越えていく。しかしこの能力は、すべての世界記述と社会記述が他の可能性との比較にさらされている近代社会の諸条件のもとで、いかにして投入されうるであろうか。

組織は、不可避的にヒエラルキカルな構造を形成する。というのは組織は、垂直的統合のおかげで、不確実性という条件のもとで、自身の作動を続行する可能性を得るからである。別言すれば、ヒエラルキーは不確実性と対決するコストを減少させる[13]。もし不確実性が確実性へと転換されるならば、そこにとどまる十分な理由と強固な動機が存在する。なぜわずかな刺激に従って、パンドラの箱を開けなければならないのか。このことは、とくに背景が高度に不確かである場合、当てはまるであろう。つまり、聖なるものの背景世界を知り尽くすことはいずれにせよない、ということが密かに承知されている場合、それどころか、そのようなものがそもそも存在することを多くの人が否定している場合に、これは当てはまるのである。あるいは、自身の確信を問う上での不確実性を、同定可能で克服可能な敵なるもので置き換えることに成功する場合も、そうである。固有の決定過程が、少なくとも部分的にでも同定可能で想起可能となるならば、また、この過程が原因と結果、あるいは根拠と帰結のシークエンスとして読まれうるならば、あるいは、この過程が区別の保持に役立つならば[14]、まさにその場合には、自ら生み出したものを固守することは自明のように思われる。これはすべての社会システムにとって妥当するであろうし、その独自の歴史と結びついているものとして現れるであろう。しかしこのことがとくに組織にとって妥当するのは、その歴史が明示的な区別および指示の歴史として保存されているからである。近代世界の宗教的組織にとって、これらすべてはかなりの程度妥当する。テクストとして利用でき、必要に応じて再解釈されうる、自ら作り出した信仰の確実性によって、人は、圧倒的に別の意味づけに従っている世界にあっても、そしてまたまさにそこにおいてこそ、自己を保つことができるのである。

この区別を保存する組織の特性は、ある範囲では、区別を保存する他の種の装置（アレンジメント）に取って代わる。すなわち、（限られた地域でのみ見ることができるように設えられた時間と場所の区別を有し、正しく行われている）儀礼と、一連の区別の物語的統一としての神話である。そして神話は個別的に、区別を適切な位置で物語に合わせて入れ込むことによってもっともらしさを獲得する。それまで行われてきたこのような諸形式は、他の種類のテクスト、宗教的な教義学によって補われ、形成し直され、解釈され、そして新しい光を当てられる。物語は、なおも存在してはいるが、もはやそれは、宗教的な解釈の観点を生活経験に取り次ぐ比喩としてであり、短いエピソードとしてである。そして、宗教的霊感を得た著者たちは、まさにこの機能を目標にしている[15]。このことは、正しき教理の聖典化が存在し、それを涵養することが、それを説く者たち自身と、場合によっては疑問に関してなされる決定の組織化された過程にとって、義務であることを前提とする。

この考察は、宗教システムの組織形式、ならびに組織化の度合いと宗教の教義化の度合いの連関についての社会学的仮説へ至る。その際、教義学は組織のなかで――正しい信仰の認識と異端の排除のためであれ、信仰を吟味するための基盤としてであれ、そして最終的には宗教の組織のメンバーシップの条件の固定化のための諸箇条およびあらかじめ定式化された信仰告白の形式においてであれ――、区別という目的のために利用されうる。その際、偶発的なものとして現出し、それゆえに組織において正統化されなければならない決定が下されることとなる。さまざまな解釈と、より高度な秩序の一貫性問題が可視化すると――ラビの学説における分出した委員会の多数決によるものであれ、カトリックの教義における最高の審級の権威によるものであれ――、一方では反省的な図式[16]の発展に刺激が与えられ、他方では係争点の組織的な規制へ向かう要求が作り出される。反省というやり方は、自身で自身を正当化するがゆえに、宗教的には極めて問題があるということが自覚されている。そしてまさにそれゆえに――これはそのものとして、つねにその後《聖典化され》、認識可能なものとして存続するのであるが――、不確実性を吸収する形式による、問題の純粋に組織的な解決へと至るのである。

IV

分離された聖職という形式での宗教的組織の形成は、資源(リソース)の調達、宗教的服務の規制、そして政治およびその他の諸力に対するコミュニケーション能力という理由で、すでに早くから必要不可欠となっていたのであろう。しかし組織には、その場合、まったく別の、かなりうさん臭い意味においてではあるが、信仰問題の(可視的な!)決断が求められる。偶発性が増大しつつある世界、文字を用いたものが広範に展開された世界、さまざまな機能システムの急速な変化と高次の固有力学の世界において、どうしてもこの道へと追い立てられてしまうように思われる。これは、それに対する《宗教の》適応的態度が期待される新しい主題がつねに現れるという理由からも、すでにそうである。(現代的なテクノロジーについて、また性的行動における現代の奔放さについて、宗教はどこまで要求できるであろうか。エイズは神の罰として解釈すべきであろうか。アメリカ原住民の舞踏グループを——彼らが自分たちを聖母マリアの信者、つまりカトリック教徒と見なしているという単にそれだけの理由で——、グループとして、あるいは単に個人として教会に入れることを認めるべきなのであろうか。）組織はこのために、決定の技術と、さしあたって維持可能に思われるメンバーの義務という形式を立てる。しかし同時に、不確実性の吸収というこの形式の限界も見えてくる。この限界はなじみのあるものであろうが、一方ではそもそも了解することなく従っている少数派が、あるいは断固として多数派になることを目指している少数派が反対し続けるところに存する。もしその際、この世界でどのように戦術的に振る舞うかということのみではなく信仰が問題になっているならば、少数派を沈黙させることはほとんど不可能であり、また秘密の厳守を義務づけることさえほぼ不可能である。彼らは殉教者とはならず、今日では、善き良心のもと、マスコミュニケーションというメディアへ接近するのである。

これは、組織内的には組織の統一の危機、そしてそれゆえに組織により堅固にされた信仰の統一の危機と見なされるかもしれない。そうなると組織は、戦術的なやりくりを、また必要とあらば権力の使用をよしとする。このようなコンフリクトのなかで、組織は（真の信仰の）不確実さを（すでに診断されたコンフリクトの）確実さに変換する能力を証明する。そして、こうしたことが持ちこたえられるのは、まだそれが典型的な組織の行動のライン上にあるからなのかもしれない。しかし組織は、そうした焦点を組織自身に向けることで、まったく別の問題、つまり社会における包摂の問題に対しては目を向けないともいえよう。

教義上の問題が決定可能であり、下されなければならない決定を組織に委ねることが可能だと想定したとしても、まだ困難が残っている。この困難により、この可能性は控えめにのみ用いることが賢明だと思われる。というのは、決定の形式においてはつねに、別様にも決定しえたという譲歩が存在しているからである。決定は、それゆえ真理への要求を掘り崩してしまう。それはまた、決定のなかで根拠づけられていないテクストの解釈であると決定の側で布告されたとしても、そうである。というのも、組織を用いるこの可能性に加えて、組織に典型的な変造、たとえばかの悪名高い目的と手段の混同もまた生ずるからである[17]。宗教においては、なにはさておき救済、そして魂の救いが問題になるであろう。しかし組織にとって、そのような目標を作動可能にすることは困難である。目標が到達されたかされないか、またそこでは何が問題になっているかということは、いかにして確認すればよいのであろうか。それゆえ宗教的組織は、典型的には、手段から代替目標へと転換することで満足しなければならない。ある牧師は、他の牧師以上に人びとを礼拝に向かわせることに成功するかもしれない。そしてメンバーシップが個人の決定事項となった後では、メンバー数の増加や維持もまた、組織の成果として記帳することが可能である[18]。

結局のところ、組織固有の論理と社会がその機能システムに背負わせるものとの間のコントラストは、宗教システムの場合にはとくに強くなるようである。欠けているのは、組織間を媒介する、あるいはまた組織と社会における意味の期待との間を媒介する制度——たとえば経済システムにおける市場のような制度——である。それゆえに、宗教システムの組織的な凝固において（このことで、けっして組織運営上の活動だけが考えられているのではないが）、少なくとも当初はこうした運命から逃れられるということを期待する新たな宗教運動へ向かわせる刺激がまたもや存在することは、驚くべきことではない。

V

宗教は、社会における機能システムとして、包摂を拒むいかなる理由もさしあたりはもっていない。つまり、（どのような形式においてであれ）宗教的に対応しようとする態勢に対して社会的コミュニケーションのチャンスを与えないような、いかなる理由も存在しない。組織システムは、それに対してまったく別の仕方で、つまり妥当する基準のもとでのメンバーとして認めるかどうかを決定することによって、包摂／排除を任意に仕切ることができる。つまり、排除は組織システムでは普通に起こることであり、それに対して、組織システムは自身の特別な要求のかたちをはっきりと示すことができる。組織システムは、それゆえに自身の機能システムの内部で境界を引く傾向ならびに習性をもっている。いやそれどころか、まさにそうする必然性に直面している。宗教システムが独自の組織を形成したとしても、おそらくこのことを避けることはできないであろう。もし、もちろん軽減されるにせよ、けっして棄却されえないその組織特有の要件のそれぞれの特質がどのようなものであれ危険に陥るならば、宗教として宣言されたものすべてが組織に歓迎されるということはない。

このことはさしあたり次のことに帰結する。組織化された宗教と組織化されていない宗教とが存在し、そして社会学的診断にとっては、宗教組織の自己記述から宗教概念をカップリング解除しなければならないということである（これは、宗教がはっきり区別される信仰表象なしに超越と内在を区別できるということ、したがって宗教として可能であるということを意味しなければならないということではない)[19]。しかしこの区別に即したにせよ、それが近代社会の現在の状況において、問題解決として、区別の提案として満足されるかという問いは、なおも立てることができる。

少なくとも追加で考察すべきことが、もう一つある。近代社会の機能システムのなかには、あまり能動的ではない調整が存在する[20]。有力なのは、社会においてあらかじめ構造化されていない《ルースなカップリング》である。それは、機能システムの極めてさまざまな固有の力学に対応する。統合は（システムの自由度の相互的な制限という意味で）、相互の問題負荷によって、また固有の機能領域において、解決不可能な問題を外部化することによって行われる。それに対応して、人格の包摂はキャリアを通じて規制される。この調整のもう一つの暗い側は、それが強力な排除に至ることである[21]。世界の人口の多くの部分は、あらゆる機能システムからほとんど排除されているも同然のように思われる。無職、一文なし、身分証明書なし、権利なし、無学、しばしば最低の学校教育も受けられず、十分な医療も受けられず、さらに加えて、仕事へのアクセスや経済へのアクセスをもたず、警察に対する権利やあるいは法廷で権利を得る見込みさえないこともある。諸々の排除は互いに強めあい、ある段階からは、肉体として生き残るということに、残されたすべての時間と力のすべてが要求される。ポジティヴの統合のルースなカップリングには、ネガティヴの統合の密なるカップリングが対応しているように思われる。

目下のところ、これはまだ近代の中心から見て周辺の問題であり、開発援助、借款、腐敗撲滅、インフレ撲滅の問題と見なされる。これらは、機能的に分化した社会が自らに示した処方箋であるが、この処方箋はそのメディアと包摂方式が十分である場合に限り、機能するにすぎない。しかし機能システムの差異が、他の差異、むしろ人口統計学的な差異、つまり包摂と排除の差異と重なっているなら、それは悪くないことなのかもしれない。それは、騒乱と制御できない暴力は存在するが、しかしもはや《革命》を期待することはできないという、再び安定した状態なのかもしれない。そしてそれは、われわれがそれを超えてはもはやいかなる遠くの未来も見通しえないような近代の古くなった形姿なのかもしれない。なぜならば、われわれは機能的分化なしでどうやっていくのか、想像することすらできないからである。

ネガティブの統合の屈強さは（境界の曖昧さを認めたとしても）、機能システムからのまったく無計画で機能なき排除が、互いに強化しあうということによる。一つの機能システムから脱落すると他の機能システムからも次々と脱落してしまい、それは個々のケースにあっては論理的必然ということでもないが、それでもほとんど――他人の助力があってもなくても――そこから逃れることはできない宿命として生じる。しかし、この下降スパイラルに必ずしも加わる必要はなく、他のシステムが排除を行っていたとしても、包摂を行い続けることのできる機能システムもまた存在する。このことは、それがまだこうした状況で存在しているのであれば、家族に当てはまるであろうし、そして、これはなによりも宗教に当てはまるであろう。

組織化された宗教は、この場合、社会奉仕（ディアコニエ）、慈愛実践主義、ソーシャル・ワークの問題に出会うようになる。これらにはなんら異論をさしはさむ余地はなく、またその成果は、状況をこのように定義することの正しさを証明するであろう。修道院という地域的組織をもったさまざまなキリスト教の修道会は、人間的、自然的文明破壊に対する対抗措置の出発点を形成しうるかもしれない。しかし宗教システムへの包摂がこうであるのは、宗教の機能とコードを活性化することに成功した場合のみ、伝統的な言い方をすれば、信仰における共同体という意味での教会を作り出すことに成功した場合のみである。そしてここでは、組織が――先刻承知のとおり――自らの障害になっているように思われる。というのは組織は、どの信仰が問題にならなければならないかを、いつも決定してきたからである。カトリック教会の公式の見解では、教会は政治的、経済的生活条件に気をかけなければならず、人びとが福音や、イエス・キリストによる救済などを信仰していることを排除する条件が存在しているならば、場合によっては政治的に介入しなければならないことが告知されている。しかし、なぜこうなのであろうか。なぜ、この世の彼岸にある世界へと向かう他のアプローチではないのか。なぜ秘跡がよくて、トランス状態の演出では駄目なのか。なぜ時間的に先に延ばされた救済の希望はよくて、現在役立つ呪術では駄目なのか。なぜ罪の告白ならよいが、黒魔術と白魔術を区別できない、つまり区別してはならない儀礼では駄目なのか。

いま述べたような条件のもとで自発的に形成される宗教性についてのいかなる観察も（こうして立てられた問題はわれわれの生きている世紀（！）のアフリカ系アメリカ原住民の混合祭式（カルト）に関わっているが）、この種の問いに行き着く。もし、宗教性が成立し、普及することを観察する可能性があるならば（それに相応する理論的に準備された見地があればだが）、その他の点で行われる排除と両立しうるように思われる宗教的包摂の可能性が見られることになろう。組織がそうした状況を許すことはなく、またそれを自身の案件として認可しないこともできるということも見て取れる。しかし社会は、これを許すのである。

VI

まず宗教的組織は、他の組織同様に、改革によってなんとかうまくやっている。改革は、組織においてのみ存在するような、変更計画の形式である。改革は、宗教的運動ないし社会的運動から区別され、あるいは組織において下され、また貫徹されなければならない決定を目指すという点で、その他の観察可能な構造変化から区別される。改革は、たとえば中央集権化 対 脱集権化、単独支配 対 集団支配原理のような意味で、公式組織に関わりうる。しかし改革は、システムのプログラムにも関連しうる。これが意味するのは、コードの正しい使用と誤った使用との区別を尖鋭化する事象基準に関わることができるということである。改革はつねに、決定の前提と作動上の決定コミュニケーションとを区別しうること、たとえば洗礼を行うことと、その遂行が洗礼として認識され承認されるための条件の確定との間が区別できることを、前提としている。さらに、システムが、両方の水準、すなわち基底的な決定の実行と決定の条件についての決定とにおいて決定能力をもっているということが、改革の前提となっている。つまり、前提とされているのは、一種の基底的水準と調整的水準での《二重閉鎖（double closure）》である――この二重閉鎖は、システムが二つの水準で自律的であり、自らを独自の作動でもって決定するということを意味する。[22]

より単純にいえば、改革は信仰の問題を決定の問題として扱っている。組織が閉鎖的に作動するということは、もちろん、社会それ自体やその機能システムの一つについて決定可能であるということを意味するものではない。組織を改革できるのは、組織自身だけである。すなわち今後、いかにして組織においてコミュニケーションがなされるかということについてのみ決定ができるのである。つまり、いかにして決定が決定を解釈できるか、あるいは突き動かすことができるかのみを決定できるということである。そしてこれはまた、経済システム、政治システム、教育システム等の組織における改革についてのあらゆる経験によって、十分すぎるほど述べられてきた。改革は、弁論も鮮やかに強調するならば、システム内部で思い起こされ、もしくは忘れられるが、いずれの場合もさらなる改革のきっかけを与えることができるなかで広く論じ尽くされる[23]。本来の意図の意味において《履行》がなされることはほとんどなく、もしされたとしても元の意図が現実に適合させせられるので、ある程度の時間が経過した後では、もはや改革前の状態と後の状態は区別できなくなってしまう。これまでの実践を改革のレトリックで新たに記述することは、改革者の目標の観念によって煩わされることもなく、しばしば比較的問題がないように思われる。もしそうであるならば、このことは、言葉による議論が続けられるときは改革が成功したと見なされ、うまく行かない状態が続く場合は新たな改革のきっかけが与えられるということの理由となりえよう。

公式組織の非常に局限された断片——たとえば女性の聖職への容認——にも目を向けることで、これらのことすべてが変更されうるかもしれない。ある組織が、その環境の圧力のもとで改革を強いられ、自己記述をそれに対応して適応させるということはありうる。しかし典型的なケースでは、決定の前提と基底的な決定の間のカップリングは緩く、それゆえ変更の意図は枯渇する、ないしは意図された効果の外部で目に見えない変更が引き起こされることになる。改革は、実践的にはけっして査定されえない。

改革は、せいぜい自身の発話ルールを貫徹するだけであり、意図された作用を貫徹することはほとんどない。こうしたことは、経営上の、もしくは当局の会計制度[24]、あるいはカトリックの告解の道徳決疑論のような相対的にハードに規制された対象に当てはまるであろう。女性が、説教壇に立つことが許されるとして、本当に別様に説教を行うかどうかということについては、けっして詮索しないようにした方がいいであろう。

改革が改革を引き起こし続けることに消尽し、この言葉上での変化の活力に慣れてしまうならば、改革者と改革反対者の区別は、一段とその重要性を失うことになる。重大な構造変動は、社会内部の宗教システムの水準で生じるが、組織の内部へは十分にはコピーされえない。構造上の変動は、進化の形式は有しているが、計画の形式は有していない。構造変動は、予見不可能なかたちで作用するが、まさにそのように作用するからこそ、組織化され、組織に準拠した計画の水準では、作用の意図はせいぜいのところ断片的に吸収されるにすぎない。これらがすべて、改革に反対しているということではない。逆に、そうした計画のレベルで現実的に判断し、その避雷針効果を認めるのであれば、改革はより評価されうるであろう。また当の改革が、やってはみたもののそれほど状況を変えることができないときに、改革に関連した反省のループをシステム自体に組み入れることにより、一つの機能が満たされるということに気づかされる場合も、そうである。

改革への態度は、組織における指導者層の専門的自己理解に影響を与えている。今日のエリートは、かつてのエリートとは異なったかたちで働いており、まさに組織で働いているがゆえに、改革の開始へと向かう組織にとって典型的な傾向は同時に、態度決定に対する強制である。というのも、否定的な決定（「女性反対！」）もまた決定であるがゆえに、（どのような帰結を伴おうとも）組織において決定されることが可能であり、そして多くの場合、決定がなされなければならないからである。その結果、参与者も対応した選択肢の前に立たされることになる——この事態は、教皇教会か公会議教会かという十五世紀の争いにおいて、すでにはっきりと見ることができる。これは一方で、意見の相違を繰り返し生じさせる——それは個々人のそれぞれの伝記的な類いのアイデンティティという問題を伴うのだが——原因と見なされる。というのは個人は、改革が遂行されるにせよされないにせよ、ほとんどの場合それよりも長く生きるからである。このことは外部に対し、教会体制の内部ではつねに争いが生じているという印象を喚起するかもしれない。しかしここに、改革の前提問題と目標についての反省に向かう、いくたびも湧き上がるきっかけを見ることができよう。ヘルムート・シェルスキーは、大いに注目された論考のなかで「永続的な反省は、制度化可能であろうか[25]」と尋ねている。これに対する答えは、制度概念の解明を待たなければならないであろう。いずれにせよ専門家たちは（神学者、教育者、法律家、あるいは新しいスタイルの《ゼネラルマネージャー》も）、哲学にではなくその組織の改革中毒によって、反省へと駆り立てられていることが見てとれる。このことによって、今日の社会における宗教の場所を規定するための副次的な成果が得られるかもしれないが、組織化されていない宗教は、こうした形式では抽出されないであろう。

組織は、実践的な補助制度として設立される。人は、特定の所業を運命やアドホックな動機に委ねることを望んではおらず、それが信頼できるよう保証されることを望んでいる。組織を記述する際の基礎を設立の意図に置くのであれば、組織とは比較的問題のない手法であるように思われる。問題は、コストと意図されざる副作用のみにある。組織を、決定から決定を再生産するオートポイエティック・システムとして把握するならば、まったく別のイメージが得られる。これによって、（決定の作動に基づく）作動上の閉鎖と自己産出した不確実性といったメルクマールが強調される。一つ一つの決定は、その他の決定を観察し、後続する決定の必要を再生産する。いまや決定の前提も決定の結果と見なければならず、少なくともつねに新しい決定において継続される受諾とそれを再び浸透させたことの結果と見なければならない。そのように見れば組織は、つねに（同一の効果を有してはいるが）新しい決定により処理されなければならないという、自ら産出した不確実性の再生産のシステムとして現れ出る。このことは、なんといっても典型的にヒエラルキカルな組織の構造を説明する。というのは垂直的統合は、不確実性を確実性へと転換させるもっとも重要な手段だからである。

もし組織が自己産出した不確かさ、そしてまだ規定可能な未来によって存続するのであれば、社会の宗教という機能システムがこの種のシステムをよりどころにできるかどうか、また、どの程度までよりどころにできるのかということが問題になる。宗教が、特定のテーマを決定の自由裁量から引き離すために、決定の前提を聖典化することで事態をしのいでいることは明らかである。しかしながら問題は、これが組織の作動上の論理と両立するかどうかである。組織のオートポイエーシスは、組織に対し、そうした禁止もまた決定として登録するように強制する。しかしそうなると、組織はそのような決定を変更する可能性を排除できない。組織はその可能性を利用しないと決定するかもしれないが、しかし、もしそれが可能性として排除されえないのであれば、他のすべてが都合上の問題にすぎなくなる。決定のオートポイエーシスに基づくと、組織がその独自の作動上の可能性を排除することはできない。あらゆる排除の試みは、可能性を指示するものとなってしまう。こうしたことから、神がひんやりとした夜の香りを味わうために楽園の後背地で散歩し、蛇に地上を任せてしまうならば、事態は堕罪へと至ってしまうのである。

この考察は、宗教と組織とには原理的な両立不可能性が存在しないのかという問いを導く。このことが宗教の破滅に繋がらなければならないということはないが、しかしことによると、通常は危機と呼ばれてきた状況には繋がるかもしれない。もし組織が、自身が受け入れ、再生産するものすべてにおいてその決定を見てとるならば、これは信仰内容の脱構築へと行き着かざるをえない。そのような決定が《不可謬》であるかどうかということは、この問いにおいて何の区別もなさない。もはや問題は、別様に下されるであろう決定、あるいはそもそもまったく下されえないような決定までもが扱われることにある。決定は、その概念において、またその概念の遵守実行においてすでにそうなのだが、偶発的なものとして経験される。そして組織の未来は、まさにそこに基づいており、未来の決定の可能性の形式においてのみ現に存する（ゲーゲンヴァルト）ようになることができる。しかし宗教は、宗教がすでにそうであるところのものをあてにできることを、望んでいるのである。

第七章　宗教の進化

I

特定の宗教システムの進化を社会総体の進化と同一視することはできず、またそれは、社会における他の機能システムが分出し、それゆえに固有の力学をもって進化するような仕方で生じるということもない。宗教が区別された現象として認識可能であるときにはつねに、社会には他の種類の意味とコミュニケーションもまた存在しており、したがって広範な社会進化から出発しなければならず、社会総体の進化は問題とされない[1]。家政のやりくりの問題や、仕事の成果を確固としたかたちで記録するという問題と並んで、予言が相当な役割を果たすにしても、たとえば文書の進化を最終的に、またいかなる場合であっても宗教に還元することは不可能である。他方、宗教の進化は他の機能システムが進化する仕方からも逸れている。宗教の進化は、ずっと早くから始まっていた。宗教の進化によって初めて、社会において分出しているものとして記述できるシステムが生起する[2]。宗教の進化は——経済システムの分出が貨幣の導入を前提とする、あるいは政治システムの分出が権力行使のための公職の設置を前提とするということがいえたとしても——、ある特定の象徴的に一般化されたコミュニケーション・メディアや、その分出が必要になったことと一致するものではない。また、特定の象徴的に一般化されたコミュニケーション・メディアの成立を典型的にもたらすような動因も欠如している。つまり、特定の非常に特殊なコミュニケーションの受容が非蓋然的になるということである。このことによって、他の機能システムの進化との関わりが排除されるということはない。もちろん、ユダヤの宗教の預言者が与えた刺激が既存の王の支配を前提としていたことはよく知られており、仏教の〔ヒンドゥー教からの〕分離が既存のカースト・システムを前提としていたこともよく知られている。それはちょうど、貨幣の発明が、ギリシャの都市国家で《僭主制》への移行とそれに対応する政治的発展を励起したのと同様であり、あるいは中世末期における宮廷の形成が、とくにイタリアでは、もはや職人組合やツンフト、あるいは修道院と結びつかない芸術システムの分出を励起したのと同様である。[3] こうしたことから、ここでは理論的な一般化の可能性をけっして排除しないでおきたい。もしそのための一般的な理論的基礎が存在しないならば、《進化》についても、《分出》についても、また《システム》についても、語ることはできないであろう。とはいえ、宗教の進化の特殊性は、とりわけ注目に値する。社会の進化と特殊宗教的な進化との間の密接な絡み合いは、初期段階においては疑いを向ける余地がないであろう。初期の社会は、今日の社会とは別様に、またより強力に、宗教によって規定されていたという印象を与える。こうした特殊な状況にもかかわらず、またまさにそれゆえに、宗教の進化がいかにしてそれ自身を可能にしたのかという問いは、独自に練り上げる価値がある。そしてここでも、進化が問題になるのであれば、変異、選択、そして再安定化という進化に特有のメカニズムが宗教の場合ではいかなる位置を占めているか、そしてなによりも、いかにしてこの三者が分離できたかということを探究しなければならないであろう。

この種の問いに対して、マックス・ヴェーバーの宗教社会学が役に立つ先行作業を提供してくれると思われるかもしれない。しかし、それは適当ではないか、あるいは非常に限定された範囲でのみ妥当するにすぎない。もちろん、ヴェーバーの明らかに歴史的な問題設定は、この領域で企てられるすべての問題にとって依然として注目すべきものである。そしてまた注目する価値があるのは、極めて禁欲的で、超越的な救済という目標を志向する世界否定的な宗教性が、進化の上では非蓋然的であることが強く強調されていたこと——そしてこれらが特殊宗教的な在り方（アインシュテルンク）の分出と合理化の形式として、また《生活態度》の諸形式として強調されていることである。この非蓋然性は、心理学的に基礎づけられるのみならず、宗教的実践のすでにある形式との関連においても基礎づけられる。これらはすべて、今日では進化理論の枠内で概念的により厳密に取り扱われうる主題である。しかし、何よりもヴェーバーの関心は、第一に経済システムが近代の《資本主義》へと進化する条件の解明に、つまり他のシステム準拠に向けられていたということがいえる。ヴェーバーは、同時代の方法的観念に縛られていたので、それを説明するためには、因果的に作用する動機要因が必要だと考え、（他の因果性についても適切に認知したうえで）それを宗教のなかに見出したと信じたのである。彼は、この転轍を引き起こしたとされる宗教上の動機に特有の力（ヴフト）は、まさにその非蓋然性から説明されると考えた。これに対してどのような態度をとるのであれ、(4) 膨大な労力を費やした比較研究によって練り上げられたヴェーバーのテーゼは、進化理論の外部にある。(5) たしかに進化理論の中心テーマは、非蓋然的なことが蓋然的になることであり、これはヴェーバーの問題でもあるのだが、しかし、これに答えるための進化の理論は、別様に構築されている。進化理論は、とくに強力に作用する原因に依拠するのではない。もしそうであるとしたら進化理論は、因果の帰属という終わりのない問題へと消えてなくなってしまうであろう。そうではなく、進化理論は《偶然》に、思いがけない（システムによって制御されていない）変異と選択の作用連関にとりわけ依拠しているのであり、しかしまたそれと同時に、新しく成立した形式が、その独自の欲求、動機、ゼマンティク、安定性を産出する事態に至るまでは利用されうる有益な状況が偶然に準備されていることにも、依拠しているのである。

以下の考察は、このような特殊な意味で、進化理論的に行われている。しかし、ヴェーバーを熟知している読者は、彼を折に触れて思い出すことであろう。

II

ここで依拠する進化の一般的な概念は、先に紹介したとおりである。[6] それによれば、形態発生的な問いの進化理論的な取り扱いではつねに、とりわけいかにして変異の形式と選択の形式が分離されるのかということに着目しなければならない。今日では（たとえば進歩の方向を伴った時代区分のなかにではなく）ここに、進化理論に固有の特徴がある。加えて、変異と選択の結合は、偶然として取り扱われなければならない。そうでなければ、《分離》について語ることはできないであろう。これにより、一方では因果法則的な決定論は否定されるが、しかしなによりも、そして広範囲にわたり、進化のこの二つの必要条件のシステム的な統合はいかなるものであれ否定されることになる。これだけでもすでに複雑なこの理論構築に基づけば、さらに次のようなことが察知されうるであろう。すなわち、（システムによっては調整されないという意味での）《偶然》がとりざたされる場合はつねに、システムの作動上の閉鎖にもかかわらず、環境が影響を及ぼすチャンスが予想されるということである。システムそれ自体は偶然にさらされているが、システムはこの偶然を無視するか、あるいはそれが生じた場合は好機として利用することができる。要約すれば、進化するシステムは、変異と選択の調整が不十分であることを環境に対する敏感さに転換し、利用することができる。システムは、変異の《多様性プール（variety pool）》からの選択にいかなる規則も設定しないことによって、環境からの影響に自らをさらしている。そしてこれが決定的なのだが、それゆえにシステムは、一時的な環境の条件を、自分では実現させることができなかった構造構築のために利用できるのである。

　宗教の進化の場合は、特別に以下のことから出発しよう。すなわち、慣れ親しまれた／慣れ親しまれていないという差異、そしてさらには此岸／彼岸という差異に、持続的な変異の動因が存在しているということである。この区別の《他の側》は、此岸での通常の経験的な制限なしに考慮に入れることができ、また入れられなければならない。ここではさしあたり想像力に――区別の《再参入》を通じて此岸で自己自身に引かれる境界というのであれば別だが――いかなる境界も設けられていない。というのは宗教の場合にも、あらゆるリアリティの経験は、システム作動に対するシステム作動の抵抗により、またコミュニケーションに対するコミュニケーションの抵抗により、生み出されなければならないからである。外からもたらされるような、いかなる情報も存在しない。システムは、自己自身を規律づけなくてはならない。

　宗教上の進化の初期に関しては、比較的影響が少なく、なにより後に注意を引かないくらいの仕組みがあったと考えなくてはならない。このことは秘密保持というコミュニケーション上の実践に当てはまる。すなわちタブー化することや、聖なるものに接することができて知識を主張することができる人びとが、聖なるものを比較的実務的に扱うということに当てはまる。宗教上の行為は、外に向かってはそのコミュニケーションを演じるなかで、呪術的領域や儀礼的領域で形式に固定化されたものとして――ヴェーバーの用語法ではステレオタイプ化されたものとして――現れる。このようにしてのみ、意味についてのコミュニケーションは理解可能となる。また同時に、ここにはコミュニケーションと宗教の関連を理解するために不可欠な条件の一つがある。その際、宗教が何を《意味する》かということについて、練り上げられ、また専門家たちによって執り仕切られた先行理解が必要とされることはない。しかし、ここには逸脱を正しい革新として想起することを妨げるような潜在的機能も、また存在している。つまり、この時代には、男子集会所（メナーハウス）で保存されている先祖の骨がときどき入れ替えられているにもかかわらず、[7] また呪術あるいは予言を行うのに不可欠な徴（ツァイヒェン）が必要に応じて調達されなければならないにもかかわらず、変異と選択について実際に行われるようないかなる区別も存在していなかった。[8] 宗教は、ほとんど無前提なところで始まり、循環（リクルジオン）を発展させ、そしてそこに宗教固有のオートポイエーシスを発見することができるのである。

　それゆえなによりも呪術は魅力的であり、想像するのが容易である。というのも、問題となっているのは本来もともとよく知られている自然な経過と技術との並行的構成、すなわち彼岸へと移転された並行的構成にすぎないからである。呪術は、良き結果を保証するための冗長な確実性として行われうるか、あるいは、どのみち浮かび上がってくる運命を変える試みとしても行われうる。呪術とは、成功と失敗についての独自の説明を伴い、複製（コピー）するという手続きにおいて獲得される変種である。けっして、うまくいかなかったからといって直ちに放棄してしまうような、成功が約束された処方箋ではない。また呪術は、（すでに生じてしまった！）個人に襲いかかる奇妙な出来事を説明するためにも利用されうる。さらに、起こりうるすべての生活上の問題との密接な絡み合いや呪術に内在する安定性が、それとともに進化のなかで広く行きわたり、また抵抗力をつけていくことも、特徴として挙げられる。近代においてでさえ、呪術に関する信仰を撲滅することはできず、なんといっても、それを信じているかいないかを問う必要も決断する必要もないので、それはなおさらである。[9] 呪術は、他の世界の現前（ゲーゲンヴァルト）を確かめるものであるが、それでも日常経験に密接に沿って行われるので、一貫性の問題は、この世とあの世の間の関係で現れることはなく、諸々の状況の間の関係において——たとえば、ある人が以前は元気だったのに、その後病気になってしまったというように——現れる。宗教的な意味のつながりと日常実践的な意味のつながりは、きちんと区別することができる。犠牲（いけにえ）を焼く炎の煙が上がらなければ、それは悪いしるしかもしれない。しかし火打道具を忘れてしまったのであれば、それを取りに行きさえすればよいのである。

もちろん、宗教の問題が《理性的な合意》に委ねられることは、けっしてない。宗教が《合意の発見》の過程を通じて進化することは、けっしてない。むしろ、対象物あるいは《準対象物》を利用することで、社会的調整が引き起こされる。[10] 進化は、この客体のレールを用いることができ、また他のより複雑な状況によりよく適合した準対象物を、代わりに用いることができる。かくしてトランス状態から預言者が生じ、形而上学は、世界を完全にこの世のなかに収めておくために、最終的には可視的なものと不可視的なものとの区別を提供するのである。そうすることで、犠牲と儀礼は複雑な統一として演出され、またそのことによって客観化される。その不可避性とチャンスについては、意見はさまざまであるかもしれないが、しかし執行の仕方それ自体について異なることはない[11]。

たしかに宗教的進化の初期の時代において、適応的な変異は認識されるが、しかし変異と選択のメカニズムの分離は、本質的には認識されえない。それゆえ、そこではすでに社会的分化が前提とされており、この境界が、厳密な結合と実際的な処理との間の分離と連関作用とを可能にする。したがって、次のような問いが問題になるときは、こうした差異から出発しなければならない。すなわち、いつ、そしていかにして、宗教がつねに別の形式での単なる反復から、宗教的コミュニケーションのシステムは再安定化されなければならないという帰結を伴って、むしろ非蓄然的な形式の選択へと移行するのかという問いである。

しばしばそうであるように、ここでも見出されるのは、境界は、差異を暴露しその統一を隠蔽するがゆえに、創造的な構造であるということである。聖なる諸力を取り扱う資格があることとそれがないこととの差異に基づいて、システムは成長し、新しい形式を形成することができる。システムはここで増殖し、状況的役割から、世襲を伴ったないしは特殊な適性への要求を伴った専門的役割へと移行することができる。また、知識、能力などを蓄積することができ、問題となる状況への権威や責任を形成することができる。呪術師、シャーマン、聖職者という異なる役割が成立する。いまや無力な、しかし無辜ということでもない一般の信徒の視界からは、二つの境界、つまり権限をもつもの／権限をもたないものというラインに基づく社会的差異および不気味な彼岸の権力と此岸の日常世界との差異がなくなるか、ないしは互いに補強しあうということになる。

専門家たちによるこのような《位階制（Hier-archie）》の内部では、ある自己閉塞が生じたのかもしれない。この閉塞は、日常の欲求の極めて臨機応変な取り扱いを困難にさせるか、あるいはこのことに注意が払われることなく、それを生じるままにさせておくであろう。そうであるならば、これは相互の観察の問題であった。徹底的な変動は、忘却（これはありがたいものでもあるのだが）を妨げるために文書が導入されたことによって初めて生じる。[12] この発見は、パラドクス的ではないとしても、分裂的に作用する。文字の発明は、それが構造の維持と反復利用に向けて企てられ、想起についての明らかに宗教的な評価を備え付けられるならば、同時にこれまで有効だった安定化のメカニズム、つまり逸脱を承知しないことと伝承しないことというメカニズムを破壊する。文字は、なによりも家政の《経済的な》領域と法的な領域で、あるいは起こるかもしれない逸脱を可視化するために発明されたかのようであり、またこのことは、すでに文字と言語のあらゆる調整に先立っているように思われる。[13] しかし、それが言葉にされ、そして最終的には近東の多言語地域でも音声文字化されるやいなや、記録という文字の目的を越えて、新しい種類の差異が成立する。つまり、口頭のコミュニケーションと文字のコミュニケーションとの差異である。[14]

意味を顕在性（アクトゥアリテート）と潜在性（ヴィルトゥアリテート）の統一として理解するならば、文書は潜在性の領域の無限の拡大として理解することができる。顕在性は放棄されてはならず、また放棄することもできないが、しかし書くことと読むことの顕在性は、相互行為の社会的強制からは負担免除されており、そしてコミュニケーション（それとともに意識）を完全に意味体験の潜在的な側に集中させることができる。ここから、新種のより抽象的な秩序への強制が生じる。というのは、どんな突発的なことでも世界へ収容するなどということは、明らかに不可能だからである。何かが可能であると表象されるまさにその時に、もっともらしさに特有の条件、つまり、現実化しうることの条件が満たされなければならない。

この二つの成果、つまり聖なることがらを取り扱うための権限の分出と文字の普及の二つが合一すれば、相当な影響が期待されうるであろう。進化の帰結は、さらなる進化の条件を変更させる。権限が与えられるのに応じて、文字の支配を可能にし、またそれが重要であるところの人びとの圏域は限定される。それゆえに、文字についての知識が、さしあたり多くのケースで秘密の知識として取り扱われたのも、もっともなことである[15]。これは、《文学的記述》の帰結の吸収をも容易にしたに違いない。しかし、それだけになおさら知識そのものの文字化によって進化の新たな局面が始まったということが、仮定されうるのである。印刷術の導入の後であっても、そしてまさにその後にこそ、文字の宗教上の意義はさらに一層強調される。まさに文字というものは、秘密を侵害することなく、宗教の秘儀的な学問を可視化することに適している[16]。そして文字は個々人に、自身のコミュニケーションへの参与を自身の行動として経験し、また自身の人格の構築にとっての副次的効果を分岐させる機会を与える[17]。

もっとも、すべての高度宗教が発生と伝承のなかで文字に従属していたということではないということを、さしあたり認めなければならない。なによりもバラモン教と仏教はここでは例外をなしており、このことは、ことによるとますます強化されていく儀礼化への傾向を、十分に説明しうるものかもしれない。文字は比較的後になると自由に利用できるようになったが、そのことも事態を大きく変えるものではなかった。それにもかかわらず、文字が宗教に作用した場合は著しい結果を生ずるということには、疑いの余地がない。このことは、多くの個別的な例で裏づけることができる――たとえば、さしあたり純粋に決疑論的に収集された予言による知識が有利/不利という記号によって二値的にコード化された方法的知識へと研磨されていくことにおいて、また、いまや可能となった比較に基づいて偶発性の意識を先鋭化させるということにおいて、さらには、(たとえば系譜学によって満たされなければならない)[18]時間的地平を拡張することにおいて、そして、過ぎ去ったものをいまなお作用している《起源》として現前化する可能性のうちにおいて、そしてとりわけ、不在のものを象徴化する可能性を拡大することのうちにおいて、裏づけられるのである。しかしながら、人間だけではなく、神々もまた、書くことができる。神々は――メソポタミアではさしあたり運命を決定の会議で確定するために――、記録をつける[19]。キリスト教の領域では、最後の審判で提出され、決定の根拠として用いられうる罪の記録という形式で、それがなされる。天の記録簿それ自体は、運命への信仰から人間の決断の自由をよりよく顧慮した所業の是認へと発展する。なぜなら天国では、動かしがたい記憶を、いわばこの世で実際にあった出来事の写真さながら、自由に用いることができるからである[20]。これによって、呪術が民間信仰として廃絶されえないにもかかわらず、また固定的な記録簿が祈りの力を信ずることと矛盾するにもかかわらず、少なくとも他の宗教の呪術信仰を忌まわしいものとして棄却することを可能にする意味表出の選択肢が、宗教システムに導入される。

　進化が進化へ波及する効果を問うことで、ここでは汲みつくすことのできないこの複雑な連関のなかに、これまでほとんど取り扱われてこなかった特殊問題が形成される。文字は、逸脱と忘却による変化を排除することによって、それまでの変異の自己安定化と縁を切る。文字は、変異と再安定化の間に、新たな過程を差し挟む。つまり、積極的なものであれ消極的なものであれ、構造変化の観点のもとでの変異の選択を差し挟むのである。というのも、テクストは――まさにそのためにあるのだが――同調的な意味提案と逸脱的な意味提案との差異を認識可能にするものだからである。

さしあたり、まさにこうして成立した文字を宗教が完全に独占するように思われる。文字は、神々の世界を馴致するためのもっとも重要な手段となる。すでに述べたように、メソポタミアの神々は運命を文書で、それによって読解可能なかたちで――もっとも、わずかな人しか読むことのできない秘密の記号によってであるが――固定した。予言、つまり宗教的な生き方の助言は、文書に精通したエリートのことがらとなる。これに対して、口頭による文化の古い伝統や、夢、幻覚、トランス状態への回帰のもと、予言者の宗教が発展する。ここでは神は活動的になり、予言者にそのつどインスピレーションを与え、指示を与え、警告をし、そして自らの意志を表す(21)。いまや神は、人格神として考慮すべき意志の力および観察する神として、そして介入する神として示される。政治と宗教は互いに分離する。とりわけ表音文字が利用できるようになったことから、こうした展開もまた、さっそく文書により再び捉えられることになる。予言的に証言されたコミュニケーションの出来事は、文字によって報告される。信じがたいものにもっともらしさを与えなければならない報告は、その場に居合わせている者の反応をも組み入れる。それは描写され、物語となる。もっともそうなると、宗教はつねに新しい介入に対して自己を守らなければならない。このためには、またもや文書が必要となる。予言者は、自身の神が語ったことを受け入れるか、あるいは自ら語る。最終的には、シナイの例にあるように、テクストが神自身によって記述される。しかし、霊感を与えることでコミュニケートし、そしていつでも介入する準備ができる観察者として人間生活を導くという神の表象は、存在し続けている。

文字によって初めて、伝統の概念が可能となる。この伝統という概念は、教義化と、それゆえに情報を無効にするために持ち出され、また伝承を優遇するという意味で用いられうる。そのように事が運ぶ限り、選択が安定性を保証する。文字は、保存に値する聖なる知識を視野に入れつつ取り扱われる。しかし、そうする必要があったということではなく、またいつでもそうであったということでもない。テクストは現実の欲求と対決する場合、簡潔なものであり、不明瞭なものである（十八世紀には、崇高さが賛美されて語られた）。テクストは解釈を必要とし、またそれを可能にする。そして、進化理論的な考察に導かれるならば、再び以下のように推定してもよいであろう。すなわち、進化理論上の変異、選択、再安定化のメカニズムの破損個所において、偶然が作用しうるということである。それが意味するのは、そのときどきに、一時的な理由からとくに強く納得されるものが、コミュニケーションにおいてもっともらしさをもって主張されうるということである[22]。

ここから出発することによって、典型的な書物宗教について見出されてきたような、こうした問題のもっとも安定した解決法の一つを理解することができる。つまり、タルムードにおいて（比較的のちにではあるが）練り上げられた、トーラー解釈の理論のことである。この教理は、文字によって与えられたテクスト、神が世界創造の下敷きとして用いたテクストから出発する。しかしながら、ヤハウェが過去の神であり未来の神でもあるがゆえに、このテクストは文字と口述による伝統化のために与えられている。人びとはテクストに頼らざるをえないが、それを解釈することもできる。口述的解釈は、まだ未知の未来へと適応するための道具である。こうした解釈は、ラビの多数決によって行われる。ラビの権限は極めて広範囲にわたったので、彼ら自身、決定の時点でははっきりと宣言されていた神の見解から逸れてしまうこともあった。それについては、《アクナイのかまど》という有名な事例が報告している[23]。この形式のうちに、文字伝統のなかに組み入れられた文字の欠点についての反省が見出される——しかもプラトンの文字に対する論難とは異なり、固定されたテクストに基づいて、明示的に、現在はまだ規定可能ではない選択のための未来を開いたままにしておくような反省である。第二神殿の破壊後、自身の政治的支配による保護がないなかでユダヤ教の宗教的および法的な生き残りを可能にしたのは（あるいはまた、この問題について、それが歴史上登場したことをきっかけに発展させられたのは）、なによりも文字の取り扱いのこの形式であったのかもしれない。それに対して、キリスト教の領域や、同様にイスラム教においても、文字はなによりも、神学的思弁へのきっかけを与え、また非一貫性が現れ出たり、宗教分裂が生じるきっかけを与えた。そしてユダヤ教においては、宗教と法のあらゆる国家的政治的な防護を欠いていたことが進化的に分化していくことの要因であったかどうか、考察されよう。

文字は引き金であったかもしれないが、しかし何が高度宗教として成立したかということについては説明しない。高度宗教の成立は、オートポイエティックな諸システム一般の成立と同様、安定性に関する別の原理への突然の移行であり、厳密にシステム理論的な意味では、宗教的な破局である。それゆえに古い聖なる形式は——たとえば聖なる場所の上に新たな建物を建てることによって[24]——、抑えつけられる。それゆえに、新たな、そして突飛な要求が立てられる。それゆえに、復活と回心といった突発性神話が生じ、それゆえに、宗教が考えているように、間違った側、つまり災いに満ちた生が選ばれることはなく、本来は選択の強要として拒絶することもできたはずの一選択が強制されることとなる。そしてそれゆえに、少なくともいくつかの高度宗教に対して独自の《信仰》のメディアを限定づける、《内》と《外》という明確な区別に至ることになるのである。このメディアのもと、形象と神話を練り上げることで、著しい複雑性へと向かう独自の発展が生じうる。もっとも、それが成功すればだが。

III

宗教と道徳の関係は、宗教の進化に影響を及ぼしたもっとも重要な事態に属している。宗教がこの世に関連したいかなる普遍主義的な要求も立てなければ、これは問題のないものだったであろう。しかし世界宗教が登場したとき、世界には道徳的に善き行動と道徳的に善からぬ行動、それどころか悪しき行動すら存在するという問題が立てられることになる。《堕罪》、つまり創造に対する特殊人間的な貢献の演出は、世界へ道徳のコードを導入した。そうとなれば、もはやその後、人はこの帰結から逃れることはできない。道徳的な判断をしなくてはならないという義務を感じているが、さらにやっかいなことに、自身もまた道徳的に判断される。

堕罪の神話は、さまざまな解釈を許している。道徳の導入を悪魔の仕業と見ることも可能であり、それに対応して、地獄を道徳の貫徹として記述すること、つまり魂の苦悩をもって肉体的な苦痛と置き換えることも可能である[25]。しかしそうであっても、なぜ神がこれを許容するのか、いわば正当な罰として罪人を道徳にさらすのか、という問いには答えられない。宗教のコードと道徳のコードという二つのコードは、発達した諸社会においては普遍主義的な目論見を追求しており、そこから、いかにしてこの両コードの関係が規制されるかという問題が生じることとなる。

この争いは論理的にも認知的にも解決することができない。しかし、だからといって問題は世界から取り除かれることはなく、人は、どちらの側から世界に切れ目を入れるのかを決定しなければならない。出発点となる区別、すなわち《最初の区別（primary distinction）》に従属した形式で、再び出現する。たとえ宗教に優位を認めたとしても、善なる行動と同様、悪しき行動もまた可能である——ほぼ許されているといってもいいかもしれない——ことに対して、態度を決めなければならない。

宗教的な観念の進化にとってもそうだが、宗教的制度の進化にとっても、この問題は重大な意義をもっている。両者とも、《この世》による恒常的な挑発から逃れることはできない。もし、宗教的観念や制度が立脚するその信仰を信じるというのであれば、それらは、信じるというそのことに責任を負わなければならず、また世俗のことがらに自身を関係させなければならない。さしあたりそれはミクロな出来事の恒常的な集中砲火となるかもしれないが、そこから選択と再安定化を通じて、教義上の見解と制度的慣習が発展し、そしてそれらが満たされなければならない諸々の期待を構築する。宗教は、どのようなゼマンティク的ならびに制度的鋳造のなかにあろうとも、道徳的にコード化されたこの世のことがらへ関わりをもつことを、ほとんど避けられない。宗教は、ただ鎮座していることはできず、喜捨のために手を空けておくこともできない。古い世界における多くの社会では、宗教の役割と政治の役割の原理的な分離が、この問題に一つの枠組みを与えてきた。しかし、こうした分離によっても、この問題は、それがもはや顕在的になることはないという意味で、解決されえなかったのである。

それゆえ進化理論的見地では、善いないしは悪いと判断される行動様式の単なる現出が、宗教に選択への圧力をかけていると想定できる。だからといって、社会の道徳的規準を採用しなければならないということではない。しかし、いかにして宗教がそのような出来事に対する独自の規準を打ち立て、そして維持することができるかという問いは残る。宗教は、死後のさまざまな生の形式として楽園と地獄を区別することにより、こうした出来事に対応できるかもしれない。しかし、宗教はこれによって、激しく論争されてきた神学上の一貫性問題を背負い込む――たとえば、楽園と地獄の区別と原罪の教義学との関係、あるいは永遠の地獄での罰が神に帰属される慈悲（misericordia）と両立しうるのか、といった問題である。

これは、宗教と道徳の相互浸透という構造上の問題と比較すると、神学上の論争に委ねておける《より軽微な》問題かもしれない。しかしながら、中世における教会独自の裁判権の発達と初期近世の領域国家によるその廃止は、進化によって後に邪道とされる解決手段もまた発展してきたということを示している。構造的な進化上の獲得物は、しばらくの間は認められるかもしれないが、後には、それ自体を放棄するよう強いられるような危機へと至るかもしれない。総じて中世以来、道徳の個人への準拠の増大は――つまり個人の内的態度への準拠は――、可能な解決として決着をつけなければならない領域を規定しているように思われる。そしてこれがそうであるのは、個々人の個性なるものが、社会構造の進化に基づいて要求されたからなのである。

IV

いまや《伝統》が存在し、それによって変異と選択が分離しなければならないとするならば、さらなる進化にはどのようなチャンスあるいは危険が生じるであろうか。

進化理論的見地では、高度宗教は（この概念がいかに曖昧なものであり、またそのように分類することが困難な領域がいかに幅広いものであっても）それが選択のメカニズムを安定性に定位させるということによって定義される。つまり、高度宗教は選択と再安定化を系統だって区別するのではなく、自身の選択の仕方を、それも信仰命題の存続を志向するようなポジティブでもありネガティブでもある選択を探求する。また、この信仰命題は当の信仰に従って明確にされるのみであり、自身を変更することはない。このことによって、教義学の概念を定義できるであろう。

こうした事態は、さしあたりまったく異なる状況を顧慮することで生じた宗教的形式の総合化（ジンテティジールング）をめぐる努力のなかで認識される。これとの連関で、神々の世界は階層的に、あるいは家族的に、あるいは他のなんらかの仕方で構造的に秩序づけられており、脱恣意化されているといえよう。同時にそのように一貫性を保全することは、非宗教的な意味領域に対し、外側へ向かうより鋭い境界づけを行うことを意味する。宗教の外部にはいかなる宗教的意味も存在しないが、これはやがて諸宗教間の承認というよく知られた問題へと至るか、あるいはさまざまな神性を異なった名前で同定しようとする試みにも繋がる。宗教は、いまや支えを自己自身に見出し、まさにそれゆえに、この支えを宗教的な意味をその他の意味から区別する差異にも見出す。ヤン・アスマンはエジプトの宗教に関して、暗黙の神学から明示された神学への移行を語っており、またそれとの関連で、歴史の神学化についても述べている。[26] このような転換は、他者言及の優位から自己言及の優位へ移行するという流れのなかに位置づけられる。しかしながら両者とも、宗教としては、慣れ親しまれた／慣れ親しまれていないという区別を慣れ親しまれたものとすることに関連している。つまり、まさにこの区別の再参入に関連しているのである。こうした新しい意味での宗教は、いまや自己自身を再生産し、自己固有の境界、その歴史を再生産し、自己独自の回帰性を恒常的に再顕在化させるシステム、つまりオートポイエティック・システムであるということになる。宗教的ゼマンティクは完全に再定式化される。宗教的ゼマンティクは、文書によって固定可能な教理、つまり教義学になる。これは多神教の文脈でも生じうるが、それは、この文脈がギリシャの場合のように、貴族階級の系譜づくりと密接に絡み合い、そしてそれゆえに〔信仰に値するという点ではかなりの損失を負うが、神秘主義的な一連の祭式（カルト）によって補足されることで〕維持され続ける場合である。しかしながら高度宗教のゼマンティクは、自身の統一を象徴化することによって、もっとも確実な形式を――唯一神という人格のなかにであれ、ある宗教的原理のなかにであれ、特定の宗教に見られる双数（デュアル）のなかにであれ――見出す。

書物宗教が、またそれのみが、明確な一神教を生み出したということはしばしば論評されてきた。ここにおいてのみ、テクストにおいて裏づけされた神は、人が世界を目の当たりに見るとおりに世界を創設した世界神となる。すでに、観察者たる神の構築については論じてきた。すべてのものは、この観察者たる神によって創られたのである。なにものも、この神から逃れることはできない。《此岸》の生活におけるあらゆる日常の重要性にもかかわらず、存在するものすべてに対して、宗教の副次的な意味が考えられるようになる。そして宗教は、本来宗教が問題であるということを、個々人に納得させようと試みる。ジャンセニストもイエズス会士も、この観点をもう一度全力で宣伝したが、他方では同時に、地獄への不安は弱まり、貪欲は強まっていた。

この考え方には、あまり注目されてこなかった並行的構造が必要である。すなわち、魂の案出である。魂の案出は、死という臨界的経験や、他人の死を観察するところから生じたのであろう――ここにもまた、あるゼマンティク上の増殖を引き起こすような境界がある。すなわち、死後の生という観念を再参入として産出し、そしてそのために同一の基体、すなわち魂を必要とするゼマンティクである。誰しもが自己の意識の消滅を実際に想像できないがゆえに、これは非常にもっともらしい構築物であり、しかもそれは、厳密に文字に定位した書物宗教においてのみではなく、おそらく一般的に――祖先崇拝の形式であれ、死者の冥界という形式においてであれ、生まれ変わり（リインカルナチオン）の《グランド・ツアー（Grand Tour）》という形式においてであれ、現代のスピリチュアリズムの形式においてであれ――、見出すことができる。一神教の文脈では、神と魂という二つの境界概念が極端に分岐してしまったことにより、教義の構築のために、いわば構築中の形式形成にとってまだ手つかずのメディアのために補塡される必要のある領域が、作り出されることとなる。[27]

こうなると人間は、もはや単純にその運命に身を委ねることをしない。運命は、もしそれが強力な呪術を用いることなく宗教に影響を及ぼすことができるならば、宗教をそれこそ後から合理化できるのである。むしろ人間は――修行によってであれ、正しき信仰の内で強められた恩寵への希望によってであれ――、神と関わる形式をともに規定することのできる参与者である。しかしながら、この余地をもった文脈のもとでは、いまや、メディアにおいていかにして形式に至るか、そして諸々の可能性のルースなカップリングに直面していかにして魂の救済を規定するタイトなカップリングに至るかということが、鍵となる問いになる。救済の確実性は、事態を分極化させる問題となる。それも、いかなる種類の宗教もすでに神／魂－ゼマンティクを受け入れていることから、ここでは最終的な確実性を作り出すことはできない、という理由からである。いずれにせよ神は、もし正しい神であるならば、間違いをする可能性を認める。しかしこれをもって、基準の問題における不確実性が除去されることはなく、ただ増大するのみである。このことのはっきりした指標が、パラドクシカルな定式の出現である。徴候（ツァイヒェン）が外的であればあるほど（verbum solum habemus）、確実性はますます内的なものとなる。あるいは心配と恐れが大きければ大きいほど、選ばれているという確信は一層強くなる[28]。結局最後には、制度によるいかなる解決策も、秘跡によるいかなる解決策も、イエズス会的な生き方の助言のもつ緩やかな圧力によるいかなる解決策も、蓋然的な外見上の証拠によるいかなる解決策も存在しない――そしてもちろん、非解決による解決、つまり神の救済計画の認識不可能性を承認することによる解決策も、存在しえないのである。

ルターが《文字》を強く強調したことも、この状況ではむしろ後ろ向きのコンセプトである。文字によって伝承されてきたテクストのうちには、論拠と事例、そして一貫した罪への反駁――つまり説教のための豊富な素材――が見出される。しかし、事態はそう単純ではなく、最後の審判は――善人にとっても罪人にとっても――まったく驚きに満ちたものであるという警告も含まれている。十字架上の最後の言葉もまた、宗教は自身についての情報を放棄しているということを示している。こうしたことは、記述されてはいるが、忘れるか、あるいは単に口に出さないでおくことができる。しかし、神／魂－ゼマンティクは、テクストがもはや形式の確実性を提供せず、せいぜいそれに代わってなおも維持できるような補足を提供するにすぎないというところにまで、宗教的信仰のメディアを融解するのである。

そして世界は結局のところ、もはやそこにおいて神の愛を確実に証明できる十分なテクストではない。神は事態を十分に配慮しているかもしれないが、しかしいかにして私はそれを知りえよう。神は自然のなかには観察されえない。神は、わざと見えないままにとどまっているのである[29]。自然それ自体は、無限のさらなる問いが尽きないという空虚な状態へと消失していく。「では、私の自由な宗教的霊操（エクゼシティエン）には、かくも多くのけっして私を誘惑することのない星々や、大陸とその島々、過ぎ去った過去の世紀、コガネムシ、コケ、そしてすべての動物界と植物界は必要なのであろうか」と、ジャン・パウルははっきりと、途方に暮れながら問いかけている[30]。結局のところ世界とは、一歩前に進むごとに、それによって規定されるものを一つひとつ名指そうとするたびに、ある到達不可能なものへと退いていくような極めて外的な地平にすぎない。というのも、規定されたものがどこから、また何から区別されるかというさらなる問いが、つねに立てられうるからである。

こういった所見を、いかに解釈すればよいのであろうか。マックス・ヴェーバーが主張するように、これを現世拒否や、現世での禁欲合理性へと換算することはほとんどできないであろう。これはせいぜいのところ、はるかに一般的な問題の一つの変種にすぎないであろう。これに対して、進化理論的な見地においては、かつて妥当していた選択と再安定化の連関の解消を見ることができる。存在論的形而上学の宇宙論や、その自己規範化を含み込んだ自然概念も、また特殊宗教的な、ここでは聖書によるテクストの伝統も、以下のことを前提としてきた。すなわち、世界は神に創造された事実性のなかに、正しい選択の認識可能な基準を含んでいるということである。ここから人は変異に耐えることができ、またそれどころかそれを拡大することもできた。というのは、人はつねに安定性に基づいて選択し、革新もまた（なによりも古き良き時代への回帰として）再適応可能であると考えることができたからである。これは、階層化された社会に対応している。すなわち、あらゆる揺らぎにもかかわらず、自然の正しさの表象、確固とした諸々の場所の秩序の表象、そして完全さと堕落の区別可能性の表象を放棄することができなかった社会である。しかしながら、それは階層化から機能的分化への移行に伴い変化する。しかも、極めて幅広い前線において変化するのである。

選択の基準は、いたるところで安定性についての見込みを放棄しなければならない。経済の領域では利潤という基準が、政治の領域においては時間に拘束されながら困難を巧みに切り抜けつつ、しかし道徳的にはもはや固定不可能な国家理性が、そして後にはあらゆる変化と両立しうる《国民主権》の概念が、親密な関係の領域においては情熱的な愛、次いでロマンティクな愛が生じる。救済の確実性が決定不可能であるという問題とともに、宗教はまさにそれと並行する問題に突き当たる。変異、選択、再安定化という進化上の諸機能が完全にカップリング解除され、その連関において、もはやシステム的にあらかじめ形成されえない社会の状況へ、宗教もまた陥っていく。これによって進化は、全面的に偶然の出来事となる。これが意味するのはけっして、任意のことが起こりうる、あるいはあらゆる可能なものを覚悟しなければならないということではない。偶然は、まさに近代にとっては秩序づけられた情報処理へのきっかけと見なされるのである。また、このことが意味するのは、宗教がその機能をもはや満たすことができないということでもない（同じことが当然、経済、政治、親密性等などにも当てはまるということになろう）。またこれが、個人がいまや心理的に不安定化され、（それが意味するのが何であれ）魂なしに生きなければならないということを意味するのでもないというのは、なおのことである。しかし、おそらく次のことは意味しているのであろう。すなわち、絶対的な基準についてのあらゆる主張は、いまや社会的な弁別を遂行しつつ作用するということである。つまり、信じる人もいるし、信じない人もいるのである。

十八世紀には、いたるところで基準の問題が主題化される。経済では市場の成果が偶発的であることについて、政治では《間国家的な》関係を自ら整序する主権国家の形態について、科学では帰納的推論の根拠づけ不可能性について論じられた（ヒューム）。愛については、ただそれが愛し返されることが問題となる限りにおいて、論じられた。また芸術では、模倣の原理は放棄され、基準は趣味に関係づけられる。また美学理論を発展させる哲学者には、芸術作品と関連した趣味も判断能力も期待されえず、ただ理論構築技術上の能力のみが期待される。宗教には、このような基準の放棄はほとんど要求されえない。宗教は、その代わりに多元主義と寛容といった上位の観点で、我が身を救うのである。

しかし、いまや全体社会システムが提供する決定的な解決は、《文化》の発明にある。争うのではなく、比較するようになるのである。この点については後で問題にしよう。

V

長い独自の進化の終わりに、宗教についてのミュニケーションが問題になる。しかも、宗教自体にとって問題になるのである。このことはいずれにせよ、高度宗教の形式が維持されなければならないとき、つまり進化が依然として、あらかじめ与えられた安定的な教義学に基づいて選択されるとき、いずれにせよ妥当する。というのは、いまやこのことは、社会の変動が著しく速まっているという状況において、宗教システムそれ自体は相対的にゆっくりと進化するという結果となるに違いないからである。すなわち、核心を保持しつつ、教義を慎重に変更していくという結果となるということである。受け入れるか、それとも拒否するかということは、この核心において慎重に吟味されなければならない。

《脱構築流の》用語法で、宗教的コミュニケーションは次第に《遂行的(パフォマティフ)矛盾》へと巻き込まれていくともいえよう。宗教的コミュニケーションが何かを主張するならば、なによりもまずそれが主張されなければならない。宗教的コミュニケーションの確認的(コンスタティフ)な側、つまり、それはそうであるということの伝達は、伝達それ自体により不確実なものとなり、それどころか信用を失ってしまう。記述されたものであれば、それはすでに間違いだといえよう。というのは、それがいつ書かれたのか、また誰によって書かれたのかをすぐに問い合わせることができるからである。依然として、物語の要素《筋書き》の意味での《神話》と内的な一貫性の制御は、もっともらしいかたちで作用しているかもしれない。しかし、ゲーデル、エッシャー、そしてバッハのように[31]、どの点でこの一貫性の解決不能な問題が可視的になるかを見つけ出すことは、つねに可能である。人は、信仰を可能とするために、いつであれ信仰を欲していなければならないのである。

いくつかの高度宗教は、他のものよりもさらに、独自のコミュニケーションに伴うこうした困難さ（それを受け入れる場合にだけではない！）に関わっている。こうしたことは、教義的そして組織的な硬度の度合いに依存している。この困難さは、けっして《宗教の終焉》の兆しとして評価されうるものではない。しかしそれは、宗教を適切に記述することを可能にする、概念の抽象化を強いる。

この議論は、補足することもできる。宗教は近代の条件のもとでも、あるいはそこでこそ、社会の他の機能システムから明確に自らを区別する。宗教は独自の機能を満たしており、社会の他のいかなる機能システムも利用することのない、ある独自のコードに定位する。宗教は、内在的に経験可能なものすべてを超越に関係づけるならば——この要請がどのようにゼマンティク的に履行されようとも——、自らを宗教として認識する。このことから、近代の世界社会には、世界規模で作動している宗教のための機能システムが存在すると考えるしかない。この機能システムは、他の機能システムから区別することによって自らを宗教として規定している。その限りで、複数の国家をもった政治システムや、複数の市場を備えた経済システムの場合と、まったく異なった状況にあるということではない。宗教のシステムもまた、多くの宗教へと断片的に分化していることが分かる。こうした諸宗教は、信仰が提供するものが特定化されなければならず、またこれが不可避的に多様化へと至るということを考慮に入れている。その際、異なった諸々の伝統が顧慮されうる。とりわけ、宗教がとりざたされる場合、何が問題になるのかすでに周知であるということを前提にできるような高度宗教においてはそうである。しかし、さまざまに異なった社会的状況に反応し、あるいは近代社会が生活態度の諸形式で引き起こすものに対して抵抗するためのさまざまな理由に反応するような、新たな形成物もまた考えられるであろう。決定的なのは、宗教の世界システムはそのような内的分化を、教義学や組織によってブロックする、あるいは抑圧するのではなく、逆にコード化の解釈の必要を通して、まさにそれを可能にするということである。カトリック教会からブードゥー教に至るまで、またスピリチュアリストの顕現（インカルネチオン）信仰から仏教の禅宗に至るまで、どれもいまだ宗教である。これは、ある聖なる中心的神秘ゆえにではなく、あるいはまた信仰の条項が互いに翻訳可能であるからではなく、あらゆる宗教的形式が、社会内部で別様に志向する機能システムから宗教として自身を区別するからであり、しかしまた、宗教から離れた日常のコミュニケーションからも自身を区別するからである。それも、環境がこの区別を同時に実行しているかどうかとはまったく関係なく、自らを区別するのである。構成的原理は統一ではなく、差異である。世界社会的な宗教性の文脈全体においては、今日では多様性も、またそれゆえに進化のチャンスも、十九世紀に予測できたよりもずっと大きいように思われる。もはや近代的な確信の手段へのいかなる類いの接続をも求めていない祭式（カルト）のなかには、ほとんど無前提に生起する新たな始まりが見られる。聖職者よりも、呪術師の方が多く見られる(32)。宗教のコードを直ちに与えてくれる、あらゆる種類の香具師、魔術師、また安売り業者が見られる。普遍性を主張することを断念し、選択された伝統の要素にしがみつく原理主義者が見られる。形式の提供を活発に保とうとする、専門的な神学の内部における知性化の現象が見られる。多くの点で、信仰の確実性を提示することよりも、コミュニケーションの方により目が向けられている。現代の神学者は、《対話》を好むのである。

表面的に見れば、現象のこうした高度の多様性、分散、そして可変性は、《システム》という想定に反するように思われるかもしれない。しかし、それは間違いである。まさにこのような仕方でこそ、宗教システムは近代の条件のもとで、再安定化という進化上の機能を果たすのである。どのように更新することを選ぼうと、また、そのことによって宗教システムに参入してくる諸宗教がいかに異なっていようと、それにもかかわらず宗教的コミュニケーションに関わる多くの人びとは、ある社会において自律した領域を形成する。そこでは、こういう人びとをもって、宗教は依然として存在すると表明することができる。宗教システム内部におけるさらなる進化を（組織的、そして教義上の中心化への起点が存在しないことをいったん度外視するとしても）、このような条件のもとに予見することは非常に難しい。しかし進化理論に従うならば、どのみち、進化とは予測可能な結果に至るものではない。

VI

これまで本質的に西洋の一神教的な宗教に定位してきたことから、ここでなおまったく異なった宗教の形態について、考察しておきたい。すなわち、インドの（ヒンドゥー教的、仏教的な）生と死の無限の循環における輪廻転生の教理である。ここでもまた、個々人の記憶の回想が扱われることはなく、それはまた、前世の経験、状況、そして反応様式を再活性化することで、現在の脅迫観念や遮断をそこからの心理的な距離を取ることを望むことによって説明しようとする、ブラジルの降霊術的な試みでもない。前世は、想起されえないことになっている――それは、宗教上の解釈のための一種の保証である。

この理論の枠組みは、死とは別の生への移行にすぎず、自由を得た部位はよみがえり、そして他の条件のもとで改めて新たに生きることを試みなければならないという観念のなかにある。

さらに、より良い状況と悪い状況という宇宙論的な位階秩序（ヒエラルキー）が前提とされている。人は——動物としてでなければ——、君主として生まれ変わるかもしれず、また道路清掃人として生まれ変わるかもしれない。どの状況が考察されるかということは、現世の生活態度、つまりなによりも道徳に依存している。つまり、この教理においては、より良い地位とより悪い地位についての確固とした教理が存在しており、現世での生活態度についての道徳的な判断の前提条件もまた存在している。

この教えは、社会の道徳的水準を改善する目的をもっていると推定することができよう。そうであるかもしれない。しかしこの《機能》を見通してしまえば、それがもはや効果を及ぼすことはない。進化上の獲得物という観点で関心を引くのは、別の問いである。すなわち、いったいいかにして、このように非蓋然的な構成が世間に広められ、また見たところ大成功して、宗教になることが可能となったのかという問いである。

この問いに答えるために、出発点とした状況に戻ろう。すなわち、階層的な社会と、それに対応した階層的な宇宙論である。もし排除という手段を選択するつもりがないのであれば、誰もがその生を送らなければならない状況が、こうした社会であり、宇宙論であるということについて、何の疑問も生じえないであろう。しかしながら、同時に社会は複雑であり、個性と個性の観察にとって、なんらかの仕方で埋められなければならない余白が生じる。このような状況において、階層化と個人化を組み合わせようとするコンセプトには説得力がある。これを必要とする状況に、個人的な功徳に向けられた輪廻のコンセプトが反応している。このコンセプトの成果は、歴史的な問題状況からも説明され、またこの問題の宗教的な（政治的ではない）取り扱いは、見出された解決策の長期的な再安定化を説明する。この解決策は、個々人の利得と相殺されるものではない。

それゆえに、変異、選択、再安定化を、少し把握しておこう。すでに太古の社会において、死後の生という観念が試された。それは、たとえばいかにして人は死を迎えるかという、その仕方に依存していた。変異は、何か新しいものを発見する必要はなく、またまったくなじみのないものを発見する必要もなかった。しかし、輪廻の教理によって初めて、この考えの体系化と普遍化が可能になった。そして、宗教が独自の問題を解決するためにこの思考を用いることができるならば、すなわち、個人化と階層化の分離に対して宗教の他の諸仮定に適合する意味を与えるという課題が果たされるとき、再安定化は続くのである。

VII

世界宗教の成立は、これまでの宗教の進化の上でもっとも重要な結果として数えなければならないであろう。これにより、多かれ少なかれ普及した宇宙論、つまり最終的にはある世界概念を伴う宗教が考えられているということではない。これはありがちな考え方である。むしろ世界宗教とは、その信仰内容をあらゆる人間に、人種的、民族的、地域的制限なしに提供できる宗教のことである。これは宗教史的に見ればけっして自明のことではない。それはユダヤの宗教には当てはまらず、また日本の神道にも当てはまらない。世界宗教が提供される場合には、人種的、民族的、地域的な支えは放棄されなければならない。それらは、具体的には扱われえない。これが意味するのは、自身の宗教の歴史的起源がしばしば忘却されたということ、あるいは触れられなかったということである。人間と見なされうるものすべてに、呼びかけられており、このことから、個人にとって大事なこと、重要たりうるものの多くが扱われていないということは、直ちに分かるであろう。

ある宗教によって提供されたものが世界宗教として定式化されうるのであれば、それは信仰内容にとってもー定の帰結をもつ。しかしこの帰結は、最初はむしろ否定的な種類のものである。宗教への接近がそれに依存しうるような家族的、民族的、あるいはその他の社会構造上のメルクマールは捨象されなければならず、また神々も脱地域化されなければならない。世界宗教は、特定の場所を選好すること、あるいは特定の人間集団を選好することによってそれ自身を際立たせてはならない。もっとも有効な定式化は、宗教ということがらにおいては、ただ信仰のみが重要であるというものであろう。そうなると、当の信仰が信仰に値するか否かは、信仰経験そのものから生じる。もしこれがあまりにも同義語反復的、あまりに任意な判断によるものであり、あまりに個人に依存しているという感じを与えるならば、このような経験も神のある特殊な恩寵であるということが示されるであろう。あるいは仏教が説くように、現象の世界の基礎、また同様に個人的信仰の基礎は《空》であるというところから出発してもよい。その空へと、あらゆる区別が埋め込まれるのである。そして、この空は、それを目指す誰もが、つねに反省において接近することが可能である。

世界宗教とは、宗教システムの分出にとって一つの重要な、ことによるともっとも重要な貢献であろう。それはいわば世界社会を先取りし、同時に非宗教的な源泉から生じうる正当化の可能性を（それとともにもっともらしさをも！）断ち切ったのである。社会学者として推察してよいとすれば、これは信仰の要件が強化されたという結果になるであろうし、またこれによって包摂と排除の差異、正しき信仰をもつ者と異端者、あるいはまったく信仰をもたない人びととの差異の先鋭化へと行き着くであろう。宗教は、集団的、あるいは領域的といった外的な支えを置き換えるという、つまり既知のものへ立ち戻ることをしないという、自己自身の要求と必然性のなかで揺れているのである。

そのような骨折りが、そもそもなんのために必要なのかと問われるかもしれない。答えはただ、それこそが宗教自体にとって、宗教システムの分出に接近可能となる諸形式の一つであるということに尽きるのである。

第八章　世俗化

I

コントの時代以来、社会学にとって世俗化とは、それをもって社会学自身を考えるところのテーマであり[1]、この特徴づけを否定することは困難である。社会学は宗教を扱う場合ですら、いやまさにそのとき、それこそ宗教的な信仰の格率から出発することはない。社会学は科学システムに属するために、《方法論的無神論》を育成している。それゆえに、宗教というテーマが現れるとき、社会学の自己記述は、宗教的に拘束されていないという意味での世俗化に合わせるほかはない。しかし、このことによって、世俗化は有意味な研究テーマの一つであるのか、あるいはコントの時代とは異なり、もはやそれについて何も述べるべきことのない自明のことであるのかということについて、いまだ何も分かってはいない。

宗教が衰微しているというテーゼ、社会的意義や個人的な動機への力を失っているというテーゼは、十九世紀から二十世紀初期にかけて確実な真理であると見なされてきた。これらのテーゼは、イデオロギーの振り幅の両側において、すなわち社会理論の進歩的な側からも保守的な側からも前提とされており[2]、それゆえにそもそも論争的には議論されなかった。世俗化の概念は、全体社会システムを引き合いに出し、一種の解明として、またそうでないにせよなんらかの記述として役立つはずだった。今日、この概念が学術的な文献のなかで用いられることは、ほとんどない。使えないものと、見なされているのである[3]。世俗化という概念は、非常に異なったもろもろの伝統を、一つの言葉にまとめてしまう。今日、宗教社会学者の間では、以下のことが決定的と見なされている。すなわち、語られうるのは《脱教会化》や《脱制度化》であり、あるいは宗教的行動への組織的干渉が減少しているということであり[4]、宗教的なものの意義喪失そのものが語られてはいない[5]。それゆえ、世俗化という方向に定められたテーゼは、われわれの時代の宗教の変容に対する、まだ多くが解決されておらず、しかもまったく未規定の問いに置き換えられる。このことから理論なるものから離れた経験的調査研究も可能となるが、しかしそうした研究は、いずれにせよこれまでのところ、明確な説明を可能にするいかなるアウトラインも獲得してはいない。

概念史からもまた、いかなる有用な導きも得られない。概念史は、あまりにも時代と結び付いた布置しか反映しない。《現世（Saeculum）》とは、罪と苦難というレッテルを付けられた、救済が必要な状態にある世界の標識であった。《世俗の頽廃》とジャン・パウルが名づけたのは、当時とりわけはっきりとしてきた、もっとも聖なるもののあらゆる形式の破壊であった[6]。《世俗化》――それは大量に貯め込まれた無用な教会財産の没収、あるいは教会の特権と高権の廃止であった。《世俗化》――これは、とりわけカトリックの諸国において、社会、学校、学問、個々人の自己規定的な生活態度への宗教的影響力の解体という理念政策的なプログラムであり、それは反教権主義的な《実証主義》という、コントの世界史の理論としばしば結びつけられたプログラムであった。世俗化は、未知の未来へ構造と差異を導入するに際しての諸目的を投射する視角としても把握できよう。二十世紀に世俗化について語られる場合、コント主義そのものがイデオロギーとして取り扱われるようになった後でもまだ、つねに宗教的問題について無関心な人びとの数が増大しているということを指摘することができ、また教会に通う者の数の減少、教会からの脱会者の数の増加、さらにその他諸々の事実を指摘することができた。このテーマに対する経験的な研究は継続されたが、しかしそれは、その統一が調査で確定された諸連関のなかに存しないような多岐に広がる概念を利用している[7]。

こうした形式において、世俗化という概念は、事象的・記述的内容をもっているように見える、つまり特定の事実を指し示しているように見えるが、その一方でこの概念は、主としてそのつどその時代に応じて異なった内容によって満たされるような一つの歴史的概念とも見なされている。しかしながらそれは、歴史的な概念として歴史哲学の渦に巻き込まれ、今日そこにおいて、画期的なものであれ、ともかくもあらゆる確実な指示作用を失っている。かつて世俗化は啓蒙であったが、それは弁証法的な自己否定へと陥っていく。かつて世俗化はモダンであったが、その形象はポストモダンのなかで他種多様な結合の形態に明け渡されている。かつて世俗化はヨーロッパ的であったが、いまやヨーロッパ外の地域で宗教上のリバイバルが数多く起きていることに驚く必要はない。世俗化が経験的に考えられているのならば——あたかもそれが、とりわけ近代社会の文明化された生活態度の準備のために重要であるかのように——、学校のカリキュラムにおける宗教的および道徳的主題の目下の意義を指摘するだけで十分である[8]。結局、近代社会が世俗化された社会であるかどうかということはもはや探究されず、それに代わり、なぜこれが主張されるのかということのみが、いまだ探究されているのである。[9] そしてこうした議論は、世俗化が宗教上の活動と経験をけっして排除するものではないという争いがたい事実に直面すると、いわば実際とは乖離したものとなる。[10]

これらすべてのしかるべき根拠がある以上、世俗化の概念を、それを代替するものを提示することもなく放棄するなどということはできない。一八〇〇年頃に明らかに現れた重大な変化には、およそ疑う余地はない。フランス革命とともに、不寛容さは宗教から政治へと移った。[11] そして宗教的な象徴化の機能は、美学が引き継ぐことになる。少なくとも、それは両者で担われることになった。[12] それゆえ、少なくともロマン主義の時代には、世俗化は《置き換え（displacement）》として、すなわち宗教的なトーンを帯びた期待を宗教外の世俗的領域にずらすこととして、把握されうることになる。[13] もしかくも急進的な変化を表す概念を放棄するのであれば、ある真空状態、すなわちある理論上の隙間を作り出すこととなろう。そして、それを埋めるためのいかなる候補も、まだ示されてはいない。このことは、観察の理論と形式概念を用いて、明確にすることができる。宗教を観察しようとするならば、それを指示できなければ、つまり区別できなければならない。観察を導き、また観察をもって区別を可能にする宗教の形式は、二つの側をもった形式である。一方の側は宗教であり、これは自らを区別する。では、もう一方の側は何であろうか。

次のような回答で満足できるかもしれない。すなわち、もう一方の側とは他のすべて、すなわち宗教を指し示すときに指し示されないものすべてであると。その場合、もう一方の側は世界のマークされない状態として、前提にされ続けている。これにより、最低限の要求は満たされるかもしれないが、しかし少なくとも二つの問いが、なお未決のまま残されている。一つ目は、他の側には好んで指示可能とされるようなより狭い領域は存在するのか、つまり社会における非宗教的なコミュニケーションの（社会学者にとっての）領域が存在するのか、という問いである。そしてもう一つは――宗教がそれに対し独自に語るであろう現世の残りの他の部分であれ、社会のなかでの非宗教的コミュニケーションであれ――、いかにして宗教それ自体がこのもう一方の側を見るであろうか、という問いである。というのは明らかに宗教は、取り込まれるものと排除されるものをより厳密に示すことが可能なときにのみ、何かを規定することで得られる自身の自己記述にとっての収穫を手にすることができるからである。

世俗化の概念によって、あらかじめ内容的な言明や状態記述に関わってしまうようなことなく、この二つの問いに対する答えをまとめることができる。問題になっているのは、社会における宗教の形式のもう一方の側、宗教による社会内的環境の記述である。つまり、なんらかの類いの世界客体が問題になるのではない。月の神的性質が否認されるならば月の世俗化について述べようとする、ということではない。そこで問題になっているのは、ある特定の観察者による記述、つまり宗教による記述である。あるいはより正確にいえば、ほかのなにものでもないこの宗教という観察者による、社会の環境の記述なのである[14]。それゆえに別の観察者であれば、同じ事象を、たとえば科学実験室での実験として、異なったかたちで記述するかもしれない。そのとき、その観察者たちは実験が成功するように祈りを捧げるべきだなどとは思いもしないであろう。というのも、それがもし効果的であったとしても、実験の条件（他の事情が同じならば（ceteris paribus）、関連する変数の完全な把握など）からは除外されているからである。宗教システムの環境で作動するシステムはそれ自体において、そのシステムが宗教にとっての環境であり、またその環境のなかでこのシステムが独自の作動を実行し観察するということによって、規定されることはない。「日曜日に遅くまで寝ていることと秘蹟を拒むこと、スナックを食べることと贖罪の日の断食を冒瀆することは別[15]」なのである。

このように把握された世俗化の概念は、学問的な限定性という要求を満たしている。すなわち、この概念は何かを締め出す。同時にこの概念は、観察者に相関して定式化される。すなわち、この概念がそれこそ世俗化概念の含意として含むのは、世俗化の観察が世俗化されているということを見ないままでいる他の観察者が存在しうるということ、それどころか、このことが観察者に対し、観察者が見ているものを見るということをともかくも可能にする盲点として働く、ということである。これは、サード・オーダーの観察の水準から定式化した場合にのみ、再び語ることができるであろう。つまり、非宗教的な観察図式を専門にしている別の観察者が観察できない事象を、世俗化の概念を用いて観察している人を、観察する場合である。

この考察によって、ほとんど解消しがたい論理的な困難にぶつかる[16]。いずれにせよこの困難は、二値論理学の越えてはならない線を突破するものである。しかし同時に、この困難は、たとえそれに対応する十分に構造的な論理学が（まだ）使えないとしても、カテゴリーの周知の歴史的相対性を再構成する。近代社会のみが、このように複雑な記述を必要とし、そして可能にするのである。比較的古い社会は、聖なる客体の観察、あるいは観察する神を観察することで満足することができ、また極端な場合は、この神を万物の観察者として、つまりこの世の外部にある観察者として前提とすることができた。この前提は、この世のなかでの観察にとって、神が世界を観察しようとしまいと、そこには何の相違もないという帰結を伴う。つまり、完全に世俗化された世界の想定へとひっくり返ることになる。そうした世界では、観察者が世界を宗教的に定義するか否かは、観察者の裁量に任されている。神学的にこのように準備された世界において初めて、こうした事態をも見ることができ、記述することのできる観察者が現れる。彼ら自身は——宗教的な意図においてであれ、非宗教的な意図においてであれ——、世界の観察可能性を明らかにするために自身が世俗化の図式を用いているということを観察するが、その観察を反省することができるのである。

　ここで理解する世俗化とは、多次元的（ポリコンテクスチュラル）に観察可能な世界に合わせて裁断された概念であり、この世界で観察者の置かれた次元（コンテクスチュア）は、もはや存在や神から同定されるもの（あるいは少なくとも、欠点を背負わされたもの）ではない。それゆえ世俗化とは、その構造がある多次元的な観察を容易に生起させ、またそれゆえに、受容と拒否についての先行決定（これもセカンド・オーダーの観察の次元であるが）を必要とする社会に属する概念である。それは、たしかにすべての個別ケースに当てはまるものではないかもしれないが、少なくともこの社会の可能性を汲み尽くし、その現実を正当に取り扱おうとするならば、当てはまることであろう。

　このように理解するならば、世俗化の概念は、それでもこの概念を使ってみた場合、宗教は近代社会において意義を喪失したという仮説を引き出すことにはならない[17]。むしろ注意を向けられるべきは、次のような問いである。すなわち、いかなるゼマンティク上の形式によるならば、またメンバーの包摂と排除に関するいかなる配置によるならば、宗教は世俗化した社会という前提に対応するのか、という問いである。世俗化は、宗教への挑発として観察され、さらにまたそれは、ことによると相いれないかもしれず、ことによると文化的に受け入れ可能で、ことによると《奇妙》な、より多くの諸形式が存在しうるということのうちにある。この諸形式をもって、宗教はこの挑発に応対する。これについては、宗教システムの自己記述を扱う章〔第九章〕で、再び立ち戻ることにしよう。

II

この導入的考察の後では、世俗化が全体社会システムの分化の近代的形式である機能的分化と連関しているに違いないということ、そしていかに連関しているかということは、容易に見て取れる。このことは、俗界（Saeculum）、教会財産の没収（Säkluralisation）、世俗化（Säkluralisierung）の概念史において、大まかにではあるが、しかしそれでも十分に跡づけることができる。たとえば目につくのは、以下のような事態である。すなわち中世の世界では、重要な生活領域の独自の合理性の出発点のいくつかが、とりわけ性的に基礎づけられた愛と貨幣とが、宗教において《この世の》悪徳の徴候として扱われたということ、そしてそれらが宗教を、持ちこたえられる域を超えてまで、禁欲と清貧に依拠するよう追いやったということである。そうなると、教会財の没収と聖職者の特権そして高権の廃止、そして法律による市民婚の導入、つまり《世俗化》は、システムがその機能のために必要とする手段をシステムのなかに転移するという意味で、一貫しているにすぎない。最終的には、世俗化ということで神の手の不可視化と《世界はおのずから動く（Le monde va de lui-même）》ことが記録される。こうした事態は、個人の宗教的良心の咎め、希望、困窮と社会システムの機能要求との間に、深い分裂をも生じさせることになる。経済的にも、政治的にも、科学的にも、最終的には家族形成と教育においても、あるいは病人の看護においても、宗教と関わることは機能的にたいした意味をなさない。たとえ旧態依然とした宗教に対して、学校での授業の設置や、法的介入の禁止あるいは税法上の優遇措置などというかたちをとることで、一種の恵みのパンが与えられているとしても、そうである。たとえば、家族生活の通過儀礼(rites de passage)のようなある種の行いは、つねになお好んで要求される。しかし、この種の付随的活動を総計しても、それはけっして近代社会における宗教の意義についての適切なイメージを与えてくれることはない。というのはこの記述は、それぞれ宗教とは別の機能システムのシステム言及を基礎にしており、宗教システムのシステム言及を基礎に置いたものではないからである。

機能に定位した分化形式を注意深く分析することによってのみ、こうした粗い理念史的な連想の状態を超えていくことができる。しかしそれは、ここでできることを超えている。したがって、いくつかの素描的な示唆で満足しなければならない。

機能システムは、自己言及的に作動するシステムである。このシステムは、自身の機能と自身のコードに定位し、他の認知的、あるいは規範的観点をその(変更可能で、同一性を規定しない)プログラムの水準でのみ顧慮することにより、自身の作動をオートポイエティックに閉じていることをもって特徴づけられる。このような秩序は、個々の場合において進化的に生起することが可能であり、ここまでそれを宗教システムの事例で追跡してきた。そうしたことが起こるとき、このような機能システムは、さしあたりまだ社会の分化の原初的な様相を支えにしている。つまり、教会の幹部、教会の聖人たちですら、上位の階層から採用されたのであり[18]、おそらく宗教は、このような支柱がなければ、もっぱら呪術的、そして儀礼的作動のみから成り立つ状態、また独自の作動と構造のみによるいかなる決定をも許さない状態へと逆戻りすることであろう。同様に、前近代的な宗教は、中心と周辺の分化に相関している。いやそれどころか当時の宗教は、宗教的中心の分出によって本質的に社会分化のこの形式の成立に貢献した。たしかに高度宗教は、その信者すべてに平等を想定しているかもしれない。すなわち、彼らはみな魂をもって生まれ、魂をもって死ぬので、死後の生と生前の生が誰しもに保証されているのであるという想定である。[19] しかし、信仰を表明することとそれを証明することは、中心と周辺の差異に沿って著しく区別され、この差異それ自体が、宗教とそれ以外の社会との構造上のカップリングを形成する。しかもその際、このカップリングは、その機能において宗教的信仰のテーマではない。

この編成は、社会における機能システムが自律的で作動上閉じられたシステムとして数多く分出すればするほど、それに相応して変化する。そのような進化は、伝統的な分化形式の優位を徐々に掘り崩す。階層化と中心／周辺の分化との構造上のカップリングに対する機能システムの依存は、減少する。もはや人びとは、第一義的に身分の相違によって分類されることはなく、したがって固定的な地位へと割り当てられることもない。そうではなく、すべての機能システムが、自己自身のために包摂と機会の分配を規制するのである。ますます多くの個人が、出自によって保証された社会的地位に頼ることなくうまくやっていかなければならなくなる。しかしながら、彼らは読み書きができるので、極めて複雑な包摂の条件に自由に対応することが可能である。社会は、安定性の原理を、構造上の、そしてゼマンティク上の《破局》という形式に置き換える。社会は、別の言葉でいえば、その分化形式を、つまり社会が統一性と相違性を調達する形式を変更するのである。

この破局は、ゼマンティクにおいて、とりわけあらゆる宇宙論的相関物の解消として現れる。内的分化の機能に関連した形式は、環境へと投影されうるあらゆる構造から鋭く区別されるので、もはや社会を世界によって維持される一つのシステムとして把握することはできない。階層を上と下の差異として、あるいは《存在の連鎖》として、また中央／周辺の分化をも中心と周縁の区別として宇宙論化することが可能だった一方で、機能に対応する分割を世界へと投影することは、もはや不可能である。世界をカテゴリー、類そして種へと《分割》する叙述図式は、支えを失う。それに対応し、（さしあたり人間に関連して）上／下の図式は、内／外の図式によって置き換えられる。世界は支えを与えるもの（取り囲むもの periéchon）という性質を失い、システムと環境の差異によってマークされるが、その場合、環境はすべてのシステムとは異なるもの、未知のものであり、これについてはいかなる共通の本質的特徴も、もはや確定することができない。

以上のことは、最終的な帰結において認知的構成主義へと至る。というのは、環境がただそうであるところのものにすぎないのに対し、システムのみが区別を行うことができ、それゆえにシステムのみが観察を行うことができるからである。周知のように、堕罪前の楽園ではいかなる区別もなされていないので（レポート――観察者の言葉で定式化すればこの表現になる――は、つねにそれと矛盾しているのではあるが）、環境は、失われた楽園、堕落せる人間本性（natura lapsa）以外のなにものでもないということを推定することもできる。〔神の〕禁止を犯すことによって初めて、道徳的に、つまり区別的に観察する可能性が生じる。そしてこれによって、楽園はもはや戻ることのできない環境となる。なぜならば、システムはその独自の区別の実行を、作動上閉じられたシステムとしてのみ維持することができるからである。

いまや、ほとんどあらゆる構造と作動が決定に還元されるということは、機能的分化のもっとも重要な影響に、また世俗化というテーマにとっても効果の大きい影響に数えられる。市場経済でさえも、イデオロギー的に回顧すれば、あたかも決定によって導入されたかのように（それゆえにまた、これまでに現実化していなかったところでも導入可能であるかのように）取り扱われる。しかしながら、決定に帰責されるものは、宗教的世界秩序へうまく還元されえない（あるいは極めて作為的な、またほとんど説得力をもちえない迂回路を通じてのみ、それは可能である）。まったくの慣習的な把握によれば、帰責の連鎖は、ある特定の経過、歴史における新しい転換を始動させる決定がなされたところで終わる。背後にさかのぼって問うのであれば、イデオロギーや無意識の動機、つまり明示的に決定への帰責に相関して発展したゼマンティクというかたちで終わる。たしかに聖書のなかには（そしてとりわけ原罪についての神話のなかでは）、神が人間を創造に参与させたことについて十分な証拠を見つけることができようが、しかし、これを神学的に顧慮しようとするならば、救済史は新たに書き起こされなければならないであろう。

しかしながら、このことは棚上げにしておくことができる。いずれにせよ、作動上閉じられており、自らをその環境から排除する機能システムの分出は、近世の社会において——もっとも、移行の過程を構造的に記述することはうまくいかなかったのだが——、あるときには進歩への期待において、またあるときには不確かな内容をもつ未来地平において、そしてまたあるときには喪失というカテゴリーにおいて、記録されている。宗教システムは（いかにして宗教システムから観察されるかを観察しようとするすべてのシステムと同様に）、社会とその世界を《世俗化》として記述することで、このことに反応する。この兆候と証拠は見つけられるが、しかしそこで考えられているのは、個々のことがらではなく、社会が宗教に提供するイメージである。世俗化としての記述は、その後ろ盾を以下の点に見出す。それはすなわち、全体社会システムを、《資本主義》社会、科学的技術的に作動するシステム、《リスク社会》、《情報社会》、あるいは最終的には純粋に時制的に《モダン》社会や《ポストモダン》社会と呼ぶ他の自己記述は、説得力ある答えを見つけることができないということである。とりわけ宗教的な《世界像》は、世界ないし社会の他の記述も同様に、納得のいくものではないということによって、不可能となるのである。

III

世俗化の概念のもっとも流布した規定には、以下のことが含まれている。すなわち、ある人がそもそも宗教的に関わるか否か、もしするならばどの宗教に関わるかについては、個人の決断のことがらになるということである。宗教はこれにより個人の問題となり、それは私的快感に依存しているにほかならないということはいえよう[20]。宗教は、自由に選んで選択できる（à la carte）宗教となる[21]。しかしながらこれは、さらなる謎を投げかけているにすぎない。《私的な》というのは、いかなる場合でも役に立たない記述である。というのは、《公的》という反対概念が、たいていの宗教的実践に当てはまるからである。古い世界では《私的であること》は排除カテゴリーの一つであったが（privatus=inordinatus; privatio=

negatio in subiecto)、近代への移行において私性と個人性は融合し、この概念は（消費者、有権者、判断能力の主体などとして）社会的に注目されるようになる、つまり包摂へと向かう傾向がある。しかし、人格の個人性あるいは決定の個人性なるものもまた、歴史的にはかなり曖昧な規定である。個人性は、思いの強さということでは、つねにある役割を果たしており、広範囲に及ぶ禁欲がもたらす極端な事例は、非宗教性へ向かう決定と簡単には区別できない。それゆえに、社会は諸個人に宗教への賛否を決定する可能性を提供するが、そうした諸個人がまさに決定しないという点に、問題は存するのであろう。

こうした状況は、なによりもプロテスタンティズムの運動のなかで、僧侶、聖職者、そして一般の信徒の生活形式の（呪術的・聖的な）差異のぶつかり合いと関連して、個々人の価値を引き上げるに至った。ただしそこで、世俗化が語られることはなかったであろう。同じことは宗教的信心の《現代的》表象（フランソワ・ド・サール）や、あるいはチャーベリーのハーバートのような人の理神論、またすべての人に特定の《実践》を直接的に神の意志へと関連させることを可能にするとされる、一種の宗派を超えた宗教性にも当てはまる。つまり、少なくとも個人化の観点もまた、より正確な理論的、そして歴史的パースペクティヴ化を必要としているのである。

さしあたり、《個人》、《個人性》、《個人主義》を好む社会上のゼマンティクの水準にとどまろう[22]。事態を方向づけるこのような概念は、階層分化から機能的分化への移行期のなかで、一種の確実性を提供していた。《個人》ということによって示唆されていたのは、機能システムの自己組織への移行において前提されなければならない、新たな種類のミクロな多様性(ディヴェルシテート)である[23]。貴族と平民、地方と国家、教会と宗派、パトロン／クライアント－関係、そしてなによりも家政という社会的区分のすべてが揺らぎ始めていたにもかかわらず、個々人の個人性に準拠することで、この過程を同時に完遂し、それにいわば社会の変動に触れずに残った土台なるものをあてがうことはできた。この個人性のセマンティクは、あらゆる社会的なレッテル貼りを削り落とし、さしあたりたとえば、認知能力と情熱、しかしなによりも人間と人間の間の関係を揺らぎにさらす内在的な不安といった、いくつかの人間学的な基礎事実に自らを限定しなければならなかった。[24] 十八世紀は、人間本性についての諸々の想定をさらに縮減させた。その間に高度に発達した《伝記的》意識と、個人の環境に依存した形成を考慮に入れ、それを多様性の説明として減算したとするならば、人間というものについての一般的な言明として残るのは、自由と平等という自然的属性のみである。これは、かの時代(そしておそらくすべての時代)の市民社会で目にできるものと明らかに矛盾しており、それゆえに《人権》へと価値の引き上げが行われた。この点をめぐって近代個人主義の世界表象と宗教の世界表象は分裂するが、結果として今日では、宗教的原理主義と人権原理主義が解決の見通しが立たないコンフリクトに陥ってしまっている。すべての人間が自身の魂の救済に配慮することはなく、いずれにせよ魂の救済はいかなる人権でもない。宗教が、もはや他を選ぶことのできないメニューとして提供されているとすれば、それは信仰を求める人びとを突き放すかもしれない。

すべての人間の平等という原理は、宗教上の信条の相違を許容するが、しかしそれを個人の選択による相違へと平準化する。[25] すべての人間の自由という原理は、かつては《結びつき(religio)》として定式化され承認されていた諸条件を、外的な何か、そして最終的にはどうでもよいものへと格下げする。この諸条件は、多かれ少なかれそれなりの理由があり、また多かれ少なかれ正当性があるかもしれない強制として現れる。宗教の側からすれば、この展開は個人主義の集合的イデオロギーとして弾劾されるかもしれない[26]。あるいは、人権にある宗教的な根拠づけを後から与えるかもしれないが、その場合には困惑はさらにはっきりと見て取れる。しかしながら問題は、さらに深いところにある。すなわち問題は、拘束を表現する可能性の改造に存するのである。近代においては、いかにして拘束が観察されるかということがつねに同時に観察されることから、どんな確定もどうしても偶発的であることを認めざるをえなくなる。この拘束は、それゆえ正当性を、正当化の策略も偶発的なものとして現れるという帰結を伴いつつ、必要とするようになる。いまや《罪がない》ことは、個人それ自身が決定した拘束にすぎない。拘束は《コミットメント》なるものになったのである。

しかし、宗教的信条についての決定が表明されなければならないとしたら、それはせいぜいのところまだ伝記的に基礎づけられるにすぎず、人間の本性から基礎づけられることはない。すでに長いこと、人間の本性から特定の宗教的信条を推論できるとは、信じられていなかった。たとえばシャフツベリーは、人間は自然宗教について矛盾した考えをもっていると見なした[27]。ジャン・パウルは、人びとは危機の時代に「信じたいという願望と信じることができないということとの間で漂っている」と、述べている[28]。しかし、さしあたりここから帰結するのは、一貫性を作り出すには、法により宗教を国家的に確立する必要がある、ということのみである。シャフツベリーに沿って考えると、人間の本来の社会的な規律化を人間によって自然に感じられる道徳へと移すならば、それは耐えうるものであり続けるであろう。しかし、これが宗教的にはもはや説得力をもたないとすれば（そもそも、かつて説得力をもつことができたであろうか）、そのとき残るのは、人間の宗教的な傾向が生来安定していないということだけである。その場合、もしこれに個人の体験が宗教的確信の究極的根拠までその価値を引き上げられる事態が加わるならば、宗教の選択を個人に任せる――そもそも人が一つの宗教を選ぶならばだが――という帰結が依然として残る。そして、これがなんとか受け入れられたとしても、それは、社会的な不安定が、それどころか他人と異なった考えをすることすら宗教的信条の強力な動機の一つになりうる、という洞察へ至る小さな歩みにすぎない。

最近の文献では、しばしば(宗教的)経験こそが重要であると述べられている。この経験はコミュニケートできないものと見なされ、しかも、そうした経験へ近づく術は他者に開示されることはなく、引き合いに出すことができるにすぎない。それゆえ、この経験という言語の使用は、近代の個人主義を証明するものであり、またそれは同時に心的経験と社会的コミュニケーションとの間の架橋不可能な差異を証明するものである。

もし――まさに個人化というテーマについて!――、心的なシステムではなく、社会的なシステムの準拠に、つまり社会に照準を合わせるならば、それは事態の解明に役立つ。比較的古い社会では、以下のことがコミュニケーションにおいて想定されうる。すなわち、信仰の諸仮定(存在の諸仮定、神話、祭式的諸形式の意味と有効性)は正しく、しかもそれは、他者もまたそれが正しいということを前提とするという理由からのみ、正しいということである[29]。もし、コミュニケーションをきっかけにして、宗教が信じられるかどうか、どの言明が信じられるのか、誰によって信じられるのかをまずもって確認しなければならないならば、このことは根本から変化する。このテーマを――時間を節約するためにすぎないとしても――回避する道もあるかもしれないが、しかしこれはもちろん、共通に受け入れられている宗教的《生活世界》に逆戻りすることになるということではない。

十七世紀という過渡的な時代には、もはや／まだそうした状況でないことの豊富な証拠を見出すことができる。道徳的な生活態度と同様、宗教上の信仰もまだ可能である。しかも、唯一の正しい仕方で可能であると考えられているが、しかし同時に、すでにコミュニケートできないと考えられている。《世界》は仮象の世界、イメージの世界、操作された記号の世界であり、ここでは身分秩序も宮廷も聖職者も信用できない。「見よ、聞け、そして沈黙せよ」というのがグラシアンのスローガンである[30]。そして、世界のなかでコミュニケーションが不可避ならば、仮象の世界で振る舞うことを学ばなければならず、真理とは示されるものの反対物であるというところからつねに出発しなければならない[31]。統一はまだ前提とされているが、しかしこれは反転の手続きを通じてのみ到達可能であるにすぎない。不信仰が信仰の前提であり、こうした反省においてのみ人間は人格たりえ、また人格として救い出されうるのである。

文化的な宗教の提供と人格的な信仰の決断がこのように分岐した結果として、今日では、宗教上の資格あるそれぞれの人びとの間で意見の不一致を、広汎にわたって観察することができる[32]。一貫してかつ権威に基づいて教会の正統に従う人たちは、一貫して無神論的である人びとや宗教を拒否する意見を支持する人びとと同様に、少数派である。ほとんどの人びとは宗教的信仰のいくつかの構成要素を受け入れるが、他のものを受け入れることはしない——神の存在は受け入れても、処女懐胎の教義は受け入れないであろうし、秘教的な思想財の多くは受け入れても、占星術は受け入れないであろう。信仰による救いは受け入れても、恩寵のみによる救済は受け入れないであろう。個人としての死後の生、場合によっては具現の物語を伴ったさらなる生（心霊術）は受け入れるかもしれないが、しかし規則を打ち破る奇跡は受け入れないであろう。あるいは、こうした構成要素、あるいはそれに類似した構成要素の他の組み合わせならば受け入れるかもしれない。このためには、生活態度のすべての面を含みこむ共同体的な生活形式におけるいかなる後ろ盾も、必要ではない。しかし、個々の社会的足場は必要とされている。たとえば心霊術の会合、あるいは自己発見セミナー、情報をもたらす雑誌、あるいは類似の選好をもったフレンドシップ・グループである。ロレダナ・スキオラがするように[33]、弱い制度化について述べることができるかもしれない。いずれにせよ、社会が個々人を支えなしに放置しておくことはないが、しかし社会は個人を一貫性への強制から解き放ち、信仰の構成要素を取り替え、あるいはその意義を弱める可能性を与える。

最終的に、他人が信じないい何かを信仰しており、しかもそれを正当であると考えるならば、こうしたことは負担免除として作用するに違いない。信仰の真正さは差異において保持され、また差異において証明される[34]。パラドクスは、社会分化へと解消される。宗教を決定することが個人に帰責され、この帰責がひとたび貫徹され、これによって誰もが自分と他人の前で弁明の義務をもつ（＝動機を必要とする）ようになると、社会的支持と社会的同意の問いのみが差し迫ったものになる。社会的に同じ心情をもっていることは、いまや単純に皆が気づかないかたちで存在しているのではなく、そしてもはや他人の意見もまた、いわば統計学的に正しい直観によって前提とすることはできない。そうではなく、ある可視的で境界づけ可能な共同社会の形成が導入されなければならない。そこにおいては、たとえ他者が信仰をもっていなくとも、また別の信仰をもっていようとも、信仰は社会的な確証を見出すことができる[35]。同じ心情をもつということは、近代社会では例外的な現象であり、驚きかつ喜ぶべき経験である。

こうした経験により、個々人は、この経験が繰り返されることを期待できる一つの集団に加入するようになる。極めてさまざまな種類の原理主義者、信仰復興運動、宗教上の演出における信仰の刷新、そして再神秘化などの思いの強さは、世俗化に条件づけられながら世俗化に対抗しているということから説明される。[36] というのは、彼らは自分たちが原理主義化する上での独自の歴史的源泉を引き合いに出すというよりは、むしろ彼らとは反対の可能性を提供している近代的条件を引き合いに出しているからである。ここから近代の個人主義に対する、あるパラドクシカルな関係が成立する。というのも一方で、（自然な生活形式とは異なり）個人的な宗教への志向が前提とされ、しかし他方で、自分の考えに従って生活できるという素朴な可能性は、まさに問題とされないからである。近代の個人主義は、宗教的原理主義の形式のなかで自己自身に逆行しており、それゆえにこのコミュニケーションは、ラディカルさや信じられないものを信じるということに固執しなければならないのである。

説明に先立っていま一度、ここで問題となっているのが意識の状態ではなく、コミュニケーションのみであるということを、はっきりさせなければならない。意識の状態は、体験に関わろうが行為に関わろうが、つねに個人的なものであり、また極端に不安定なものである。このことはけっして変わらず、それどころか社会構造の根本的な変動によっても変わらない。変化するのは、意識の状態を個人的なものとして、つまり唯一のもの、他人のものとは異なったものとしてコミュニケートできる、あるいはそれどころかコミュニケートしなければならないその程度である。そうであって初めて、そしてそうである限り、同意の獲得を望みうる動機がこのために必要とされる（というのは個人化の方向が指し示されたからといって、まだなにもかもが許されるということではないからである。幾人かのロマン主義者の仰々しい改宗劇を想起されたい）。それゆえ、個人に帰することができる体験と決定に関わるコミュニケーションは、宗教のような極めて重要な領域において、（いまやおそらく明白となった）賛同と拒否の新たな編成を意味する。まさにこれによって初めて、以前は統一的だった宗教的信仰の連関は分裂しているという所見、さらに少なからざる宗派が常軌を逸し、初めから拒否されることを見込んではいるものの、まさにそうであるがゆえに自己を強化していく宗派へと転換するという所見が示される。

この個人化がもたらすもっとも重要な帰結の一つは、宗教的な集団の形成とその拒否の領域において観察することができる。選択の幅が拡大することで、あれこれの宗教的見解に出会う可能性や、人生の状況に応じて惹かれる、あるいは反感を感じる可能性が、増大させられる。「求めよ、さらば与えられん」。しかしこれによって、かつては《回心》と呼ばれていたものも、いわば《流動化》させられる[37]。問題となっているのは、もはやサウロ／パウロの場合のような、外からやってきて人生の状況全体を根底から変化させる衝撃的な大事件、つまり一種の超越論的な洗脳ではなく、ある提供物に手を出す個人的な決定である。しばしば、段階化されたプロセスが関わってくる。すなわち、まずは社会的接触の新種の条件をおそるおそる試すこと、次いで個人が個人として、つまり自己観察者として関わりあうところのアンガージュマンである。内容的に社会からの救済が求められること（そしてこれは古い宗教的モデルに対応している）も珍しくないが、そのためには同様の心情をもった人びととのコミュニケーションにおける社会的支援が必要である。自らを制約する習慣形成の段階と期待が冷え切った段階とがそれに続きうるが、そのような段階では他の提供物が魅力的であるかもしれない。改宗は、もはやこの形式においては身分の変更ではない。むしろそれは、個人と社会との関係の秩序にとって、今日いずれにせよ典型的であるような（成功した、あるいは、失敗した）キャリアの類型にならう。

この近づくことと離れることの可動性と並んで、またなによりもまずこのことを背景に、解放された個人主義の権威構造に対する、また宗教上の諸体系が有する教義上の信仰戒律に対する反作用が議論された――たとえば、《離脱・発言・忠誠（Exit, Voice, and Loyalty）》というパターンに従ってである。[38] 自己を規定する個人性へ、誠実さへ、自分の意見を公にすることへ向かう傾向は、一般の信徒のみならず、極めて重く聖職者自身をも捉える。人は、メンバーであり続けることもでき、協力を試みることもできるが、その際、しばしば「これは納得がいかない」と程度の差こそあれ異論を挟むこともできる。しかしながら権威というものは、それが必要以上に説明を求められることがないということで成り立っているところがあり、教義上の問いは、その解釈について決定されなければならない場合、容易に、明確に表明された不同意へと至りうる。メンバーの外的状況のみならず、内的な自明性もまた、宗教の決定の個人化によって打撃を与えられた。いかに宗教それ自体が根源に関わっていたとしても、そうである。というのも、個人性というゼマンティクは、いつでも構造批判の手段であったからである（誰もが自分の魂をもっており、それについては彼自身と、そして最後に神のみが裁量権をもっている）。近代の個人主義は、外から宗教に持ち込まれ、宗教を困惑させるのである。

IV

たしかに、《世俗化》という言葉をもって現象として記述されるものにとっては、コミュニケーションの新しい普及技術も意義を有していた。第一には印刷術、次いで新聞、そして最終的には今日《マスメディア》という概念で把握されるものすべてである。その際に問題になるのは、聖書を読める人は他のテクストも読むことができるということや、また書籍印刷の普及は市場によって規定されているのであって宗教によって規定されているのではないということのみではない。さらによりラディカルな意味で、新しい普及技術はリアリティについての社会における理解を徹底的に変えた。しかも、とりわけイメージとテクストのリアリティに対する関係を変更したのである。[39] イメージと文書それ自体がリアリティの証明だという古い観念は、消滅する。《聖書》それ自体も、けっしてリアリティの真正な説明ではなく、受容されるかもしれず、あるいは拒否されるかもしれない一つの信仰の証言にすぎない。そうなると提起しなければならない問題は、次のようなものとなる。すなわち、個々人にその日常生活の経過のなかで感銘を与えあるいは刺激を与える、多かれ少なかれ偶然に生じたひとこまひとこまは、何によって結びつけられて想像上の統一へと至るのであろうかという問いである。個々人は、この統一を前提としている。というのも、他者もまた、自身の経験をその観点から推定しているからである。

ことによると、もっとも重要な影響は、時間次元における、それも同時性に関する新種の見解の一つと見られるかもしれない。遅くとも日刊紙が登場して以来、同時性は新しいものの時点を通して定義される。それとともに、同時性は現在へと限定される（そして場合によっては、さらに過ぎ去った現在、ないしは来るべき現在へと拡張される）。いまや、過ぎ去ったものと現在的なものとを同時的なものとして思考することは、不可能である――たとえば家族の起源や聖なる啓示を、現在において要求されているものと同時のものとして考えることはできない。すでにルネサンスにおいてそうであったが、その後の新聞の登場によって、アクチュアルな現在と過去との間隙は、元に戻らないかたちで引き裂かれてしまった。過去は、現在からどんどん遠ざかる。過去が優位であらんとするならば、それには強調された再顕在化が——たとえば、単に記憶のためだけではなく象徴的に（同定された）現前でもあろうとする最後の晩餐の形式において——、必要である。

そしてまた、現在においてのみ存在しうるこの新たな同時性は、体験が他者の体験において社会的な確証を見出しうる、その仕方を変化させる。というのは、いまや同時性とは、相互の観察不可能性と相互の影響不可能性とを意味するからである。たとえば、読者やテレビの視聴者としての個人は、その個人にとって接近可能な断片から、他者が何を体験しているか、そして他者がどのような結論をそこから引き出すかを推論しなければならない。他者が同じニュースを受信するということを前提とすることはできようが、どのような世界を彼らが構成するかということは、まだそこからは判然としない。このギャップは、想像力によって埋め合わされる[40]。マスメディアは《リアリティ》を表象しているが、誰もがそのリアリティを、ギャップはあるがその補完ができるものとして受けとめているということが、想定されている。この想像された世界のなかに、たしかに宗教は、あいもかわらず存在する。その世界から聞き知り、あるいは印象的なカラー映像を見た人もいた。しかし想像力それ自体は、もはや宗教の形式ではない。想像力は世俗化された世界の形式を受け入れており、人はこの形式においてのみ、他者が同時に自己の想像力が証明するものを体験するということから、出発することができる。

現在、莫大な量のまったく異なった種類の出来事が同時に起こりうる。それどころか、同時に起こらざるをえない。というのは、あるときは未来においてすでに、またあるときは過去においてまだ、何も生じえないからである。しかし、同時にということは、連関がないということをも意味する。というのも観察にとっては、そして因果的な影響にとってはなおさら、まさしく時間が必要だからである。しかしながら連関のない同時性の世界は、いかにして統一体として把握されうるのであろうか。おそらく、宗教的にではない。せいぜいのところ、いわば世界における補塡剤を想像するというやり方によって、時間永続的な認識、または因果的な作用として思い浮かべるという仕方によってである。とはいえこれには、思い違いをする可能性、因果的認識に失敗する可能性、あるいは予期せぬ副次的効果をこうむる可能性がつきまとう。宗教はいまやせいぜいのところ、宗教に好意をもっている人びとにとってなお、慰めとして問題になるにすぎない。

V

記述的に適切な把握が可能で、経験的に説得力をもって証明されたこの種の変化は、もしそれを近代社会の根本的な変化に関係づけ、またそのことによって《説明》しようとするならば、理論的な解釈を必要とする。このために適切な出発点は、この問題に対するタルコット・パーソンズの対応に見出される[41]。ここでもたしかに宗教の私化について語られているのだが、しかしそこで意図されているのは、一般的な行為システムの他の変数にとっての進化上の帰結を伴った、包摂の社会的規制における変化である。これによれば世俗化とは、適応能力の上昇（adaptive upgrading）、分化（differentiation）、包摂（inclusion）、そして価値の普遍化（value generalization）という、より強力な分化へと向かう進化の普遍的現象に対する、ある特殊な表現ということになる。重要な帰結は、次のことである。すなわち諸宗教は、増大する分化に適応して、また包摂規則の個人化に適応して、宗教自身の象徴構造を――にもかかわらず宗教は、この構造によって、なおも統一と《パターン維持》を保持しようとするのだが[42]――さらに一般化しなければならないということである。

また《神学の世俗化》についても、語られてきた[43]。パーソンズはここではとりわけ、しばしば《市民宗教》と呼ばれる複合物を念頭に置いている[44]。パーソンズを経て、宗教システムの一種の適応能力の上昇として、宗教改革後の組織という要素の強化を指摘することもできよう。つまり世俗化とは、宗教の機能喪失あるいは意義喪失を意味するものではないが、ことによると一時的な(?)近代社会の条件への適応不全であると。

ここに付け加えて、包摂の概念をより狭義に、つまり社会システムにのみ関連づけて解釈しよう。包摂が生じるのは、社会システムのコミュニケーションにおいて(心的システムにとっての帰属を表す定式としての)人格が、参加者(行為者や宛名など)として考慮されるときである。この概念を用いることで、ある社会の包摂の規則がその分化形式とともに変化していることが、またいかにして変化するかが明らかとなる。比較的古い社会は、身分に従った家政の分化を通じて、あるいは都市/地方の区別によって個々人にその確固とした位置を割り当てていたが、他方、近代社会における包摂は機能システムに任されたままであり、いずれにせよその諸関係について、もはや全体的な定式は存在しない[45]。それと対応して中世をとりわけ徹底して敬虔な時代だったと思い浮かべることは、まったくの誤りであろう。当時の宗教上の包摂は、第一に団体的で、法的で、儀式的で、そして告解との連関では道徳決疑論的なプログラムを利用していた。生活態度を保証する場所は、宗教ではなく、家庭、場合によっては代替手段や補足手段としての修道院、大学、ツンフトあるいはギルドのような団体であった。機能的分化への転換の進行のなかで初めて、包摂／排除にとって決定的な構造であった世帯が衰退し、そしてそのことによって初めて諸機能システムが独自の包摂／排除の規則を発展させ、その固有値で調整することができる。ある人が何で《ある》のかということは、いまやその人が有するもの、あるいは報酬として得るもの、その人が獲得した権利や学歴、また政治、科学、芸術、マスメディアにおける評判の成果によって規定される。そして同じ意味において、まさにその人の宗教的信条によっても規定される。全体的定式として社会の包摂にとってなおもふさわしいのは、せいぜいのところ（包括的で、すべての機能システムに適用可能な意味での）キャリアの概念である。個人的決定をより重要にし、若者を年長者に対して優先させ、個々人の可能な自己定義に枠組みを与え、また同時にこれがいかにして心理的に満たされ、ないしは持ちこたえられるかを未決定のままにしておくのが、この機能的分化と相関した構造なのである。

　この問題を、個人の伝記、および個人の《時間予算（ツァイトバジェット）》から見るならば、宗教はつねにではなく、ときおり顕在化されるのみであるということが、加えて示される。すでに十五世紀には、宮廷のミサは多忙な王侯のスケジュールに合わせなければならないことが観察され、容認されていた。さらに十八世紀になると、人間の一日の経過はいつも宗教の重荷を課せられていたわけではないことが、完全に明白となっている。「生活のなかで、宗教にそれにふさわしい畏敬の念を絶えず示し続けることも稀である。たとえば、それを煩わしいものとして遠ざけたり、またときとして、会わなくてはならないがいつも会うのはうっとうしい人たちのように扱うのである[46]」。

包摂の規則を個々の機能システムへと《権限委譲》することにより、またそれがキャリアと時間計画という形式で実現されることにより、同時に、もろもろの機能システムが出来事の全体に非常にさまざまな仕方で作用することが前もって示される。貨幣なしで生活することは事実上不可能であり、また法の保護なしで生活することもやはり不可能である。誰もが、まったく不適格でもない限り学校に通わされ、その後、何を達成したのかという問いに答えなければならない。病人は看護され、慢性の患者は（それはかなり別様のケースではあるが）恒常的に看護される。しかし、芸術に誰もが参与する必要はなく、政治にはマスメディアを介してさまざまに受動的に参与するのみでよい。観光は、しなくても構わない。つまり、観光を楽しむ人は大勢いるが、誰もが参加する必要はない。そして宗教もまた、誰もが与する必要はない。たしかにこれは個人の視点からのみ当てはまるにすぎず、けっしてこの機能システムの社会における有意性と不可欠性への逆推論を許すものではない。しかし包摂の形式はどの機能システムにとっても非常に重要な変数であり、そして包摂の形式にとって機能システムは、個々人にとって自身が参与するかどうかに左右されるものに、多くを依存している。

この観点に、たとえば組織のかたちをとって現実化する包摂の間の相互依存が加わる。身分証明書を所持しなければ仕事にありつけず、路上生活者は子どもを学校に行かせることもできない[47]（ボンベイでそのような話を聞いた）。学校教育を欠いては声望が得られるキャリアのチャンスはなく、よりよい仕事はほとんど望めない。収入がなくては、健康な食生活は望めない、つまり定期的な仕事のための力を得ることはほとんどできない。字の読めない者には政治上の選挙権を行使する有意味な可能性はほとんどない、等々である。たしかに、機能システムからの原理的な排除は存在しない（他方それとは逆に、あらゆる組織は、機能システムにおいてさえメンバーの選択、つまり排除に依存している）が、しかし事態は上述した否定的な相互依存を通じて、あらゆる機能システムへの参加からの多かれ少なかれ効果的な全面的排除に至っている。これは、第三世界とアメリカの都市のスラムで見ることができるように、多くの人びとに当てはまることである。個々人に残されているのは、自己の身体、その生存、飢え、暴力、そしてセクシュアリティへの配慮である。

社会の包摂領域では、利益とコストの組み合わせに、また機会を利用できるかできないかに、そしてそれらすべてとともに個人の相違を実現し、またその相違を増大させることに、かなりの自由度が見出される。ここで諸人格は、（社会の公的な記述が認識させる以上に）諸人格の知見を当てにしている。社会はそれに対応して、よりルースに統合されている。社会は、いわばただ偶然から偶然へと増殖することのできる動きを、システムの構造変数に関わらない限りで緩和する。社会はこれに対し、排除領域においてしっかりと統合されている。一つの欠損は他の欠損を強化し、不利益の循環は閉じられていて、（仮にそれを許すとして、マフィアとして出世するのでもない限り）そこから抜け出すことはできなくなる。しかしながら排除領域においても、社会はうまく防御されている。そこでは何かが生じても、何も生じたことにはならないし、それが繰り返される。そこから生じる犯罪のキャリア、および犯罪をメンバーシップの条件とする厳格な組織だけが、重要な、そしておそらく唯一の例外である。

それゆえに、社会の統合についての古典的（たとえばデュルケム的な）理論は逆さまにされなければならない。強固な統合はつねにポジティブな統合であり、まさにそれゆえに災厄を孕んだものである。

ネガティブな統合はルースにしか設定されえないが、まさにそのことによって社会的に受け入れ可能な個性により大きなチャンスを与える。道徳も宗教も、こうした連関では決定的な変数ではない。むしろ現実的に受け入れなければならないのは、支配的な道徳が（たとえば生、暴力、セクシュアリティの評価において）包摂／排除の関係に適応しているということ、そして、社会構造的にあらかじめ示された差異を完全な厳格さで受け入れることなくすむように、《社会的な》構成要素を取り入れているということである。

では、宗教はどうであろうか。

以上の非常に込み入った事態を素描してきたのは、もっぱらこの問いに対する準備のためである。宗教もまた、今日ではシステム独自の包摂／排除を実践している。そしてこれは、組織上登録されたメンバーシップに依存するものではない（あるいは、メンバーとして加わっていなくともいずれにせよさまざまな仕方で宗教上のコミュニケーションにアクセスできる）。しかし、そこで目を引くのは、他の機能システムの包摂／排除の規制との相互依存が著しく少ないということである。宗教からの排除は、中世でそうであったように社会からの排除を意味するものではない。逆に他の機能システムからほとんど排除されている――金がない、教育を受けられない、身分証明書がない、警察からまじめに対応されない、裁判に訴える機会がない――ことが、宗教から問題にされることはまったくない。このことは、他の機能システムからの排除が宗教に関して特別な包摂チャンスをもたらすということを意味するものではない。これは、経験的調査研究によって明らかにしなければならない問いであろうし、あるいはまた、宗教が包摂と排除の社会構造上の差異に順応することができるか、またどの程度までできるのかという問いでもあろう。

このことは、宗教が他の起源をもつ包摂／排除から独立しているという経験的に容易に確かめられる所見に話を限定したとしても、近代社会における宗教についての重要な問いへと導く。《世俗化》の問題が扱われているということは、まだほとんど再認識されていない。宗教の統合の不十分さは——それこそ包摂領域においても、排除領域においても——たしかに他の機能システムが分出した帰結ではあるが、しかしそうだからといって、ただそれだけで宗教の欠点ということはなく、ましてやまったくの機能喪失ではない。むしろ問われるべきは、宗教がそこから生じるチャンスを利用できるかどうか、そしていかに利用できるかということである。この問いは、宗教的組織の取り扱いとの関連で、すでに提示してきた(48)。

一見したところ宗教においては、少なくともキリスト教の領域では、このことに対してきちんと準備がなされていたという印象をもちうるかもしれない。その領域には、貧者救済の長い伝統が存在している。福祉国家的あるいは開発政策的に適応した社会的活動の領域で、いわば隙間を埋めるアンガージュマンが存在している。宗教的組織は実際、手段と動機を社会的支援に集中させることができる(49)。神は富者よりも貧者の近くにいるという、古い教えが存在している。しかしそれは、社会層形成のなかでその支柱を失ってしまった上からの神学に依然としてとどまっている。ともかく金融資産を有する（つまり、なによりも国際的に活動する銀行を自由にできる）人びとのグループの内部に魂の救済についての不安があるとしても、中世の頃のような寄進や寄付金の経済に戻ることは期待されえず、それどころか推奨されえない。いずれにしても、資金の経済的に合理的な（再生産的な）利用にはつながらないということであろう。ルサンチマンは、親マルクス的なものであろうと、それこそ今日の神学のサークル内に見られる反リベラルなものであろうと、理解されていない経済的・政治的制約に対する批判(アタック)としてはほとんど役に立たず、むしろ神学の〔状況への〕適合不全を暴露している。[50] このことは、かなり直接に神学そのものの世俗化を裏づけており、[51] ますます耐えがたくなっていく状況に対して、なんらかの宗教的概念を確証するものではない。

教会政策的、そして教義政策的な適応は、ある程度保たれている。ラテンアメリカでは、カトリック教会は——ローマの祝福によって——注意深く宗教の大衆的な変種に自らを開きつつあるように思われる。また教会も、独自の経済的・政治的な助言は回避しているとしても、神とキリストに対する信仰がもはや期待されず、想定することも不可能な社会条件があるところに、活動の極限的な臨界点を見ているように思われる。とりわけ、困難は次の点にある。すなわち、かつて想定されていたよりも明らかにずっと多くの運命が決定に依存していること、つまり偶発的なものとして経験されるという点にである。運命は、利率と信用、法的規制とその貫徹の可能性、先端技術のコスト性とリスク性に依存し、また社会運動への参加者の急速な増加や減退にも依存している。しかし、この種の偶発性は、決定という形式で定めることができる条件には左右されない。こうした光景を宗教の観点から観察するならば、全般的かつ一般的な形での批判は増えるが、よりよい助言を得ることはできないという状況は、ほぼ避けがたく、そうならざるをえない。

近代社会は《自身の宗教》、つまり近代社会に適した宗教をまだ見つけていないので、次のような実験をしているという推測に従うことはできるであろう。すなわちその実験とは、あるときは洗練された突飛なものによる、あるときは（神の死についての教理という意味での）宗教批判による、またあるときはその教義の現代化（aggiornamento）による、そしてさらには組織の老朽化に対処するための処方箋による実験である。あるいはテクスト原理主義、あるいは誰もが自分のためになんらかのものをそこから見つけることができる多元主義的な提供物によって、あるいはニュー・エイジのスタイルでの科学的に正統とされるサプリメントによって、あるいは瞑想や幻覚剤（メスカリン）、托鉢僧の舞踏やメキシコのキノコ祭式（カルト）をさまざまにありうる精神分析学的セラピーの類いとして用いる神経生理学的研究によって、あるいは急速に変化し、しかもつねに対立し合っているフラワー・パワー〔ヒッピー〕のような表現モードや、将来の世代あるいはいま現在すでに飢餓で死につつある人びとの運命への憂慮によって。そうなると世俗化とは、一種の清算であり、また地表の地ならしであって、その後、時代に適した宗教的形式の発展がその上に可能になると理解することもできよう(52)。

宗教史上の所見から見れば、有神論（ティスムス）の未来は重要な問いの一つでありえよう。果たして、超越の代表者としての観察者たる神は必要とされているのであろうか——この神は、人が体験し、行うことすべてをその目で見続けており、生じることすべてをつねに前もって望んでおり、また、忘却することはなく、ただ赦しをなしうるのみである。あるいは、非‐神論的な愛の宗教は、他の機能システムの成果の基準、正当性の基準に依存することなく、特定のアンガージュマンを《無条件に有意味》なものと見なすチャンスを有しているのであろうか。どちらの場合でも、伝統との断絶が考えられるが、しかし両者ともに（ここで主張されている理論によれば）超越として、内在的に生じるすべてのものに対峙する差異の地点を主張するときにのみ、宗教として認識可能となろう。つまり、けっして特定の目的の肯定のみが問題になるということはない。

社会学的観察者の典型的な反応は、宗教という概念の要件を弱めることで反応するというものである[53]。その際、宗教は自身の境界を拡大していく客体として表象されなければならなくなるであろう。しかしこのことによって、そのような不可欠の本質的基準がそもそも存在しているか、という問いに突き当たる。科学的探究、とりわけ宗教社会学的探究は、そのようなものを確認することができなかった[54]。典型的には現代の（アバンギャルドな）芸術が、自身の領域でこの問いをもって実験してきた。芸術作品それ自体を通じて、芸術はそもそも何によって芸術として区別されるのかという問いへと至るために、アヴァンギャルド芸術は、芸術作品間、そして芸術作品と他のものとの間の、あらゆる感性的に知覚可能な区別（ボルヘスの場合はテクストの区別を含む）を消し去ったのである[55]。この問いに対し、芸術家たちの定義上の意図を指摘することで答えるのでは十分でないことは確かである。というのも、社会学者の観点からすれば、何がこの意図を規定し、誰がそれを同定するかという、さらなる問いへと至るのみだからである。宗教の場合でも、類似の《主観主義的》解答は排除しておかなければならない。それゆえ、心理学的解答を――どのみち形式的なものにとどまるが――社会学的解答に置き換えなければならない。宗教とは宗教として観察されうるところのものであり、そしてこれはセカンド・オーダーの観察の水準においてである。宗教的に明確に規定されたもののなかで観察する人は（繰り返せば《観察する》とは体験ないし行為することであるが）、その観察作用において自らが観察されていることを知っている場合に、このセカンド・オーダーの観察を行うことができる。これは、観察者が是認を求めなければならない、あるいは是認を見出さなければならないということを意味する必要はなく、むしろ、彼の観察を宗教的であるとする判定が同時になされるということを意味する必要がある。すなわち、もっと注意深く定式化するならば――これは、他の観察者においてもそうであるが――、第一の観察者は自己が観察されていることを宗教的に観察できなければならない、ということになる。このことにより、はっきりと他の類型に分類されるアンガージュマン（たとえば切手収集）や、また同様に個人に特有の特殊の嗜好や偏愛としてのみ見て取れるものが、除外される。

これによって、古典的な刻印を押された《世俗化》というテーマは解消する。近代社会における宗教の状況についていえるのは、何が宗教的であるかという規定が宗教システムの自己観察の回帰的ネットワークに委ねられているということである。しかしながら、これは他のすべての機能システムにも同様に当てはまる（芸術についてはすでに言及した）。以上のことは、次のようなテーゼでもって乗り越えることができるであろう。すなわち、システム独自の観察のコンテクストにおいて、あらゆる作動を偶発的なものとして反省することを可能にするためには、バイナリー・コード化が必要であるということ、そして全体社会システムにとってのなんらかの機能が満たされなければならないというテーゼである。なぜなら、そうでなければ機能的に分化した全体社会システムのコンテクストにおける再生産の蓋然性が、減少してしまうからである（ことによると、組織によってのみ保証されうるということは可能かもしれない）。これによって、宗教システムの社会学的な（つまり宗教にとっては外在的な）記述のための、はっきりとした制限的な前提が定式化される。科学システムの内部に存する根拠から前提が補われ、あるいは代替されうるということを排除はできず、またすべきでもない。いずれにせよこの前提は、科学が《真なる》宗教の本質規定に固執することを締め出す。というのは、このことは不可避的に、科学がその独自の理論に従って（これが科学的に維持されうるならば）自律的で、構造的に規定されたオートポイエティック・システムであるものに弁別的に介入することを意味するからである。

VII

もしこれによって《世俗化》の概念がある定義可能なきっちりとした概念という意味において明らかにされたとしても、近代社会で宗教が観察され、そして実践される条件について、その代わりになんらかの言明が可能かどうか、あるいはいかにすれば可能かという問いは残されている。その際に問題となっているのは、宗教的思考財の《近代化》などではなく、またたとえばその科学的世界像への適応でもなければ、宗教的諸形式をただ《象徴的》諸形式としてのみ把握する神学でもない。それらは、まさに宗教として生きているあまりに多くの信仰形式や実践と矛盾している。しかしながら、十八世紀の後半には《文化》という新しい概念が現れ、急速に人間により創出されたすべての人工物とテクストにまで拡大したということが観察できる。それまでは文化ということによって——たとえば農耕（agricultura）

あるいは牧畜（cultura animi）のように——、何かの保護育成が理解されていた。いまや文化は、ある自立した現象領域となり、《自然》から区別され、独自の論理というのではなくとも、独自の条件に従って展開する。[56]

この文化の概念によって、十八世紀の（まだヨーロッパ的な）社会はその空間的そして時間的地平の大幅な拡張と新しい充溢に反応している。より大きなスパンにおいてより多くの差異が確認され、ギリシャ人と野蛮人、キリスト教徒と異教徒、文明人と野蛮人といった古い区切りは、現象を整序するその能力を失う。それに代わり地域的、そして歴史的な類いの比較が登場する——それは、最初はヨーロッパ中心主義的で、その時代に定位した評価の基準を伴っていた。その後十九世紀を経て、文化科学的あるいは精神科学的な概念が続いて発展する。比較は、それ自体が文化的に地域づけられた比較の視点を必要とするので、この《文化》シンドロームは自己自身の上に基礎づけられている。一方で文化は、空間的あるいは時間的制限なしに観察される。文化は、人類普遍的な現象と見なされる。たとえばパーソンズにとって、それは行為概念の構成要素の一つである。しかしながら他方で、そもそもこの形式において観察されるという事実は、まったく近代的な現象であり、さしあたっては特殊ヨーロッパ的な現象であって、この現象はそれ自体社会史的に、つまり最終的には社会学的に説明されなければならないであろう。この《文化》シンドロームの近代性は、最終的にはある極めて特殊な普遍主義として生起する。この普遍主義は、極めて奇妙なもの、極めてかけ離れたもの、極めて異様なもの、そして理解不可能なものすら、《関心を引くもの》でありさえすれば、つまり相互に比較して示すことができるものでありさえすれば、すべてそのうちに包括するのである。

比較への関心のこの普遍化の帰結として、あらゆる現象の二重化が生じる。これが、まさに文化である。文化とは、日常生活を方向づける記述の再記述である。さしあたりなによりも美学において、自然が文化的にあらかじめ与えられた（そしてそれゆえに文化的に異なった）観点に適合した体験的自然の一つであるということが要請されるならば、自然もまた文化に組み込まれる。それゆえ、文化というものが存在するようになって以来、ファースト・オーダーの観察とセカンド・オーダーの観察の間が区別されなければならなくなる。ファースト・オーダーの観察では、客体の使用意味、つまり客体が何として現れるかが問題となる。たとえば、ある規則が示す命令的意味あるいは禁止的意味、あるいは聖なる客体と行為の聖性が、問題となる。しかもそれは、文化によって否定されることもなければ、敵対されることもない[57]。この対象の意味は、ただ二重化され、セカンド・オーダーの観察の水準へコピーされるにすぎない。ここでは、自然的なもの、そして必然的なものとして取り扱われたものは、すべて人工的かつ偶発的なものとして現れる。そうなると、なぜそれがそうであるのか、そして誰にとってそれがそうであるのかということを理解しようとするならば（そしていまや初めてあらゆる文化的財において《理解》が問題になるのだが）、観察者を同時に観察しなければならない。この二重化から、近代の文化の内部においてさらなる問題が生じる。そうした問題は、相対主義、歴史主義、実証主義、決断主義といった概念のもとで批判的に取り扱われるが、また他方では、直接性、権威性、真正性、同一性といった骨の折れる祭式（カルト）へ導く。しかし、それらが約束したものはかなえられない。なぜならば、それもまた文化概念にすぎないからである。マタイ・カリネスクの適切な定式化[58]によって、こうも言えるかもしれない。すなわち、あらゆる文化的アイテムを何か他のものの兆候として取り扱う、たとえば利害、排除された動機、潜在的な機能に対する疑いをもって取り扱う文化兆候学が成立すると。

ここで興味深いのは、宗教が社会における文化の一つの部分領域として観察されるとすれば、このことは宗教にとって何を意味するかということのみである[59]。そのことに関わるのが、とりわけ宗教システムの反省形式としての神学である。神学はさまざまな由来をもつ宗教科学と対峙しており、自身がよしとする信仰は、多くのもののなかの一つにすぎないという事実を考慮に入れなくてはならない。これにより、古い伝統とはまったく異なり、宗教的信仰の特殊性と真なる信仰として独自の信仰を際立たせることが、神学的反省の背景テーマとなる。《世俗化》が、近代社会における非宗教的志向の増大により宗教が衝撃を受けているということを意味するとすれば、《文化》において問題となっているのは、ある宗教が他の宗教との比較にさらされているということ、またそれによって比較の観点を規定する際に卓越性が棄却されなければならないことである。もはや問われるのは、全能の神が他の諸民族について何を考えているかではなく、比較がいまや一神教的宗教対多神教的宗教に関連しうるということ、さらに、はっきりとした神概念をもたないアニミズム的な諸宗教に関係しうるということである。あるいは、世界に対して肯定的な宗教や否定的な宗教、道徳ないしは死後の生への問いとの関係の相違に、関わりうるということである。暗黙裡に組み入れられた選好次第で、文化の比較はさまざまな結果になりうる。いずれにせよ文化の比較をする際には、真剣に考えられるならば、比較の観点を中立的に選択しなくてはならず、それを比較されるもう一方の宗教に合わせて調整するということをしてはならない。そうしなければ、他の宗教が概念の本来の意味や最高の意味で宗教と見なされることは、まったくなくなる。

文化現象学者が想定しているのとは異なり、比較という方法を用いた証明の能力は、事象の《本質》として叙述されうる不変のものの変容にあるのではなく[60]、比較される現象が異なれば異なるほど、似たところがますます目につくということにある。比較は誇張へと向かい、それにより、自身の内的な自己規定に従う現象に固有であるところのものの内実をないがしろにする傾向がある。比較は、意外さや予期されていなかった類似性により認識上の獲得を支えるが、もはやこうした洞察を《啓示》と等しきものと主張することはできない。啓示は、宗教的なあり方のなかで、いつであれ前提とされたものを把握可能にするものである。

　したがって、いまやどの宗教も、社会におけるコミュニケーションのなかで偶発的なものとして、選択のことがらとして扱われるということを、考えに入れなくてはならない。とはいっても、これはどちらかというと前景にある局面にすぎない。あらゆる文化を基礎づけている比較というものをより厳密に分析すれば、非常に深いところにある両立不可能性が明らかになる。あらゆる比較は一定の比較の観点を前提にしているが、この観点自体は比較のなかに入ってくることはなく、また（たとえ他の比較がこの比較を引き込むことができるとしても）同時に比較されることもない。それゆえ比較というものは、ある《第三の》値、観察されていない観察者というものを前提としている。しかし、この観察されていない観察者は、伝統においてそうであったように、もはや神ではない。神は、むしろマクスウェルの悪魔に似ており、レリヴァントな差異を定義し、それに従って選り分けを行うのである。

　同様のことは、比較を通して刺激を受けた、動機について問う第二次の文化にも当てはまる。区別されたものの説明のために、十九世紀以降、無意識から行為をコントロールする潜在的な動機、利害、機能、そして構造へと遡及がなされる。ここでも次のことがいえる。すなわち、気づかれずに作動しているがゆえに強力な作用力をもった決定因は、神ではなく、何か別のものであるということである。それはすなわち、システムそれ自体にとって不可避の不透明性である。

認識する理性（ratio）と行為を規定する意志という伝統的な形式――それは、その（思惟において凌駕されえない）最高の形式を神へ融合させた――は、いまや突如として代替案をもつことになる。この代替案を、いくつかの神の諸属性、なかでも不可視性と支配不可能性が取り込む。それらは、いかなる究極的な正当性も与えない。しかし、だからといってそれが何だというのであろうか。それらは、疑い、批判、啓蒙、セラピーの対象、すなわちセカンド・オーダーの観察の対象である。その際、神にとって残るのは、不透明性の制御のためのあらゆる努力の挫折を弱める位置である。しかしその場合、もはやこれは昔から知られた神、自らの人生をその恩寵に委ねることができた神ではない。

こうした文化の比較は、宗教を弱体化させる方向に作用すると推測できるかもしれない。しかし、これはおそらく拙速な推論であろう。結局のところ、装飾を施された壺の美しさは、他の民族が彼らの壺に別の装飾を施すということだけで、その美しさが損なわれるということはない。比較によって、明確な特徴により一層の注意が払われ、文化的事象の特性がよりよく理解されることにすら導かれるかもしれない。他方、ある宗教と他の宗教との区別を可能にする特徴により、必ずしも信仰が立ち直り、強化されるということもない。《文化》の考案が宗教に対してもった影響は、より立ち入った研究を必要としよう――それは、文書の登場や機能的分化への転換の影響と比較可能である。そのような研究の成果を、ここで先取りすることはできない。しかしながら、近代社会における宗教（あるいは諸宗教）の意義について判断を得ることが問題になっているのならば、こうした問題提起はなおざりにすべきではない。また、潜在的な構造や機能の想定は、不透明性が備える他の――《高次の》といわれる――意味付与的性質の存在を、けっして排除するものではない。しかし、このように議論する場合、今日いかなる宗教的形式が可能であるかをテストできる基準が、同時に措定されているのである。

近代が強要しているように思われるのは、すべての機能システムへと拡大しつつあるセカンド・オーダーの観察の様態である。機能システムの内部でも、超（ハイパー）複雑性という状態に達している。これが意味するのは、機能システムがそれ独自の複雑性のさまざまな記述を同時に産出し、これと結びついたあらゆるリアリティの構築への挑発の確信を、なにはさておき動揺させるということである。いずれにせよ、もはや独自の観察の事実性と確実性の担保として、デカルト的な主体を引き合いに出すことはできない。まさに神の存在証明が、この形式の自己確実化のもっとも貧弱な副次的産物であり続けたのである。ここには、もはやいかなる接続可能性も存在しない。というのも、宗教の問いにおいて確証に至ることは最終的に個々人のことがらであるというような、空虚な決まり文句が導かれるにすぎないであろうからである。宗教の問題は、近代社会におけるコミュニケーションの可能性との関連で再定式化されなければならない。しかし、ここで多次元的（ポリコンテクスチュラル）な記述やセカンド・オーダーの秩序の様態における観察に文化全体が適応するならば、宗教がそうしたものに関わることができないなどということは認められない。たしかにそうなった場合、宗教は自身の存在論的に基礎づけられた宇宙論を放棄し、また同様に道徳という事象での自己確実性を放棄しなければならない。しかしまさにこの点で、すでにいくつかの宗教、たとえばキリスト教や、また仏教も、つねに越境を敢行してきたのである。

最終的に、近代社会における宗教の進化の条件と可能性が問われなければならない。《世俗化》という用語も《文化》という用語も、この問題を完全には捉えてはいない。世俗化ということでわれわれが考えうるのは、他のシステムの制御をそのシステム自身へ明け渡すことによる機能的分出の帰結にすぎない。文化とは、もしそれを比較可能性の設置として把握するのであれば、それにより、いまや比較の条件として、限定がセカンド・オーダーの観察の水準で導入されなければならないことを意味する。《神聖なレベル（inviolate levels）》（ホフスタッター）はいまや新たに定式化されなければならず、それは自身の宗教的質を失ってしまっている。そして結局、進化理論それ自体がいかなる予測可能性をも提供しなくなる。進化理論が示しうるのは、分出したシステムのオートポイエーシスが保証される場合、そしてその限りにおいて、進化的構造変化が起こりうるということ、またいかにして起こりうるかということ、それのみである。

ともかく、近代の世界社会における宗教（あるいは諸宗教と言った方がよいであろうが）の、すでに認識されうる進化にとって特徴的であると思われるさらなる観点を集めることは可能である。そのための多くの資料は、とくに二十世紀後半に広範かつ強力に観察されるようになった原理主義的な潮流についての議論のうちに見出すことができる。このような仕方で宗教システムが近代世界の《グローバル化》に反応しているということについては、見解が一致するように思われる[61]。しかし、理論的に根拠づけられたさらなる定式化が欠けている。

一つのありうる仮説は、宗教を含めたあらゆる機能システムが、近代社会において途方もなく増大した複雑性の圧力のもとに置かれているというものである。もし進化がいかなる適切なメディア（《貨幣》という範型（パラディグマ）も用立てないのであれば、システム内で《最小多様度（requisite variety）》を調達することはますます困難になる。たしかにこのような多様性の調達は、システムと環境との間にある複雑性の落差を考えるならば、つねに不可能である。しかし近代という条件のもとでは、この不可能性はシステム自体のなかでも観察される。その場合、システムは自身の意味づけの照準を、システムが世界適合的に作動できず、そしてそのことを認識しなければならないということに、合わせなくてはならない。科学論においては、構成主義が（ラディカルなものであれ、そうでないものであれ）この問題への解答であるように思われる。宗教システムにおいて、そのような適応はずっと困難である。このことは、神が《偶発性定式》であるという観念が宗教的に受け入れられるか否かという問いで、試すことができる。しかし、この分析の出発点が適切であり、世界の適合的な表象という意味での《最小多様度》がシステムにおいて明らかに到達不可能であるならば、宗教システムはいかにして自身の機能とのあからさまなコンフリクトに陥ることなしに、これを考慮することができるであろうか。

一見したところ宗教システムは、現在《最小多様度》と《最小単純度（requisite simplicity）》との適切な混合関係を求めているように見える(62)。システムと環境との関係におけるある根本的なパラドクスをそのように解消することについては、目下、さまざまな宗教で、非常に多様なやり方で実験が行われている。ことによると、これもまたいまや統一的な世界宗教という観念が色あせ、魅力がないものに映る理由の一つかもしれない。《最小単純度》は、一方では個人に——たとえば個人的な問題の瞑想の実践として、あるいは日本の例にあるように、集団文化によって吸収されることのない不確実性の問題を解消する古い占術的な行動の残余形式の保持として——、提供されうる。他方では《最小単純度》が、特定の宗教の構造上のメルクマールとして――たとえば（三位一体であるとしても）唯一の神しか存在しないというテーゼによって――証明されうる。また、教義化された信仰宗教も、自己観察や告解を用いる高度に個人的な罪の意識を知っている。この意識は罪を名指し、その評価を疑似文法的に規則化することで世俗的テーマに、たとえば金銭の扱いやセクシュアリティの扱いに、立ち返っていくことができる。そして、こうした観点では、罪の意識は社会における変化を通じて刺激されうるのである。そこで推測できることは、《最小単純度》それ自体が信憑性を失ってしまう危険を犯しているということであり、また十分な集団特殊的な支えが存在する場合にのみ維持されうるということである。それゆえ宗教システムは総じて、信仰をもつ者、他の宗教を信ずる者、そして信仰をもたない者の間の差異を受け入れることができなければならないであろうし、しかもまさにこの差異と別様性から、信仰を強化する可能性を獲得しなければならないであろう。

VIII

宗教そのものではなくても、世俗化された社会における教会の状況には、しばしば危機という概念が与えられてきた。この状況の深刻さをはっきりさせるために、教会の危機が語られている。しかしながら、これは誤解を招く叙述である。危機について語ることができるのは、近い未来に転換が――良い方にであれ悪い方にであれ――予定されている場合のみである。しかし、そのような転換は予見できない。問題になっているこの現象は、機能的に分化した社会における宗教の状況に関連している。構造上の両立不能性が問題になっているのである——少なくとも、宗教をその伝統的状態から解釈するならばそうである。宗教とその教会教義学は、あれこれの仕方で、あれこれの《文書（script）》によって、この状況と関わっている。しかし、ここにあるのは《危機》の終わりではなく、せいぜいのところ、近代社会の機能システムとしての可能性と限界に適切に対応しようとする宗教の試みのみである。

《危機》という記述は、不必要な劇化を含んでおり、決断が問題になっているというように思わせるところがある。しかし、そのようなものとしてコミュニケートされる（たとえば教義学への、あるいは教会の組織への問いについての）決断こそ、まさに役に立ちえないものである。むしろ、新しい状況への進化的適応の可能性が問題になっているということを、受け入れなければならないであろう。

明らかに、宗教が新しい社会、つまり近代社会で引き受けるであろう形式は、まだ適切には捉えられておらず、また記述もできていない。こうしたことは、驚くにはあたらない。というのも、進化的変化が問題になっているのであれば、いかなる場合であっても、この宗教的問いにおいてただ回顧的にしか接近できないからである。したがって、否定的な調子が支配的であるということは、なんら不思議ではない。ジェローム・ブルンナーは（発展の理論を論ずる際）、《われわれがいま身を置いている語られざる絶望》について述べている[63]。これは、悲観的な診断として解釈されてはならない。むしろこれが表明しているのは、急速な転換の過程にとらわれている社会のなかで未来を予見することの不可能性である。

それゆえ最後に、これまで用いてきた世俗化の通常の概念は十分なものかどうか、あるいはこの概念はむしろ本質的なものを歪めているのではないのかどうかを、問わなければならない。この問いは、比較という方法や、ロマン主義的な《置き換え（displacement）》において、つまり十八世紀末に現れた支配的なゼマンティクの変化において、明らかにすることができる。比較という方法はすでに、他のものへの直接の関係を遮断し、観察者がそれに参与しておらず、（宗教のように）それゆえ観察者に関わっていないアイデンティティをこの他のものに帰属させるゆえに、世俗化の指標なのである。[64] このように距離をもうけることで、われわれは文化という概念を受け入れさせられた。この概念は比較の対象に干渉し、その対象本来のものとは異なったアイデンティティを課した。同時に観察者は《超越論的な》位置へ移され、世界の外へと取り出されたのである。ロマン主義がかつての宗教上の意味内容を、他の、とりわけ美学上の、しかしまた個人的‐伝記的領域にもずらしたことに目をやるならば、ここでロマン主義的《置き換え》について述べることができる。これは象徴概念の新しい用法から、非常にはっきりと読み取ることができる。さしあたり比較と置換の両者とも、いまにおいても、そしてこれからも、信仰の告白がなされる宗教との決別を意味してはいない。しかしまずもって、別様の根拠なるものが持ちこたえられるか否かを確かめるためにテストが行われている、という印象である。

第九章　自己記述

I

宗教の《本質》を《客観的に》（現象学的にであれ）規定しようというあらゆる試みは、挫折したものと見なされうる。これらの試みはいずれにせよ、長期の論議のなかで根本的に活気を失ってしまった。[1]宗教の定義が、つねにすでにある宗教上の立場に拘束されていること、つまり、他の宗教があるにもかかわらず、それぞれが独自の宗教を主張していることを見抜くことは、困難ではなかった。[2]この経験は、他の種類の問題提起を動機づけるかもしれない。（単数形の）宗教の《本質》について問う代わりに、諸宗教がいかに宗教を記述しているかということを問うこともできるであろう。そのときに用いられるのは、まだつねにすべての宗教に通用している、つまり普遍的な概念、すなわち《自己記述》である。この概念は十分に形式的であり、社会におけるコミュニケーションの他の領域にも、まさに社会自体にも適用することができ、そして自己記述がそのつど真であるか、正しいか、あるいは適切であるかということを前提にしない。問題となっているのは、とりわけ端的に一種のコミュニケーションのみである。そればかりか、宗教的行為、たとえば祭式的行為が、いわばシステムの《応用的な自己記述》として理解され、あるいはそのようなものとしてコミュニケートされるということは、けっして自明のこととは見なされない。宗教的コミュニケーションそのものを宗教的と認識させる原理や教義へと、システムの自己記述が固定化することは、むしろありそうもないことと見なすべきなのである。宗教的コミュニケーションを非宗教的コミュニケーションから区別する、多くの他の、より実際的な可能性が存在する。しかし、まさにそうであるがゆえに宗教の自己主題化は、社会学的パースペクティヴにおいて特別の注目に値する変数であるように思われる。いつ、宗教の自己主題化は生じるのであろうか。ことによると、それは宗教の本質がもはやすでに自明ではなくなり、異端者にも宗教があるということがあまりにも歴然となったときなのであろうか。そしてもしこの自己主題化が、正しき信仰を宣伝する信仰論と教義学に導くならば、そのとき宗教的コミュニケーションは、いかにしてこのような自らへの義務づけに適応するのであろうか。

テクストに固定された《神学的》自己記述の必要と並行して、宗教システムの内部でも分化が生じる。十二、十三世紀以来、修道院付属学校と司教座教会付属学校では、後には大学の学部では、十分に練り上げられた神学的問いの叙述を見出すことができる。これは、体系化と一貫性とをめぐる努力と論争上の懸案への取り組みに至る。テクスト研究は、説教にとって直接的に重要なレトリックの形態からは分離する。それは、いかなる敬虔な心持ちも前提とせず、また直接的にテクストの生産に影響するいかなる聖なる雰囲気も前提としない。むしろ、テクストはテクストに定位する（今日ならば《間テクスト性》というところであろう）。たしかに聖職者は神学的教育を受けており、この職業は大学での勉学を前提とする。しかし、その職業の実践においては、それに加えてコミュニケーション上の別の要件が前景に押し出されてくる。

いずれにせよこの種の自己主題化は、進歩した複雑性の水準において初めて成立する。つまり、書記言語の導入の後で初めて、次いでさらに、システム境界の観察の相関物として成立する。社会システムは、環境に対する独自の境界を作動上で産出するのみならず、このことが生じていることと、またさらに生じるということをも観察しているが、そうした社会システムは、自己言及を他者言及から区別し、また両者を結合することを可能にするある同一性を必要とする。同一性と境界の問題は、密接に連関している。というのは意味システムの場合、境界は外的な皮膜、皮膚、あるいは空間的な線であるのみならず、そのつどの作動によって定義されるからである。なぜならば、あらゆる作動は自己言及的な意味の指示と他者言及的な意味の指示にさらされており、この区別を用いて自らをシステムに編入しなければならないからである。すべての作動が、システムの同一性に定位する必要はない。すべての祈りが自らに向かって、私は宗教システムの作動の一つであると言う必要は必ずしもない。通常の場合、《コネクショニズム的な》自己の位置づけで十分であり、たとえば祈りの場合には、定型的文句、場所、きっかけが用いられる。しかし、境界づけの問題や帰属の問題が出てくると、またとりわけ世俗化された社会環境で行われる宗教的コミュニケーションの場合には、次から次へと疑念が生じうる。(急いでいるからといって、バスが時刻通りに来るように祈るべきなのであろうか。あるいは肺を鍛えるために大きな声で祈るべきなのであろうか[3]。また、これを行い、そしてこれが役立つと考えるならば、自分と他人にどのような種類の信仰を認めるべきなのであろうか。あるいは逆に、神は特別な摂理の領域から隠遁してしまったがゆえに、そういったことは役に立たないと考えるならば、どうなるであろうか。)

早くもここで、最初の仮説が定式化できる。すなわち、宗教システムの自己主題化のきっかけとその必要性は、社会が宗教的コミュニケーションと非宗教的コミュニケーションの区別と分離をもくろんでいる程度と相関している。また歴史的に見れば、ここまで宗教システムの分出と呼んできた過程と相関している。自己記述は、境界的な経験を主題化する。宗教は、これによって思念されないもの、これによって排除されるもの、つまり境界の他の側をともに顧慮に入れるとき、独自の形式を探し求める。しかし、どのようにしてであろうか。排除されたものは、包摂されなければならないのか。《世俗化》の場合のように、それは宗教でないにもかかわらず、いやまさに宗教でないからこそ、宗教的なるものとして資格づけられなければならないのであろうか。

さしあたり強調しなければならないことは、非宗教的な環境の事実を取り込むことは、必ずしも、宗教が適応圧に屈し、あるいは自らを《リベラルにする》ように強要されているということを意味するものではないということである。同様に、宗教は——道徳的な負荷をもった図式論の形式においてであれ、カウンター・カルチャーの形式においてであれ——差異を強調することによって利益を得ることができる。前者の場合には、特定の要件を満たす宗教上の生活様式のみが善で、他のすべては悪である。後者の場合、カウンター・カルチャーの形式は、宗教的コミュニケーションの固有値を、環境で通常に用いられている評価（たとえば、科学的検証可能性、経済的な福利あるいは困窮）と競合するのではなく、いわば横向きに構えることで、それに関わらないようにする。[4] これにより社会への距離は、ひとたび気づかれさえすれば、宗教的自己記述の背景的テーマとなる。それは、二つの国をめぐるアウグスティヌスの教理において、典型的に示されている。別言すれば、宗教は社会からの救済を約束するよう強いられているように見える。しかしこれだけでは、まだいかなる形式でこの要求が満たされるかを確定することはできない。この背景的テーマを、さまざまな仕方でこしらえていくことが許される。いかなる選択肢であろうとも、多くの選択肢が可能であるということ、またそれらが宗教システムのなかで内的基準に従って証明される、ないしは証明されないということ、そのことがすでに、システムの自律性を、また自己記述がシステム固有の働きであるという示唆を与える。

宗教上の特定の宇宙論から出発する場合、世界が期待されるであろうようなものと異なるということは、宗教にとって古くからある問題である。仏教はこのために別様の区別を行う、あるいは区別をまったく行わないという置き換えによって、出口を見つけた。神学はどのように考えられた仕方であれ、たとえば歴史的な迂回路をとるプログラムを想定することによって、神を救おうとしてきた。十七世紀以来、神義論が語られてきた。しかし、その際に出発点となったのは、世界の状態が自らの罪科ゆえに、現世を包み込む（普遍主義的な）宗教概念から帰結する期待に対応していないということ、またこの矛盾が説明されなければならないということである。世俗化された社会は、ほとんど感じることのできない移行のなかで、宗教をもう一つ別の問題に直面させる。世俗化した社会では、以下のことが明らかになっている。すなわち、他の機能システムは宗教をまったく必要としていないということ、それぞれの機能システムのコードは独自のパラドクス展開を産出するということ、その包摂／排除の規則は宗教のそれには統合されないということ、各機能システムは宗教の区別を中立化する独自の《棄却値（rejection values）》をもっているということである。つまり、矛盾の関係ではなく、機能必然的な無関心の関係である。矛盾の関係は、逆側の選択を統制し、宗教はその関係による評価をものともしないであろう。

矛盾という概念は、二値論理学のカテゴリーとして再検討が必要とされ、またこれには、矛盾を歴史的転換の駆動因とする比較的新しい弁証法の観念が含まれる。

それゆえ近代の宗教の自己記述は、システムと環境との知覚された差異の古い様式のなかで、新しい形式に関わらざるをえない。非宗教的コミュニケーションを、まさにそれが宗教に注意を払わないということで非難するのでは、もはや十分ではない。無関心を、《罪》としてうまく特徴づけることはできない。宗教の視角からすれば、そのような所見はあいもかわらず憂うべきものとされよう。しかし、そのように控えめに評価したり伝道の逆を行くやり方では、宗教システムの自己記述を近代社会の枠組となる条件に関係づけるには、もはや足りない。別言すれば、システム／環境の関係をポジティブ／ネガティブの図式論で記述すること、あるいは環境を本質的に（そして神という意味においても）求められうるものからの逸脱として把握することでは、不十分である。[5] 宗教システムの自律性が完全に実現した以上、ポジティブ／ネガティブの図式論ですら環境との関係の記述に十分であるとはいえない。システムがその環境をネガティブに設定するのであれば、システムはそれを自己自身で行わなければならず、また自らの自己記述の契機として、それに責任をもたなければならない。オートポイエティックな自律性は、システムの否定（ネガツィオン）をシステムへと取り込むことを要求する――その例として、なによりもアバンギャルド芸術を、そしてまた政治的ユートピアを挙げることができよう。

宗教システムは、自身を取り巻く社会から自ら距離をとるということについて、長い伝統をもっている。〔ヘブライの〕王政時代の預言者たちの批判、古代後期の宗教性の禁欲的で世俗に対して隠遁的な傾向、あるいは仏教における世間からドロップアウトした人たちの宗教を思い出してみればよい。極端な形式は、コミュニケーションを最低限に抑える、ないしはそもそも回避するよう命じる修道院の戒律に見られる。というのも、すでにこれらは社会への参与、つまり堕罪という結果になってしまうからである。[6] 社会学者によって、この連関で教会とセクトの区別がなされ、またこの区別は、社会に対する宗教の適応許容度をめぐる意見の相違の帰結として解釈されてきた。[7] しかし宗教は、このように社会から距離をとりながらも、まさにこのための社会的支援を提供している。これに特化した宗教上のゼマンティクのおかげで、人びとは社会のなかで社会に対抗したコミュニケーションを行い、そのための宗教的賛同を得ることができる。もし宗教が社会の不正義を甘受したとすれば、そして（あるいは甘受せずに）彼岸におけるその和解を約束するとすれば、それはこの、甘受する／甘受しないの一つの変種にすぎない。いずれの場合においても問題となっているのは、宗教的用語法でいうならば、社会からの救済である。たしかに自身に固有の罪は個人に負わされ、過ちとして記帳される。しかし、原罪の教義は同時に、不道徳性がひっきりなしに繰り返されることについて分かりやすい理由をも与える。この教義は、人間がアダムの末裔として、後に生まれたものとして、社会における存在として、けっして罪を逃れることはできないということを教える。つまりここでも宗教は、社会におけるコミュニケーションのなかで希望をもたせるという、社会からの救済なのである。

もしこれが宗教システムの自己記述の輪郭を描く枠組みの条件であるならば、この条件に対して究極的にパラドクシカルな問題が、有意味な可能性を限定する特定の形式で立てられることとなる。したがって宗教システムの自己記述は、想像力を任意に駆使することはせず、その帰結を宗教的に含意する。宗教システムの自己記述は、社会からの救済を骨組みとする、システムの分出をシステムへ内的に反映させる主題に、あれこれの形式で応じなければならない。しかも、宗教に適して行われているという仕方で、つまり宗教システムのコード化と機能に対応する仕方で、である。

ゼマンティク上の可能性の余地は、前述の例が示しているように十分に大きく、それゆえ極めて異質な解決（またそれとともに、さまざまな諸宗教）を可能とする。解決は、模範的で実績のあるコンセプトを通じて、禁欲のモデルに従って、進んでいくことができる。あるいは、罪、腐敗、神からの遠さというような、規範からの逸脱を通常のこととして説明する概念を通じてである。その際に非常に典型的なことは、時間が要求されることである。原罪は死に至るまで継続する状態であるが、しかし、キリストのまねびと（imitatio）という救済の道を進むことを排除するものではない。この変種において問われているのは宇宙論の次元を伴った問題であり、それに対応して、宗教はその自己記述を宇宙論として、秩序と非秩序の差異の彼岸にある秩序を顧慮しながら構想しなければならないということが前提とされていた[8]。この彼岸は、内在的に、それゆえ区別と結びついて観察される、すべてのものに対立する超越の位置以外のなにものでもない。しかし、問題のこの《大仰な（stilo grande）》解決は、他のあらゆる解決がそれに則して査定されなければならない唯一の解決でなければならず、またそうであり続けなければならないのであろうか。

そうであるならば、宗教的運動の領域における新たな現象を、なによりも二十世紀世後半のそうした現象をけっして真剣に受けとることはできないであろうし、それらが宗教システムの自己記述へと発展する能力を有した寄与であると信じることもできないであろう[9]。しかし、問題設定を抽象化することにより、個人が高度な可動性を備え、《世俗化》し、機能的に分化した社会の構造上の条件によりよく適合した別の答えも、また可能となる。明らかに、社会からの救済という問題があいもかわらずアクチュアルであり、そしてそのためには明らかに、社会における社会的共鳴があいもかわらず必要とされている。しかし必要とされる社会的共鳴は、以前のもの――すなわち、個人の決定を通じて接近でき、また加入と退去という形式に沿ったもの――とはまったく別の仕方で準備されている。人が、極めて高度な個人の可動性を、しかも自らを観察し、経験を求め、評価する個人の可動性を考えに入れなければならないということについては、すでに述べておいた[10]。これによって個人の側からの参与は、宗教システムの側からの参与と同様に、偶発的になる。これは注意深さをめぐる競争や、また提供されるものの多様化に、そして――あたかも嗅覚的に惹きつけはするが、しかし大衆が殺到し一般化することが可能なコンセプトの受容に依存はしない――部分システムの孤立化と強化に、ニッチに終わることはない。人智学あるいは《ニュー・エイジ》の例から読みとれるように、あいもかわらず宇宙論は提供されている。しかし、その社会的な構造の基盤は位置を変えており、そうでなくとも観察すべき包摂パターンから逸脱するものでもない。現在の状況から判断すれば、自己記述のゼマンティクのこの水準においては、いかなるコンセンサスも見られない。しかしその場合、後から振り返って次のように問うことができよう。すなわち、それはかつては別のものだったのかと。

別様に方位づけられた環境に直面して、人はいかにして持ちこたえることができるのかという問いは、この状況では他の反省をきっかけとして、とりわけ継続性と非継続性との区別によって退けられる。この区別が断固とした原理的な選択肢へと招くことはほとんどないが、ぶれを引き起こすことはある。その際に、放棄不可能な《本質的なるもの（essentials）》についての合意が試みられる。しかしながら、これはまだ完全なものではない。他の可能性は、伝統の《再記述[11]（redescription）》にすべての革新を結合することであろう。これは非連続性を連続性に縛りつけ、変異の余地の可能性の度合いを限定するであろう。こうしたことはつねに古いテーマであり、懸案事項であるが、しかしいまや、これは別様に理解される。

II

あらゆる自己記述は、記述の際に自己自身を前提とすることを必要とする、つまり、記述することと記述されることとの区別、作られるテクストの遂行的機能と確認的機能との区別のぶつかりあいを必要とする。それゆえあらゆる自己記述は、自身を作動としてその対象から区別し、同時にその対象において自らを再発見しなければならないという問題を有している。あるいは言語学上の用語でいえば、自己記述の遂行的活動は、まさにこの活動の確認的な側との緊張関係に陥る。デリダの《脱構築》の概念は、（なによりも）この問題に狙いを定めている。この概念が示すのは、テクストの遂行的作動がテクストが自ら主張するものを否定していることを暴く作動である。シュライエルマッハーの有名な著作『宗教について——宗教を侮蔑する教養人のための講話』〔深井智朗訳、春秋社、二〇一三年〕に適用すれば、たとえば脱構築が示しているのは、以下のようなことであろう。すなわち、テクストは宗教、芸術、人間形成のようなテーマのもとで、テクスト自身への直接の自己関係をもたらそうとする、つまり人間形成として納得させようとする。しかし、テクストはこれを、形式に従えばその目的に矛盾する、合理的に制御された区別の形式において行う。テクストが区別を行うのは、いかにして（宗教的感情の）個別性と普遍性との間の直接的な（つまり区別から自由な）統一へと至ることができるかを示唆するためである。テクストがその著者の教養を示すものであれば、それが同時に宗教の人間形成上の価値を他人に納得させることはできないであろう（あるいは、テクストが区別を用いて、この教養が宗教的信仰の形式としては不適切と思えるように規定する限り、このことは可能である）[12]。テクストは、その説得力、そのコミュニケーション上の影響を、その論証からではなく、ある種の共謀的関係――その遂行的（パフォマティフ）な機能と確認的（コンスタティフ）な機能との、その論証とその論証目標との、またその論証に不可欠な区別と人間形成（ビルドゥング）としての（とりわけ芸術家的な）自己呈示との共謀的関係――から引き出している。《脱構築》とは、この二重のゲームの指摘の一つにほかならず、つまりテクストの論証自体への介入でもなければ反駁でもなく、より事態に即した解釈の提案でもなければ、テクストのテーマについての発言、つまり宗教についての発言でもない[13]。

聖書の伝統の内部で、それ自体において共謀的で、また脱構築的な概念を探し求めようとするならば、（聖）霊というものを考えてみるのが適当であろう。旧約聖書の証拠をもってしても、新約聖書の証拠をもってしても（また状況、時間、場所、人格に関わりなく）、霊は霊にとらえられても、そしてこのとらわれの観察として、現れる。また、この霊によってとらえられた人びとの通常とは異なった状態のなかで現れる。このような事態は、錯乱した語り（異言）のなかで、そしてこの出来事が明らかに見えるというかたちで現れる。霊は、情報と伝達の区別に関わることなく、コミュニケートする。霊は、コミュニケーションの理解不可能性という形式においてコミュニケートするが、しかしこのコミユニケーションは、まさにその理解不可能性の形式のなかで、コミュニケーションがそこに在ることとして理解されうる。霊の顕現は、つねに特定の歴史的状況（預言者の状況、イエスの弟子の状況）を前提とするので、理解不可能なものの理解を可能にするコンテクスト、つまりコミュニケーションを成功させるコンテクストが、その作動上の前提を満たさないにもかかわらず（それどころかまさにそうであるがゆえに！）存在する。しかし、このコンテクストはあらゆるコンテクストと同様、脱コンテクスト化可能であり、そのつどの有益な限定を超えることができる。霊は、状況の単なる一つの解釈以上のものを顕現する。霊はその限りで、その脱構築こそが問題となるように思われる区別内部での共謀に基づいている、つまり、状況と世界との区別に基づいているのである。この脱構築が――神を証言する語りの確認的（コンスタティフ）機能と、混乱しつつ発せられうる語りの遂行的（パフォマティフ）機能とのもう一つの別の対立へとずらされることによってであれ――、脱構築の側で脱構築可能であることは自明である。デリダであれば、そのためにある確実な場所、ある確実な現在が存在しうるということを否定する、ずれの可能性を差延と呼ぶであろう。

　今日の知見からすれば、霊の発生を医学的に、なによりも神経生理学的に説明することは難しいことではなかろう。瞑想、ダンス、薬物によりもたらされうるトランス状態を考えればよい。そのようにして誘発された霊は、宗教的解釈を目標とするのであれば、いまなお儀礼的な枠組みとそれによって保証される観察可能性を前提にするであろう（そうでなければ一種のセラピーが問題となるであろう）。宗教的コミュニケーションの比較可能性の範囲は、このようにしてかなり拡大されうるであろう。つまり、ほぼあらゆる宗教で見出されうる現象の方向へと――シャーマニズムとイスラム修業僧（デアヴィッシュ）の舞踏のような現象から単調な共同の祈りというモノトミーといった現象に至るまで、瞑想から幻覚剤酔い（メスカリン）のような現象に至るまで——拡大されえよう。例としてブードゥー教を含めることができるが、そこではすべての参加者に霊に《憑かれる》可能性が提供されている（ちなみにこれは、部外の者（アウトサイダー）の記述が部内の者（インサイダー）の行う報告から著しく逸脱している例でもあるのだが）。

シャーマンがつねに、〔薬物服用による〕《バッド・トリップ（bad trip）》に陥り、そのような不幸の徴（しるし）のあらゆる帰結を伴って、戻って来られない（つまり死んでしまう）危険を冒しているのに対し、他方で（聖）霊は、こうした危険やそれに対応する防護の手段をもはや知らないように思われる。宗教はこのような展開とともに、彼岸の両義的な評価から、はっきりとしたポジティブな評価へと進歩した。宗教トランス状態を引き起こす祭式（カルト）に参加する代わりに、祈りが登場し、防御や治癒への関心の代わりに、より広い射程をもち、領域的にもずっと拡大しうる、宗教的に保証された知識が現れる[14]。

この点には後で再びふれるが、そのような比較は、世界宗教システムをもつあらゆる宗教の基礎構造の解明にとって、意義がないとはいえないであろう。しかし結局のところこれによって、どのような基本的枠組みがある解釈を宗教的コミュニケーションとして可能にするかという問いに、問題がずらされただけなのかもしれない。宗教と医学のヒポクラテス以前の古い統一に戻ることは、ないであろう。その代わりに、医学と宗教が分岐した後に両方の側で非常に異なった区別が用いられているということを、確認できるのみであろう。

そのように科学的に比較し、説明する手続きの意味と有益性に対して、反論しようとは誰も思わないであろう。この有益さは、宗教研究それ自体のなかでも、いやむしろまさにそこにおいてこそ証明されうるかもしれない。しかしながらこの手続きの仕方は、自己記述というここでの問題をそれほど十分には捉えておらず、それゆえに聖書の伝承のなかで霊として名指されるもの——そして、まさにこれにより隠蔽されるもの——を捉えそこねている[15]。たしかに宗教を比較すれば、あの世の想定は、そうこうするうちに両義的で恐怖に貫かれた感覚から善なるものへと変わったということが認識でき、そしていまやそのことが、社会における生活態度の通常の形態とのコントラストがより強力に際立っていることの理由の一つであるかもしれない。しかしながら、ここから生じる帰結をよりはっきりと把握するためには、宗教上のコミュニケーションそのもののうちに、つまりそれを生み出すテクストのうちに、解答が探し求められなければならない。また、もしそれが聖典化された聖なるテクストであるならば、このテクストを解釈するテクストの内部に探し求められなければならない。

テクストが、聖典化されたテクストへの補足として宗教システムの自己記述のコンテクストに組み込まれる仕方は、多くの事例において明瞭にすることができよう。ここでは聖霊についてのミヒャエル・ヴェルカーの研究を選ぼう——なぜなら、とりわけこの研究は、この霊なるものの公然とした効果、つまりその共鳴を際立たせているからであり、またそれゆえにすでに叙述した問題の見方に近いからである[16]。

この〔ヴェルカーの〕テクストは、聖霊の存在と影響に対するいかなる疑念も許さない。もちろん疑念は依然として可能であるが、しかしそれは教義学の他の側、言及されずに空白のまま残されている解放された側を指示している。このテクストは、さまざまに異なった文書の証拠を手がかりとして、聖霊の意義とこの形象の統一性を示すことを試みている。その論証は、様式上書物の証言による。その論証は、霊の出現に驚愕し、そしてそこから目を逸らそうとする人びとに向けられている。説教においては定番の容認と教訓というモデルに従って、議論は単調に進む。つまり、そう見えるかもしれないが、実は違うのであると。[17] 一貫して目に入るのは、以下のような疑念を引き起こさせるレトリック上の定式化である。すなわち、その疑念とは、まなざしが境界を越えて語りえないものへと向かうことを阻むために、テクストが聖霊を必要としているのではないか、というものである（しかし、いかなる《テクスト以外（hors texte）》も存在しないとデリダは言うであろう）。信仰を証明する言明は直説法で与えられ（そうなっている！）、宗教システム内部の他者言及は《経験》として導入される。このテクストは、霊の存在の主張、すなわち霊の現前の主張の内的展開によって存在している。たとえばこのテクストは、信／不信の区別を超克する一般的な包括的定式によって不信心なものを含み込もうなどとはせず、またそうしようと試みることもできない。このテクストは、テクストに関係づけられて具体的であり、また歴史的である。

このテクストの枠組み、つまり信じる／信じないの区別は、テクストのテーマではない——それは、絵の額縁を絵のなかに探すことができないのと同様である。このテクストが解き拓く言明可能性の豊かさは、排除をこうして排除することに基づいている。こだわりなく読めば、このテクストは難解なテクスト、たとえばサムソンの物語（旧約聖書、士師記一三〜一六章）を含み入れることができる。このテクストは、根源的な区別（善／悪、真／偽）を編入し、霊がこの区別のなかで正しい側を選択し、同時にこの区別を越えて流れいく（といってよいだろうか？）、ということに説得力をもたせる。[18] また、このテクストの時間的パースペクティヴを、（またもや時間性を超える時間という形態によって）近代化することができる[19]。このテクストは、社会における霊の状況に相関した公然とした効果が、同時に社会からの救済であることを意味することを描くことができる。このパラドクスの解消は、慈悲のトポスを利用し、そして解釈する[20]。その結果、《神の僕(しもべ)の無力さ》は、宗教システムと政治システムの差異の受容として世俗的に解釈されるのではなく、目標とされる驚きの効果として宗教内的に解釈され、この効果によって宗教は自己自身を指示する[21]。他の種の宗教の様式への指示がまさに必要となるところでは、たとえば預言者の忘我(エクスターゼ)を述べるところでは、聖書のテクストの参照は主題を限定するか、あるいは注釈と文献参照を主題とするようにしている[22]。

ヴェルカーのテクストは、たとえば詩において見ることができるものとは異なり[23]、自らを証明するテクストではない。こうした意味で、テクストが意図するところの統一の執行として自らを理解するものは、象徴的なテクストではない。その代わりにこれは他のテクストを、それ自体で象徴的なテクストとして理解される聖書のテクストを指示する。すなわち啓示として、テクストが述べるところのものであるテクストとしてである。この指示は、《フレームの立ち上げ (framing up)》として、すなわち枠組みと主題との間を区別する必要のない枠組みの要求として指し示されうる。これによってパラドクスの問題、同定できないものの同一性の問題、すなわちここでは枠組みとテーマの同一性の問題が、回避はされえないものの、位置を移されている。この問題はしかるべきところで、つまり宗教の聖なるテクストにおいて、信仰される。そしてその場合、この独特な分析は論弁(ディスクルシフ)的に進行し、同定可能な同一性で満足することができる。

このケースを典型的なものと考えてよいならば、自己記述一般の、そして特殊宗教システムにおける自己記述の展開の仕方についてのいくつかの推論が許される。ことによると、もっとも重要なのは、システムの境界が地平のように扱われるという印象なのかもしれない。それは、システムにおいて主題化された境界として越境へ誘われているかもしれないが、地平としては到達不可能である。どのような主題化であれ、それが出発点としなければならない地点は明確にされ、また存在についての言明へと強力に固められる。記述は、この地点にさかのぼって関係する可能性に基づいている。ここから開かれうる意味の豊かさを尋ねることによってすべてが始まる。複雑性の増大とともに、システムはますます刺激を与えることができるようになり、より一層の共鳴能力をもつ。そうなると、たとえば悪魔、肉的生の強調、あるいは神義論といったより有名な問題のように、システムは反対概念をも取り込むことができる。これらはその場合、システムの否定をシステムに導入するという問題群であるが、しかしながら、ただシステムの自己記述の遂行において際立たされるように見えているにすぎない。というのも、システムがこれを引き起こす区別を制御するからである。

ここからおのずと、システムの制度化や実践の——すなわち、典礼の、鈍い光のみが入ることができる内的空間あるいは内側からのみ照らされるような内的空間の、他の物音を排除した詠唱の、香を吸う聖職者の、確実な反復の——《神聖化》が生じうる。これらすべてにおいて、それが《事象それ自体》ではなく《そのなかに》宗教としてコミュニケートされるものが身を隠しているということの現れ(エアシャイヌング)であるということが、意識され続けている。

こうした自己堅信(ゼルプストコンフィミールンク)を、逸脱行動に対して貫徹されなければならない規範の押しつけとして理解しようとすることは、適切ではなかろう。重要なことは、まさにこの自己提示が逆のものを禁止することなく遂行されうるということである。それは自身において十分であり、自己充足的（suisuffizient）であるが、しかしそれは主題化の枠組みの非主題化に基づいており、またこの点において、脱構築可能であり続ける。

III

聖霊がシステムの統一を表象し、コード化によって前もって与えられた差異がその現出の非日常性において現される一方で、もう一つ別の問題はまだ解決されていない。すなわち、システムが自己観察と自己記述という様式においてのみ自己自身を知ることが可能であるとすれば、記述することと記述されたものとの関係はいかにして表現されうるであろうか。いかにして混乱——記述されたものを記述することと等式化するあるいは同一化する形式における混乱——は、防ぐことができるのであろうか。あるいはより現代的に言語学の問題意識によって定式化するならば、テクストが与えようとする情報が単に伝達としてのみ理解されるということは、あるいは確認的（コンスタティフ）機能が遂行的（パフォマティフ）機能に還元されることは、いかにして避けられうるのかという問題である。

こうした問題が一神教的諸宗教においては啓示のカテゴリーによって解消される、つまり隠蔽されるということにはすでに触れた[24]。啓示とは、自身をそのようなものとして認識させる神のコミュニケーションである。啓示は、真のコミュニケーションであることを要求する。啓示が必要であることは、直接的にコードから、すなわち超越が内在において現れる必然性から生じる。しかしながら、この抽象的な形式においては、あまりにもあからさまに論点の先取（petitio principii）がなされている。というのも、啓示が扱われているということが啓示そのものからしか取り出せないのであれば、とくにいくつもの多くのものが与えられたとき、それが啓示であるということはいかにして確証できるのであろうか。そして最終的には、まさにこの点がイエスの磔刑において問題になったのである。

この点で、宗教システムの自己記述が必要とされる。それは《装飾（パレルガ）》を、つまりかの付随物を提供しなければならない。それらは、本質的なものへの追加物として本質そのものより本質的であり、本質はこれなくしては自らを守り通せない[25]。このようなずれは、しばしば《寄生的》と呼ばれたが、その際に想定されたのは、寄生者がコードの二値性と本質の非決定性から、あるいは不在のものの共在から利益を受け、密かに寄生者をまたも寄生にさらすという支配を手に入れるということである。いかなる術語も、問題となっているのは《不在のもの》であることをなおも認識させるが、それが何であれ、ここでの問題はパラドクスの展開である。これは、記述することは記述されるものではあろうとしないということに基づいている。なぜならば、記述というものは、そうでなければそれは記述ではなく、それればかりか記述することなくしては、記述されるものはマークされない空間でしかないからである。

この出発点は、真理を扱う論理という点で不十分かもしれないが、歴史の実証的研究（エンピリー）には次の利点をもっている。すなわち、そのような《装飾（パレルガ）》の、そのようなパラドクスの展開の、信憑性と信憑性の喪失の歴史的条件を問うことがこれによって可能になるという利点である。啓示に関して出発点とされる想定は、啓示の《装飾（パレルガ）》に関する観念が十六世紀に、そしてとりわけ十七世紀に根本から変化し、しかもそれは多くの非常に焦点をあてづらい理由によっているということである。たとえば、プロテスタントの宗教改革、印刷術の影響、拡大しつつある市場経済、宮廷文化という仮象の世界への批判、そして王の正統性の――もはや彼岸の諸力の代表ではなく、臣民の統一の代表であるという――新記述、そしてとりわけ近代的で、もはや再現するものではなく、フィクションである舞台演劇の成立が、これらの理由に挙げられる。

キリスト教が貫徹された後、その影響を刻み込まれた地域では、啓示を受けたという報告が現世における事実のように受け入れられ、信仰されたということを前提としてもよかろう。疑う者もいたかもしれないが、しかし、疑問を表明しようとした者は殺された。ファースト・オーダーの観察に、すべての観察者は同一の心情で観察するということを含めることができた。またこのことが、啓示された知識を象徴化する文化の構築を可能にした。これは、物事を実行するにあたってのまったくの職人芸的な理解と、それに応じた教会の監督による統制、そしてたとえば、宗教的な演劇のなかでの度を超えた芝居に対してつねに生じた闘いに適合した。象徴は、絵画、建築、儀式であり、あるいは宗教劇の演出でありうる。しかし、その象徴的性質はつねに、それを現出させたものであったという点に存した。象徴的なものとは、まさにそれが区別されたものとして前提とされなければならないものの融合(フュジオン)である。すなわち、形態(ゲシュタルト)化されたパラドクスである。啓示は、それゆえ象徴的な代理表象(レプレゼンタチオン)として現実の世界の一部であり、たとえば単に信仰に属すことがらというだけではなかった。このように《存在》として現出したものは、同時に規範的な要求を含んでいた。それは、そうであるようにあらなければならなかった。それゆえ、存在論的形而上学の論理に従い、そうでないものはそうであってはならず、またそれに対応して逸脱的な見解は誤謬であるか、規範違反として取り扱われなければならなかった。

記述することと記述されたものとの融合(フュジオン)は、宗教改革後の懐疑の世紀に破綻する。もし自分のものこそ唯一の正しいものであるとすべての人が主張できるようないくつかの儀式が存在するならば、儀式は、それ自体として宗教が生起しているということについてのいかなる保証をもいまだ与えない演出として、認識されることとなる。そのときは、儀式に信頼を置く代わりに、心の正しさを問わなければならない。[26]宗教的コミュニケーションの《他の側》、すなわち宗教的コミュニケーションにとって到達不可能な世界は、個人の意識のなかへ移動する。この意識のみが、神との関係を明らかにできる。それに対応して、家庭における教育、そして学校教育が強調されなければならない。その際、そこにおいて印刷できるテクストが役立ち、それが原初的な口頭文化が依存していた定形的文句の反復(たとえば《主の祈り》)に取って代わる。そのとき象徴は、それ自体がそうではない何かの徴(しるし)として理解される。象徴は、宗教も逃れることのできない社会的ゼマンティクの全般的な社会発展において、記号、エンブレム、寓意へと解消される。芸術は、自己充足的な美しき仮象の独自の世界を彫琢し始める。それに対する宗教上の抵抗は、プロテスタントの側でも反宗教改革の側でも不成功に終わり、宗教に残るのは、もはや芸術システムそれ自体のなかでは高く評価されることのない、聖なる芸術の飛び地のみである。同時に、経済システムの市場は、経済的な需要の充足をもはや例外ではなく常態として規定する取引のシステムへと発展する。体制の想定上の頂点として現れる、いやまさしくそうとしか表象しえない宮廷文化もまた、現実の――これに対して、個人はなおも反省的に対応することしかできないのであるが――このイメージを証明する。これらすべてとともに、社会的なことがらに関与している個人なるものが――他人にとっても、自己自身にとっても――、問題になる。[27]バルタサル・グラシアンのような人物の極端な定式化のもとでは、世界が提供するものはすべてイメージ、仮象となる。人は、すべてはそう見えるものの反対物であるという想定によってのみ、世渡りにおいて、そのうえ宗教的にも救われうる。[28] 世界への軽蔑（Contempus mundi）は、宗教そのものに跳ね返ってくる。

これは宗教にとって、いまや啓示信仰が個人自体に係留されなければならない、しかも自己の信仰の真正性という形式で係留されなければならない、という帰結を伴う。しかしながら、ルターにとってはまだ決定的であった外的誘惑に対する内的真理への集中は、より徹底した吟味に対して持ちこたえることができない。真正性をコミュニケートすることはできないので、コミュニケーション（ならびに教会）が疑念の払拭をなしえないということは、直ちに見て取れる。コミュニケーションの確認的（コンスタティフ）な側と遂行的（パフォマティフ）な局面の、繰り返し浮かび上がる矛盾という問題が、個人の誠実さへの疑念という新しい形式で戻ってくる。この文脈で初めて、以下のようなヴェーバーのテーゼが理解可能になる。すなわち人は、宗教のなかに救済を求めるのではなく、外部とのコミュニケート可能な徴（しるし）を欠くことのない実質ある世俗内的成功のうちに、救済を求めるということである。しかしこれをもってしても、宗教が独自の自己記述のなかでいかにそのことに反応できるのかという問いには、答えられていない。

宗教は組織として、個人がその《提供物》を受け取るかどうか、それを見るために生成し続け、またそれを静観し続けることができる。これによって宗教は、《世俗化した》と把握されうる社会に順応する。この宗教の神は、それに対応して、愛を提供し、そして受諾か拒否かの決定を人間に委ねる神となる。そのとき啓示が意味することは、少なくとも人はそれをまだ信じているということ、そしてこの区別は教会の単なる自己暗示なのだから注意を払うべきものではないと考えてはいないということである。

残るのは、世界と自分の生に意味を与える可能性を提供すること、そしてこの可能性がもはやまったく存在しないのであれば社会はより貧しいものとなるであろうことを知らせることである。

十八世紀そして十九世紀における《文化》という新しいゼマンティクの発明の後、また《世界宗教》、さらに最終的にはすべての宗教を比較して取り扱うという趨勢のなかで、新種の自己記述の問題が発生するが、この問題を特定の教義学あるいは正統性を再び持ち出すことで解くことはできない。そのとき《教義学》、《教義学的な》、《教条主義》という言葉は、社会における一般的なコミュニケーションのなかで、すでに否定的な意味合いをもっている。それに代わって、宗教の意味を規定する新しい可能性が求められる――そしてそれは、人間学（アントロポロギー）のなかに発見される。

《人間》には、その生に意味を与えようとする欲求があると想定される。人間は、意味ある生を送る、あるいは少なくとも、この世での自身の存在の意味の空虚さ、つまり無意味さの感覚を克服しているという確証を得ることを求める。そのとき宗教は、この意味の需要に反応する《供給》として把握される。それが発生する際にとる形式は、歴史のなかで部分的に変化し、そのときどきの社会・文化状況から引き出したもっともらしさをまとったものでありうるし、またそうでなければならない。諸形式のこの変異の統一的定式は、《人間》の主観的な体験作用に係留され、またこれによって外部化される。それによってこの形式は、世俗化したものとして記述される世界に適応し、また非宗教的にも使用され、理解されうる社会のなかでのコミュニケーションに順応する。人間学はそれに対応して、科学としてではないにしても、哲学として営まれる。

にもかかわらず、意味の需要の宗教的帰責において宗教の自己記述が問題になっているということは、容易に認識できる。至福と救済をめぐる古い不安は、ほとんど滞ることなく脱教義化され、そして新しく構想された意味をめぐる不安へと転換されうる。その際《人間》とは、いかなるリアリティにも対応しないフィクションである。あらゆる時代の恐ろしく多様な個人の体験世界は、体系的に否認され、それに対応する情報は体系的に抑圧あるいは《忘却》される。《人間》において想定されている意味需要は、まさしく宗教が答えを与えようと望んでいる解釈である。問題解決は、宗教の形式の宝庫において、そして《至福》と《救済》についての語りにおいて、すでに存在しており、ただこの問題のみが追加的に見つけられるのである。

　システムの自己記述の閉鎖が外部化を経て到達されるということは、システム理論的に訓練された観察者に対して感銘を与えるに違いない。しかしながらこの外部化は、システム独自の成果、そのオートポイエティックな作動の仕方の固有値、そしてシステムと環境の差異をシステムに再導入する認知上の構築物である。システムは、このようにして自らの閉鎖性を自分自身で確かめることができるようにするために、自らをゲーデル化する。同時にこれによって、システムの自己記述は、システム内部におけるシステムの反省という特別の成果であることがはっきりとする。この成果は特定の社会の条件のもとで生じるが、しかし宗教上の実践にとってはまったく必要ではなく、また信仰上の疑念を払拭することもできない。というのは、ある人が人生に意味を与えるためにこれが必要であると言ったからといって、誰も彼の宗教的信仰の誠実さに納得することはないであろうからである。その限りで、こうして提供されたコミュニケーションはパラドクシカルであり、脱構築に対して抵抗力をもたない。このコミュニケーションの遂行的（パフォマティフ）実行は、それが確認的（コンスタティフ）に主張しているものに矛盾するのである。

IV

自己記述がそのきっかけをシステムと環境との自己産出した差異の観察に有するというところから、分析は始まった。この問題の尖鋭化は、近代社会のあらゆる機能システムに対して想定できるであろう。このことは、対応する所見の比較可能性と、そうした所見を近代社会の理解をめぐる努力のために利用する可能性を保証する。そうすることで、こうしたことを背景として、個々の機能システムの自己記述の特性、つまりここでは宗教システムの自己記述について、極めてよく問うことができる。

もっとも目を引く所見として、それぞれに異なった多数の高度宗教や、まったく見極めができないほど多数存在している宗教的なセクト、カルト、運動が、なおのこと挙げられる。これらは、多くの場合、極めて新しく、また非常に短い期間にしか存在しない。また、地球を包み込むコミュニケーションのネットワーク、つまり世界社会システムから出発するならば、それを基礎にした世界統一的な宗教が存在しないことが目にとまる。しかしこのことは、(特定のシステム理論的な基礎づけの前提のもとで)宗教に対する機能システムを世界社会のサブシステムとして想定することを妨げるものではない。というのは宗教的コミュニケーションは、いたるところで別様に定位するコミュニケーションから区別することができるからである。システムの境界は与えられており、再生産される。いくつかの宗教形式の地域間の流動性と拡散の速度は、それが新しいセクトやカルトにしろ、宗教的な神秘論と秘儀への関心を吸引力としていまようやく世界中に広まりつつある長い伝統を備えた形式にしろ、さまざまな種類の諸宗教の世界宗教的な連関を物語っている。[29] 南米のカトリックの周縁においては、インド、アフリカ、そしてキリスト教のヨーロッパに由来するもっとも驚くべき混交が見られ、さまざまに変化した形式に気づかされる。この形式は、いかなる宗教によっても統御されない。さらに、世界社会は、もっと一般的には近代の生活条件の特殊な固有性は、宗教的コミュニケーションの無数の新たな編成および古い宗教、たとえばイスラムにおける過激化と再興にも、有利な温床を提供する――そしてこれは反省的敵対というかたちを取る。[30] しかし、《有神論》が淡くほのめかされるときでさえ、明らかに一つの統一的な世界宗教には向かってはいない。パーソンズの法則によれば、文化はその統一的象徴のより強力な一般化でもって、より強力な構造的分化に応答するはずだが、この法則はここでは明らかに限界を見出している。必要な一般化を行うゼマンティクは、宗教的伝統、神話、テクストへのあらゆる結合を放棄しなければならないであろうし、またそうなればおそらく、もはや宗教として認識することは不可能になろう。こうしたゼマンティクは、超越と内在の区別を伴う宗教のコードをまだ主張することはできようが、しかしこのコードは、もはや一貫して受け入れられるプログラムによって再特殊化できるものではない。この一般化を妨げる原因は、宗教そのものにあるに違いない。

いかなる宗教も外部の基準による反駁を許すことはなく、したがって宗教はすでに多様化に向かう傾向にある。たとえばトーラーは、ユダヤ人にとっては自己言及的で完全な閉じられたテクストであり、その解釈のためにはいかなる外的なよりどころも許さない。しかしだからこそ、ますます意味および論争を霊化（フェアガイスティグング）する自由が、解釈そのものに認められる。[31] キリストの出現という歴史的一回性に極めて強く照準を合わせ、またそれにより自己を独自化するキリスト教の信仰は、歴史的研究に対して免疫ができている。この信仰は、その研究から教義解釈のための刺激を引き出すかもしれないが、しかしその評価は教義の根本的存立の前で止まってしまう。ましてや部族文化の神話と儀礼、あるいはそれを今日的に模倣したものは、分析と成果による統御に対し、さらに抵抗力がある。信仰形式の多様化が知的洗練のあらゆる水準で進展すればするほど、形式の多様性こそがますます外部からの制御を拒否する論拠となる。だからといって、他のものとの融合が排除されるということではないが、その融合が形成されれば、その形式の存立は閉鎖される。近代(モデルネ)の周縁における高度に混合的な祭式(カルト)も、それ自身で独自の形式図式を用い、新たな形象の受容、あるいはすでに知られた霊の分割と総合について決定する。そうすることによってのみ、それらは、独自の拡張や抑圧という変化した条件への適応として解釈されうる構造変化に対し、宗教的影響を提供することができる。そこから不可避的に、宗教システム内部の境界づけもまた生じてくる。他の宗教は、まさに他の宗教なのである。生物学的進化における個体群の遺伝上の孤立が、思い出されよう。しかし、これは議論によって説明されたというのでなく、また証明力をもった議論でもなく、せいぜいのところ類似する出来事を並べたにすぎない。諸宗教の独自化の理由は、意味というメディアの特性のなかに、したがって宗教特有の機能に求められなければならない。

作動的であるのみならず、ゼマンティク的でもある閉鎖のこの理由は、あらゆる意味の指示が開かれていること、および、規定不可能性を規定可能性に転換し、言語的(ポジティブ／ネガティブ)にコード化された意味のパラドクスを展開するという宗教特有の機能にある。ニコラウス・クザーヌスの定式化によれば、世界とはいかなる認識可能な根拠もなく、偶然的に(contingenter)多様性へと転換された統一体である。そして、認識可能な理由がないということ、これがまさに神を受け入れる理由なのである。しかし、これはキリスト教的な見方からの定式化である。純粋に論理的に抽象化すれば、パラドクスはさまざまな方法で展開でき、また《偶然的》は、存在の世界の本質形式のみならず、信仰、観察、記述の諸形式にも関わるであろう。

それゆえに信仰の形式は、他の可能性に抗するかたちで固定化された教義学の形式を好んで採用する。このことは、直接には宗教の機能に由来する。教義学は排除、すなわち未知のものを排除するという包摂を行い、これによって自己を作動上の反復強制に置く。つまり、自己を同定し想起しなければならない。教義学は、可能な疑念および可能と認識された疑念に向けて設置される。これはまた、教義学がせいぜいのところ自己反駁を保留し、外側に対して刺激を与えることができないものとして振る舞わなければならない、ということを意味している。

教義学は、練り上げられた自己性の形式として、自らへの適応という原理に従って展開する。キリスト教は（そのテクストはこの点ではけっして一義的でないにもかかわらず）、ただ一つの聖霊のみを知っており、そして多様性の機能のために天使や聖人のような特定の形象を作り出す。比較的単純な諸宗教には、多くの霊が存在し、そこでは霊と天使という難しい区別も行われず、聖人を（すぐれた人びとと区別して）認識し際立たせる可能性もないだろう。たしかに教義学が語られるのは、伝統と教理の明確な固定化という意味で、固定された信仰箇条をもった高度宗教の場合においてのみである。しかし、自己反駁の潜在的な差し控えは一般的にも妥当しており、直接的にレ－リギオ（re-ligio）〔「宗教（レリギオン）」の語源。「再び－結びつける」の意〕というものの意味および自己適応の原理とともに、所与のものとなっている。

それゆえ、もしこうした条件一般のもとで宗教的ゼマンティクの進化へ至るのであれば、さまざまな種のものに多様化していくことは、ほとんど避けられない。宗教的ゼマンティクは、たしかに全体社会システムの内部で生じ、社会に支えと可能なものの制限とを見つける。宗教は——たとえ距離を求めるか、あるいは拒否を考えたとしても、そして、まさにそうであるからこそ——、所与の社会構造を顧慮しながら、説得力があるものであり続けなければならない。しかしこの《含まれているということ〔containment〕》、〔社会に〕包含されるというこの事態は、一方では進化上の変数であり、支え、かつ制限するその変数の効果は、社会全体の進化という経過のなかで変化する。しばしば議論されてきた、文字と印刷術の影響を考えてみることができよう。このことは、階層化された社会の秩序の前提条件についても、また原初的な機能的分化への移行におけるその秩序の解体についても、同様である。

文書も機能的分化も、結合を緩め、また宗教の変種に自らを主張する可能性を拡大する。文書を伝承することで、テクストは別々にされ、解釈、口頭による解説、テクストからテクストを作る解釈学的再生産に委ねられる。キリスト教に基づく中世が、高度に発展したユダヤとアラビアの学識に対して注目すべき免疫性を持ちえたのは、この一例である。[32] まさにこのようにして、機能システムのオートポイエティックな自律性は、宗教が社会に広まっている考えと無批判に繫げることを強いられなくてすむように守っているのである。たとえ社会における宗教システムの環境において、固有値を通じてのみ認識しうるかたちで再生産される諸機能システムが成立したとしても、このことは強化される。

この固有値は、信仰において遵守され、それによって確認される宗教上の教義という形式をとることができる。伝統的な見地によれば、教義学は信仰の基盤の真正性を象徴化するものである。今日では、教義学はむしろ微分（ディファレンティアル）として、そこにおいて決定の連関を明確にし非一貫性を除去しうる岐点として、機能するように思われる。教義学は――直観的に、あるいは《共感》から特定の宗教について決定することを優先しない限り――、方向づけの助けを提供する。教義学が微分として把握されるとすると、基礎神学による正統と異端との間の境界の監視も、またその意味を失う。これは、教義学がその意味を失うことを意味しているのではない。いずれにせよ教義（ドグマ）は、特定の信仰内容をマークしており、同時に別の側で、他の宗教を信仰したり、あるいはいかなる信仰ももつことがないという可能性において、人びとが抱くかもしれないものを拒否するのである。

この分析の成果がパラドクシカルであるように見えるのは、外見上だけのことである。というのも、まさに世界社会と世界社会的宗教システムが形成されたことで、さまざまな種の諸宗教の増大が見込まれるからである。世界統一的な全体社会システムの形成への傾向を引き起こすまさにその要因、つまり技術的に拡大されたコミュニケーション（文字、印刷術、電子工学）と機能的分化とが、さまざまのテクストの伝統に基づく宗教を可能にすることに、あるいは近代文明の中心であれ周縁であれ新たな宗教の形成を可能にすることに寄与する。カリフォルニアから始まった《ニュー・エイジ》のゼマンティクや、人種的・社会的に抑圧された住民層を引きつけるベネズエラのマリア・リオンザ崇拝、日本とアメリカのキャリア指向の中間層向けの天理教（どんな不幸のなかにもつねに何かよいものを見出すことができるという福音）、ヨーロッパの大学都市の秘教主義（エソテリシズム）のサークル、輪廻転生（リインカルナチオン）に定位し、また治療にも有効な、南米知識人たちのスピリチュアリズム（アラン・カルデックによれば《カルデシスム》）、これらすべてを宗教システム《の》記述全体へ統合することができるとは期待しかねる。というのは、それは推定されるように、宗教システムの境界づけの可能性の断念に至るであろうし、またそれによって宗教的なるものの価値低下を導くであろうからである。

それに代わって、統合されていない多数の自己記述を伴う一つのシステム（一つの、、、システム！）が見出される。共通性として想定できるのは、次のことである。すなわち、コード化、機能、非宗教的なコミュニケーションに対する境界づけの可能性である。これによりゴットハルト・ギュンターが用いる意味での《超言的》な作動、すなわちあるコンテクストから他のコンテクストへのスイッチの切り替え、ある主導区別から他の主導区別への切り替えが可能となる。さまざまな形式をとりうる信仰の自己証明もまた、一貫したメルクマールに属している。これは認識論上、法理論上、経済理論上の議論に見出されるような自己記述の中心主義には至らない。これらの議論では、ただなおもさまざまな理論が競合しており、とりわけ科学的ないしは《哲学的》な領域において解決を見ている。それに代わって、さまざまな地域的、社会的な構造上の与件への、さまざまな種類の聴衆への、包摂と排除の異なった条件への、注目すべき適応能力が見出される。神秘主義と非合理性によるこの泥沼は干上がってしまうというあらゆる予測に対して、つまりコントに対して、宗教的コミュニケーションの多様性と生き生きしたあり方が示す印象は、この世紀〔二十世紀〕の終わりにおいても宗教社会学内部で保ち続けられ、経験的にも理論的にも正当化されている。そして宗教システムの自己記述もまた、この状況に順応しなければならない。

伝統的な世界宗教は、象徴、記号、あるいはゼマンティク上の等価物といった諸表象と関わってきた。これは、示すものと示されるものとの相違を前提としていた。ソシュールに始まる自己批判的記号論は、この相違を一方では再定式化する（シーニュは、シニフィアンとシニフィエの相違である）が、他方では脱構築をも行う。指示なき記号使用について（無意味であると意識しつつも）、語る。それに対応して、記号形式の他の側には、いかなる記号もそれに対応することなく示される何かが、すなわちシニフィエなきシニフィアンや、それゆえシーニュなきシニフィアンが、存在するに違いない。超越をもって考えられているものとは、これなのだろうか。

さらに、翻訳について語ることができるように、言語の場合と同様、記号関係、示すものと示されたものとの差異を、まだまだ想定しておかなければならないであろう。翻訳が可能であるのだから、世界言語はなくてもよいかもしれない。同じことが、世界の宗教システムにも当てはまるようになるに違いない。

V

宗教システムは全体システムの統一的な自己記述を断念するか、あるいは人間学としてそれを外部化しなければならないという洞察によって、続く問いの設定が妨げられることはない。逆である。イメージの多彩さは、多様な諸現象を秩序づけうる問題設定を探究する刺激を与える。そして出発点はここでもまた、何が多様性を作り出しているのかということである。

ここでの前提は、他のあらゆる進化においてそうであるように、いつもすでに宗教が存在するということ、そして所与のものからの逸脱（相違！）がそこへと接ぎ木されうるということである。たとえ作動上およびゼマンティク上閉鎖しているオートポイエティック・システムの離陸が問題であるとしても、システムにとって、先行する状態は宗教として解釈可能でなければならない。というのは、そうでなければ、そこからはいかなる宗教上の諸形式の多様さも生ぜず、そのつどなんらかの別のなにものかが発生するからである。そして、たとえ宗教がその最終的な妥当性の形式を反省的な自己組織化の水準で初めて獲得するとしても、それは宗教的コミュニケーションの内容豊富な《ミクロな多様性》を前提としている。しかしここから出発すると、少なくとも二つの異なった誘発様式を区別することができ、そしてその相違こそ、進化の産物である。

今も昔も、非常に多くの新しい祭式が生じており、しばしば（たとえば古代のヘレニズム期においても、また今日においても）あたかも宗教的エネルギーがこうした源泉へと導かれているかのようである。そうなるのは、すでに存在している宗教諸形式の包摂の働きが減少し、宗教の機能がもはや十分には満たされない場合である。これは古代文化では、ホメロスの諸々の登場人物が古くなったことに当てはまる。これらはほとんど貴族の系譜図のなかでのみ維持されていたが、しかしもはや宗教としては維持されない。このことは、詩の世俗化、とくに悲劇の世俗化に当てはまる。われわれの時代にあっては、これはむしろ機能的分化の影響であり、宗教はここからさまざまな仕方で利益を得ている。すなわち、この影響により、宗教的コミュニケーションは区別をつける作動の仕方として可視化される。そしてこれは、たまたま状況において生じるのみならず、持続的なシステム境界に基づいても生じる。たとえばそうすることで――政治的な理由がある場合は別だが――、宗教的逸脱者の政治的な迫害は困難となる。[33]
それに加えて、機能的分化の影響は随伴する問題をかなり多く作り出すが、これは機能システムの内部で適切に処理されえず、いわば残されたままである。包摂された人びとと排除された人びととの間のはっきりと際立つ差異については、すでに言及した。しかし、それほど鮮明ではない差異もまた——たとえば、キャリアという形式による個人と社会の統合[34]に際して継続的に生起している、キャリアの不確実性とキャリアの衰退といった領域で——、宗教についての問いへと至りうる。この問いは、高度宗教においていまだ答えられていないか、もしくは、適切には答えられていない。排除も、包摂領域におけるキャリアの運命のどちらも、新たな宗教的な形成を開始する。たとえば、トランス状態に関わり社会の排除領域で宗教的な包摂を達成する祭式(カルト)へ、また自ら《意識を拡張する》技術やドラッグに結びつきそれにふさわしい宗教的思考財を受け入れる知識人の秘儀的な関心へ、至るのである。

多様化のまったく別の諸形式が、高度宗教の内部で生じる。しかも、聖典やそれを解釈する教義学の文書として固定化された帰結としてである。文書に関して典型的に見られるように、伝承における非一貫性が明白となるか、あるいはそれが目指される場合には、この非一貫性は生産能力のあるものとなる[35]。これによって同時に、そのつどの宗教システムの自己記述の統一を維持するための、一貫した制御への要求が高まる。しかし同時に、どのような体系も論拠の分裂に敏感となり、厳密に把握されるものはすべてそれに適合しない他の側というものを作り出す。この分裂のもっとも重要な事例は、中世のカトリック神学と、組織的、法的手段を備えた教会政治的な統御の試みとに見出すことができる。認知主義的な基礎に基づくものであろうと、主意主義的な基礎に基づくものであろうと、本質形成論を伴った実在論的基礎に基づくものであろうと、あるいは個人主義的で唯名論的な基礎に基づくものであろうと、神学を一貫して体系化しようというまさにその試みが（たとえば秘跡の理解や救済の確実性、あるいは恩範といった問題圏で）、最後には教会が分裂する結果となるような破断面を作り上げる。信仰箇条は作成されるやいなや、それについての争いが始まり、教義学が概念的な基礎と連関をめぐって徹底的に考え抜かれた場合、この争いは個々の点に限定されたものにとどめておくことはできなくなる。信仰の分裂が生じるや否や、そのときには明確に《宗派》と名づけられた単位内部で、一貫性／非一貫性の問題が繰り返されることになる。そして全体がカトリックであった中世以上に、諸教派は互いに境界づけあうためにその信仰規則と神学上の教理の体系化を強いられる。自己記述は、かつて以上に、システムの統一を保証しなくてはならなくなると同時にそれによって統一を脅威にさらす、そうした作動様式となる。

それゆえ、多様化が生じる仕方を理解するために鍵となる変数は、宗教を宗教として自己観察し自己記述するための作動上の水準の発展であるように思われる。明らかに、両者のどちらもが存在する。すなわち、自らを区別する（たいていは潜在的に働く）きっかけをもった逸脱的な諸形式の自発的な生成が、見出されるのである。その際――霊の信仰と呪術的祭式（カルト）がカトリック宗教のグローバルなイメージへと発展していくように――、区別そのものは否定されうる。[36] 一貫性に関するいかなる種類の心配も、けっしてなされることはない。というのも形式の発展は、宗教の同一性と境界づけの自己記述には依存していないからである。しかしそれと並んで、教会政治上の一貫性／非一貫性の問題設定もまた継続しており、たとえば《解放の神学》の成立をきっかけにして、特殊ラテンアメリカ的なカトリックの分裂は考慮されるべきか、という問題へ至る。

明らかに現在、世界社会の宗教システムにおいて、十八世紀に待望されたような《文明上の》進歩は存在しない――それは、世俗的要素を備えた宗教の浸透の増大の方向にしろ、道徳上、そして文化上の世界教会運動派の方向にせよ、そうである。これらはまだ、宗教システムの統一的で方向づけられた自己記述から出発した理念であり、セカンド・オーダーの観察の視角から、宗教的諸形式の全体を原始的、文明的、未開的、伝統的そして近代的なものへと分類できると思わせる観念であった。またそれは、個人の宗教的な自己発見と、それに対応するコミュニケーションの（今日いわれるような《ポスト慣習的（コンベンショナル）な》）位相を予期する観念でもあった。当時のリアリティを、非同時的なものの同時性という形象によって顧慮することが試みられた。しかし、複雑性のこの《歴史化》は、それ自体としてすでに宗教的記述の浮かび上がりつつあった多次元性（ポリコンテクスチュラリテート）に対する一つの答えでもあった。システムの統一性は、自らを文化として反省する文化のコンテクストにおいて、まだ歴史的に記述可能であった。しかし今日、これこそがもはや不可能なのであり、あるいはあまりにも容易な《ヨーロッパ中心主義》として、正体を暴かれるべきものである。

それに代わって包摂／排除－問題から出発し、これを二重のシステム準拠、すなわち全体社会システムへの関連と宗教システムの関連に準拠してみるならば、以下のような問いに到達する。すなわち宗教システムは、自身の包摂の可能性を、他の機能システムから排除された人びとをも把握することができるように組み立てられるのか、またいかにしてそれができるかという問いである。この問いの前では、自己記述の伝統的な主導指針、すなわち高度宗教の反省（リフレクシオン）的エリートによって発展させられ、システムの周辺的現象（民間信仰など）に対して貫徹されてきた指針は、機能しない。その場合、社会学的観察者に推奨されるのは、宗教に関する機能の概念へとさかのぼることである。宗教システムの自己記述は、この機能概念に依然として接近できていない。

意味の規定不可能性の暗号化、偶発性の定式、形式のパラドクスの展開など、いかなる概念をここに投入しようとも、つねに問題になるのは統一を多様性へ融解することであり、このことがただ《偶発的に（contingenter）》のみ、つまり他の可能性を脇に見やってのみ成功しうるという洞察である。これは、神学の古典的な書き方においては、その多様性において望まれ、そして観察される世界の完全さの、一なる神、唯一なる神による記述である。社会学者は、これにこう付け加えることができる。すなわち、宗教システムは（それをもって社会に《適応》することなく）、社会における所与の条件のもとで（これには宗教システム自体の伝統も属するが）もっともらしさに到達できるものを、この形式の貯蔵庫から選択する、と。社会学者にとって、システムの自己記述もまたシステムの作動であり、それは他のあらゆる作動と同様にシステムのオートポイエーシスに貢献する。自己記述は《教義》を固定化するかもしれないが、しかしこれも不可避的に区別であり続ける。つまり、もう一つの側——反対側、すなわちまた他の可能性というマークされない空間——を、有する形式であり続ける。したがって、自己記述も他のあらゆる宗教的コミュニケーションと同様、もっともらしさのテストを必要としている。それは変化するかもしれず、あるいはしないかもしれない。しかし自己記述が不適切なものとなった場合、宗教的コミュニケーションは、それを通して規律化されることのない直接的な神聖性という形式に転ずるだろう。キリスト教神学においては、たとえば《科学論的な》基礎づけや誇張された一般化を放棄し、聖書へと戻ろうとする傾向を見出すことができる[37]。たしかに、これはテクストの神聖性を前提にしているのである。

VI

自己記述の一般的なメルクマールを、要約して指摘しておこう。あらゆる記述同様に自己記述も、それが編入することのできないものをすべて考慮の外に置くという単純化である。(これまで、この形式のもう一つの側について語ってきたのである。)この排除の効果は、教義学が一貫性を求めて努力する場合にのみ現れるものではない。それは、明らかなパラドクスあるいは両義的な決まり文句に関わる場合にも成立する。というのは、そのつど特定の区別がこのレトリック技術の基礎となっており、この区別は利用されると同時に妨害されるからである。それぞれのテクスト形成に随伴する現象が、問題なのである。したがって自己記述は、単に《ディスコース》として把握されうるのみならず、テクストとしても解釈されうる。単純化する構造から帰結するのは、顧慮されないままの意味領域から発する攪乱に対し自己記述は敏感である、ということである。

それゆえに自己記述というものは、自らが確認するものを《操舵》するのみならず、それに困難をもたらすものをも《操舵》する。自己記述は、正しい信仰を強化するのみならず、たとえ執拗に意識に上ってくるにせよ排除されなければならないものをも、同時に規定する。それはテクストを再生産するのみならず、テクストが公然とあるいは暗黙裡に反対しているものをも、再生産する[38]。すでに、宗教上有意味なものは意味というメディアにおいてコミュニケートされなければならず、また意味を使用する際に対立する他の諸形式もまた可能であるという洞察を避けることはできないということに、注目してきた[39]。アクチュアルな例は、カトリック教会内におけるセクシュアリティに関する問いの取り扱いであろう[40]。したがって、ここでもまた二重に区別がなされなければならない。すなわち一方では、一致と逸脱の確定であり、他方では、この区別によって重要でないものとして、マークされない空間として締め出されるものである。

もし、宗教の自己記述は宗教を取り囲む社会に対し距離を置くことを求めるものであるということが受け入れられ、それが社会からの救済をまったく約束するものでないならば、あらゆる教義化によってもたらされる長期のリスクが認識される。この教義化の図式は、教義化自身の構造を変化させる社会、またそのことによって宗教が距離をとっているものを時代遅れにさせる社会と、結びつくであろう。この点でも、宗教が提供する多くのさまざまなものと、個人の信仰への心構えを顧慮する一種の《市場志向》とが、問題を緩和できよう。一方で、これにより自己記述の機能は、宗教内部の境界づけの争いにより強化されて用いられる。しかし他方、これによって近代社会の非常に異なった相を視野に収める幅広く展開した多様性(スペクトラム)が作り出される。またこの多様性は、人種的・社会的に不利益をこうむっている階層の欲求を（社会扶助の形式においてのみならず）問題にすることができ、その一方で近代化に批判的な知識人に対しても含むところがある。明らかに、巧緻な自己記述を欠いてやっていくことができる宗教運動、つまりもっぱら敬虔さのみによって担われている宗教運動は、もはやほとんど存在しない。敬虔さすら、理由を必要とするのである。文字文化の存在と高度宗教という模範は、すでにこのことを配慮してきた。比較的古い社会において想定されうる以上に、今日では基礎的な宗教上の作動ですらシステム記述によってともに規定されている。他の機能システムを引き合いに出してみれば——たとえば経済の自己操舵の試みのための経済理論の意義、組織設計のためのマネージメント理論の意義、あるいは新しい芸術作品創出のために先行者の作品を《再記述（redescription）》することの意義――、これは驚くには当たらない。

あらゆる自己記述は、古典的な二値論理学（それゆえに存在論的形而上学）をもって解くことができない論理的な問題に関わらざるをえない。そもそも記述が問題となっている限り、記述するもの（主体）と記述されるもの（客体）の区別が前提とされている。しかし同時に、自己記述の再帰的準拠性は、自身が前提としているまさにこの区別を妨害する。かつてゴットハルト・ギュンターが望んだような、この問題に対応するより豊かな構造をもった論理学が展開されうるかどうかは、未決のままにしておかなければならない。しかし、論理的問題はなんらかの形で解かれなければならず、そして論理学で解けないならば、想像力を駆使してでも解かれなければならない。

結局のところ、宗教システムの新たな自己記述の展開や伝統的な自己記述の修正のための社会学理論の意義については、まだ何も完成していない。もちろん、宗教システムの反省を《応用社会学》として理解すること、あるいはその反省が社会学的批判の要件を十分に満たしていない場合にそれを批判することが重要なのではない。内容においてなにごとかを断行したとしても、それによって可能なのは、脱構築に至ること、そして問題を他の構成へと絶えず移し続けることだけである。しかし、宗教的な宇宙論、神学、あるいは瞑想実践のための背景の想定は、社会学の側から提案される諸形式に関する一般的学説から利益を受けるかもしれない。少なくとも今日では、あるシステムの自己記述を作り出す場合、何に関わっているかをより正確に記述することは可能である。その場合、なおも旧きに思いを（ノスタルギッシュ）馳せ、あるいは熱狂（ファナティッシュ）的にそれを行うことはできるが——しかし、もはや無邪気（ナイーフ）に行うことはできない。

その際、これまで一貫してそうしてきたように、以下のことが前提とされる。すなわち、社会学の社会理論は、宗教とその自己記述を一つの研究対象として扱っており、科学的な基準に従って《真》であると主張しうる言明を、その研究対象を経由して生産してきた。それは、自身の理論との関係において、宗教の自己記述を異種のもの（*different*）として特徴づける。もし、社会学と宗教の間にコミュニケーションが生起するのであれば、まったく別の関係が成立しうる。そのとき宗教は、社会学から見れば、コミュニケーションに参与し、またそのことによって傷つくかもしれない他者なる位置へと移動する。[41] コミュニケーションに関わることで、聞くことと理解することが要求され、また意味提案の受容と拒否に自己を開いておくことも要求される。コミュニケーションは、まずもって確信をもつことができるものではなくなり、さらにそれに加わることが決まれば、今度は傷つく可能性が生まれる。たしかに参与することで受諾が義務づけられるということではないが、しかし参与者は、これを可能性として課される立場に位置する。少なくとも参与者には、この可能性を真剣に検討することが期待される。このことから導かれるのは、拒否するシステムの自己記述の明確化の程度に関係なく、この立場——そこから拒否がなされるのであるが——がはっきりと表明されなければならないということではないだろうか。

編者覚え書き

宗教についての本書の仕事を、ニクラス・ルーマンは一九九〇年代初めに開始したが、病魔のために、そして最後にはその死によって完結させることは不可能となった。すでにそれ以前に、予定されていた社会理論の公刊のために[1]、他のあらゆる出版計画はキャンセルされていた。その後彼に残された時間は、ここに上梓するテクストを、彼自身が納得できる形にまとめるには十分ではなかった。草稿には、彼が明らかに取り組む意向を示していた新刊書への言及だけではなく、主題のさらなる局面についての覚え書きが付されていたからである。ここからもテクストはもっと膨大なものになるはずだったことが分かる。本書を単純に、著者が原稿を完成させていたが、刊行前に逝去し、没後に公刊された著作であるということは、できない。なぜなら、ルーマンがテクストをすでに完成したものと見なしていたという証拠はどこにも存在しないからである。だからといって、いまこうして読むことができるものが、完成した状態から遠く離れているということはない。ここにあるのは単なる断片ではなく、もう少しばかり時間が残されていたならば、完成しえたものであろう。

本書は一九九七年二月[2]にプリントアウトされた原稿を底稿としている。ルーマンがコピーに目を通していたのは明らかであり、原稿はさまざまな箇所でタイプ打ちの付記で補足されていた。私は編者としての作業を、この付記を主草稿に統合し、それまで見逃されたタイプミスを訂正し、欠落した文献を完成させることにとどめた。さらに、読者が理論のそれぞれ最新のバージョンを参照しやすくするために、引用注を更新した。また、ルーマンが他の著作でも行ったように、事項索引を付け加えた。ズーアカンプ社のベルント・シュティーグラー氏と著作権者であるベロニカ・ルーマン＝シュレーダーさんはこの出版の準備に際して、これ以上はないほど生産的なかたちで協力してくださった。ここに感謝申し上げたい。

ミュンヘンにて　二〇〇〇年五月

アンドレ・キーザーリング

原注

第一章

（1）同時代の社会学的なコンテクストについては、以下を参照。Volkhard Krech/ Hartmann Tyrell (Hrsg.), Religionssoziologie um 1900, Würzburg 1995. これに続く宗教社会学の発展については、以下を参照。Hartmann Tyrell, Religionssoziologie, in: Geschichte und Gesellschaft 22 (1996), S. 428–457.

（2）デュルケムの主著としては、以下を参照。Les formes élémentaires de la vie religieuse: Le système totémique en Australie, 5. Aufl. Paris 1968（ドイツ語訳 Frankfurt 1981).〔古野清人訳『宗教生活の原初形態（上・下）』岩波文庫、一九七五年〕。またとりわけ、次の論文を参照のこと。Détermination du fait moral, in: Emile Durkheim, Sociologie et philosophie, Paris 1951, S. 49–90（ドイツ語訳 Frankfurt 1967).〔「道徳的事実の決定」佐々木交賢訳『社会学と哲学』恒星社厚生閣、一九八五年、五三―八九頁〕

（3）たとえば、Max Weber, Wirtschaft und Gesellschaft. 引用は、3. Aufl. Tübingen 1948, Bd. 1, S. 227.〔武藤一雄ほか訳『宗教社会学』、創文社、一九七六年、三頁〕。

（4）簡潔にまとめられた概論については、Max Weber, Wirtschaft und Gesellschaft, a.a.O. S. 227ff. 所収の宗教社会学の章〔注3前掲訳書〕を見よ。

（5）以下を参照。Georg Simmel, Zur Soziologie der Religion, Neue Deutsche Rundschau 9（1898), S. 111–123; ders., Die Religion, Frankfurt 1912.〔居安正訳『社会分化論・宗教社会学（現代社会学大系）』青木書店、一九九八年、二二九―三〇八頁〕

（6）René Girard, La violence et le sacré, Paris 1972〔古田幸男訳『暴力と聖なるもの』法政大学出版局、二〇一二年〕; ders., Des choses cachées depuis la fondation du monde, Paris 1978.〔小池健男訳『世の初めから隠されていること』

法政大学出版局、一九八四年〕

(7) この点については、以下を参照。Philipp E. Hammond, Introduction, in: ders. (Hrsg.), The Sacred in a Secular Age: Toward Revision in the Scientific Study of Religion, Berkeley Cal. 1985, S. 1-6.

(8) 本書では、以下の文献に依拠している。Rudolf Otto, Das Heilige: Über das Irrationale in der Idee des Göttlichen und sein Verhältnis zum Rationalen (1917) zit. nach der 31.-35. Aufl. München 1963.〔久松英二訳『聖なるもの』岩波文庫、二〇一〇年〕。記述がはじめから、それに対応する体験をもつ者のみに限定されているということを、見逃してはならない。この前提を欠いている人には「もうこれ以上読み進めないようお願いする」(a.a.O. S. 8) というのである。これは、マックス・ヴェーバーの急所を、ひそかについたものであったのかもしれない。

(9) 社会学的《現象学者》はまったく別で、彼らは現象学が本来の意味で目指していたものを誤解している。

(10) J・S・ムビティは、「神は稲妻のなかにあるのかもしれないが、稲妻ではない」という言い方をしている (John S. Mbiti, Concepts of God in Africa, London 1970, S. 8)。すでにヘーゲルにおいて、この区別はたとえば、ありうる宗教としての汎神論を拒否することのうちに見てとれる (精神的に発展不可能である!)。以下を参照。Vorlesungen über die Philosophie der Religion I, Werke Bd. 16, Frankfurt 1969, S. 98.〔山崎純訳『宗教哲学講義』創文社、二〇〇一年〕

(11) 『存在と時間』の著名なパラグラフ一〇のことである。引用は 6.Aufl. Tübingen 1949, S. 45ff.〔熊野純彦訳『存在と時間(一)』岩波書店、二〇一三年、二三九頁〕

(12) 前掲注8を参照のこと。

(13) ただ次の文献を参照のこと。Keiji Nishitani, Was ist Religion?, ドイツ語訳は Frankfurt 1982.〔西谷啓治『宗教とは何か』創文社、一九六一年〕

(14) アリストテレスの場合は、存在に関わっていることだが。

(15) 《意味の意味》たとえば Luc Ferry, L'homme-Dieu ou le Sens de la vie: essai, Paris 1996, S. 19 には、次のような注釈がある。「あらゆるものの究極の意味は、特殊なものの意味である」。

(16) これについて、ゴシック様式の教会建築への指摘が連想される。この建築の固有性はとりわけ、ばらばらに解体した光のみを差し込ませ、そしてそれによって光というメディアを可視化する点にある。これは、宗教が意味を観察可能にし、記述可能にすることを要求するということの象徴として理解できよう。

(17) たとえば、以下を参照。Edmund Husserl, Erfahrung und Urteil: Untersuchungen zur Genealogie der Logik, Hamburg 1948, §§ 8 und 9 (S. 26ff.).〔長谷川宏訳『経験と判断』河出書房新社、一九七五年、二三頁以下〕

(18) ジル・ドゥルーズは、Logique du sens (Paris 1969)〔小泉義之訳『意味の論理学』河出書房新社、二〇〇七年〕において、同様のことを考えていたように思われる。すなわち彼は、意味のパラドクスをナンセンスの意味として規定しており、ナンセンスにおいて、意味の反省の意味に突き当たっている。「自己自身の意味を語る名前は、無-意味以外ではありえない」(Le nom qui dit son propre sens ne peut être que *non-sens*) (a.a.O. S. 84)〔同上書一二八頁〕。しかし、それに続いて次のように補足されるのだが。「『無意味』は、……意味の贈与を遂行することで意味の不在に対立するものである」(Le non-sens... s'oppose à l'absence de sens en opérant la donation de sens) (a.a.O. S. 89)〔同上書一三五頁〕。そしてこの意味の不在は、最終的に、下-意味 (sous-sens)、非意味 (insens)、下位意味 (Untersinn) と呼ばれている (a.a.O. S. 111)〔同上書一六五頁〕。

(19) 詳細な文献列挙については、以下を参照。Winfried Menninghaus, Lob des Unsinns: Über Kant, Tieck und Blaubart, Frankfurt 1995.

(20) これについては、Bernhard Lypp, Poetische Religion, in: Walter Jaeschke/ Helmut Holzhey (Hrsg.), Früher Idealismus und Frühromantik: Der Streit um die Grundlagen der Ästhetik (1795–1805), Hamburg 1990, S. 80–111.〔相良憲一監訳『初期観念論と初期ロマン主義――美学の諸原理を巡る論争(一七九五―一八〇五年)』昭和堂、一九九四年、九一―一二六頁〕を参照。宇宙に依拠した詩作から自己言及と他者言及に基づいた(ロマン主義的)詩作への移行については Earl R. Wasserman, The Subtler Language: Critical Readings of Neoclassical and Romantic Poems, Baltimore 1959 も参照。

(21) したがって、ヘーゲルが考えたような精神としてではない。精神現象学においては第六章の序論で次のように述べられている。「理性が精神であるのは、すべてが現実であるという確信が真理へと高められ、自らを世界として、また世界を自らとして意識することによってである」。

（22）したがって、この領域に対しては、類似の理論装置ではしばしば用いられる《知識》という定式化――たとえば、Michael Polanyi, Implizites Wissens（ドイツ語版、Frankfurt 1985）〔高橋勇夫訳『暗黙知の次元』ちくま学芸文庫、二〇〇三年〕の《暗黙の知識》や、ユルゲン・ハーバーマスの（生活世界にとっての）《背景知》などのように――を避ける。Jürgen Habermas, Faktizität und Geltung: Beiträge zur Diskurstheorie des Rechts und des demokratischen Rechtsstaats, Frankfurt 1992, S. 37ff.〔河上倫逸・耳野健二訳『事実性と妥当性――法と民主的法治国家の討議理論にかんする研究』未來社、二〇〇二年、三八頁〕

（23）Ding und Medium, in: Symposion 1（1926）, S. 109–157 を参照。この区別はなによりも、この論文の英語版（in: Psychological Issues 1/3（1959）, S. 1–34）によって復活した。Karl E. Weick, Der Prozeß des Organisierens, dt. Übers. Frankfurt 1985, insb. S. 163 ff., 271ff. も参照。

（24）このような、今日では広まった洞察については、たとえば以下を参照。Jonathan Culler, Framing the Sign: Criticism and Its Institutions, Oxford 1988.

（25）Eva Meyer, Der Unterschied, der eine Umgebung schafft, in: Ars Electronica（Hrsg.）, Im Netz der Systeme, Berlin 1990, S. 110–122 の定式化による。

（26）Alois Hahn, Sinn und Sinnlosigkeit, in: Hans Haferkamp/ Michael Schmid（Hrsg.）, Sinn, Kommunikation und soziale Differenzierung: Beiträge zu Luhmanns Theorie sozialer Systeme, Frankfurt 1987, S. 155–164 を見よ。Georg Lohmann, Autopoiesis und die Unmöglichkeit von Sinnverlust: Ein marginaler Zugang zu Niklas Luhmanns Theorie »Sozialer Systeme«, ebd. S. 165–184 も参照。

（27）本書では、むしろ「再記述（redescription）」という言葉を使いたいと思う。なぜなら、そう言っておけば、記述を繰り返すこと（Wiederbeschreibung）と新たに記述し直すこと（Neubeschreibung）とを――この区別は、独自の疑わしさも伴うので――、いちいち区別する必要がなくなるからである。

(28) Laws of Form, Neudruck New York 1979, S. 76 を見よ。「観察者もまた、自分が占めている空間を区別することができるゆえに、マークである。……最初の区別、すなわちマークと観察者は互換可能なだけではない。それらは、形式において同一である」〔大澤真幸・宮台真司訳『形式の法則』朝日出版社、一九八七年〕(スペンサー・ブラウンに依拠している)。Louis H. Kauffman, Self-Reference and Recursive Forms, in: Journal of Social and Biological Structures 10 (1987), S. 53-72 (53) も参照。「最低でも一つの区別が、自己言及の現前に巻き込まれている。自己が現れる。するとその自己のインディケーションは、自己自身とは別のものとして見なされる。どのような区別も、《区別を行うもの》の自己言及を含んでいる。それゆえに、自己言及と区別の観念とは、分離不可能である(したがって、概念的に同一である)」。

(29) A.a.O. S. 56 f., 69ff.

(30) 以下も参照のこと。Niklas Luhmann, Erkenntnis als Konstruktion, Bern 1988.〔「構成としての認識」土方透・松戸行雄共編訳『ルーマン、学問と自身を語る』新泉社、一九九六年、二二三-二五六頁〕

(31) これは《セカンドオーダー・サイバネティクス》の出発点であった。これについて、ハインツ・フォン・フォスターの以下のインタビューを見よ。Cybernetics and Human Knowing 4 (1997), S. 3-15.

(32) これが意味するのは、「繰り返して行われた横断の値は、横断の値ではない」ということである (a.a.O. S. 2)。言い換えれば、両面を代わるがわる特殊化することはできない。つまり人は、何も向こう側にもっていくことはできない。そうではなく、情報を蓄積あるいは修正したいのであれば、形式の内側にとどまらなければならない。反対側がマークされていない状態として規定不可能にとどまるときのみ、《棄却という形式》も当てはまる。

(33) たとえば、Richard Harvey Brown, Rhetoric, Textuality, and the Postmodern Turn in Sociological Theory, in: Steven Seidman (Hrsg.), The Postmodern Turn: New Perspectives on Social Theory, Cambridge Engl. 1994, S. 229-241 (229) にはある。»The rhetorical construction of social reality« というサブタイトルの論述も参照のこと。いまやわれわれは、宗教が内在/超越というコードを確立するために、こうしたリアリティ概念のレトリック上の構成物を利用することができるということを、指摘することができる。

(34) ここではデカルトの懐疑——それは、思惟する《自我》の自己確証（Selbstbestätigung）に向かって、つまり自己指示（Selbstbezeichnung）によって取り除かれうる——と西谷における仏教の《大きな懐疑》との区別を見よ。Nishitani, a.a.O. S. 55ff. もっとも、デカルトだけを考えるべきではないのかもしれない。バークレーの《精神》やサルトルの《対自》といった概念は、意識の作動のなかでともに意識される意識に関連している。しかし、この意識は、自らにとってまだ客体ではなく、つまりまだ認識ではない。以下を参照。George Berkeley, Of the Principles of Human Knowledge, Part I, II. 引用は Everyman's Library 版 London 1957, S. 114〔大槻春彦訳『人知原理論』岩波文庫、一九五八年〕の「心、精神、魂、私自身」から。「いかなる言葉を用いても、私の観念を表示することはできない。しかし、それが存在しているという一つの点において、それらを区別することができる。あるいは、それらが知覚されることによって、というのと同じことである」。サルトルについては、以下を参照。L'être et le néant: Essai d'ontologie phénoménologique, 30. Aufl. Paris 1950, S. 115ff.〔松浪信三郎訳『存在と無——現象学的存在論の試み』ちくま学芸文庫、二〇〇七—〇八年、二四〇頁以下〕。宗教社会学においても、ジンメルからルックマンに至るまで、宗教はつねに主観的な意識に準拠させられており、その際、自ら意識している意識が前提とされている。

(35) A.a.O. S. 3.

(36) Spencer Brown a.a.O. S. 1.

(37) W. Ross Ashby, An Introduction to Cybernetics, London 1956, S. 206ff.〔篠崎武・山崎英三・銀林浩共訳『サイバネティクス入門』宇野書店、一九六七年、二五五頁以下〕を見よ。また、ders., Requisite Variety and Its Implications for the Control of Complex Systems, in: Cybernetica I（1958）, S. 83–99 も参照。

(38) Ⅲ節参照。

(39) A.a.O. S. 64f.

(40) この点については、以下を参照。David Roberts, Die Paradoxie der Form: Literatur und Selbstreferenz, in: Dirk Baecker（Hrsg.）, Probleme der Form, Frankfurt 1993, S. 22–44.

(41) 宗教上の文献、とくに仏教起源のものは、しばしばまさに正反対のことを述べている。宗教的な死の経験から帰還した後では、世界の事物はもはや以前とは同一ではないと。それによれば、宗教の独自の働きに注意が向けられるのは、まさにこの論理的位置である。

(42) 以下の文献には、そのようにある。たとえば、Gudmund Hernes, Comments, in: Pierre Bourcieu/ James S. Coleman (Hrsg.), Social Theory for a Changing Society, Boulder-New York 1991, S. 125f.

(43) 以下を参照。Cybernetic Ontology and Transjunctional Operations, in: Gotthard Günther, Beiträge zur Grundlegung einer operationsfähigen Dialektik Bd. 1, Hamburg 1976, S. 249–328.

(44) これについては Nishitani, a.a.O.〔西谷、注13前掲書〕を参照。

(45) Aristoteles, De anima III.〔高橋長太郎訳『精神論』河出書房、一九三七年〕

(46) 構成要素についての、定義はやや異なるが、似た見解については以下を参照。Deleuze a.a.O. S. 22ff.

(47) 詳しくは、以下を参照。Niklas Luhmann, Soziale Systeme: Grundriß einer allgemeinen Theorie, Frankfurt 1984.〔佐藤勉監訳『社会システム理論（上・下）』恒星社厚生閣、一九九三―九五年〕

(48) 有機体については、以下を参照。A. Moreno/ J. Fernandez/ A. Etxeberria, Computational Darwinism as a Basis for Cognition, in: Revue internationale de systémique 6 (1992), S. 205–221.

(49) ベイトソンの情報概念とは、ある区別をなす区別のことである。以下を参照。Gregory Bateson, Ökologie des Geistes: Anthropologische, psychologische, biologische und epistemologische Perspektiven, dt. Übers. Frankfurt 1981, S. 488.

(50) とくにこの点では Magoroh Maruyama, The Second Cybernetics: Deviation-Amplifying Mutual Causal Processes, in: General Systems 8 (1963), S. 233–244 を参照。また、Postscript to the Second Cybernetics in American Scientist 51 (1963), S. 250–256 も参照のこと。

(51) このことは、この種の儀式がどれも宗教的な含意があるということを意味してはいない。南イタリアの村落では、伴侶が死去した場合、寡婦・寡夫は一定の期間家を出てはならず、親戚、友人、隣人から、個人的な近さに応じて厳密に決められた順番で世話をされることになる。問題は、いわば人為的に二重にされ、あらかじめ決められた振る舞いを通じて解決可能な形式へと移される。別言すれば、死は、義務と行動の制約を加えて負わせられ、差異はずらされ、もろもろの要求にあまりに綿密に応えようとすることは別の方向に向かわされる。

(52) Augustinus, Confessiones XI, 12ff.〔山田晶訳『告白（Ⅰ・Ⅱ）』中公文庫、二〇一四年〕

(53) 形式的に見れば、つまり、生／死という区別の自らへの《再参入》であり、それは解決不能な不確定性という帰結を伴う。これはスペンサー・ブラウン（a.a.O. S. 56ff.）に見ることができる。

(54) もちろん、ここでは改めて意味概念を区別しなければならない。死という強制的な意味形式によっていわれているのは、死は生に対する特定の期待との関係で《意味のあるもの》として体験され、コミュニケートされうるということである。

(55) Confessiones a.a.O. insb. XI, 14, 17–20〔注52前掲訳書〕を改めて参照のこと。

第二章

(1) これに関しては、メアリー・ダグラスの著名なモノグラフを参照。Purity and Danger: An Analysis of Concepts of Pollution and Taboo, Harmondsworth UK 1970.〔塚本利明訳『汚穢と禁忌』筑摩書房、二〇〇九年〕

(2) たとえば、Wilhelm Friedrich Hegel, Verhältnis des Skeptizismus zur Philosophie, Darstellung seiner verschiedenen Modifikationen und Vergleichung des neuesten mit dem alten, Werke Bd. 2, Frankfurt 1970, S. 213–272（229）. この指摘に関しては、この場を借りてK・E・ショル（Karl Eberhard Schorr）に感謝したい。

(3) 以下を参照のこと。Klaus Krippendorff, Paradox and Information, in: Brenda Derwin/ Melvin J. Voigt（Hrsg.）, Progress in Communication Sciences Bd. 5, Norwood N.J. 1984, S. 45–71.

(4) 法の領域におけるケーススタディについては、以下を参照のこと。Niklas Luhmann, The Third Question: The Creative Use of Paradoxes in Law and Leagal History, in: Journal of Law and Society 15（1988）, S. 153–165.〔馬場靖雄訳「第三の問い——法および法史におけるパラドックスの創造的活用」河上倫逸編『社会システム論と法の歴史と現在』未來社、一九九一年、三五八–三八六頁〕

(5) 《保存されたコミュニケーション（preserved communication）》については Erich A. Havelock, Preface to Plato, Cambridge Mass. 1963, S. 134 u.ö.〔村岡晋一訳『プラトン序説』新書館、一九九七年〕が論じている。Ders., Origins of Western Literacy, Tronto 1976, S. 49 も参照のこと。

(6) ルネサンス期の文献がもっているパラドクス愛好の系譜学については、以下を参照。A. E. Malloch, The Technique and Function of the Renaissance Paradox, in: Studies in Philology 53（1956）, S. 191-203 を参照。

(7) ゲーム（あるいは空想力）については、下記を参照のこと。Gregory Bateson, Ökologie des Geistes: Anthropologische, psychologische, biologische und epistemologische Perspektiven, dt. Übers. Frankfurt 1981, S. 241ff.〔佐藤良明訳『精神の生態学（改訂第二版）』新思索社、二〇〇〇年〕。芸術については、Arthur C. Danto, Die Verklärung des Gewöhnlichen: Eine Philosophie der Kunst, dt. Übers. Frankfurt 1984 を、統計学とその蓋然論的な推論については、George Spencer Brown, Probability and Scientific Inference, London 1957, S. 1ff. を、（記号論的）なマークづけそのものについては、Jonathan Culler, Framing the Sign: Ciriticism and its Institutions, Oxford 1988 を参照のこと。

(8) Erving Goffman, Relations in Public: Microstudies of the Public Order, Harmondsworth UK 1971 も見よ。

(9) これは Michel Serres, Genèse, Paris 1982, S. 146ff.〔及川馥訳『生成――概念をこえる試み』法政大学出版局、一九八三年、一四五頁以下〕の意味で述べている。

(10) たとえば、Fredrik Barth, Ritual and Knowledge among the Baktaman of New Guinea, Oslo-New Haven 1975 のような、明確にコミュニケーションに関連した研究はそう見ている。

(11) 以下を参照。Jean Bottéro, Mésopotamie: L'écriture, la raison et les dieux, Paris 1987, S. 259f.〔松島英子訳『メソポタミア――文字・理性・神々』法政大学出版局、一九九八年〕

(12) そのような比較に関しては、Susan A. Handelman, The Slayers of Moses: The Emergence of Rabbinic Interpretation in Modern Literary Theory, Albany N.Y. 1982〔山形和美訳『誰がモーセを殺したか――現代文学理論におけるラビ的解釈の出現』法政大学出版局、一九八七年〕を見よ。

(13) 以下を参照のこと。David Daube, Dissent in Bible and Talmud, in: California Law Review 59（1971）, S. 784-794;

Jeffrey I. Roth, The Justification for Controversy under Jewish Law, in: California Law Review 76 (1988), S. 338–387.

(14) Kratylos 436Aff.

(15) この点については、Michel Serres, a.a.O. S. 98〔注9前掲訳書、九二頁〕において――不十分なかたちで反転されたにすぎないが――、「私のいう宗教とは、ずっと以前から忘れ去られたもの（J'entend par religion des choses oubliées depuis toujours)」とされている。

(16) ここで言語学については、Roman Jakobson/ Morris Halle, Fundamentals of Language, Den Haag 1956, S. 5ff. を、社会学については、たとえば Shmuel N. Eisenstadt, Tradition, Change, and Modernity, New York 1973 とりわけ S. 133ff., 321ff. を参照。概念的精緻化をここで探しても無駄である。概念的精緻化は、《文化シンボル》、モデル、認知上の地図、カテゴリー上の構造などを定式化することによって、また構造レベルと状況的行動のレベルを区別することによって、代替されている。たいていの場合、コードのシンボルが適切に適用されているかどうかが識別可能であることが求められている。Talcott Parsons, Societies: Evolutionary and Comparative Perspectives, Englewood Cliffs N. J. 1966, S. 20〔矢澤修次郎訳『社会類型――進化と比較』至誠堂、一九七一年、二九頁〕は、それゆえに、言語学的コードを規範的な構造として取り扱っている。しかしそれは結局のところ、二値的な図式論を仕上げることが問題となっていること以外、何も意味しない。われわれはコード化とプログラム化を区別することによって、これを考察の対象とする。

(17) もう一つよく使われる例は、暗証番号の確定であろう。暗証番号は、他のすべての数値を不適切で無効なものとして排除する。これもまた《コード》と呼ばれる。

(18) Gotthard Günther, Cybernetic Ontology and Transjunctional Operations, in: ders., Beiträge zur Grundllegung einer operationsfähigen Dialektik, Bd. I, Hamburg 1976, S. 249–328 の意味においてである。

(19) たとえば、とりわけ Strukturelle Minimalbedingungen einer Theorie des objektiven Geistes als Einheit der Geschichte, in: ders., Beiträge zur Grundlegung einer operationsfähigen Dialektik, Bd. III, Hamburg 1980, S. 136–182 (140ff.).

(20) このことは、道徳にとってもすでに長いこと強調されてきた。たとえば、Thomas Browne, Religio Medici (1643),

zit. nach der Ausgabe der Everyman's Library, London 1965, S. 71 を見よ。「悪を廃棄しようと努力する者は、徳をも破壊する。逆にそれらは互いに破壊しあってはいても、互いに相手を生命としているのである」。パラドクスの先鋭化に注目せよ。別のバージョンでは、道徳コードの自己言及という問題は神義論の問題として取り扱われている。あるいは宗教的にも、それによって区分けされることになった歴史的時間における神の現出として扱われている。

（21） ここで私は、外部に対する無関心を強調するコンテクスチュア（Kontextur）＝次元という概念を、スペンサー・ブラウンによる定義《区別は完全なる自制のことである》から解釈している。これがギュンターのそもそもの意味にかなっているかどうかは、未決のままにしておかなければならない。

（22） Cybernetic Ontology a.a.O.

（23） 観察理論とギュンターの論理学との接線については、Elena Esposito, L'operazione di osservazione: Costruttivismo e teoria dei sistemi sociali, Milano 1992 を見よ。

（24） はっきりさせるためにもう少し注釈をすれば、ある棄却値の利用は、拒否された区別に介入することはない（というのも、もしそうだとしたら区別の受容を前提にしてしまうからである）。法が道徳的な良し悪しの区別を拒絶するとしても、それが意味するのは、そのように区別されえないであろうということではなく、ましてや、法がいかなる道徳的判断の影響をも受けていないということではない。それが意味するのはただ、今後の作動がこの区別を、法のコードに集中するために利用しないということだけである。拒否された区別の値は、否定されない。なぜなら、これが可能だとすれば、それはまさにその区別を利用することによってのみだからであり、拒絶されているのは、ただ区別そのものなのである。「まさに、選択の機会が拒絶されている」（Günther, Cybernetic Ontology a.a.O. S. 287）。読者には、このことに留意しておくようにお願いする。そうでないと、規範的に厄介な問いにおいて絶えず誤解が生じることになるからである。

（25） たとえば、Francisco J. Varela G., A Calculus for Self-Reference, in: International Journal of General Systems 2（1975）, S. 5–24.

（26） Martin Heidegger, Sein und Zeit, 6. Aufl. Tübingen 1949, S. 432f. Anm. 2.〔熊野純彦訳『存在と時間（四）』岩波書

店、二〇一三年、四四七頁〕における、時間の適切な理解を目指したアリストテレス＝ヘーゲルの存在論的《系統関係》の批判を見よ。

(27) 圧縮（condensation）／再認（confirmation）という区別は、ジョージ・スペンサー・ブラウンに由来し、彼によって、エレガントなやり方で、さらなる区別を用いて説明されている。つまり、┐┐＝┐という方程式は左から右に読むこともでき（圧縮）、また右から左に読むこともできる（再認）（a.a.O. S. 10)。ここでもいつものように、こうした読み方を区別し、その区別において決定することのできる観察者が前提とされている。同じ考えは、ヴィトゲンシュタインの規則概念でも表すことができる。規則が、一つ以上の例に適用可能であることが前提とされている点においてである。あるいはデリダの差延の概念でも定式化できる。

(28) Talcott Parsons, The System of Modern Societies, Engelwood Cliffs N.J. 1971, S. 26ff.〔井門富二夫訳『近代社会の体系』至誠堂、一九七七年、四一頁以下〕; ders., Comparative Studies and Evolutionary Change, in: ders., Social Systems and the Evolution of Action Theory, New York 1977, S. 279-320（insb. 307ff.）〔田野崎昭夫訳『社会体系と行為理論の展開』誠信書房、一九九二年、三八一－四四二頁、とりわけ四二三頁以降〕を参照。

(29) ポール・ド・マンの数多くの論文集を見るだけでよい。たとえば、Blindness and Insight: Essays in the Rhetoric of Contemporary Criticism, 2. Aufl. London 1983.〔宮崎裕助・木内久美子訳『盲目と洞察――現代批評の修辞学における試論』月曜社、二〇一二年〕。The Resistance to Theory, Minneapolis 1986.〔大河内昌・富山太佳夫訳『理論への抵抗』国文社、一九九二年〕

(30) Gerdien Jonker, The Topography of Remembrance: The Dead, Tradition and the Collective Memory in Mesopotamia, Leiden 1995 を参照。

(31) Jacques Derrida, Positions, Paris 1972, S. 21〔高橋允昭訳『ポジシオン』青土社、一九八八年、二三頁〕には、次の文がある。「ひとは決してなんらかの踏み越えに身を落ち着けることはありませんし、決して他の場所に住むこともありません」。

(32) これはなによりもゴットハルト・ギュンターの主題であった。彼による Beiträge zur Grundlegung einer opera-

tionsfähigen Dialektik, 3 Bde. Hamburg 1976–1980 を見よ。

（33） Ⅲ節を参照。

（34） このような比較として、Edwin Dowdy（Hrsg.）, Ways of Transcendence: Insights from Major Religions and Modern Thought, Bedford Park, South Australia（The Australian Association for the Study of Religions）1982 を見よ。トーマス・ルックマンによる、超越との関わり合いの社会化という、同様に一般的に支持されている宗教の機能についての規定も参照。Über die Funktion der Religion, in: Peter Koslowski（Hrsg.）, Die religiöse Dimension der Gesellschaft, Tübingen 1985, S. 26–41.

（35） これは Fredrik Barth a.a.O. に基づいている。それらを（あるいはまた他の種類の《聖遺物》もまた）——Culler a.a.O. S. 108ff. の意味で、また Michael Thompson, Rubbish Theory: The Creation and Destruction of Value, Oxford 1979 にならって——、変質され聖典化された廃棄物として示すという考えにも至りえよう。後者においては、ルネ・トムのカタストロフ理論が、このような評価の非連続性に形式を与えるために用いられている。それ以外にも、部族社会の宗教の研究において——秘密が守られタブー化されている限りにおいて——まったく実際的でありながら、きっぱりと区別のなされた聖なるものに対する扱い方の例証が、数多く見られる。もちろんこれは、信じるか信じないかという問題設定がまったく行われないことを前提にしている。言い換えれば、ここでは信仰がもう一つの面から、つまりは非信仰から規定される宗教の《形式》ではないということを前提としている。

（36） 天の文化史については、Bernhard Lang/ Colleen McDannell, Der Himmel: Eine Kulturgeschichte des ewigen Lebens, dt. Übers. Frankfurt 1996 を参照。アフリカの宗教の例については、John S. Mbiti, Concepts of God in Africa, London 1970. 同書 S. 171ff. には、注目すべき創造神話もある。すなわち、神は、最初は人間とともに、あるいはその近くで生活していたが、しかしその後、迷惑を避けるため、あるいは不服従を罰するために、人間から遠ざかったというのである。

（37） Mbiti a.a.O. S. 12ff. を参照。

（38） これについては数多くの民族学的典拠がある。簡潔な要約としては、以下を参照。Edmund Leach, Culture and

Communication: The Logic by which Symbols are Connected, Cambridge Engl. 1976, S. 71ff.〔青木保・宮坂敬造訳『文化とコミュニケーション――構造人類学入門』紀伊國屋書店、一九八一年、一四七頁以下〕

(39) 第七章を見よ。

(40) 《再参入》というのは、George Spencer Brown, Laws of Form, Neudruck New York 1979, S. 56f., 69ff.〔大澤真幸・宮台真司訳『形式の法則』朝日出版社、一九八七年〕の意味である。

(41) Roy A. Rappaport, Pigs for the Ancestors: Ritual in the Ecology of a New Guinea People, New Haven 1967 を見よ。Ders., The Sacred in Human Evolution, in: Annual Review of Ecology and Systematics 2 (1971), S. 23–44; ders., Ritual, Sanctity and Cybernetics, in: American Anthropologist 73 (1971), S. 59–76 をも参照のこと。

(42) これについては、Roy A. Rappaport, Maladaption in Social Systems, in: Jonathan Friedman/Michael J. Rowlands (Hrsg.), The Evolution of Social Systems, Pittsburgh 1978, S. 49–71.

(43) たとえば、彼の宗教社会学パラグラフ一《諸宗教の成立》の最初を参照。ここでの引用は、Wirtschaft und Gesellschaft, 3. Aufl. Tübingen 1948, Bd. 1, S. 227〔武藤一雄ほか訳『宗教社会学』創文社、一九七六年、三頁〕より。

(44) 「いずれにせよ、すでにそこではたいていの場合、一見単純な一つの抽象化が行われている。すなわち、カリスマ的な資質をもった自然物、人工物、動物、人間などの振る舞いの『背後に』隠れ、それらの振る舞いをなんらかの仕方で規定しているある存在者の観念、つまり精霊信仰がそれである」(a.a.O. S. 228)〔注43前掲訳書、五頁〕。ついでにいえば多くの場合、ここでは《背後》という代わりに、《内部》といった方がよいであろう。

(45) Hartmann Tyrell, ›Das Religiöse‹ in Max Webers Religionsoziologie, in: Saeculum 43 (1992), S. 172–230 (194) における。

(46) Madeleine David, Les dieux et le destin en Babylonie, Paris 1949; Jean Bottéro, Mésopotamie: L'écriture, la raison et les dieux, Paris 1987, S. 243ff.〔注11前掲訳書〕を参照。第五章も見よ。

(47) Louis Schneider, The Scope of ›The Religious Factor‹ and the Sociology of Religion: Notes on Definition, Idolatry and Magic, in: Social Research 41 (1974), S. 340–361.

（48） De ordine libri duo I. 6. 18を見よ。引用は、Corpus Scriptorum Ecclestiasticorum Latinorum 63（1922）, Nachdruck New York 1962, S. 133〔高橋亘訳『聖アウグスチヌス「秩序論」』中央出版社、一九五四年〕から。»Ita quasi ex antithesis quoadam modo, quod nobis etiam in oratione incundum est, ex contraris, omnium simul rerum pulchritudo figuratur.«

（49） 第一章を参照。

（50） メソポタミアの伝統への反対物としておそらくもっともよく理解できるであろう。マルドク神は五〇の名前を（なぜ五一ではないのか?）もっており、そして名前はここでは言葉による指し示しであるのみならず、能力そのものでもある。これについては、Bottéro a.a.O. S. 125f.〔注11前掲訳書〕を見よ。名前と存在の同一性を断念することによって、同時に、名前の正しさという問題、および神の名前のリストすべてに関わる完全性／不完全性という問題が、解消される。

（51） アクナイのかまどという、非常に（そしてまたもや論争的に）議論された伝説におさめられている。たとえば、Ishak England, Majority Decision vs. Individual Truth: The Interpretation of the Oven of Achanai Aggadah, in: Tradition: A Journal of Orthodox Jewish Thought 15（1975）, S. 137–151 を見よ。

（52） たとえば、Shmuel Noah Eisenstadt, Social Division of Labor, Construction of Centers and Institutional Dynamics: A Reassessment of Structural-Evolutionary Perspective, in: Protosoziologie 7（1995）, S. 11–22（16f.）.

（53） しかしながら、ありうる神学の進展の周辺において、これを維持することはできない。ゆえに、神の人格性と三位一体性は疑いえない。De venatione sapientiae には、次のようにある。「神は、異なる一切のものに先だって（ante omnia quae differunt）」（引用は、Philosophisch-Theologische Schriften, hrsg. von Leo Gabriel, Bd. I, Wien 1964, S. 1-189, 56 より）。しかし、区別することに依存した人間の概念把握の不十分さは反省される。そうすると結局、教会がいかなるものであるかをも知ることになる。

（54） たとえば、Jacques Derrida, Grammatologie, dt. Übers. Frankfurt 1974, S. 244ff.〔足立和浩訳『根源の彼方に――グラマトロジーについて（下）』現代思潮社、一九七二年、一頁以下〕との関係でいえる。

(55) 同一の問題の概略は、カントにもある。すなわち、自由が人倫法則の存在根拠（ratio essendi）として把握され、そのカノン性（sit venia verbo）における道徳上の命令が理性的意識の事実として保証され、そして最後に両者が主体という一つの概念でまとめられることによってである（哲学者たちは、今日もなおそれによって自らの知識財をなしているのだが）。

(56) そのような他のコードについては、以下を参照。Niklas Luhmann, Codierung und Programmierung. Bildung und Selektion im Erziehungssystem, in: ders., Soziologische Aufklärung 4, Opladen 1987, S. 182–201; ders., Die Wirtschaft der Gesellschaft, Frankfurt 1988, S. 243ff.〔春日淳一訳『社会の経済』文眞堂、一九九一年、二四四頁以下〕u.ö.; ders., Die Wissenschaft der Gesellschaft, Frankfurt 1990, S. 401ff.〔徳安彰訳『社会の科学２』法政大学出版局、二〇〇九年、四六二頁以下〕; ders., Das Recht der Gesellschaft, Frankfurt 1993, S. 165ff.〔馬場靖雄ほか訳『社会の法１』法政大学出版局、二〇〇三年、一七七頁以下〕, ders., Die Kunst der Gesellschaft, Frankfurt 1995, S. 301ff.〔馬場靖雄訳『社会の芸術』法政大学出版局、二〇〇四年、三〇七頁以下〕

(57) 「自然法とは理性的被造物における永遠法の分有にほかならない」。Thomas von Aquino, Summa Theologiae I IIae, q. 91 art. 2: »lex naturalis nihil aliud est quam participatio legis aeternae in rationali creatura«.〔トマス・アクィナス著、高田三郎ほか訳『神學大全』第一三冊、創文社、一九七七年、一九頁〕

(58) とりわけこの点については、Renate Blickle, Hausnotdurft: Ein Fundamentalrecht in der altständischen Ordnung Bayerns, in: Günter Birtsch（Hrsg.）, Grund- und Freiheitsrechte von der ständischen zur spätbürgerlichen Gesellschaft, Göttingen 1987, S. 42–64.

(59) David Parkin（Hrsg.）, The Anthropology of Evil, Oxford 1985 の、地域的にも高等文化・民族文化ごとにも異なった非常にさまざまな例を見よ。

(60) とりわけ、Keith Thomas, Religion and the Decline of Magic, London 1971〔荒木正純訳『宗教と魔術の衰退（上・下）』法政大学出版局、一九九三年〕; ders., Man and the Natural World, London 1983〔山内昶・中島俊郎・山内彰訳『人間と自然界——近代イギリスにおける自然観の変遷』法政大学出版局、一九八九年〕を見よ。

(61) この点は、観察者としての神について論じるところで再び取り上げる。第四章を見よ。

(62) Mbiti, a.a.O. S. 17f., 35f., 247ff. におけるアフリカの例を参照。

(63) 一里塚を成しているのは、ペーター・アベラールの倫理学である。引用はオックスフォード一九七一年版による。ここで悪徳（vitium）は、それを人が内面的に同意する場合、罪として定義される。「私たちが適切に罪と名づけているのは、同意である。すなわち、非難に値し、神の前で被告と定められるような魂の過失である。そもそも、この同意とは、神を軽蔑し侮辱すること以外のなにものであろうか」。»Hunc vero consensum proprie peccatum nominamus, hoc est, culpam animae qua damnationem meretur vel apud deum rea statuitur. Quid est enim iste consensus nisi Dei contemptus et offensa ipsius?« a.a.O. S. 4. その際、悪徳それ自体は――人がそれに同意した場合に、神の前でそのような意味をもつにすぎないが――自然な態度（ハビトゥス）として理解されうる。

(64) Anselm von Canterbury, De casu diaboli. 引用は Opera omnia, (1938ff.), Nachdruck Stuttgart - Bad Cannstatt 1968, Bd. 1, S. 233–272 を見よ。

(65) 第四節七八頁以下においてすでに、あるコードがそのポジティブの値によってこうした循環的な自己正当化を行うことの危ういもっともらしさについて、指摘しておいた。

(66) 簡素な概観については、Niklas Luhmann, Die Gesellschaft der Gesellschaft, Frankfurt/ Main 1997, S. 413ff.〔馬場靖雄ほか訳『社会の社会』法政大学出版局、二〇〇九年、四七五頁以下〕を見よ。

(67) Le Parasite, Paris 1980〔及川馥・米山親能訳『パラジット――寄食者の論理』法政大学出版局、一九八七年〕における比喩。

(68) この点について、より詳細には Niklas Luhmann, Die Paradoxie des Entscheidens, in: Verwaltungsarchiv 84 (1993), S. 287–310.

(69) これは、第四節八一頁でスペンサー・ブラウンに依拠しながら圧縮や再認と呼んでいたものを、より決定という概念に近づけて表現したものにすぎない。

(70) Vorlesung über die Philosophie der Religion I, Werke Bd. 16, Frankfurt 1969, S. 215（強調はヘーゲルによる）〔木

場深定訳『宗教哲学』岩波書店、一九八二―八四年、二四七頁〕。

(71) 全著作が引用できよう。法律家について論じながら、敬虔な偽善（pieuse hypocrisie）という概念によってさらに拡充された手短なスケッチとしては、ブルデューの以下の文献を挙げておく。Pierre Bourdieu, Les juristes, gardiens de l'hypocrisie collective, in: François Chazel/ Jacques Commaille（Hrsg.）, Normes juridiques et régulation sociale, Paris 1991, S. 95-99 および次も参照。ders., Sozialer Sinn: Kritik der theoretischen Vernunft, dt. Übers. Frankfurt 1987; ders., Ce que parler veut dire: L'économie des échanges sociales, Paris 1982.

(72) これはデリダによって的確に述べられている。Jacques Derrida, Marges de la philosophie, Paris 1972, S. 76f.〔高橋允昭・藤本一勇訳『哲学の余白（上）』法政大学出版局、二〇〇七―〇八年、一三三―一三五頁〕を見よ。

(73) たとえば、Keiji Nishitani, Was ist Religion, dt. Übers. Frankfurt 1982, S. 379ff.〔西谷啓治『宗教とは何か』創文社、一九六一年〕

(74) たとえば、Charles Herle, Wisdomes Tripos, or rather its inscription, Detur Sapienti, In Three Treaties, London 1655, S. 49.

(75) Laws of Form a.a.O. S. 105〔注40前掲訳書〕参照。

(76) これ以上は望めないほど、はっきり説明されている Horst Baier, Soziologie als Aufklärung – oder die Vertreibung der Transzendenz aus der Gesellschaft, Konstanz 1989 を見よ。

(77) ゼマンティクと社会構造の関係については、Niklas Luhmann, Individuum, Individualität, Individualismus, in: ders., Gesellschaftsstruktur und Semantik, Bd. 3, Frankfurt 1989, S. 149-258.〔「個人、個人性、個人主義」高橋徹・赤堀三郎ほか訳『社会構造とゼマンティク 3』法政大学出版局、二〇一三年、一一三―二一九頁〕を見よ。

(78) たとえば、Luc Ferry, L'homme-Dieu ou le Sens de la vie: essai, Paris 1996. 例として、「超越とはいわば、自己の内在である」（S. 237）。神学者も少なくともそのような配置換えの可能性について言及している。「神についての語りがいかにして可能でありうるかを問うならば、われわれ自身についての語りとしてのみ可能であると答えなければならない」（Rudolf Bultmann, Glauben und Verstehen, Tübingen 1960, Bd .1, S. 33〔土屋博訳『神学論文集』新教出版社、一九八一－八六年。Michael Hochschild の博士論文 Die Kirchenkrise und die Theologie, Ms. Bielefeld 1997, S. 163 からの引用）。

（79）この伝統については、Bernhard Lang/ Colleen McDannel, Der Himmel: Eine Kulturgeschichte des ewigen Lebens, dt. Übers. Frankfurt 1996 を参照。

（80）Thomas Luckmann, The New and the Old in Religion, in: Pierre Bourdieu/James S. Coleman（Hrsg.）, Social Theory for a Changing Society, Boulder – New York 1991, S. 167–182（177）は、《主体性の神聖化》について述べている。《神聖化》というのが――それは他者に対してのアクセス可能性を前提にしているはずだが――適切な表現であるかどうかということについては、考えてみる必要がある。いずれにしても、上述のテクストは、聖／俗という区別によってではなく、超越的／内在的という区別で考察されている。

（81）この点については、Brian Massumi, The Autonomy of Affect, in: Cultural Critique 31（1995）, S. 83–109 を見よ。

（82）語りの状況を文書化されたテクストをモデルにして理解する傾向があるわれわれの文化では、これを理解させることは困難である。これについては他の多くの文献と並んで、Dennis Tedlock, The Spoken Word and the Work of Interpretation, Philadelphia 1983 を見よ。

（83）外部化という観点で、以下を参照。Edmund Leach, Culture and Communication: The Logic by which Symbols are Connected, London 1976, S. 37ff.〔注38前掲訳書、七九頁以下〕

第三章

（1）Alois Hahn, Religiöse Wurzeln des Zivilisationsprozesses, in: Hans Braun/ Alois Hahn（Hrsg.）, Kultur im Zeitalter der Sozialwissenschaften: Friedrich H. Tenbruck zum 65. Geburtstag, Berlin 1984, S. 229–250.

（2）たとえば、Charles Tilly, Big Structures, Large Processes, Huge Comparisons, New York 1984 による分化概念への批判はこのような想定に依拠している。

（3）つまり、過剰なものの締め出しと不可欠なものの取り入れによってである。以下を参照。Thomas von Aquino,

Summa Theologiae I IIae q. 91, art. 2:「しかるに、自然は必要なるものにおいて欠けるところがないように、余分なものをやたらに生ずることもない」(»Sed natura non abundat in superfluis, sicut nec deficit in necessariis«)〔トマス・アクィナス著、高田三郎ほか訳『神學大全』第一三冊、創文社、一九七七年、一七頁〕。

(4) ところで、ここでもよくそうであるように、二つのことを同時に欲することは、致命的な結果をもたらしうる。ピーフ氏と彼の望遠鏡〔ドイツの風刺作家ヴィルヘルム・ブッシュ(Wilhelm Busch 一八三二―一九〇八)の *Plisch und Plum*(『プリシュとプルム』一八八二年)に収められた話。望遠鏡で遠くを見たまま歩くピーフ氏は、足下が見えず池にはまり、望遠鏡を池に沈めてしまう〕)を思い出してほしい。

(5) 社会学における一般的な古典の引用としては、Robert K. Merton, Social Theory and Social Structure, 2. Aufl. Glencoe Ill. 1957, S. 60ff.〔森東吾ほか共訳『社会理論と社会構造』みすず書房、一九六一年、五五頁以下〕。マルクス-フロイトという系図は明白である。こうした研究は、これによって、制限として評価されなければならない方向に向かった。すなわち、非知(Nichtwissen)についての関心への問いに限定され、それによってたとえば、あらゆるシステムが抱える原理的な不透明性の問題や、すべての観察が含んでいる盲点の問題もまた除外されてしまった。

(6) Robert Spaemann, Funktionale Religionsbegründung und Religion, in: Peter Koslowski (Hrsg.), Die religiöse Dimension der Gesellschaft, Tübingen 1985, S. 9–25 は、正当にもそう述べている。

(7) たとえば、Richard K. Fenn, Toward a New Sociology of Religion, in: Journal for the Scientific Study of Religion II (1972), S. 16–32 は、はっきりと批判的である。他方で、フェンはこの〔連帯をはぐくみ、道徳的統合を行うという宗教の〕機能がないことを嘆き、それゆえに宗教が機能喪失と残余機能への縮減に陥っていると見ている点において、まだこの概念にとらわれたままである。デュルケムのテーゼに対する、機能的な分析のほとんど繰り返しといえるものについては、Horst Firsching, Die Sakralisierung der Gesellschaft: Emile Durkheims Soziologie der ›Moral‹ und der ›Religion‹ in der ideenpolitischen Auseinandersetzung der Dritten Republik, in: Volkhard Krech/ Hartmann Tyrell (Hrsg.), Religionssoziologie um 1900, Würzburg 1975, S. 159–193 を見よ。

(8) 第一章注6の文献指示を見よ。また、René Girard, Le Bouc émissaire, Paris 1982.〔織田年和・富永茂樹訳『身代

わりの山羊』法政大学出版局、二〇一〇年〕

（9）「人間が自らの非自立性（Unselbständigkeit）の根拠を探すこと、宗教とはまさにこれである」と、ヘーゲルは以下で述べている。Georg Wilhelm Friedrich Hegel, Vorlesungen über Philosophie der Religion I, Bd. 16, Frankfurt 1969, S. 308.

（10）Metaphysik 1006 a 19–24 参照。

（11）引用はともに、Edmund Husserl, Ideen zu einer reinen Phänomenologie und phänomenologischen Philosophie, Bd. I（1913）である。直接の引用元は、Husserliana Bd. III, Den Haag 1950, S. 100f.（強調はフッサールによる）〔渡辺二郎訳『イデーン――純粋現象学と現象学的哲学のための諸構想（イデーン）』みすず書房、一九七九－二〇一〇年〕。

（12）これについては、Elena Esposito, L'operazione di osservazione: Costruttivisimo e teoria dei sistemi, Milano 1992.

（13）サンクションということで、ここですでに制裁（sanction）と聖なるもの（sacré）についての、デュルケムによる連関づけを思い出すことができる。しかし、この指摘は同時に、デュルケムの概念を理論的に明らかにする必要をはっきりさせる。

（14）第二章を参照。

（15）Erving Goffman, Frame Analysis: An Essay on the Organization of Experience, New York 1974（dt. Übers. Frankfurt 1977）による。

（16）そのような関係の叙述には二つ以上の論理値が必要であるという見解が、ゴットハルト・ギュンターを引き合いにしてなされるかもしれない。あるいは、そのことから、そうした関係の現実化には時間が必要であり、つねに同時にともに作動している世界に対しては、いかなる規定可能な関係も得られないという結論を引き出すことができるかもしれない。しかし、そのような考察はさらなる問いを用意するだけであり、それらは解答不可能なものとして消えていく。

（17）たとえば、以前の東独の状況に関して、Detlef Pollack, Kirche in der Organizationsgesellschaft: Zum Wandel der gesellschaftlichen Lage der evangelischen Kirchen und der politisch alternativen Gruppe in der DDR, Habilitationsschrift Bielefeld 1993, Ms. S. 107f.

(18) 例として、修正発議のパラドクス（憲法改正についての憲法の規定）の解説の最後で、トーラー〔旧約聖書の最初の五つの書、モーセ五書〕をもう一度取り上げていることを見よ。David R. Dow, When Words Mean What We Believe They Say: The Case of Article V, in: Iowa Law Review 76 (1990), S. 1–66 (62f.). 答えは次のようになる。パラドクスは甘受しなければならない。トーラーを見よ、と。

(19) より詳しくは、Niklas Luhmann, Funktion der Religion, Frankfurt 1977, S. 225ff.〔土方昭・三瓶憲彦共訳『宗教社会学――宗教の機能（新版）』新泉社、一九九九年、一六七頁以下〕を見よ。概念的な議論では長きにわたり、懐疑的に距離をおくことが優勢になっている。つまり、多元的な概念を形成する試みから、概念を使用に耐えないものとして明白に拒否する立場に移ってきている。これについては、第八章で再度論じる。

(20) たとえば、Thomas Luckmann, Über die Funktion der Religion, in: Peter Koslowski (Hrsg.), Die Religiöse Dimension der Gesellschaft, Tübingen 1985, S. 26–41 との関連で。ルックマンは、宗教の機能を単に（大きな）超越とのつき合い方の社会化であると規定している。

(21) メソポタミアについては、Gerdien Jonker, The Topography of Remembrance: The Dead, Tradition and Collective Memory in Mesopotamia, Leiden 1995, S. 177ff.

(22) これについても、メソポタミアについては Jonker a.a.O. S. 180f.

(23) とくにこの点については、John G. Gunnell, Political Philosophy and Time, Middletown Conn. 1968; Hartmut Gese, Geschichtliches Denken im Alten Orient und im Alten Testament, in: Zeitschrift für Theologie und Kirche 55 (1958), S. 127–145.

(24) René Girard, Des choses cachées depuis la fondation du monde, Paris 1978 あるいは ders., Le Bouc émissaire, Paris 1982.〔注8前掲訳書〕を、もう一度見よ。

(25) Pierre Bourdieu, La Distinction: Critique sociale du jugement du goût, Paris 1975.〔石井洋二郎訳『ディスタンクシオン――社会的判断力批判』藤原書店、一九九〇年〕だけ見ればよい。

（26）「われわれが決定できるのは、原理的に決定不可能なそうした問題のみである」と Heinz von Foerster, Ethics and Second-Order Cybernetics, in: Cybernetics and Human Knowing 1 (1992), S. 9–19 (14) にはある。

（27）システム理論的にパラレルな考察については、W. Ross Ashby, Principles of the Self-Organizing System, in: Heinz von Foerster/ George W. Zopf (Hrsg.), Principles of Self-Organization, New York 1962, S. 155–278 を見よ。Walter Buckley (Hrsg.), Modern Systems Research for the Behavioral Scientist: A Sourcebook, Chicago 1968, S. 108–118 にも再録されている。

（28）これについては、宗教システムの自己記述に関する章でもう一度取り扱う。

（29）以下の議論にとって刺激的なのは、Ronald W. Hepburn, Christianity and Paradox: Critical Studies in Twentieth-Century Theology, New York 1968 である。しかしながら、この分析は、テーマ領域を順番に例として挙げるだけで、意味次元に応じた分類という体系化された観点をとることなく、その内在的なパラドクスの立証に制約されてしまっている。これについては、Niklas Luhmann, Soziale Systeme: Grundriß einer allgemeinen Theorie, Frankfurt 1984, S. 111ff.〔佐藤勉監訳『社会システム理論（上）』恒星社厚生閣、一九九三年、一一五頁以下〕。

（30）Hepburn a.a.O. S. 69ff. は、利用可能な感覚データをもとに「神の論理的構成」のパラドクスについて述べている。

（31）ヘブライの文脈においては、シナイ山において告知されたテクスト、つまりトーラーは、同時に、すでに創造の前から存在していた創造計画であり、社会的なコンテクストでは、神の民によって受容された掟である（無反省な形式の本性として、楽園的に与えられたのではない）。ちなみに、この掟は、（そしてこれも一つのパラドクスなのだが）、自然の区別をもった楽園が罪によってアクセス不能となり、自由を強制する反省によって代替されなければならなかったゆえにこそ、受容されねばならなかった。

（32）世俗的な解釈としては、次のようになろう。すなわち、イエスは、他人の視線にさらされないように時間稼ぎをしようとした。あるいは、緊張を高め、それによって自らのことばを緊張感からの解放として投じることを可能とするために、状況を神秘化して見せた。

（33）George Spencer Brown, Laws of Form, Neudruck New York 1979, S. 7〔大澤真幸・宮台真司訳『形式の法則』朝

日出版社、一九八七年、八頁〕を見よ。

（34）組織という次元では、別の可能性もあろう。とりわけ、ヒエラルキーという可能性や、排除という可能性である。これをカトリック教会組織は見事に運用しているが、しかしまさにそれゆえに、それがなおも宗教であると主張することに困難が生じるであろうということが予測されうる。

（35）Georg Simmel, Die Religion, Frankfurt 1906〔居安正訳『社会分化論・宗教社会学（現代社会学大系）』青木書店、一九九八年、二二九–三〇八頁〕; Thomas Luckmann, The Invisible Religion, London 1967〔赤池憲昭・ヤン・スィンゲドー共訳『見えない宗教』ヨルダン社、一九七六年〕を見よ。

（36）これについては、Heinz Schlaffer, Poesie und Wissen: Die Entstehung des ästhetischen Bewußtseins und der philologischen Erkenntnis, Frankfurt 1990, S. 11–88 を見よ。

（37）しかしながら、Bryan Wilson, Secularization: The Inherited Model, in: Phillip E. Hammond（Hrsg.）, The Sacred in a Secular Age: Toward Revision in the Scientific Study of Religion, Berkeley Cal. 1985, S. 9–20（14f.）を見よ。

（38）これについては、第八章を見よ。

（39）農業生産を主とし、流動資本ではなく土地が重要であった経済において、このことが別様であったことは、容易に想像することができる。だが当時でさえ、フィレンツェの銀行による教会資本の管理は、《敬虔な》やり方では解決できないかなりの問題を断念したのである。

第四章

（1）Niklas Luhmann, Die Wirtschaft der Gesellschaft, Frankfurt 1988〔春日淳一訳『社会の経済』文眞堂、一九九一年〕とりわけ、S. 177ff.〔一七八頁以下〕を参照。

（2）似た観点から政治と宗教を比較した初期のものとしては、Hans Kelsen, Gott und Staat, in: Logos 11（1923）, S. 261–284〔長尾龍一訳「神と国家」『ハンス・ケルゼン著作集 6 神話と宗教』慈学社出版、二〇一一年〕、そしてこれに対する《反論》として、Wenzel Pohl, Kelsens Parallele: Gott und Staat: Kritische Bemerkungen eines Theologen, in:

Zeitschrift für öffentliches Recht 4 (1925), S. 571–609.

（3） Helmut Willke, Ironie des Staates: Grundlinien einer Staatstheorie polyzentrischer Gesellschaft, Frankfurt 1992, S. 35ff. を見よ。

（4） Niklas Luhmann/ Karl Eberhard Schorr, Reflexionsprobleme im Erziehungssystem, 2. Aufl. Frankfurt 1983, S. 58ff. を見よ。

（5） Niklas Luhmann, Die Wissenschaft der Gesellschaft, Frankfurt 1990, S. 392ff〔徳安彰訳『社会の科学 2』法政大学出版局、二〇〇九年、四五三頁以下〕参照。

（6） Niklas Luhmann, Das Recht der Gesellschaft, Frankfurt 1993, S. 214ff.〔馬場靖雄ほか訳『社会の法』法政大学出版局、二〇〇三年、二三五頁以下〕参照。

（7） Francisco J. Verela/ Evan Thompson, Der Mittlere Weg der Erkenntnis: Die Beziehung von Ich und Welt in der Kognitionswissenschaft, Bern 1992.

（8） これについては、Burkhard Gladigow, Der Sinn der Götter: Zum kognitiven Potential der persönlichen Gottesvorstellung, in: Peter Eicher (Hrsg.), Gottesvorstellung und Gesellschaftsentwicklung, München 1979, S. 41–62 を見よ。

（9） たとえば、Gilles Deleuze, Logique du sens, Paris 1969.〔小泉義之訳『意味の論理学（上・下）』河出書房新社、二〇〇七年〕

（10） これについては、Niklas Luhmann, Inklusion und Exklusion, in: ders., Soziologische Aufklärung 6, Opladen 1995, S. 237–264.〔村上淳一訳「インクルージョンとエクスクルージョン」『ポストヒューマンの人間論――後期ルーマン論集』東京大学出版会、二〇〇七年、二〇三－二五〇頁〕

（11） 詳細な議論については、Marco M. Olivetti (Hrsg.), L'argomento ontologico, Padova 1990 を見よ。

（12） このような最終的準拠の標準化と貧困化の問題は、宇宙論的な推敲と道徳上の決疑論のあらゆる豊穣さにもかかわらず依然として存在しており、組織化された定式の利用によってさらに強化されている。これについては、Jean-Pierre Decouchy, L'orthodoxie religieuse: Essai de logique psycho-sociale, Paris 1971, insb. S. 57ff. を見よ。Enrico

Castelli (Hrsg.), L'analyse du langage théologique: Le Nom de Dieu, Paris 1969も参照。

(13) 流出というカテゴリーには、歴史的に新しいものが何も見出されないという論理的な利点があった。それゆえに、このカテゴリーは時間をいわば時間抽象的に扱うことができた。言い換えれば、時間を偏在性という観点から見ることができるかのように扱うことができた。このカテゴリーは、過去と未来の差異だけが観察されうる、ないしはそれが生じうる瞬間ごとの現在を考慮に入れる必要はなかった。したがって、それは古典的な二値論理学の枠組みを打ち破る必要もなかったのである。これについては、(構造論的に複雑に構成された流出概念をもっている) Gotthard Günther, Logik, Zeit, Emanation und Evolution, in: ders., Beiträge zur Grundlegung einer operationsfähigen Dialektik Bd. III, Hamburg 1980, S. 95-135を見よ。

(14) Arthur O. Lovejoy, The Great Chain of Being: A Study of the History of an Idea (1936), Cambridge Mass. 1950, S. 49〔内藤健二訳『存在の大いなる連鎖』筑摩書房、二〇一三年、七六頁〕(非生産性の問題についてはS. 43ff.〔六七頁以下〕)。

(15) Gotthard Günther, Cognition and Volition: A Contribution to a Cybernetic Theory of Subjectivity, in: ders., Beiträge zur Grundlegung einer operationsfähigen Dialektik Bd. II, Hamburg 1979, S. 203-240を見よ。本書の本文においてはギュンターの叙述を若干変更した。

(16) これに対して、中世晩期の主意主義が唱える意志の力の、すなわち神の絶対的力 (potentia absoluta) の優位に固執するならば、さらにあらゆるリアリティが個体の形式においてのみ与えられ普遍の形式においては与えられてはいないという唯名論の想定を共有するならば、これは神学的には非常に深刻な、神の基準の認識可能性に対する疑念をもたらすに違いない。神の意志は規則によって導かれず、神の個体への干渉をもとにその他のケースでのやり方を逆推論することはできない。神学は、このような認識の弱さの容認から出発するならば——これは古くは初期メソポタミアの予言の実践にすでに支配的であった留保であるが——、神の観察方法の原則的な認識不可能性へと移行しなくてはならず、そうなれば、一貫して、個人による信仰の自己確認にのみ訴えるために、あらゆる人生のアドバイスから手を引かなくてはならなくなる。

（17）その際、〔人間ということで〕男性のみが考えられているということはほぼ自明である。しかし、はっきりとした証拠もある。たとえば、Thomas Browne, Religio Medici（1643）〔生田省悟・宮本正秀訳『医師の信仰・壺葬論』松柏社、一九九八年〕には次のようにある（引用は Everyman's Library, London 1965, S. 79 による）。「世界はすべて男性のためにつくられたが、しかし、男性の十二番目の部分が女性のためにつくられた。男性とは全世界であり、神の息吹である。〔創世記二章二一節にあるように〕女性はあばら骨であり、その曲がった部分である」。

（18）仮説の域を出てはならないと科学に要求する特殊宗教的な理由については——学問が固有の関心における自然の自然な認識の可能性に基づく限り、そのような要求とは相いれないはずなのだが——とりわけベンジャミン・ネルソンが指摘している。The Quest for Certitude and the Books of Scripture, Nature, and Conscience, in: Owen Gingerich（Hrsg.）, The Nature of Scientific Discovery, Washington 1975, S. 355–372; ders., Copernicus and the Quest for Certitude: »East« and »West«, in: Arthur Beer/ K.A. Strand（Hrsg.）, Copernicus Yesterday and Today: Proceedings of the Commemorative Conference Washington 1972, in: Vistas in Astronomy 17（1975）, S. 39–46、さらに ders., Der Ursprung der Moderne: Vergleichende Studien zum Zivilisationsprozeß, Frankfurt 1977 を見よ。

（19）たとえば、Jean Paul, Das Kampaner Tal oder über die Unsterblichkeit der Seele を見よ。引用は、Jean Pauls Werke: Auswahl in zwei Bänden, Stuttgart 1924, Bd. 2, S. 170–229.

（20）たとえば、スピノザとヘーゲルに対する批判の形で行われている。Jacques Derrida, Grammatologie, dt. Übers. Frankfurt 1974, S. 124f.〔足立和浩訳『根源の彼方に——グラマトロジーについて（上）』現代思潮社、一九七二年、一四三—一四五頁以下〕を見よ。

（21）反宗教改革の時代のものとしては、Gregorio Comanini, Il Figino overo del fine della pittura（1591）を見よ。引用は Paola Barocchi（Hrsg.）, Trattati d'arte del cinquecento Bd. III Bari 1962, S. 239–379 による。出発点となっているのは、プラトン（Sophistes 236）にならい、内的パラドクスを通した模倣原理の普遍化である。模倣には、存在する事物の模倣（imitazione icastica）と存在しない事物の模倣（imitazione fantastica）がある。神の模写は、たとえ神が神学者の言うように形態をもたないものだとしても、存在物の模写（imitazione icastica）の側に位置づけられなくてはならない。

(22) 多くの類似箇所と並んでたとえば、Nikolaus von Kues, De Deo Abscondito〔大出哲・坂本堯訳『隠れたる神』創文社、二〇〇三年〕を見よ。引用は Philosophisch-theologische Schriften Bd. 1, Wien 1964, S. 299–309 (304).

(23) こうした問題設定の発展のための材料は、たとえばドゥンス・スコトゥス研究のなかに見られる。Karl Heim, Das Gewißheitsproblem in der systematischen Theologie bis zu Schleiermacher, Leipzig 1911, S. 181ff. などを見よ。

(24) アフリカの宗教に関する多くの例証が John S. Mbiti, Concepts of God in Africa, London 1970 にある。

(25) ただしスーフィーの神秘論のなかには、とりわけこれに関する示唆が存在する。入手しやすいものとしては、Peter J. Awn, Satan's Tragedy and Redemption: Iblis in Sufi Psychology, Leiden 1983. キリスト教の領域にも神の愛の証しとしての懲罰という観念が存在するが、私の見る限り、最愛の天使として悪魔が引き合いに出されることはない。たとえば、信仰への懐疑に対する君主の教えとしての Joannes Jovianus Pontano, De Principe, zit. nach Opera Omnia, Basel 1556, Bd. 1, S. 256–283 (261) の《神は愛する者を罰する (quos deus amat, corrigit et castigat)》を見よ。

(26) マーク・トウェインの解釈では、大天使はこのように表現されている。Mark Twain, Letters from the Earth (posthum). 引用は New York 1962 版から〔柿沼孝子・佐藤豊・吉岡栄一訳『地球からの手紙』彩流社、一九九五年〕。

(27) 地上へと追放されたサタンが天上に報告するように。再び Mark Twain, a.a.O.〔注26前掲訳書〕

(28) たとえば、Nikolaus von Kues, De visione Dei, zit. nach Philosophisch-theologische Schriften Bd. III, Wien 1967, S. 93–219〔八巻和彦訳『神を観ることについて――他二篇』岩波書店、二〇〇一年〕を見よ。そこでは、どこから観察者が見つめようとも、観察者を見つめている像のメタファーがある。

(29) このことはとりわけ、占術に定位した宗教が結局のところ空間と時間を区別することができないという帰結を伴う。啓示宗教はそれに対して、時間を空間的な含意から解放することができる。

(30) これが近代的な確認であるということ、そして社会の機能分化および、それゆえの透徹した宗教的世界措定の放棄が前提とされているということを、念のため注記しておく。

(31) しかしながらこの考察は、循環的（神話的）時間と線形的（歴史的）時間という、よく普及している対立の構図を受け入れるように強制するものではない。この対立は、バビロンに関する限り、素朴なフィクションであり、おそらく、《聖書とバベル》という比較に対するキリスト教的抵抗としてのみ説明されうる。批判については、Jonathan Z. Smith, A Slip in Time Saves Nine: Prestigious Origins Again, in: John Bender / David E. Wellbery (Hrsg.), Chronotypes: The Construction of Time, Stanford Cal. 1991, S. 67–76（69ff.）参照。

（32）たとえばこれについては、Peter Eicher, »Offenbarungsreligion«: Zum sozio-kulturellen Stellenwert eines theologischen Grundkonzepts, in: ders.（Hrsg.）, Gottesvorstellung und Gesellschaftsentwicklung, München 1979, S. 109–129.

（33）このようにしてのみ、啓示のテクストが同時に法のテクストとして、すなわちいかなる時代にも当てはまり、それゆえに解釈に開かれた法のテクストとして把握されうるのであり、これがまたその根拠だったのであろう。

（34）第二章Ⅶ節、一〇五頁以下を参照。

（35）たとえば、Edward Reynolds, A Treatise of the Passions and Faculties of the Soule of Man, London 1640, Nachdruck Gainesville Fla. 1971, S. 462.

（36）たとえば、Reynolds a.a.O. S. 497ff.

（37）Thomas Wright, The Passions of the Mind in General（1601）, erweiterte Ausgabe London 1630, Nachdruck Urbana Ill. 1971, S. 312ff. を参照。

（38）Aron Ronald Bodenheimer, Warum? Von der Obszönität des Fragens, 2. Aufl. Stuttgart 1985 を見よ。

（39）これについては、Henri Atlan, A tort et à raison: Intercritique de la science et du mythe, Paris 1986〔寺田光徳訳『正も否も縦横に――科学と神話の相互批判』法政大学出版局、一九九六年〕を見よ。

（40）《定法としてのわれわれの聖なる教会の教条（ドクトリン）》への信仰の不可侵性については、Anthony, Earl of Shaftesbury, Characteristicks of Men, Manners, Opinions, Times, 2. Aufl. 1714, Nachdruck Farnborough Hants. UK 1968, Bd. III, S. 316 u.ö. さらにルソーの「市民宗教」の概念を考えることもできよう。

（41）理論の技法としては、ここでは、問題が様相論へとずらされ、もはや論理学の古い図式論（真／偽）や因果性（原因／結果）のみが主題となるのではないことを前提にしている。これによって、物理学という新しい学問を神学的含意から解放することができた。それが真であるかそうでないか、またそこで原因と結果がどのようにして世界の起源についての想定とは独立に組み合わされるかということは、科学によって決定されうる。

（42） これについて詳しくは、第八章Ⅶ節。

（43） Georg Wilhelm Friedrich Hegel, Vorlesungen über die Philosophie der Religion, Werke Bd. 16 und 17, Frankfurt 1969〔山崎純訳『宗教哲学講義』創文社、二〇〇一年〕を参照。とくに第一分冊（Bd. 16）S. 47ff.、歴史化とは教義の重要性が低下していることのしるしであるという点を見よ。

（44） そしてこれは、かなりの程度方法的な精密さをもって行われる。たとえば（恣意的に取り出したものだが）Godelier Vercruysse, The Meaning of God: A Factor-Analytic Study, in: Social Compass 19（1972）, S. 347–364; Mark van Aerde, The Attitude of Adults toward God, in: Social Compass 19（1972）, S. 407–413 を見よ。

（45） たとえば、Konstantin Kolenda, Thinking the Inthinkable: Logical Conflicts in the Traditional Concept of God, in: Journal for the Scientific Study of Religion 8（1969）, S. 72–78. これをさらに進めることもできよう。すなわち、パラドクシカルで分かりにくい話をするよりも、教会の近くに駐車場を作るべきなのだと。

（46） George P. Murdock, Ethnographic Atlas, Pittsburgh 1967 に基づいて Ralph Underhill, Economic and Political Antecedents of Monotheism: A Cross-Cultural Study, in: American Journal of Sociology 80（1975）, S. 841–861 は、次のような結果に至った。すなわち、人間の道徳に関心をもつ主神を有するのは、調査対象となった社会の二五パーセントだけである。三六パーセントは主神をそもそももっておらず、残りの社会は活動的であれ非活動的であれなんらかの主神をもってはいたが、しかし人間の道徳とは関係のない神であった。この資料が示しているのは、経済的な発展状況がこの問題における差異を作っているということである。おそらく、社会が所有物の格差、契約関係、将来の不安などを処理しなければならない場合、道徳の宗教的な保証は、むしろ必要とされるということであろう。

（47） なによりこのことの指標となるのは、生前の社会的行動が死後の運命に影響するかどうかという問いである。そのような関係の体系化は、高度宗教で初めて見出される。以下を参照。Christoph von Fürer-Haimendorf, The After-Life in Indian Tribal Belief, in: Journal of the Royal Anthropological Institute 83（1953）, S. 37–49; ders., Morals and Merit:

A Study of Values and Social Controls in South Asian Societies, London 1967; Gananath Obeyesekere, Theodicy, Sin and Salvation in a Sociology of Buddhism, in: Edmund R. Leach (Hrsg.), Dialectic in Practical Religion, Cambridge Engl. 1968, S. 7–40（insb. 14f.）. 同様にアフリカの宗教でも（わずかの例外を除いて）、生前の運命や罪が彼岸で相殺される、つまり彼岸で審判が下されることは、予期されていない。せいぜいのところ、死者の国に入るときに困難が生じるだけある。これについては Mbiti a.a.O. S. 253ff. 参照。原則として、彼岸の諸力は生前に褒美を与え、あるいは罰するものである。

（48） Von Füirer-Haimendorf a.a.O.（1967）. とくに S. 126ff. 参照。

（49） Monica Wilson, Religion and the Transformation of Society: A Study of Social Change in Africa, Cambridge Engl. 1971, S. 76ff. は、ここに宗教と道徳の間にそれでも一定の関係があるということの論拠を見ている。

（50） Mbiti a.a.O. S. 16f. u.ö. 参照。

（51） たとえば、Michel de Certeau, Du système religieux à l'éthique des Lumières（17e–18e s.）: La Formalité des Pratiques, in: Ricerche di storia sociale e religiosa 1, 2（1972）, S. 31–94.

（52） 初期イスラエルの、倫理的にまだ十分に規律化されていない神性に関する豊富な事例については、Johannes Hempel, Geschichte und Geschichten im Alten Testament bis zur persischen Zeit, Gütersloh 1964.

（53） まさにこの認識が本来は禁じられていたということ、そして罪を犯すことによってのみ獲得されえたということは、初めこそ謎であったものの、しかし後には神学史の洗練によって納得のいくものとなった。神は明らかに道徳のパラドクスをポジティブの値を通じて解消するが、人間はそれとは逆にネガティブの値を通じて解消する。善と悪の差異に定位することは神にとっては善きことであるが、人間にとっては悪しきことである。というのも、それによって人間は自己自身と対立するものになり、またそうした場合、長い救済の歴史をもって初めて人間化（nachhumanisiert）されなくてはならないからである。

（54） ルソーの『告白』のように、神を読書する公衆と置き換えるならば、このことはむしろ理解しやすい。Confessions I.3〔桑原武訳『告白』岩波文庫、一九六五–六六年〕とこれについての Henry Adams, The Education of

Henry Adams（1907）〔刈田元司訳『ヘンリー・アダムズの教育』教育書林、一九五五年〕を見よ。引用は Boston 1918, Preface S. IX による。「永劫の父は彼の創造をもっとも快からざる部分を主として見せつけられては、純一な悦びを感じたまわぬかも知れぬ」〔同上書、一一頁〕。

（55） 以下の文献を参照。Arthur O. Lovejoy, Milton and the Paradox of the Fortunate Fall（1937）. 引用元は ders., Essays in the History of Ideas, Baltimore 1948, S. 277–295〔鈴木信雄ほか訳『観念の歴史』名古屋大学出版会、二〇〇三年、二二五–二二七頁〕による。ここではさらに古い典拠が指示されている。Herbert Weisinger, Tragedy and the Paradox of the Fortunate Fall, London 1953. さらに Text und Applikation: Poetik und Hermeneutik IX, München 1981 所収のいくつかの論考を参照。とくに Odo Marquard, Felix culpa? – Bemerkungen zu einem Applikationsschicksal von Genesis 3, ebd. S. 53–71.

（56） これの前段階となる長い議論については、Sven K. Knebel, Necessitas moralis ad optimum: Zum historischen Hintergrund der Wahl der besten aller möglichen Welten, in: Studia Leibnitiana 23（1991）, S. 3–24 参照。

（57） 以下の文献を参照。Anthony, Earl of Shaftesbury, A Letter Concerning Enthusiasm（1708）, neu gedruckt in: Characteristicks of Men, Manners, Opinions, Times, 2. Aufl.（1714）, Nachdruck Farnborough Hants. UK 1968, Bd. I, S. 3–55; Ronald A Knox, Enthusiasm: A Chapter in the History of Religion with Special Reference to the Seventeenth and Eighteenth Centuries, Oxford 1950; Susie I. Tucker, Enthusiasm: A Study in Semantic Change, Cambridge 1972; John Passmore, Enthusiasm, Fanatism and David Hume, in: Peter Jones（Hrsg.）, The ›Science of Man‹ in the Scottish Enlightenment: Hume, Reid and their Contemporaries, Edinburgh 1989, S. 85–107; Robert Spaemann, »Fanatisch« und »Fanatismus«, in: Archiv für Begriffsgeschichte 15（1970）, S. 256–274.

（58） ハインツ・フォン・フェルスターの言う意味でのマシン。たとえば、Wissen und Gewissen: Versuch einer Brücke, Frankfurt 1993, S. 244ff. を見よ。

（59） Niklas Luhmann, Soziologie der Moral, in: Niklas Luhmann/ Stephan Pfürtner（Hrsg.）, Theorietechnik und Moral, Frankfurt 1978, S. 8–116 参照。The Code of the Moral, in: Cardozo Law Review 14（1993）, S. 995–1009; ders., The Sociology of the Moral and Ethics, in: International Sociology 11 (1996), S. 27–36 も参照。

(60) 十八世紀後半以降、ようやくこの問題について宗教から独立した解決が提案されるようになるが、それらは説得力に欠けるものである。主観に《実践理性》が備わっていることを引き合いに出すのであれ（カント）、合理的基準に沿って行われるコミュニケーションの将来的な成果に賭けるのであれ（ハーバーマス）、あまり説得力がない。この二つの提案はどちらも、外部準拠から内部準拠への、それ自体は理解できる転換に基づいている。すなわち、意識の、また全体社会システムの自己準拠への転換である。

(61) これを正当化する文献は網羅しきれないほど大量にある。初期の歴史については、たとえば、Johann Jakob Stamm, Das Leiden des Unschuldigen in Babylon und Israel, Zürich 1946; William Green, Moira: Fate, Good and Evil in Greek Thought, Cambridge Mass. 1944 を見よ。再びシンメトリー化を行おうとする観点からの幸福の決算との比較については Georg Katkov, Untersuchungen zur Werttheorie und Theodizee, Brünn 1937.

(62) テルトリアヌス、また後にカンタベリーのアンセルムスはそのように考えた。Viktor Naumann, Das Problem des Bösen in Tertullians zweitem Buch gegen Marcion: Ein Beitrag zur Theodizee Tertullians, in: Zeitschrift für katholische Theologie 58 (1934), S. 311–363, 533–551 を見よ。

(63) したがって、さらに一種の洗練化が進むと、人間が罪を犯すことを阻むことが悪魔の課題になりうる。というのも、それに引き続く後悔に、より大きな功績があるからである。いずれにせよ、イスラムにも、儀礼違反に関しては同じことがいえる。

(64) Jean Pierre de Crousaz, Traité de l'éducation des enfants, Den Haag 1722, Bd. II, S. 192ff.

(65) あるいは、もっと前から行われている。Thomas Browne a.a.O. S. 56ff. は、地獄は後悔を感じている人間自身の内にあると述べている。地獄は、信仰そのものには必要ない。神は罰しない（それにもかかわらず、この筆者は、キリスト教を信仰することなく死ななくてはならなかった異教の哲学者の行方を心配して、頭を悩ませているのである！）。パーレイ僧正は、その一〇〇年後、地獄の苦しみについての語りを《比喩的な話》として片づけた。だが彼はその機能を、失われた魂（！）の痛みはそれが生じる前に想像することが本当にはできないということによって、根拠づけている（マタイによる福音書16－26に依拠して）。William Paley, Sermon XXXI The Terrors of the Lord, zit. nach The Works, London 1897, S. 700–702 を見よ。イエズス会も、超越は死後に初めて、しかし修正不可能なかたちで現れると想定していた。それゆえに算定や警告という実践に特化したのである。たとえば、Jean Eusebe Nierembert, La balance du temps et de l'eternité, frz. Übers. Le Mans 1676 を見よ。とくに S. 100ff. »Le temps est l'occasion de l'Eternité« を見よ。これが意味しているのは、生前の時間は、永遠の時間のための決断を下す機会であるということである。というのは、人はいつなんどきでも死ぬ可能性があるからである。

（66）この概念については、Julien Freund, Le droit comme motif et solution des conflits, in Die Funktion des Rechts: Vorträge des Weltkongresses für Rechts- und Sozialphilosophie, Madrid 1973, Beiheft 8 des Archivs für Rechts- und Sozialphilosophie, Wiesbaden 1974, S. 47–62; ders., Sociologie du conflit, Paris 1983, S. 22, 327ff. 参照。

（67）第一義的に宗教的で、なおかつ純粋／不純という差異を通して統合された社会としては、とりわけインドのカースト・システムが有名である。これについては Louis Dumont, Homo Hierarchicus: The Caste System and its Implications, London 1970〔田中雅一・渡辺公三共訳『ホモ・ヒエラルキクス――カースト体系とその意味』みすず書房、二〇〇一年〕を見よ。ヨーロッパでの貴族の定義は、明らかに道徳的なものである。それは出生を強調するとともに、下層との区別にも役立つ。また同時に、この秩序は他の義務の一覧表が付け加わって下層へと拡大され、最終的には《不誠実な》職業と人びとを締め出すまでになる（そうなると、これははっきり《不純》と結びつけて考えられるようになる）。

（68）理論的な範例としては、これはアダム・スミスの『道徳感情論（The Theory of Moral Sentiments）』（一七五九年）から『国富論（Wealth in Nations）』（一七七六年）への思考過程において、また次の帰結のなかで明らかにされた。すなわち、スミスは、自分の靴について言うなら、靴職人の道徳を信頼するよりも自らの支払い能力の方を信頼すると結論づけている。

（69）ここでは例として、Niklas Luhmann, Die Ehrlichkeit der Politiker und die höhere Amoralität der Politik, in: Peter Kemper（Hrsg.）, Opfer der Macht: Müssen Politiker ehrlich sein?, Frankfurt 1993, S. 27–41 を手がかりにする。Ders.,

Politik, Demokratie, Moral, in: Konferenz der deutschen Akademie der Wissenschaften（Hrsg.）, Normen, Ethik und Gesellschaft, Mainz 1997, S. 17-39 も参照。

（70） これについては、Niklas Luhmann, Beobachtungen der Moderne, Opladen 1992〔馬場靖雄ほか訳『近代の観察』法政大学出版局、二〇〇三年〕を参照。

（71） Jacques Derrida, Positions, engl. Übers. Chicago 1981〔高橋允昭訳『ポジシオン』青土社、二〇〇〇年〕, S. 64 (82 ?). 私が英語版から引用したのは、英語の《must》が特別に強い響きをもつためである。

（72） ルネサンスの芸術理論は、模倣の原理を存在するものの単なるコピーと理解するのではなく、天使の精神のなかにあるような理想の形式の可視化として理解する点において、これに関連している。Federico Zuccaro, L'idea dei Pittori, Scultori ed Architetti, Torino 1607, zit. nach dem Nachdruck in: Scritti d'arte Federico Zuccaro (Hrsg. Detlef Heikamp), Firenze 1961, S. 159.

第五章

（1） 儀式として限定されたコミュニケーション領域への推移とその確立については、Mary Douglas, Natural Symbols: Explorations in Cosmology, London 1970〔江河徹・塚本利明・木下卓訳『象徴としての身体――コスモロジーの研究』紀伊國屋書店、一九八三年〕を見よ。

（2） 社会契約の機能的等価物としての準対象物について、Michel Serres, Genèse, Paris 1982, S. 146ff.〔及川馥訳『生成――概念をこえる試み』法政大学出版局、一九八三年、一四五頁以下〕を見よ。

（3） 《社会的メディアとしての身体》については、Douglas a.a.O., S. 65ff.〔注1前掲訳書、一二九頁以下〕を見よ。また、Roy A. Rappaport, Ecology, Meaning, and Religion, Richmond Cal. 1979, S. 126, 173ff. も参照。

（4） Friederike Haussauer, »Santiago«-Schrift, Körper, Raum, Reise: Eine medientheoretische Rekonstruktion, München 1993 を見よ。

（5） これについては、Anthony F. C. Wallace, Religion: An Anthropological View, New York 1966, S. 233ff. を見よ。

(6) Samuel H. Hooke (Hrsg.), Myth, Ritual, and Kinship, Oxford 1958 を見よ。Wallace a.a.O. S. 106ff. も参照。

(7) たとえば、Victor W. Turner, Myth and Symbol, International Encyclopedia of the Social Sciences, Chicago 1968, Bd. 10, S. 576–582.

(8) もはや歌人（うたびと）(aiodós) ではなく、詩人 (poietés) ということである。

(9) これもまた、ギリシャ悲劇においては異なっている。それもギリシャ悲劇は文書〔として固定されるもの〕であったがゆえのことである。上演のテクスト・バージョンは上演について拘束力を有しており、市の役人によって保管され、正しい演技の基準として用いられた。

(10) アフリカの宗教では、死者がこの機能を担うものとして広く利用されている。その場合、死者は彼らの先祖と繋がることができるとされ、先祖は最終的には神に到達することができるとされる。John S. Mbiti, Concepts of God in Africa, London 1970 とくに S. 230ff., 267ff. を参照。

(11) ここでも、移行の形式の幅は非常に広い。たとえば、霊に取り憑かれた状態（トランス）と、そのような状態に対して特定の人が（場合によっては先祖代々）敏感であるというよく知られた傾向を考えてみるとよい。またそれとともに、錯綜した発言あるいは諸々の身体的外見から生じる解釈の必要性、そのために特定の専門家を要し、真のスティグマ化なのかどうかといった、最終的にはバチカンでのみ解明しうるような難しい問いの解釈の必要について考えてみるとよい。

(12) この概念については、Heinz von Foerster, Observing Systems, Seaside Cal. 1981, S. 304ff.

(13) 本書はこの点でタルコット・パーソンズによる提案、つまり進化を、適応能力の向上、分化、包摂、価値の一般化という変数で記述するという提案に従う。とりわけ、Talcott Parsons, The System of Modern Societies, Englewood Cliffs N.J. 1971, S. 11, 26ff.〔井門富士夫訳『近代社会の体系』至誠堂、一九七七年、一七頁、四一頁以下〕を見よ。

(14) Alois Hahn, Unendliches Ende: Höllenvorstellungen in soziologischer Perspektive, in: Karlheinz Stierle/ Rainer Warning (Hrsg.), Das Ende: Figuren einer Denkform. Poetik und Hermeneutik XVI, München 1996, S. 155–182 参照。

(15) もっとも、その際に見逃してならないのは、過失の処理や不可能なことの取り扱いも行う双務契約という観念が、ローマの民法の非常に後期の法的発見物であるということである。

(16) この点について詳しくは、Niklas Luhmann, Soziale Systeme: Grundriß einer allgemeinen Theorie, Frankfurt 1984.〔佐藤勉監訳『社会システム理論（上・下）』恒星社厚生閣、一九九三－九五年〕

(17) Niklas Luhmann, Anfang und Ende: Probleme einer Unterscheidung, in: Niklas Luhmann/ Karl Eberhard Schorr (Hrsg.), Zwischen Anfang und Ende: Fragen an die Pädagogik, Frankfurt 1990, S. 11–23 を見よ。

(18) Jürgen Habermas, Theorie des kommunikativen Handelns, 2 Bde., Frankfurt 1981〔河上倫逸ほか訳『コミュニケイション的行為の理論（上・中・下）』未來社、一九八五－八七年〕を見よ。

(19) Elena Esposito, Interaktion, Interaktivität, und Personalisierung der Massenmedien, in: Soziale Systeme 1 (1995), S. 225–260 を参照。

(20) これら二つがギリシャの僭主制において初めて発明された頃のそれらの交互作用については、Peter N. Ure, The Origin of Tyranny, Cambridge Engl. 1922 を見よ。

(21) この点について、また科学と魔術との十七世紀にまで至る長い共生関係については、G.E.R. Loyd, Magic, Reason and Experience: Studies in the Origin and Development of Greek Science, Cambridge Engl. 1979 を参照。

(22) 手短な概観としては、Niklas Luhmann, Einführende Bemerkungen zu einer Theorie symbolisch generalisierter Kommunikationsmedien, in ders., Soziologische Aufklärung 2, Opladen 1975, S. 170–192 を参照。個々のメディアについては、ders., Die Politik der Gesellschaft, Frankfurt 2000, S. 18ff.〔小松丈晃訳『社会の政治』法政大学出版局、二〇一三年、一五頁以下〕, ders., Liebe als Passion: Zur Codierung von Intimität, Frankfurt 1982〔佐藤勉ほか訳『情熱としての愛』木鐸社、二〇〇五年〕; ders., Die Wirtschaft der Gesellschaft, Frankfurt 1988, S. 230ff.〔春日淳一訳『社会の経済』文眞堂、一九九一年、二三四頁以下〕; ders., Die Wissenschaft der Gesellschaft, Frankfurt 1990, S. 167ff.〔徳安彰訳『社会の科学』法政大学出版局、二〇〇九年、一五一頁以下〕

(23) この点については、Walter J. Ong, The Presence of the Word: Some Prolegomena for Cultural and Religious History, New Haven 1967; ders., Communications Media and the State of Theology, in: Cross Currents 19 (1969), S. 462–

480.

(24) この定式化は、Arthur C. Danto, The Philosophical Disenfranchisement of Art, New York 1986, S. 55から借用している。

(25) この問題は、《天国からの手紙》への民衆信仰や、中世にその真正さが教会政治的に規制されなければならなかった多くの架空の現象に、萌芽が見られる。

(26) それぞれについては、注22で挙げた文献を参照されたい。

(27) これに関してより詳細には、Niklas Luhmann, Das Medium der Religion: Eine soziologische Betrachtung über Gott und die Seelen, Ms. 1994.

(28) 改めて、Alois Hahn a.a.O. を参照。

(29) これについては、Niklas Luhmann, The Paradox of System Differentiation and the Evolution of Society, in: Jeffrey C. Alexander/ Paul Colomy (Hrsg.), Differentiation Theory and Social Change: Comparative and Historical Perspectives, New York 1990, S. 409–440.

(30) このような以前/以後の描写はもちろん非常に単純化されている。社会史においては宗教的優位と軍事政治的優位との、一種のデュアル・システムが非常によく見られる。これは部分システム間の構造カップリングの初期の事例であると同時に、全体社会システムの階層分化ないしは中心/周辺の分化の固定化が可能となった形式でもある。

(31) なにより、歴史に関心をもつ社会科学までもがこの誤解に屈しており、構造主義、機能主義、進化主義の間を揺れ動きながらも、真に進化理論的に考察されたことは一度もなかった。Marion Blute: Sociocultural Evolutionism: An Untried Theory, in: Behavioral Science 24 (1979), S. 46–59は、正当にもそのように述べている。

(32) Donald T. Campbell, Variation and Selective Retention in Socio-Cultural Evolution, in: General Systems 14 (1969), S. 69–85における、《選択的記憶(selective retention)》の定式化を見よ。これは、ダーウィンの理論デザインを社会科学に転用しようとする、もっとも印象深い試みの一つである。

(33) Roy A. Rappaport, Maladaptation in Social Systems, in: J. Friedman/ M.J. Rowlands (Hrsg.), The Evolution of Social

Systems, Pittsburgh 1978, S. 49–71.

(34) 共産主義体制下での変化は、古い氏族構造を労働組織に転写しただけであり、個人の行動が、法システム、経済システム、政治システムにおける変化の直接の影響を受けるまでには至らなかった。この点については、Li Hanlin, Die Grundstrukturen der chinesischen Gesellschaft: Vom traditionellen Clansystem zur modernen Danwei-Organisation, Opladen, 1991 参照。

(35) 比較研究に適しているのは、比較的新しいところではなによりもアフリカの諸宗教である。なぜならば、アフリカでは伝統的に、王国が成立したところもあるが、《国家なき》部族文化が維持されたところもあるからである。

(36) Robert Wuthnow, Science and the Sacred, in: Phillip E. Hammond (Hrsg.), The Sacred in a Secular Age: Toward Revision in the Scientific Study of Religion, Berkeley Cal. 1985, S. 187–203 による研究の概論を見よ。ついでながら米国は、平均的な宗教性（この統計の値が何を意味するにせよ）が相対的に高いことによってほかのどこよりも際立っているといえる。

(37) Wuthnow a.a.O. は、このテーゼをなによりも、社会科学者の方が自然科学者よりも宗教に対して距離を置くということから引き出している。自然科学者は確実なパラダイムと広く合意された研究上の知識を用いることができ、それゆえに社会科学者よりも宗教を受け入れる余裕がある。そして宗教を研究するマックス・ヴェーバーのような社会学者がまさに重視しなくてはならないのは、自分の対象への関心は宗教的な関心の類いではないことをはっきりさせることなのである。

(38) たとえば、ケーニヒ枢機卿により提案されて開催された進化理論についての学会の成果を見よ。Rupert J. Riedl/Franz Kreuzer (Hrsg.), Evolution und Menschenbild, Hamburg 1983. あるいは、同じようにウィーンの聖シュテファン・フォーラムの活動を見よ。

(39) これに関する現在もっとも影響力のあるモノグラフは、Hans Belting, Bild und Kult: Eine Geschichte des Bildes vor dem Zeitalter der Kunst, München 1990 である。

(40) August Buck, Aus der Vorgeschichte der Querelle des Anciens et des Modernes in Mittelalter und Renaissance, in:

Bibliothèque de l'Humanisme et de la Renaissance 20 (1958), S. 527–541; ders., Die »Querelle des anciens et des modernes« im italienischen Selbstverständnis der Renaissance und des Barocks, Wiesbaden 1973; Elisabeth Goessmann, Antiqui und Moderni im Mittelalter: Eine geschichtliche Standortbestimmung, München 1974 参照。

(41) これについて詳しくは、Baxter Hathaway, Marvels and Commonplaces: Renaissance Literary Criticism, New York 1968.

(42) Lodovico A. Muratori, Della perfetta poesia italiana (1706). 引用はミラノ版 1971, Bd. 1, S. 104.「ある詩人がその才能を他人以上にもっているなら、それはもはや神の恩寵とは見なされない」(Bd. 1, S. 217f.)。

(43) これについては、Stéphane Ngo Mai/ Alain Raybaut, Microdiversity and Macro-order: Toward a Self-Organization Approach, in: Revue internationale de systémique 10 (1996), S. 223–239 を見よ。

第六章

(1) タルムードのなかの、アクナイのかまどについての決議の物語を見よ。前掲第二章注51の指摘を見よ。

(2) Niklas Luhmann, Organisation, Historisches Wörterbuch der Philosophie Bd. 6, Basel 1984, Sp. 1326–1328 を参照。

(3) Brian Tierney, Foundations of the Conciliar Theory: The Contribution of the Medieval Canonists from Gratian to the Great Schism, Cambridge Engl. 1955; Ernst H. Kantorowicz, The King's Two Bodies: A Study in Medieval Political Theology, Princeton 1957〔小林公訳『王の二つの身体――中世政治神学研究』筑摩書房、二〇〇三年〕; Pierre Michaud-Quantin, Universitas: Expressions du mouvement communautaire dans le Moyen Age latin, Paris 1970; Harold J. Berman, Recht und Revolution: Die Bildung der westlichen Rechtstradition, dt. Übers. Frankfurt 1991, insb. S. 356ff.〔宮島直機訳『法と革命(I)――欧米の法制度とキリスト教の教義』中央大学出版部、二〇一一年、とりわけ二八六頁以下〕を参照。

(4) 教会組織問題の増加とともに、この問題設定も拡大していったが、その間に、(社会学者には他の組織との比較を喚起することになった)多くの文献が存在する。James A. Beckford, Religious Organization: A Trend Report and Bib-

liography, in: Current Sociology 21, 2（1975）, S. 1–170を見よ。実際の状況を扱ったものとして、ders., Religions Organizations, in: Phillip E. Hammond（Hrsg.）, The Sacred in a Secular Age: Toward Revision in the Scientific Study of Religion, Berkeley Cal. 1985, S. 125–139も見よ。さらに Niklas Luhmann, Die Organisierbarkeit von Religionen und Kirchen, in: Jakobus Wössner（Hrsg.）, Religion im Umbruch: Soziologische Beiträge zur Situation von Religion und Kirche in der gegenwärtigen Gesellschaft, Stuttgart 1972, S. 245–285; Franz-Xaver Kaufmann, Kirche begreifen: Analysen und Thesen zur gesellschaftlichen Verfassung des Christentums, Freiburg 1979, insb. S. 38 ff., 45ff.

（5） たとえば、Chester I. Barnard, The Functions of the Executive, Cambridge Mass. 1938, 9. Druck 1951, S. 167ff.〔山本安次郎・田杉競・飯野春樹訳『新訳 経営者の役割』ダイヤモンド社、一九六八年、一七五頁以下〕

（6） 組織概念のこの精密化はハーバート・サイモンの示唆に由来する。サイモンはさしあたって《行動の前提（behavior premises）》、後には《決定の前提（decision premises）》について述べている。Herbert A. Simon/ Donald W. Smithburg/ Victor A. Thompson, Public Administration, New York 1950, S. 57ff.〔岡本康雄・河合忠彦・増田孝治訳『組織と管理の基礎理論』ダイヤモンド社、一九七七年〕; Herbert A. Simon, Models of Man – Social and Rational: Mathematical Essays on Rational Human Behavior in a Social Setting, New York 1957, S. 201〔宮沢光一監訳『人間行動のモデル』同文舘、一九七〇年、三七四―三七五頁〕を見よ。

（7） この点については、以下の文献も見よ。Niklas Luhmann, Organisation, in: Willi Küpper/ Günther Ortmann（Hrsg.）, Mikropolitik: Rationalität, Macht und Spiele in Organisationen, Opladen 1988, S. 165–185; ders., Die Gesellschaft und ihre Organisationen, Festschrift für Renate Mayntz, Baden-Baden 1994, S. 189–201; ders., Organisation und Entscheidung, Opladen 2000.

（8） たとえば、Talcott Parsons, A Sociological Approach to the Theory of Organizations, in: ders., Structure and Process in Modern Societies, New York 1960, S. 16–58.

（9） 詳しくは、Niklas Luhmann, Inklusion und Exklusion, in ders., Soziologische Aufklärung 6, Opladen 1995, S. 237–264〔村上淳一訳「インクルージョンとエクスクルージョン」『ポストヒューマンの人間論——後期ルーマン論集』東

京大学出版会、二〇〇七年、二〇三–二五〇頁〕。

(10) 《人格》ということで考えられているのは、つねに社会システムの環境において生じる有機的過程と心的過程の実在的な経過のようなものではなく、(この概念の伝統に接続させるならば) 個別の場合に不透明な環境の複雑性を指し示すために、コミュニケーションにおいて用いられうる一種の同一性のマークである。Niklas Luhmann, Die Form »Person«, in: Soziale Welt 42 (1991), S. 166–175〔村上淳一訳「『人格』という形式」『ポストヒューマンの人間論』前掲、一一七–一三九頁〕; ders., Die operative Geschlossenheit psychischer und sozialer Systeme, in: Hans Rudi Fischer et al. (Hrsg.), Das Ende der großen Entwürfe, Frankfurt 1992, S. 117–131; beides auch in Soziologische Aufklärung 6, a.a.O. も見よ。

(11) ついでに言えば、この点でユルゲン・ハーバーマスの討議理論は完全に伝統的にリベラルなバージョンであり、イデオロギー批判的なバージョンではない。あらゆる人間を包摂する道徳的討議においては、手続き条件としての自由で平等なアクセスが前提とされる。実際の諸条件のもとで、またこのことも排除効果が (多くの個人の自己排除効果であれ) 結びついているという悲劇は、心にとどめられていない。そしてこれはまさに、そのような討議が理性的な同意へと導かれるという、(いずれにせよ、ありえそうもない) ケースにも当てはまる。その場合、これに同意しないものはすべて、理性の王国から排除されてしまうであろうからである。

(12) これもまた、サイモンによって提案された概念である。James G. March/ Herbert A. Simon, Organizations, New York 1958, S. 164ff.〔土屋守章訳『オーガニゼーションズ』ダイヤモンド社、一九七七年、二五二頁以下〕を見よ。

(13) もっともこれは、固有の構造を不確かさの処理に用いることによって、問題含みの影響がもたらされるという帰結を伴う。これについては、Brian J. Loasby, Choice, Complexity and Ignorance: An Enquiry into Economic Theory and the Practice of Decision-Making, Cambridge Engl. 1976, insb. S. 151f. を見よ。

(14) Francis Heylighen, Causality as Distinction Conversation: A Theory of Predictability, Reversibility, and Time Order, in: Cybernetics and Systems 20 (1989), S. 361–384 の意味において。

(15) たとえば、Dschalaluddin Rumi, Die Flucht nach Hindustan und andere Geschichten aus dem Matnawi (Hrsg. Gisela

Wendt), Amsterdam 1989 を見よ。より包括的には、The Matnawí of Jaláu'ddín Rúmi（Hrsg. Reynold A. Nicholson）mit engl. Übersetzung und Kommentaren, 8 Bde., Cambridge Engl. 1925–1940.

(16) たとえば、自らを啓示として啓示する啓示の教理、あるいはトーラーはテクストとして文書による伝承にも口頭の伝承にも啓示されているという特殊ユダヤ的な教理がそれである。これにより、この教理はトーラーに明示的には含まれていないものとして自己自身を持ち込む。

(17) Niklas Luhmann, Funktionen und Folgen formaler Organisation, Berlin 1964, S. 307f.〔沢谷豊・長谷川幸一訳『公的組織の機能とその派生的問題（下）』新泉社、一九九二年、二一九頁以下〕に以下の指摘を加えて参照せよ。

(18) N.J. Demerath III/V. Thiessen, On Spitting against the Wind: Organizational Precariousness and American Irreligion, in: American Journal of Sociology 71（1996）, S. 674-687 を参照。

(19) この点についてはなによりも、Thomas Luckmann, The Invisible Religion, London 1967〔赤池憲昭・ヤン・スィンゲドー訳『見えない宗教』ヨルダン社、一九七六年〕。

(20) まさにそれゆえに、《操舵》という社会学的かつ政治学的な幅広い議論、つまり、とくにそれに定位した活動が問題になりうるのである。Helmut Willke, Ironie des Staates: Grundlinien einer Staatstheorie polyzentrischer Gesellschaft, Frankfurt 1992 だけでも見よ。

(21) 文献では、このためにしばしば抑圧（Unterdrückung）、抑止（Repression）、搾取のような概念が見受けられる。しかしこの用語法はしばしば弱すぎるものであり、事態に直面すると不適切なものである。別言すれば、この用語法は別様でありうるというあまりにも多くの希望を許してしまうのである。

(22) 神経生理学的システムに関する《二重閉鎖（double closure）》については、Heinz von Foerster, Observing Systems, Seaside Cal. 1981, S. 304ff. を見よ。

(23) これについては、Nils Brunsson/ Johan P. Olsen, The Reforming Organization, London 1993 を見よ。

(24) この点ではとくに、Brunsson/ Olsen a.a.O. S. 176ff.

(25) Helmut Schelsky, Ist die Dauerreflexion institutionalisierbar?, in: Zeitschrift für evangelische Ethik 1（1957）, S. 153–

174を見よ。

第七章

（1）この点については、Niklas Luhmann, Die Gesellschaft der Gesellschaft, Frankfurt 1997, S. 413ff.〔馬場靖雄ほか訳『社会の社会』法政大学出版局、二〇〇九年、四七五頁以下〕を見よ。

（2）これらの点については、Niklas Luhmann, Die Ausdifferenzierung der Religion, in: ders., Gesellschaftsstruktur und Semantik Bd. 3, Frankfurt 1989, S. 259–357〔高橋徹ほか訳「宗教の分出」『社会構造とゼマンティク 3』法政大学出版局、二〇一三年、二二一–三一九頁〕も見よ。

（3）この二つの例については、Peter N. Ure, The Origin of Tyranny, Cambridge Engl. 1922; Martin Warnke, Hofkünstler: Zur Vorgeschichte des modernen Künstlers, Köln 1985 を参照。詳細については、Niklas Luhmann, Die Kunst der Gesellschaft, Frankfurt 1995.〔馬場靖雄訳『社会の芸術（新装版）』法政大学出版局、二〇一一年〕。

（4）この点を詳細にわたって明らかにし、とりわけ《非蓋然性》の価値について考察した Hartmann Tyrell, Worum geht es in der »Protestantischen Ethik«? Ein Versuch zum besseren Verständnis Max Webers, in: Saeculum 41 (1990), S. 130–177; ders., Potenz und Depotenzierung der Religion – Religion und Rationalisierung bei Max Weber, in: Saeculum 44 (1993), S. 300–347 を参照。

（5）ヴェーバーの時代には、いくつかのスローガンを頼りにした《社会ダーウィニズム》なるもの以外に、利用できる社会進化の理論がなかったことを考えれば、このことは容易に理解できよう。

（6）前掲第五章Ⅳ節を参照。

（7）これは、Fredrik Barth, Ritual and Knowledge among the Baktaman of New Guinea, Oslo 1975 における例である。バルトはまた、部族の神聖なメンバーと他のメンバー（女性、子ども、未成年）とのゼマンティク上の世界が、いかに著しく異なっているかを示しており、これは、ステレオタイプ化と適応的なプラグマティズムが分化しつつともに存立することを可能にする図式と見なされうる。

（8） Roy A. Rappaport, Pigs for the Ancestors: Ritual in the Ecology of a New Guinean People, New Haven 1967を参照。また、ders., The Sacred in Human Evolution, in: Annual Review of Ecology and Systematics 2 (1971), S. 23-44も参照。

（9） このことは、とくに日本においてよく見ることができる。日本では、あちらこちらで占術的実践や呪術的実践が生き続けている現場に出くわす。どうやら、主としてそこでは集団がいかなる十分な確実性も提供しておらず、個々人は自分だけが頼りであることを知っているようである。泉でカゴに入れた小銭を洗う人は、さらなる売上を確実にするためにそれをする（そして、カゴの中身やその人が乗ってきた車から判断すれば、これを行っているのが貧民層のなかのもっとも貧しい人ということでもない）。試験の前に寺院へ行くのは、お告げを得るためである。そしてこれらはすべて、一見したところ他の世界に関する知識と関連して不整合な経験を伴うことはないようであり、したがって、これを信じているか否かという問いかけにも、ほとんど理解を得られず、またそれに対して明瞭な答えが返ってくることもない。

（10） Michel Serres, Genèse, Paris 1982, S. 146ff.〔及川馥訳『生成──概念をこえる試み』法政大学出版局、一九八三年、一四五頁以下〕の意味での《準対象物》。そのような対象物が《準》であることが宗教的にコミュニケートされないことは自明である。しかし、ここでもセカンド・オーダーの観察者のパースペクティヴから、発見と想像力への入り口、つまり変異への入り口は、たとえばトランス状態についての解釈のなかに極めて活発に働いていることを認識することはできるし、そしてなによりも、宗教がごく最近まで定位してきた《魂》という準対象物の発明のうちに見出されるのである。

（11） 近代において、このことと同等のものは、技術が機能することだといえるだろう。黄昏が始まるとき、もう明かりをつけることが適切かどうかについては意見は異なっているであろうし、疑問も出されよう。しかし、スイッチを入れれば明かりがともるということについては、それ以上のいかなる合意をも求める必要はない。客観化により、同意への欲求はコントロールされ、節減されるが、しかしまた拡大されもする。というのは、機能の文脈へと埋め込まれた客観化は、儀礼であれ、テクノロジーであれ、そうでなければ可能でなかったであろう何かを可能にし、これによって初めて理解のために必要になるものを設定するからである。

（12）文書による宗教の変化という問題についての文献は概観できないほど膨大であるが、一般的に、あまり理論には定位していない。入門的な概観のために、たとえば、Jack Goody, Die Logik der Schrift und die Organisation von Gesellschaft, dt. Übers. Frankfurt 1990, S. 25ff を見よ。また、Walter J. Ong, The Presence of the Word: Some Prolegomena for Cultural and Religious History, New Haven 1967 も見よ。

（13）Harald Haarmann, Universalgeschichte der Schrift, Frankfurt 1990, S. 70ff. を参照。Alexander Marshack, The Roots of Civilization: The Cognitive Beginnings of Man's First Art, Symbol and Notation, London 1972 も見よ。というのは、ここでは（たとえ最初は完全な複製ではなかったにせよ）言語を複製する文書への転換の進化的前提もまた――一般的に文書の発見として通用している発展の段階にとってではあるが――、メソポタミアにあったように思われるからである。しかし、同一性と逸脱の可視化の技術的可能性はすでに受け継がれており、それゆえに相対的に急速に成し遂げられた。この点については、Denise Schmandt-Besserat, An Archaic Recording System and the Origin of Writing, in: Syro-Mesopotamian Studies 1/2（1977）, S. 1–32; Jean Bottéro, De l'aide-mémoire à l'écriture, in: ders., Mésopotamie: L'écriture, la raison et les dieux, Paris 1987, S. 89–112〔松島英子訳『メソポタミア――文字・理性・神々』法政大学出版局、一九九八年〕を見よ。

（14）この点については Niklas Luhmann, The Form of Writing, in: Stanford Literature Review 9（1992）, S. 25–42〔大黒岳彦訳「『書くこと』という形式」『思想』第九七〇号、二〇〇五年、九〇―一一二頁〕も見よ。

（15）詳細については、メソポタミアの文字に依拠することなく、それ以前に成立したバルカン半島で発見された、さかんに論争の的となっている文字から推定できるであろう。この文字は、神々との直接の交流を維持しえた、つまり一種の呪術文書であったのかもしれない。Haarmann a.a.O. S. 70ff. を参照。

（16）たとえば、Jean Pierre Camus, Les Diversitez Bd. 1, 2. Aufl. Paris 1612, S. 375ff. は、単なる話し言葉と比較することで、文字についての詳細な意見表明を行っている。

（17）Elena Esposito, Interaktion, Interaktivität und Personalisierung der Massenmedien, in: Soziale Systeme 1（1995）, S. 225–260 を参照。

（18）Rosalind Thomas, Oral Tradition and Written Record in Classical Athens, Cambridge Engl. 1989, S. 95 ff., 155ff. は《テレスコーピング》について述べている。

（19）Jean Bottéro, Symptômes, signes, écritures en Mésopotamie ancienne, in: Jean-Pierre Vernant et al., Divination et Rationalité, Paris 1974, S. 70–197（157f.）を参照。

（20）この点については、資料豊富な Leo Koep, Das himmlische Buch in Antike und Christentum: Eine religionsgeschichtliche Untersuchung zur altchristlichen Bildersprache, Bonn 1952 を参照。

（21）この差異と、その進化上の推進力については、Cristiano Grotanelli, Profezia e scrittura nel Vicino Oriente, in: La Ricerca folkloria. La scrittura: Funzioni ed ideologie 5（1982）, S. 57–62 を見よ。

（22）近年の観念史的研究のなかでは、なによりもクエンティン・スキナーが、ゼマンティク上の進化における状況的、政治論争的な要因を強調している。この要因が、ゼマンティク上の革新が伝統的に承認されているものの敷居を乗り越えることを助けるというのである。要約的には、Quentin Skinner, Language and Political Change, in: Terence Ball/ James Farr/ Russell L. Hanson（Hrsg.）, Political Innovation and Conceptual Change, Cambridge Engl. 1989, S. 6–23 を見よ。また、Henk de Berg, Kontext und Kontingenz: Kommunikationstheoretische Überlegungen zur Literaturhistoriographie. Mit einer Fallstudie zur Goethe-Rezeption des Jungen Deutschland, Diss. Leiden 1994 も参照。

（23）たとえば、Ishak Englard, Majority Decision vs. Individual Truth: The Interpretation of the Oven of Achnai Aggadah, in: Tradition: A Journal of Orthodox Jewish Thought 15（1975）, S. 137–151 を見よ。さらに多くの指摘がある。

（24）そのような例はヨーロッパの初期中世にはあるが、しかしメキシコのたとえばミトラにも見出される。

（25）たとえば、Jean-Frédéric Bernard, Eloge d'Enfer: ouvrage critique, historique et moral, 2 Bde., Den Haag 1759.

（26）たとえば、Jan Assmann, Ägypten: Theologie und Frömmigkeit einer frühen Hochkultur, Stuttgart 1984〔吹田浩訳『エジプト——初期高度文明の神学と信仰心』関西大学出版部、一九九七年〕; ders. Das kulturelle Gedächtnis: Schrift, Erinnerung und politische Identität in frühen Hochkulturen, München 1992, S. 248ff.

（27）この点についてはすでに第五章Ⅲ節、二三三頁以下で触れた。

(28) Karl Heim, Das Gewißheitsproblem in der systematischen Theologie bis zu Schleiermacher, Leipzig 1911, S. 220ff.（249）および Paul Althaus, Die Prinzipien der deutschen reformierten Dogmatik im Zeitalter der aristotelischen Scholastik, Leipzig 1914, Nachdruck Darmstadt 1967, S. 183ff. を参照。

(29) Louis-Sébastian Mercier, L'homme sauvage, histoire traduite de..., Paris 1767 を見よ。しかし、彼はまだ将来に望みを託している。「いつの日かわれわれはそれを知るであろう」（S. 119）。しかしながら、それはこれ以上根拠づけられない希望にとどまっている。

(30) たとえば、Jean Paul, Clavis Fichtiana seu Leibgeberiana. 引用は、Werke Bd. 3, München 1961, S. 1011–1056（1053）より。

(31) この点は、Douglas R. Hofstadter, Gödel, Escher, Bach: An Eternal Golden Braid, Hassocks, Sussex UK 1979〔野崎昭弘ほか訳『ゲーデル、エッシャー、バッハ――あるいは不思議の環』白揚社、一九八五年〕と関連している。

(32)《トスカーナでは司祭より魔術師の方が多い――一八人の司祭による警告（In Toscana ci sono più maghi che preti: L'allarme di diciotto vescovi）》とは一九九四年四月二十三日付『ラ・レプブリカ（La Repubblica）』紙二〇頁のある記事の見出しである。

第八章

(1) Bryan Wilson, Secularization: The Inherited Model, in: Phillip E. Hammond（Hrsg.）, The Sacred in a Secular Age: Toward Revision in the Scientific Study of Religion, Berkeley Cal. 1985, S. 9–20 を見よ。

(2) Thomas Luckmann, the New and the Old Religion, in: Pierre Bourdieu/ James S. Coleman（Hrsg.）, Social Theory for a Changing Society, Boulder- New York 1991, S. 167–182（168f.）を参照。

(3) Wörterbuch Geschichtliche Grundbegriffe: Historisches Lexikon zur politisch-sozialen Sprache in Deutschland Bd. 5, Stuttgart 1984, S. 789–829 のなかの、ヘルマン・ツァーベル（Hermann Zabel）らが執筆した「世俗化（Säkularisation, Säkularisierung）」の項に概説があるので、ここではいくつかの文献注を省くことができる。さらに、Giacomo

Marramao, Säkularisierung, Historisches Wörterbuch der Philosophie Bd. 8, Basel 1992, Sp. 1133–1161; ders., die Säkularisierung der westlichen Welt, dt. Übers. Frankfurt 1996 も参照。このテーマの有意性を肯定的に評価したものとしては Hartmann Tyrell, Religionssoziologie, in: Geschichte und Gesellschaft 22（1996）, S. 428–457（444ff.）も参照。

（4） これは、最新の研究成果によってもそうである。W. Jagodzinski/Karel Dobbelaere, Der Wandel kirchlicher Religiosität in Westeuropa, in: J. Bergmann/ Alois Hahn/ Thomas Luckmann（Hrsg.）, Religion und Kultur, Sonderheft 33 der Kölner Zeitschrift für Soziologie und Sozialpsychologie, Opladen 1993, S. 68–91; Studien- und Planungsgruppe der EKD, Fremde Heimat Kirche: Ansichten ihrer Mitglieder, Hannover 1993 だけでも見よ。

（5） Luc Ferry, L'homme-Dieu ou le Sens de la vie: essai, Paris 1996, S. 207〔菊地昌実・白井成雄訳『神に代わる人間——人生の意味』法政大学出版局、一九九八年〕は、注意深く《神学文化の終焉（fin du théologico-culturel）》について述べている。

（6） たとえば、Jean Paul, Vorschule der Ästhetik を参照。引用は Werke Bd. 5, München 1963, S. 384〔古見日嘉訳『美学入門（新装版）』白水社、二〇一〇年、四四二頁〕より。

（7） たとえば、Luca Ricolfi, Il processo di secolarizzazione nell'Italia del dopoguerra: un profilo empirico, in: Rassegna Italiana di Sociologia 29（1988）, S. 37–87 を見よ。より古い研究について教唆するのは Karel Dobbelaere, Secularization: A Multi-Dimensional Concept, in: Current Sociology 29/2（1981）.〔ヤン・スィンゲドー、石井研士訳『宗教のダイナミックス——世俗化の宗教社会学』ヨルダン社、一九九二年〕Ders., Secularization Theories and Sociological Paradigms: Convergences and Divergences, in: Social Compass 31（1984）, S. 199–219 も参照。

（8） 世界規模での比較は、John W. Meyer/ David H. Kamens/ Aaron Benavot, School Knowledge for the Masses: World Models and National Primary Curricular Categories in the Twentieth Century, Washington 1992, insb. S. 139ff. を見よ。

（9） とくに社会学にとっては、次のように想定できる。すなわち、世俗化された社会というテーゼは、社会秩序の問題にとっての宗教の問いの中心性を固守する絶望的な試みであると。しかし、まだ否定的な意味合いでだけである。Roland Robertson, Sociologists and Secularization, in: Sociology 5（1971）, S. 297–312 を参照。Trutz Rendtorff, Zur

Säkularisierungsproblematik: Über die Weiterentwicklung der Kirchensoziologie zur Religionssoziologie, in: Internationales Jahrbuch für Religionssoziologie 2（1966）, S. 51–72も、このテーマへの神学的関心を同様に根拠づけている。

（10）この概念によるごまかしに対して再三再四強調されるように、たとえば Donald E. Miller, Religion, Social Change, and the Expansive Life Style, in: Internationales Jahrbuch für Wissens- und Religionssoziologie 9（1975）, S. 149–159 を見よ。宗教的経験が《あるかどうか》ではなく、《いかにあるか》が問題だというテーゼを提出している。

（11）そしてこのことが観察される。「不寛容の精神は政治へと移行した」というのは、たとえば、Ludwig Tieck, Frühe Erzählungen und Romane, München o.J. S. 177f. にある。

（12）Friedrich von Schelling, Philosophie der Kunst. Vorlesung 1802/03 を見よ。引用は、Ausgabe 1859, Nachdruck Darmstadt 1960 による。

（13）《置き換え（displacement）》については、Dominick Lacapra, The Temporality of Rhetoric, in: John Bender/ David E. Wellbery（Hrsg.）, Chronotypes: The Construction of Time, Stanford Cal. 1991, S. 115–147; Peter Fuchs, Moderne Kommunikation: Zur Theorie des operativen Displacements, Frankfurt 1993; Luc Ferry, L'homme-Dieu ou le Sens de la vie: essai, Paris 1996, S. 22〔注5前掲訳書〕は「宗教的なものの世俗的再調整」について述べ、例として共産主義を挙げている。

（14）これは別の言葉でいえば、宗教と世俗化は宗教の文脈でのみ一つの対立を表すということである。客観的な事実を確定することを目指す社会学的経験的調査研究とはそれゆえにうまく折り合うことができない。これについては、James E. Dittes, Secular Religion: Dilemma of Churches and Researchers, in: Review of Religious Research 10（1969）, S. 65–81; Peter G. Forster, Secularization in the English Context: Some Conceptual and Empirical Problems, in: The Sociological Review 20（1972）, S. 153–168 を見よ。

（15）Robert M. Cover, The Supreme Court, 1982 Term. Foreword: Nomos and Narrative, in: Harvard Law Review 57（1983）, S. 4–68（8）. これは、世俗化された社会において合衆国憲法の解釈のためにタルムードの伝統を有益にしようとする試みである。

(16) この点については、ゴットハルト・ギュンターへと繋がる Elena Esposito, L'operazione di osservazione: Costruttivismo e teoria dei sistemi sociali, Milano 1992 の議論を見よ。

(17) 宗教の《機能喪失》については、第三章の論述も参照。

(18) 中世以来のヨーロッパの発展については、Katherine and Charles H. George, Roman Catholic Sainthood and Social Status: A Statistical and Analytical Study, in: Journal of Religion 35 (1955), S. 85–98; Pierre Delooz, Sociologie et canonizations, Den Haag 1969 を見よ。

(19) このことが固有の宗教に属さない人間にもどの程度当てはまるかということについては、なによりも中心と周辺の差異を基準としてさまざまに評価されえよう。キリスト教的高度宗教は救われえない古代哲学者の魂を気づかうが、その一方で、私の知っているあるイタリア人は、洗礼を受けておらず、したがって魂をもっていないからといって、《トルコ人》と見なされ、また自分自身でもそうだと考えている。しかし私は確信するが、彼は、心（ヘルツ）をもっている。他の宗教圏のこうしたテーマについては、Gananath Obeyesekere, The Great Tradition and the Little in the Perspective of Sinhalese Buddhism, in: Journal of Asian Studies 22 (1963), S. 139–153 も見よ。

(20) たとえば、Gibson Winter, The Suburban Captivity of the Churches, New York 1962; Harvey Cox, The Secular City, New York 1965〔塩月賢太郎訳『世俗都市』新教出版社、一九六七年〕を見よ。

(21) たとえば、Luc Ferry, L'homme-Dieu ou le sens de la vie, Paris 1996, S. 33 Anm.〔注5前掲訳書〕。

(22) 詳しくは、Niklas Luhmann, Individuum, Individualität, Individualismus, in: ders., Gesellschaftsstruktur und Semantik Bd. 3, Frankfurt 1989, S. 149–258〔高橋徹ほか訳「個人・個性・個人主義」『社会構造とゼマンティク 3』法政大学出版局、二〇一三年、一二三―二一九頁〕。

(23) この区別については、Stéphane Ngo Mai/ Alain Raybaut, Microdiversity and Macro-Order: Toward a Self-Organization Approach, in: Revue internationale de systémique 10 (1996), S. 223–239.

(24) この点についてより詳細には、Niklas Luhmann, Frühneuzeitliche Anthropologie: Theorietechnische Lösungen für ein Evolutionsproblem der Gesellschaft, in: ders., Gesellschaftsstruktur und Semantik Bd. 1, Frankfurt 1980, S. 162–

234〔徳安彰訳「初期近代の人間学——社会の進化問題の理論技術上の解決」『社会構造とゼマンティク 1』法政大学出版局、二〇一一年、一四九－二一五頁〕。

(25) これについては《文化》の観点のもと、後で取り上げる。後述Ⅶ節を参照。

(26) たとえば、Alexandre Vinet, Sur l'individualité et l'individualisme, in: ders., Philosophie morale et sociale Bd. 1, Lausanne 1913, S. 319–335 を見よ。初出は一八三六年四月十三日付 Semeur。

(27) たとえば、An Inquiry concerning virtue or merit (1709), zit. nach Anthony, Earl of Shaftesbury, Characteristicks of Men, Manners, Opinions, Times, 2. Aufl. o.O. (1714), Nachdruck Farnborough Hants. UK 1968, Bd. II, S. 120.

(28) Levana oder Erziehungslehre I, zit. nach: Sämmtliche Werke Bd. 36, Berlin 1827, S. 51.

(29) アフリカの信仰態度については、John S. Mbiti, Concepts of God in Africa, London 1970, S. 218 を見よ。「個人は共同社会の他のメンバーが《信じる》ものを《信じる》。彼が《信じる》のは、他人が《信じる》からである」。

(30) Baltasar Gracián, Criticón oder: Über die allgemeinen Laster des Menschen (1651–57), zit. nach der dt. Übers. Hamburg 1957, S. 49.

(31) A.a.O. S. 51, 67 u.ö.

(32) これについては、Loredana Sciolla, La natura delle credenze religiose nelle società complesse, in: Rassegna Italiana di Sociologia 36 (1995), S. 479–511 を見よ。

(33) A.a.O. S. 507.

(34) 歴史的に見れば、これはロマン主義の理念である。

(35) Bryan R. Wilson, Religion in Secular Society: A Sociological Comment, London 1966, S. 160ff. を見よ。

(36) Dieter Goetze, Fundamentalismus, Chiliasmus, Revitalisierungsbewegungen: Neue Handlungsmuster im Weltsystem?, in: Horst Reimann (Hrsg.), Transkulturelle Kommunikation und Weltgesellschaft: Theorie und Pragmatik globaler Interaktion, Opladen 1992, S. 44–59 における、この点を焦点とするイスラム原理主義とアメリカの（プロテスタント的）原理主義の比較を見よ。

(37) 非常に学ぶところの多いアメリカの研究についての概観には、James T. Richardson, Studies of Conversion: Secularization or Re-enchantment, in: Phillip E. Hammond (Hrsg.), The Sacred in a Secular Age: Toward Revision in the Scientific Study of Religion, Berkeley Cal. 1985, S. 104–121 を参照。

(38) たとえば、Albert O. Hirschman, Exit, Voice, and Loyalty: Responses to Decline in Firms, Organizations, and States, Cambridge Mass. 1970〔矢野修一訳『離脱・発言・忠誠——企業・組織・国家における衰退への反応』ミネルヴァ書房、二〇〇五年〕。

(39) Gabriela Signori/ Andrea Löther (Hrsg.), Mundus in Imagine: Bildersprache und Lebenswelten im Mittelalter: Festgabe für Klaus Schreiner, München 1996 を参照。

(40) これについての一つの特殊なケースは、Benedict Anderson, Imagined Communities: Reflections on the Origin and Spread of Nationalism, London 1983〔白石隆・白石さや訳『想像の共同体——ナショナリズムの起源と流行』リブロポート、一九八七年〕を参照。

(41) とくに、Belief, Unbelief, and Disbelief と Religion in Postindustrial America: The Problem of Secularization を参照。引用はともに、Talcott Parsons, Action Theory and the Human Condition, New York 1978, S. 233–263 und 300–322〔富永健一ほか訳『宗教の社会学——行為理論と人間の条件 第三部』勁草書房、二〇〇二年、一七一—七二頁、二四一—二八三頁〕を見よ。

(42) この点については、多くの例を挙げることができる。たとえば、十八世紀になされた主張は次のように述べている。いわく、「多くの条項と細かなことを省略して、単純化せよ!」。J.J. (Dom Louis), Le ciel ouvert à tout l'univers, o. O. 1782, S. 163.《単純化は、完全化である (L'art de tout simplifier est celui de tout perfectionner)》。

(43) たとえば、Peter Berger, A Sociological View of the Secularization of Theology (1967). 引用は、ders., Facing up to Modernity: Excursions in Society, Politics, and Religion, New York 1977, S. 162–182.

(44) ルソーではなく、Robert N. Bellah, Beyond Belief: Essays on Religion in a Post-Traditional World, New York 1970〔河合秀和訳『社会変革と宗教倫理』未來社、一九七三年。葛西実・小林正佳訳『宗教と社会科学のあいだ』未來社、

一九七四年〕の意味で。ルソーはむしろマルクス主義という《世俗宗教》の先駆者と見なされうる。総じてこの診断はこの世における愛という無神論的宗教を目指したが、明らかに一九六〇年代、七〇年代の社会運動の影響を受けている。

(45) この点については、Niklas Luhmann, Inklusion und Exklusion, in: ders., Soziologische Aufklärung 6, Opladen 1995, S. 237–264〔村上淳一訳「インクルージョンとエクスクルージョン」『ポストヒューマンの人間論——後期ルーマン論集』東京大学出版会、二〇〇七年、二〇三–二五〇頁〕も参照。

(46) たとえば、Anonym (Jacques Pernetti), Les conseils de l'amité, Paris 1746. 引用は、2. Aufl. Frankfurt 1748, S. 5. それに引き続いて強調されていることは、注意のこの時間的な細分化（Fraktionierung）は、無神論者の全面的な攻撃よりは悪くないであるということである。

(47) 重要な例外は、スポーツ、とりわけアイスホッケーである。

(48) 本書第六章V節を参照。

(49) Dirk Baecker, Soziale Hilfe als Funktionssystem der Gesellschaft, in: Zeitschrift für Soziologie 23（1994）, S. 93–110 が言うように、社会の特別な、改良に取り組む機能システムの枠内においてはそうである。

(50) これについて印象深いのは、一九九一年九月二十四日から二十七日まで開催されたメキシコのイベロアメリカーナ大学での国際シンポジウム、とりわけそこでのディスカッションであった。そこにおける報告は、La Función de la Teología en el Futuro de America Latina, Memorias, Alvaro Oberegón D.F. Mexico 1991 において出版されている。

(51) 少なくとも Alexandre Koyré, La philosophie de Jacob Boehme, 2. Aufl. 1968 以来のテーマである。Berger a.a.O. も見よ。

(52) Kees W. Bolle, Secularization as a Problem for the History of Religions, in: Comparative Studies in Society and History 12（1970）, S. 242–259 を見よ。

(53) たとえば、Thomas Luckmann, The Invisible Religion, London 1967〔赤池憲昭・ヤン・スィンゲドー訳『見えない宗教』ヨルダン社、一九七六年〕を見よ。そこでは、ポスト超越現象学的に記述可能なあらゆる宗教現象の、ある構造上の共通性を固持しようとする意図が示されている。あるいはゼマンティク上の一般化の必然性の進化理論的説明という文脈においては、Parsons a.a.O.〔注41前掲訳書〕を見よ。

（54） この点については、Detlef Pollack, Was ist Religion: Probleme der Definition, in: Zeitschrift für Religionswissenschaft 3 (1995), S. 163–190.

（55） この点については、Arthur C. Danto, Die Verklärung des Gewöhnlichen: Eine Philosophie der Kunst, dt. Übers. Frankfurt 1984. 著者はこの点に、芸術が自らを同定するという《哲学的》問題を見ている。

（56） これについて詳しくは、Niklas Luhmann, Kultur als historischer Begriff, in: ders., Gesellschaftsstruktur und Semantik Bd. 4, Frankfurt 1995, S. 31–54; ders., Religion als Kultur, in: Otto Kallscheuer (Hrsg.), Das Europa der Religionen, Frankfurt 1996, S. 291–315.

（57） シラーが素朴な詩作とセンチメンタルな詩作についての論文で、こうした態度を（センチメンタルと区別して）ナイーブと名づけたことは度外視しておこう。しかし、そこでのナイーブというのはそれ固有の観察方法においてそうなのではなく、今日のセンチメンタルな詩人の目においてのみそうなのである。

（58） Matei Calinescu, From the One to the Many: Pluralism in Today's Thought, in: Ingeborg Hoesterey, Zeitgeist in Babylon: The Postmodernist Controversy, Bloomington Ind. 1991, S. 156–174 (157).

（59） この問いへ体系的に注目するものは、なによりもタルコット・パーソンズの一般行為システム理論の文脈において明らかである。Action Theory and the Human Condition, New York 1978, S. 167ff.〔徳安彰ほか訳『宗教の社会学——行為理論と人間の条件 第三部』勁草書房、二〇〇二年〕における、宗教に捧げられた晩年のエッセイを見よ。しかしながら、この分析は部分的観点を深めたのみであり、システム理論へと組み込む際には、形式的なものにとどまっている。

（60） 方法論については、Edmund Husserl, Erfahrung und Urteil: Untersuchungen zur Genealogie der Logik, Hamburg 1948〔長谷川宏訳『経験と判断（新装版）』河出書房新社、一九九九年（Dritte unveränderte Auflage, Classen Verlag, Hamburg 1964 からの翻訳）〕を参照。

（61） たとえば、Roland Robertson, The Sacred and the World System, in: Philipp E. Hammond（Hrsg.）, The Sacred in a Secular Age: Toward a Revision in the Scientific Study of Religion, Berkeley 1985, S. 347–358; ders., Globalization: Social Theory and Global Culture, London 1992〔阿倍美哉訳『グローバリゼーション——地球文化の社会理論』東京大学出版会、一九九七年〕を参照。

（62） パラドクス処理の特殊な形式についてのこうした定式化は、Andrew H. Van de Ven/ Marshall Scott Poole, Paradoxical Requirements for a Theory of Organizational Change, in: Robert E. Quinn/ Kim S. Cameron（Hrsg.）, Paradox and Transformation: Toward a Theory of Change in Organization and Management, Cambridge Mass. 1988, S. 19–63（30f.）にある。

（63） たとえば、Jerome Bruner, Actual Minds, Possible Worlds, Cambridge Mass. 1986, S. 149〔田中一彦訳『可能世界の心理』みすず書房、一九九七年、二三九頁〕。

（64） ヨハネス・ファビアン（Johannes Fabian）は、Of Dogs Alive, Birds Dead, and Time to Tell a Story, in: John Bender/ David E. Wellbery（Hrsg.）, Chronotypes: The Construction of Time, Stanford Cal. 1991, S. 185–204（190）のなかで、次のように言っている。すなわち、「生命科学と社会科学において、強力で統一的なパラダイムになった有名な『比較の方法』のより深い意義とは、宗教的そして超越的な『他者性』の概念の一種の世俗化ではないであろうか」と。

第九章

（1） たとえば、これは——彼の社会学にとっての宗教の重要性にもかかわらず、あるいはまさにそれだからこそ——、マックス・ヴェーバーにも当てはまる。今日では、これについて Hartmann Tyrell, »Das Religiöse« in Max Webers Religionssoziologie, in: Saeculum 43（1992）, S. 172–230 が詳細に述べている。また、Detlef Pollack, Was ist Religion: Probleme der Definition, in: Zeitschrift für Religionswissenschaft 3（1995）, S. 163–190 も参照。

（2） これまでの諸章の探究では、初めから差異の概念でもって議論してきたことによって、つまり機能概念とコード化の概念で議論することによって、この問題を、またそれと同時に宗教的なものとしての自己記述を回避してきた。

（3） Religion als politischer Hebel において、ジャン・パウルが検討を促しているとおりである。引用は、Jean Pauls Werke: Auswahl in zwei Bänden, Stuttgart 1924, Bd. 2, S. 56.

（4） ゴットハルト・ギュンターの用語法によれば、宗教は超言的な作動と《棄却値（rejection values）》を用いることができるということができよう。それらは、宗教の特定の価値と条件が別様であることを単に強調するのみならず、他の由来をもつポジティブ／ネガティブの区別を区別として拒否することもある。Gotthard Günther, Beiträge zur Grundlegung einer operationsfähigen Dialektik Bd. 1, Hamburg 1976, insb. S. 286ff. を見よ。

（5） 果敢ではあるが、まもなく失敗するこの種の試みについては Kai T. Erikson, Wayward Puritans: A Study in the Sociology of Deviance, New York 1966〔村上直之・岩田強訳『あぶれピューリタン——逸脱の社会学』現代人文社、二〇一四年〕を見よ。システムの境界は、同時にそのアイデンティティを定義するが、ニューイングランドの初期ピューリタンによって、以下のように規定される。すなわち、あらゆる逸脱がシステムの環境として記述され、システムのなかに存在するのは、相互に監視する選ばれた者たちである、と。

（6） コミュニケーションを行わないというコミュニケーションのパラドクス、そしてコミュニケーションを行わないことによる沈黙のコミュニケーションについては、Peter Fuchs, Die Weltflucht der Mönche: Anmerkungen zur Funktion des monastisch-aszetischen Schweigens, in: Zeitschrift für Soziologie 15（1986）, S. 393–405 を見よ。また、改訂されたものとして Niklas Luhmann/ Peter Fuchs, Reden und Schweigen, Frankfurt 1989, S. 21–45 も見よ。

（7） それは、いずれにしてもこの曖昧になった区別を精密にしようとする試みを行っている Benton Johnson, On Church and Sect, in: American Sociological Review 28（1963）, S. 539–549 の観点である。

（8） こうしたテーゼの有名な叙述としては、以下のようなものがある。すなわち神は、この差異、アンチテーゼ、対照にある（そして、自己自身で充足する統一の単なる反復にあるのではない）。なぜならば、このようにして人間には区別の能力と自由（＝罪？）が与えられるのだから、というものである。Augustinus, De ordine ibri duo, zit. nach der Ausgabe des Corpus Scriptorum Ecclesiasticorum Latinorum 63（1922）, Nachdruck New York 1962〔高橋亘訳『聖アウグスチヌス「秩序論」』中央出版社、一九五四年〕を見よ。

（9）この静観するという傾向は、実際に観察することができる。それも伝統的な信仰形式を守ろうとする者のみならず、宗教社会学者においても観察されうるのである。たとえば、Gregory Baum, Religion and the Rise of Scepticism, New York 1970; Bryan Wilson, The Contemporary Transformation of Religion, New York 1976〔井門富二夫・中野毅訳『現代宗教の変容』ヨルダン社、一九七九年〕を見よ（両者とも、一九六〇年代の学生運動の印象下にあるが）。しかしまた、最近のカリスマ的なスピリチュアリズムの運動との接続を得ようとする試みとしては、Michael Welker, Gottes Geist: Theologie des Heiligen Geistes, Neukirchen-Vluyn 1992〔片柳榮一・大石祐一訳『聖霊の神学』教文館、二〇〇七年〕も見よ。

（10）第八章Ⅲ節を参照。

（11）Mary Hesse, Models and Analogies in Science, Notre Dame 1966, S. 157ff.〔高田紀代志訳『科学・モデル・アナロジー』培風館、一九八六年、一五九頁以下〕のメタファー理論の意味での《再記述（redescription）》。

（12）こうした問題については（《脱構築》との関連抜きに）Thomas Lehnerer, Kunst und Bildung: zu Schleiermachers Reden über die Religion, in: Walter Jaeschke/ Helmut Holzhey (Hrsg.), Früher Idealismus und Frühromantik: Der Streit um die Grundlagen der Ästhetik (1795–1805), Hamburg 1990, S. 190–200, insb. 199f.〔相良憲一ほか訳『初期観念論と初期ロマン主義——美学の諸原理を巡る論争（一七九五－一八〇五年）』昭和堂、一九九四年、二一七－二三一頁、とりわけ二二七－二二九頁〕を見よ。

（13）この点については、Jonathan Culler, On Deconstruction: Theory and Criticism after Structuralism, Ithaca N.Y. 1982〔富山太佳夫・折島正司訳『ディコンストラクション（Ⅰ・Ⅱ）』岩波書店、一九九八年〕を参照。

（14）この点については、Georg Elwert, Changing Certainties and the Move to a Global Religion: Medical Knowledge and Islamization among the Anii (Baseda) in the Republic of Bénin, in: Wendy James (Hrsg.), The Pursuit of Certainty: Religious and Cultural Formulations, London 1995, S. 215–233 のケーススタディを見よ。

（15）同様の議論は、他の宗教についても、たとえば仏教のコンテクストにおける（日常実践上有益なものとは区別される）宗教上の瞑想についても、あるいはイスラムにおける観察にさらされた祈りのステレオタイプや形式主義についても、繰り返される。

(16) Michael Welker, Gottes Geist: Theologie des Heiligen Geistes, Neukirchen-Vluyn 1992〔片柳榮一・大石祐一訳『聖霊の神学』教文館、二〇〇七年〕を見よ。

(17) たとえば、a.a.O. S. 177〔注16前掲訳書二六六頁〕、「しかしながらこの見かけは偽りである」を見よ。

(18) 《偽りの霊》の取り扱いについては、a.a.O. S. 87ff.〔注16前掲訳書一二〇頁以下〕を見よ。尊敬と軽蔑として社会に出回っている道徳(社会道徳主義)から、善悪についての宗教的判断(神の判断)を引き離すことについては、S. 49 ff., 119ff.〔同上書五四頁以下、一七七頁以下〕を見よ。

(19) 事後的に把握された同時性、生きられた生の感覚の喪失不可能性という意味での、救済としての肉体的な生の復活については、たとえば a.a.O. S. 301〔注16前掲訳書四四〇頁〕を見よ。

(20) A.a.O. S. 118f.〔注16前掲訳書一七五―一七七頁〕参照。

(21) A.a.O. S. 127f.〔注16前掲訳書一八六―一八九頁〕を見よ。

(22) A.a.O. S. 82 Anm. 6〔注16前掲訳書一五七頁、註六〕を見よ。

(23) たとえば、Cleanth Brooks, The Well Wrought Urn: Studies in the Structure of Poetry, New York 1947 の分析の例を見よ。要約としては、たとえば S. 17 に「詩は断定する教理の審級である。それは断定であるとともに、断定の実現である」。《言語行為》理論の概念では、確認(コンスタティフ)的要素と遂行(パフォマティフ)的要素の統一であるということができるかもしれない。

(24) 本書第四章Ⅲ節一八九頁以下参照。

(25) まさにこの観点でのカント美学の解釈は、Jacques Derrida, La vérité en peinture, Paris 1987〔阿部宏慈訳『絵画における真理(上・下)』法政大学出版局、一九九七―九八年〕を見よ。

(26) この点をよく示しているのは、そうなるとそれに対応する否定の術語が必要とされるということである。《in-sincérité》、《insincerity》(不誠実さ)は、十六世紀に用語に加わった。

(27) とくにこの点については、Jean-Christophe Agnew, Worlds Apart: The Market and the Theater in Anglo-American Thought, 1550–1750, Cambridge Engl. 1986〔中里壽明訳『市場と劇場――資本主義・文化・表象の危機 一五五〇―

一七五〇年』平凡社、一九九五年〕。効用——彼岸の効用であれ此岸の効用であれ——へと引き戻される論駁のむなしさについては、Russell Fraser, The War against Poetry, Princeton N.J. 1970 も参照。

(28) たとえば、Baltasar Gracián, Criticón, 1651–57, dt. Ausgabe Hamburg 1957 を参照。グラシアンにとっては、彼の修道会の組織上必要な出版許可が生涯の問題であり続けたが、この問題はなんとしても回避されなければならず、そして回避されえた。このことは、この一般化された不確実性というイメージに属している。

(29) Roland Robertson, The Sacred and the World System, in: Phillip E. Hammond (Hrsg.), The Sacred in a Secular Age: Toward Revision in the Scientific Study of Religion, Berkeley Cal. 1985, S. 347–358 (352f.) は、次のようにさえ想定している。すなわち、人間関係の《グローバル化》は、現在観察されうる宗教のリバイバルにおいて、あらゆる種類の原理主義の拡散において、そして近代社会のなかの人間状況の宗教的主題化において、本質的なファクターであると。Ders./ Jo Ann Chirico, Humanity, Globalization and Worldwide Religious Resurgence: A Theoretical Exploration, in: Sociological Analysis 46 (1985), S. 219–246 も見よ。そして要約的には、Roland Robertson, Globalization: Social Theory and Global Culture, London 1992〔阿倍美哉訳『グローバリゼーション——地球文化の社会理論』東京大学出版会、一九九七年〕。

(30) とくにこの点については、M. Abaza/ Georg Stauth, Occidental Reason, Orientalism, Islamic Fundamentalism: A Critique, in: Martin Albrow/ Elisabeth King (Hrsg.), Globalization, Knowledge and Society, London 1990, S. 209–233. Peter Beyer, Religion and Globalization, London 1994 も参照。

(31) たとえば、José Faur, Golden Doves and Silver Dots: Semiotics and Textuality in Rabbinic Tradition, Bloomington Ind. 1986 を見よ。

(32) 局地的な種のものの例外が影響をもたなかったことをもとにして、証明を逆方向に行うこともできる。たとえば、さまざまな信仰の方針をもつ多くの学校や、それによって動機づけられた十二世紀のオトラントにおける《教会合同の》努力などが、それである。これは今日でも、まだ大聖堂の有名なモザイクなどで見ることができる。

(33) それゆえ、機能的分化による宗教の助長についてのこの確認は、いかなる宗教的運動が政治的に危険なのかを定義することが政治システムの自律性のなかにあると考えられるのであれば、相対化される。そのことは、国家主義を志向する政権や、なによりもまず、唯一正しい考えを定義することを一つの政党に委ねる、一党制の政権において示されうる。あるいは具体的には、仏教の僧侶が〔政治に〕参画しつつマルクス主義を志向するアジアの諸政権の問題において、示されている。この点については、Donald E. Smith, Religion and Politics in Burma, Princeton 1965; Milton Sacks, Some Religious Components in Vietnamese Politics, in: Robert F. Spencer（Hrsg.）, Religion and Change in Contemporary Asia, Minneapolis 1971, S. 44–66; Holmes Welch, Buddhism under Mao, Cambridge Mass. 1972. さらに Urmila Phadnis, Religion and Politics in Sri Lanka, Manohar 1976; S. J. Tambiah, World Conqueror and World Renouncer: A Study of Buddhism and Polity in Thailand against a Historical Background, Cambridge Engl. 1976; Somboon Suksamran, Buddhism and Politics in Thailand: A Study of Socio-Political Change and Political Activism of the Thai Sangha, Singapore 1982 参照。

（34） ここでは（ほかのところでも）、統合は一致としてではなく、関与している諸システムの自由度の相互的な制限として把握されている。

（35） 神を掲げない宗教（アティスティッシュ）として、さらには神々に親しむことができ、多くの地域的な型（ヴァージョン）において大衆化を許容している仏教に、これがいかに当てはまらないかということについては、たびたび論じられている。Maung Htin Aung, Folk Elements in Burmese Buddhism, Westport Conn. 1962; Michael M. Ames, Magical Animism and Buddhism: A Structural Analysis of the Sinhalese Religious System, in: Edward B. Harper（Hrsg.）, Religion in South Asia, Seattle 1964, S. 21–52; S. J. Tambiah, Buddhism and Spirit Cults in North-East Thailand, Cambridge Engl. 1970; Steven Piker, The Problem of Consistency in Thai Religion, in: Journal for the Scientific Study of Religion 11（1972）, S. 211–229 を見よ。ことによると、システムの自己記述が、ここではあらゆる区別が無であることを強調し、そこに統一を求めまさにそれゆえに区別によって生きることができるという点に、その原因があるのかもしれない。

（36） 私はなにより、ある高位のカトリック聖職者のため息を思い出す。それは、チリのアンダコロでインディオの住民が祝う聖母マリアの祭りの折にもれたものだった。彼らが神を信じているのか、カトリックであるのか、私には分からない。彼らが聖母マリアを信じていることは、確実である。加えて言うと、対照的なものをも見ることが、そしてなにより聞くことができた。すなわち、教会の前には呪術によって動機づけられ楽器をもったいくつかの踊る集団がいて、そして教会からはスピーカーによってアヴェ・マリアがこの〔互いには区別をしているようだが、しかし教会からは区別できない〕集団に向けて流されていた。加えて、そのグループは、グループとしてではなく、個別の人間として教会に入ることを許され、そこで教会の祝福も受けたのであった。

（37）Michael Welker, Schöpfung und Wirklichkeit, Neukirchen-Vluyn 1995 だけでも見よ。

（38）文学におけるこれと対応するテーゼについては、Henk de Berg/ Matthias Prangel (Hrsg.), Kommunikation und Differenz: Systemtheoretische Ansätze in der Literatur- und Kunstwissenschaft, Opladen 1993; dies. (Hrsg.), Differenzen: Systemtheorie zwischen Dekonstruktion und Konstruktivismus, Tübingen 1995 参照。

（39）第一章を見よ。

（40）Stephan H. Pfürtner, Kirche und Sexualität, Reinbek 1972 だけでも参照のこと。この著者は、同書のために教授職を失うことになった。

（41）この点については、Klaus Krippendorff, A Second-Order Cybernetics of Otherness, in: Systems Research 13 (1996), S. 311-328 (Festschrift Heinz von Foerster).

編者覚え書き

（1）これについては、Niklas Luhmann, Die Gesellschaft der Gesellschaft, Frankfurt 1997〔馬場靖雄ほか訳『社会の社会』法政大学出版局、二〇〇九年〕を見よ。

（2）およそこの時点までに、社会理論〔の原稿〕は印刷に付されたのであろう。このプリントアウトされた原稿が残されたことは、ルーマンがその後『社会の宗教』に集中するつもりであったということを裏打ちしていると思われる。

訳者あとがき

本書は、Niklas Luhmann, *Die Religion der Gesellschaft*, Suhrkamp, 2000 の全訳である。ルーマンの宗教に関する著作は、大部のものが二つ存在する。ルーマンはオートポイエーシス概念を獲得する以前は、もっぱら諸社会システムの機能を明らかにすることにこだわっていた。宗教システムに関しては、一九七七年に出版された『宗教の機能（*Funktion der Religion*）』（土方昭・三瓶憲彦訳『宗教社会学――宗教の機能』新泉社、一九八九年）に結実している。もう一つの著作は、本書である。

本書は、すでにシリーズとして刊行されている『社会の……（... der Gesellschaft）』のなかの一冊として書かれたものである。なにゆえに「社会の……」と題されているかは、先に出版された他の訳書にも解説があるので、そちらを参照していただきたい（たとえば、馬場靖雄・赤堀三郎・菅原謙・高橋徹訳『社会の社会 2』法政大学出版局、二〇〇九年、一五六九頁など）。ルーマン自身が、社会の数多くのテーマについて書き続け、それぞれのテーマを専門とする者をポジティブにもネガティブにも大いに刺激するに至ったという事態は、本書に関しても当てはまる。事実、本書は社会学者からの、また神学者からの絶賛と批判にさらされた。本書をめぐってなされる議論は、本書がルーマンの没後に出版されたこともあり、それがけっして本人の目に触れることがないということ、ましてや本人から直接返答されることがないということも、活発な議論を可能にした一つの大きな要因であった。いずれの立場にせよ、本書によってもたらされた多岐にわたる刺激の豊かさは、疑いのないところであった。

宗教の議論は、ルーマンが扱った主題として、おそらく日本の読者にはもっとも遠いものかもしれない。しかしこうした主題は、神学の伝統を有するヨーロッパの学問領域において、まさにあらゆる議論の基礎に位置し、そしていまもってなお前提として通奏低音のごとく、その根底に流れているものである。このヨーロッパの文脈の理解をなくして、ヨーロッパの学問を理解することはできない。本書で展開される議論は、そうした前提をルーマン独自の理論において再記述することにより、現代社会における宗教の描出を行うものである。その意味で本書での議論を展開するルーマンは、ヨーロッパの学問伝統における正統の嫡子であり、かつ反逆者である。それゆえ、そこに示される議論が独自の成果を提示すればするほど、それは絶賛され、かつ批判されることとなる。

そもそも宗教というテーマは、著名な社会学者のそれぞれの仕事において、大きな位置を占めるものであった。社会学の古典的名著のタイトルに《宗教》の文字を見つけることはたやすい。しかし宗教は、社会学の主要なテーマであると同時に、固有の難しさをもったテーマでもある。それは、宗教がなによりも《信仰》とともに成り立っていることに起因する。宗教を論ずるにあたり、多少の偏差があるにせよ、端的に言えば、この信仰とどう関わるかで二つの立場がありえよう。すなわち、信仰を問いの外側に追いやるか、信仰から問うかである。客観化される宗教と、主観から論じられる宗教と大別することができるかもしれない。ルーマンは、彼独自の視座に立脚することで、こうした困難の克服に成功している。

信仰をまったく視野に入れずに宗教にアプローチすれば、その作業は客観的・外在的な評価にとどまる。それでは宗教の外形は見えてきても、その内実は、つまり宗教そのものを可能にしている信仰および信仰に支えられることで理解可能となるさまざまな意味は、見えてこない。一方、信仰を基に宗教にアプローチすれば、それは主観的・内観的な描写となる。所与とされ内在化された価値を相対化する視点は与えられず、信仰者において認めるところの宗教の内容を信仰者以外に伝えることは難しくなる。カントをもじって言うならば、前者は空虚であり、後者は盲目と言えようか。それぞれがそれぞれの手法において、宗教なるものの輪郭を描き出すことができたとしても、その二つはけっして相容れることはない。また、両者を加算しひとくくりにすることで宗教が総体として理解されるような、すなわちそれぞれが部分を構成し、それらを加算することで全体を表すというようなものでもない。それらは、補完関係にあるのではなく、むしろ互いに排他しあう関係にあるといえる。

このことは、これら二つのアプローチが、そのどちらをもってしても、宗教および宗教現象の総体を表すには足りないということを示している。さらに、相対立するものが、そのいずれにおいても相応の信憑性を有し、しかも同時に成立しうるとき、どちらかを正しきものとして同定することを試みるより、どちらもが間違っている、ないしは不十分であると理解すべきであろう。

宗教は宗教なるものとして、宗教のコンテクストに定位することによってのみ説明されうる。これは、こうした宗教の宗教的な定式化が、宗教以外のものをも宗教的視角からのみ記述することを意味する。すなわち、宗教のコミュニケーションにおいては、非宗教的なものも宗教的コミュニケーションに内属される。たとえば無神論は神についての議論であり、世俗化は社会における宗教のあり方を問う議論である。神を対象として観察する行為は、すでに神の観察のもとにある。これが《宗教が行う観察》である。この観察の仕方、つまり宗教と宗教以外とを区別し、その区別によって排除された側を、さらに宗教の議論に内属させる（さらにそれ以外（宗教以外）と区別する）、そのやり方を観察することができたとき、宗教ということでどのようなことが生じ、なにが行われているかが理解される。これが、《宗教の観察》にほかならない。すなわち、《観察する宗教の観察》である。宗教に関する先の二つのアプローチは、宗教が自己が行う区別を区別するものとして自己展開する過程で、宗教をめぐるコミュニケーションのなかに組み入れられるものの断片を表しているにすぎない。

たとえばよく言われる「宗教の機能喪失」を例にするならば、それは事態を正確に表現するものではない。論じるべきは、機能の喪失ではなく、あくまでその変貌である。すなわち、宗教の衰退や世俗化といった宗教に関してよく言われるさまざまな形容は、それを言う宗教に対するそれぞれのスタンスが、そのスタンスのよって立つ見解を宗教ないしはその事象から離れて強化（外部特権化）する、その一断面からの描写である。世界中で宗教の衰退が指摘される一方で、ときとして過激な、あるいは濃密な宗教現象が報告されるとき、こうした相反する事態は、片方が無視されたり、あるいは例外として扱われたりするのではなく、あくまで宗教に関する統一的な記述のなかで、すなわち宗教システムの動態として、説明されなくてはならない。

問題は、社会の構造的変化のなかで、宗教がいかように変容しているかということである。つまり、社会にあって、宗教が社会の変化のなかで、その機能をどのような形式をもって果たすのかということである。その限りで、宗教は明らかに社会にとって不可欠であり、かつまた、宗教が社会を統合することはありえない。こうした宗教の変貌と進化を、現代社会における宗教のあり様として適合的に記述できるかどうか、それは宗教をテーマとする学問にかかっている。ルーマンはその意味で、(彼の展開する) 社会学こそが、こうした視点をもつことができ、それゆえ社会学だけが宗教の科学たりうると断言するのである。

ルーマンの理論叙述は、たしかにその全貌をつかみながらその叙述を理解しようとすると困難である。しかし、そのつど提示される視点(区別の区別)によって描かれる様相は、旧来の学問が示してきた世界とは明らかに異なったものである。それはある意味で悪魔的でもあり、また天使のそれでもある。その差異はルーマンによって回収され、統一体としての宗教が示されることとなる。読者におかれては、それぞれのさまざまなスタンスから、ここに描出される宗教の様相を見てとっていただけるのではないだろうか。ルーマンのこの書物は、少なくともドイツの宗教社会学、神学において、避けて通ることのできない、二十世紀後半にわれわれの社会が獲得した知的遺産となった。

最後にルーマン自身の宗教へのスタンスに、わずかでも言及すべきであろう。ルーマンは、自らがプロテスタントであると表明することをはばからなかった。また『宗教の機能』を著したとき、その扉には亡き夫人への思い出として「宗教は、妻にとって理論が語りうる以上のことを意味していた」との言葉を寄せた。そして、自身の死には、ゲーテの言葉「人の心よ、げになれは水に似たるかな! 人の運命よ、げになれは風に似たるかな!」(「水の上の霊の歌」『ゲーテ詩集』高橋健二訳、新潮文庫)が添えられた。それらについて、ここで論評することは控えたい。本書を読まれた諸氏の思いに委ねたいと思う。

病魔に侵され、自らの思うままに執筆を続けられないことを悟ったルーマンは、執筆に優先順位をつけ、残された時間をそれに費やしていた。ルーマンは筆者を自宅に呼び、彼が最優先する仕事は、『社会の社会』の完成であること、また本書『社会の宗教』について、首を横に振りながら深いため息とともに、完成にまでこぎ着けることができるかどうか明確な答えをもちえない旨を告げた。実際、本書が出版されたのは、編者アンドレ・キーザーリングの手を経て没後三年近く経過してからであった。その出版は当時、同様なかたちで出版までこぎ着けた『社会の政治』とともに、ドイツ学術出版の中心的存在ズーアカンプ社創業五十周年記念のモニュメントとして位置づけられた。本書が紺色の、『社会の政治』が朱色のカバーの装丁で、文字通りドイツ中の書店のウィンドウの中央に堂々と二冊並べて置かれたものだった。当時筆者はドイツにて在外研究中であったが、これほど難解なテーマを扱った書籍がドイツ中の目抜き通りを飾っているのを目にするたびに、そうした社会のあり方に驚愕と感嘆を覚えたものだった。

なお、翻訳は共訳者間で分担することはせず、全編をそれぞれの訳者において練り、土方がまとめあげるというかたちをとった。出版にあたっては、翻訳の声をかけてくださった法政大学出版局の元編集代表の平川俊彦さん、翻訳作業のなかで終止叱咤激励してくださった同局の奥田のぞみさん、まさに意気込みと情熱とをもって編集作業にあたってくださった中村孝子さんに心から御礼申し上げたい。またキリスト教関係の記述等については、長年キリスト教関係の出版に携わってこられた山本俊明氏にご教示いただだいた。

二〇一六年五月

土方　透

索　引

＊原著に付された索引項目に若干の補足・修正を加え，五十音順に配列した．
＊原著の「…頁以下」（ff.）がどの範囲に及ぶかは，訳者の判断による．
＊原著に掲載されていない頁数も，訳者の判断で記した．また，原書で示されている頁に当該の語が見当たらない場合には，頁数を適宜修正した．
＊「434(n25)」は「434頁原注(25)」を意味する．
＊「→」は，参照すべき関連項目を示す．

ア　行

カ　行

サ　行

タ　行

ナ　行

ハ　行

マ　行

ヤ・ラ・ワ行

著者

ニクラス・ルーマン（Niklas Luhmann）
1927年ドイツのリューネブルクに生まれる．1968–1993年ビーレフェルト大学社会学部教授．70年代初頭にハーバーマスとの論争により名を高め，80年代以降「オートポイエーシス」概念を軸とし，ドイツ・ロマン派の知的遺産やポスト構造主義なども視野に収めつつ，新たな社会システム理論の構築を試みた．90年前後よりこの理論を用いて現代社会を形成する諸機能システムの分析を試み，その対象は経済，法，政治，宗教，科学，芸術，教育，社会運動，家族などにまで及んだ．1998年没．『宗教論』『近代の観察』『社会の法』『社会の芸術』『社会の社会』『社会の科学』『社会の政治』『社会構造とゼマンティク』（以上，法政大学出版局）など邦訳多数．

《叢書・ウニベルシタス　1042》
社会の宗教

2016年 6 月20日　　初版第 1 刷発行

ニクラス・ルーマン
土方透／森川剛光／渡會知子／畠中茉莉子 訳
発行所　一般財団法人　法政大学出版局
〒102-0071 東京都千代田区富士見2-17-1
電話03(5214)5540／振替00160-6-95814
印刷：三和印刷　製本：誠製本

ISBN 978-4-588-01042-2

訳者

土方　透（ひじかた とおる）

1956年，東京都生まれ．中央大学大学院博士課程修了．博士（社会学）．聖学院大学教授．ハノーファー哲学研究所，ヴュルツブルク大学，デュッセルドルフ大学（いずれもドイツ）などの客員教授を歴任．*Soziale Systeme: Zeitschrift für soziologische Theorie* 学術顧問．編著書：『ルーマン――来るべき知』（編著，勁草書房，1990年），『リスク――制御のパラドクス』（共編著，新泉社，2002年），『宗教システム／政治システム』（編著，新泉社，2004年），『法という現象――実定法の社会学的解明』（ミネルヴァ書房，2007年），『現代社会におけるポスト合理性の問題』（編著，聖学院大学出版会，2012年），*Riskante Strategien: Beiträge zur Soziologie des Risikos*（Hgg.），Opladen，1997，*Das positive Recht als soziales Phänomen*，Berlin，2014 ほか．

森川剛光（もりかわ たけみつ）

1969年，東京都生まれ．2001年カッセル大学（ドイツ）博士号（社会学），2012年ルツェルン大学（スイス）教授資格（ハビリタチオン）取得．ルツェルン大学私講師．本務校以外では，大阪大学，ハイデルベルク大学，ウィーン大学，チューリヒ大学，バーゼル大学など日欧の大学で非常勤講師として教歴を重ねる．編著書：*Handeln, Welt und Wissenschaft: Zur Logik, Erkenntniskritik und Wissenschaftstheorie für Kulturwissenschaften bei Friedrich Gottl und Max Weber*, Wiesbaden, 2001, *Die Welt der Liebe. Liebessemantiken zwischen Globalität und Lokalität*（Hg.），Bielefeld, 2014, *Liebessemantik und Sozialstruktur: Transformationen in Japan von 1600 bis 1920*, Bielefeld, 2015 ほか．訳書：A. ナセヒ／G. ノルマン『ブルデューとルーマン――理論比較の試み』（新泉社，2006年）ほか．

渡會知子（わたらい ともこ）

1979年，宮城県生まれ．2009年，ミュンヘン大学（ドイツ）博士課程修了．博士（社会学）．横浜市立大学国際総合科学部准教授．論文：「相互作用過程における『包摂』と『排除』――N. ルーマンの『パーソン』概念との関係から」（『社会学評論』57巻3号，2006年），“Integration through Activation?: Unfolding Paradox for Mobilizing Will to Self-Help”, *Journal of Comparative Social Work*, 7-2, 2012, „Inklusion und Kognition: Eine systemtheoretische Betrachtung der Praxis aktivierender Integrationspolitik“, LMU München, 2015（https://edoc.ub.uni-muenchen.de/18668/　2016年5月20日現在）ほか．

畠中茉莉子（はたなか まりこ）

1988年，奈良県生まれ．神戸大学大学院国際文化学研究科博士課程在籍中．論文：「ニクラス・ルーマンにおけるシステムと宗教――機能と意味のはざまで」（『国際文化学』27，28号，2014–2015年）ほか．